EIN REISEBUCH IN DEN ALLTAG
VON MICHAEL KADEREIT

TOSKANA
UMBRIEN

ro
ro
ro

ROWOHLT

INHALT

Originalausgabe
Umschlaggestaltung
Alexander Urban
(Foto: Romano Cagnoni)
Layout und Grafik
Christa Petersen
Zeichnungen Mathias Hütter
Veröffentlicht im Rowohlt
Taschenbuch Verlag GmbH,
Reinbek bei Hamburg, Mai 1990
Copyright © 1990 by Rowohlt
Taschenbuch Verlag GmbH
Satz Times (Linotronic 500)
Gesamtherstellung
Clausen & Bosse, Leck
Printed in Germany
1980-ISBN 3 499 17521 5

VORAB

Noch ein Toskana-Buch? Reiseführer über dieses Traumland füllen in den Buchläden ganze Regale. Der Run ins Freilichtmuseum Florenz scheint nicht abzureißen; die Toskana registriert steigende Touristenzahlen, über dreißig Millionen Besucher pro Jahr – die Deutschen stellen das größte ausländische Kontingent. Neue Wege aufzuzeigen, einen frischen Blick zu wagen, scheint in diesem am stärksten abgegrasten Flecken Italiens ein paradoxes Unterfangen. Umbrien dagegen zählt ein Zehntel der Besuchermassen der Toskana. Als abseits der großen Routen gelegenes Binnenland galt die Region noch vor wenigen Jahren als «unentdeckt». Mit dem geglückten Slogan «das grüne Herz Italiens» verkauft sich jedoch auch Umbrien immer besser, seitdem man auch in Italien den «sanften Tourismus» entdeckt hat.

Aber nicht nur im stillen Hinterland, auch in der überlaufenen Toskana, selbst an den großen Rummelplätzen, kann man notfalls dem einäugigen Massentourismus ausweichen und eigene Entdeckungen machen. Hilfreich ist dabei ein Verständnis des Alltags und der Verwobenheit von Kultur und Geschichte dieses nur scheinbar idyllischen Bauernlandes – eines modernen, reichen, fortschrittlich industrialisierten Mittelitaliens, dessen Widersprüchlichkeiten in den Kapiteln zu Geschichte, Politik und Kultur beschrieben werden.

Die Reiserouten durch die Toskana und Umbrien folgen nicht einem flächendeckenden, auf Vollständigkeit bedachten Konzept, eher subjektiven Interessen und spannenden, irgendwo aufgelesenen Fäden. Oft abseits der Postkarten-Schönheiten der «Kulturwiege» Toskana, aber auch mitten im Zentrum des Touristentornados habe ich versucht, im allzu Bekannten Hintergründe aufzustöbern und auf Nebenstrecken Exemplarisches zu beobachten – als Anregungen vielleicht für eigene Exkursionen und Entdeckungen der Leserinnen und Leser dieses Buches.

Besondere Mühe und Sorgfalt galt dem Serviceteil, der ein Netz aus nützlichen Adressen, Tips und Anregungen spannt. Vorschläge für Wanderungen und Ausflüge werden ergänzt durch Hinweise auf manche Sehenswürdigkeiten, die im umfangreichen Material der Fremdenverkehrsämter untergehen.

Viele haben mitgeholfen, dieses Buch zu machen: Ihnen allen ein herzliches «mille grazie». Einige haben mitgeschrieben: Susanne Gessner, Übersetzerin in Mailand, am Serviceteil; Alexander Langer, führender Kopf der italienischen Grünen, über die Eigenarten der toskanischen grünen Fundamentalisten; Luzia Braun, Journalistin in Mailand, hat die toskanischen Inseln bereist («Toskanischer Archipel»); Karin Bechtle, Soziologin und Teilzeit-Bäuerin in Orvieto, gräbt in der orvietanischen Geschichte («Stadt der Häretiker») und berichtet von alter Weinbaukunst («Traditioneller orvietanischer Weinbau»). Zu mir selbst: Ich lebe seit 1986 als freier Journalist in Mailand und habe vor der Italien-Liebe – in London – für die Reihe «Anders Reisen» das Buch «Großbritannien» gemacht.

Mailand, im Dezember 1989
Michael Kadereit

Oben auf dem Sargdeckel, lässig hingestreckt, liegt ein rundlicher Alter. Sein Bauch quillt hervor wie der Leib einer Schwangeren, glänzend strahlt der Nabel, das Zentrum des Wohlbehagens. Der «feiste Etrusker» ruht auf einem Sarkophag im Archäologischen Museum von Florenz mit einem Blütenkranz um die molligen Schultern, einer Trinkschale in der Hand und einer durchgeistigt-abgeschlafften Haltung, wie sie nach Meinung des französischen Etruskologen Jacques Heurgon «mancher Intellektuelle am Ende seines Lebens» zeigt. Waren die Ur-Toskaner also – so wie dieser «obesus etruscus» – genußsüchtige, dickliche Typen? Die ersten Bilder zeigen die «Etrusci» ganz anders: schlanke, graziöse Figuren mit Mandelaugen, mehr orientalisch als griechisch, geradezu edle, aristokratische Gestalten. Ein rundes Jahrtausend lebten diese Urahnen der Mittelitaliener auf den Hügeln und an den Küsten im Gebiet der heutigen Regionen Toskana, Umbrien und Latium. Sie haben in Etruria oder «Tuscia» (daher Tos-

kana) die erste Hochkultur Italiens geschaffen, also genau in jenem Gebiet, von dem später die Renaissance, die Wiederbelebung der antiken Ideale ausging – kein Wunder, daß sich die Toskaner bis heute gern als die eigentlichen, die besseren Italiener fühlen.

Denn «Italien» war bis ins 19. Jahrhundert nie mehr als eine geographische oder kulturelle Vorstellung gewesen. Politisch gab es nichts, woran die wie Deutschland erst im 19. Jahrhundert «verspätet» entstandene Nation Italien anknüpfen konnte. «Risorgimento» nannten die bürgerlichen Nationsgründer im 19. Jahrhundert ihre Bewegung zur Einigung der zersplitterten Halbinsel – «Wiedererstehung». Was da wieder hochkommen sollte, war vor allem ein politisch geeintes Italien wie zur Zeit des römischen Reiches, als die ganze Halbinsel von Rom aus beherrscht wurde – weder vorher noch nachher hatte es je eine solche Einheit gegeben. In seiner Ode «An Italien» rühmte der Dichter Petrarca im 14. Jahrhundert «die alte Tapferkeit in den Herzen der Italiener» und berief sich damit auf den Namen «Italia», den die Römer verwendet hatten.

Zu Petrarcas Zeiten existierte Italien allerdings in dem in zahllose

HISTORISCHES HERZLAND

EIN BLICK ZURÜCK

Heiterer Totenkult –

Fürstentümer und Stadtrepubliken aufgeteilten Land höchstens als Wunschtraum. Aber die Toskana, das alte Etrurien, war auf dem Wege, sich zum kulturellen Zentrum der Halbinsel, sogar Europas zu entwickeln. Mit Rückblick auf die Glanzzeit der Renaissance rühmt sich Florenz noch heute, die Wiege der europäischen Kultur zu sein, die Toskana insgesamt gilt oft als moralisches Herzstück Italiens.

Zehn Jahre vor der deutschen Reichsgründung, im Jahre 1861, ist das Land von den Alpen bis Sizilien schließlich zur Nation geworden. Aber die Einigung ging nicht von den Römern oder Toskanern, sondern von den Piemontesen aus, den «Preußen Italiens». Die Nordlichter hatten ihrer Residenzstadt Turin die

Rolle der Hauptstadt zugedacht, aber die Wege über den ganzen langen Stiefel vom äußersten Süden bis zur westlichsten Nordecke am Alpenrand erwiesen sich als zu zeitraubend für die anreisenden Abgeordneten, und so bekam schließlich Florenz den Zuschlag. Heute frühstückt man hervorragend in einem Vier-Sterne-Hotel gleich hinter dem Palazzo Vecchio, dem Florentiner Rathaus, im «Sala del Parlamento», dem ehemaligen Sitz des ersten italienischen Ministerrats der Jahre 1864 bis 1871, als die Arno-Stadt die Geschicke des Landes lenkte. Von den Wänden des sechs Meter hohen Saales schauen aus großen Porträts die Köpfe der Nationsgründer Cavour, Mazzini und Garibaldi herab, als wunderten sie sich über den Auf-

10

Etruskische Gräber

wand, den die Kellner im ehrwürdigen alten Ratssaal mit Schinken, Käse und Fruchtsaft treiben. Die Nachfolger der ersten italienischen Staatsmänner, die Spadolinis, Andreottis und Craxis, tagen nun doch wieder in Rom, der alten Kapitale, die 1871, nachdem noch Venetien und der Rest des Kirchenstaats um Rom angeschlossen waren, endgültiges Zentrum der neuen Nation wurde. Aus den Dialekten und Sprachen der Halbinsel bot sich für die italienische Einheit die Sprache des Großdichters Dante an: Das «reinste» Italienisch, das toskanische, wurde zur Hochsprache. Es dauerte allerdings noch bis in unsere Zeit, bis mit der Übersättigung der italienischen Haushalte mit Fernsehgeräten die italienische Standard-Sprache (mailändisch und römisch «verwässert») auch zu den letzten Familien in die verborgensten Winkel der Halbinsel drang.

Tuscia et Umbria

Aber zurück zum feisten Etrusker. Der Mann, der da auf dem Sargdeckel liegt, ein reicher Großgrundbesitzer aus Tuscia, weiß schon um den Untergang Etruriens. Als er sich von einem Künstler in Alabaster modellieren ließ, mit dem Auftrag, möglichst realistisch alle Eigenschaften darzustellen – also auch den mächtigen Bauch –, da hatte sich das Urvolk der Toskana bereits weit von seinen entlegenen orientalischen Ursprüngen entfernt und auch die Anbetung alles Griechi-

11

schen hinter sich gelassen, die seinen älteren Bildern jenen edlen hellenistischen Zuschnitt gab. Die Etruskologen haben sich lange gestritten, ob die Etrusker mit ihrer noch immer nicht vollends bekannten, keinesfalls indoeuropäischen Sprache ein eingeborenes oder zugereistes Volk waren. Jetzt geht man davon aus, daß kleinasiatische Seefahrer, die Tyrrhener, etwa um 1000 vor Christus an der Küste der späteren Toskana landeten, wo sie sich mit der einheimischen Bevölkerung vermischten, jedoch ihre fremdartige Kultur und Sprache als herrschende etablierten. Da sie an ein Weiterleben nach dem Tode glaubten, begruben sie ihre Toten in prachtvoll ausgestatteten Gräbern, wahren Palästen, die mehr Bestand hatten als ihre Häuser zu Lebzeiten. Die feiste Etruskerfigur entstand unter diesem Totenkult. Sie stammt jedoch aus der Verfalls-Periode unter römischer Herrschaft. Der etruskische Städtebund war nach der Zerstörung der Hauptstadt Volsinii (wahrscheinlich das heutige Orvieto) 265 vor Christus von römischen Truppen unterworfen worden.

Das eigentliche Etrurien auf dem Höhepunkt seiner Ausdehnung im 5. Jahrhundert hatte sein Zentrum auf heutigem toskanischen Gebiet, erstreckte sich jedoch im Norden bis zur Po-Ebene, im Osten bis zum Tiberlauf in Umbrien und im Süden bis tief nach Latium hinein und hatte sogar einen Ausläufer im süditalienischen Kampanien. Die Umbrer hatten sich vor den expandierenden Etruskern hinter den Lauf des Tibers in die unwegsame Berg- und Seenlandschaft in Apennin-Nähe zurückgezogen. Östlichster Etruskerstützpunkt war das heutige Perugia. Umbrer und Etrusker bekämpf-

ten sich über den Grenzfluß hinweg: «Da der Fluß Tiber zwischen ihnen lag, überschritten sie ihn mit Leichtigkeit, der eine gegen den anderen», schrieb der griechische Historiker Strabo. Einst war sogar Rom etruskische Stadt gewesen, etruskische Könige hatten um die Siedlungen auf den Sieben Hügeln eine Stadtmauer gezogen.

Ab Mitte des vierten Jahrhunderts zerstörten die siegreichen römischen Kaiser jedoch die wichtigsten südlichen Städte Etruriens und machten die nördlichen zu ihren Verbündeten. Sie zogen Straßen durchs Land und gründeten Kolonien (wie Lucca, 177 vor Christus) selbst in den von den Etruskern gemiedenen malariaverseuchten Niederungen. Auf toskanischem Gebiet verfielen die kunstvollen Bewässerungsanlagen der «Tusci». Im flachen Korn-Land der versumpfenden Maremma an der toskanischen Südküste holte sich die Malaria wieder ihre Opfer. Die etruskischen Herren in «Tuscia et Umbria», wie das umbrisch-toskanische Gebiet seit dem dritten vorchristlichen Jahrhundert hieß, verwalteten von romanisierten Palästen aus ihren Grundbesitz, während die römischen Patrizier und Konsuln (wie heute die reichen Römer) im grünen Umbrien ihre Villen und Landhäuser bauten. Langsam wurde umbrische und etruskische Kultur von den römischen Kolonisatoren absorbiert. Bekanntestes Überbleibsel ist vielleicht das Liktorenbündel, bestehend aus Rutenbündel und Axt, das einst etruskisches, später römisches Machtzeichen war, und das schließlich Mussolinis Faschisten (fasci = Bündel) in Anknüpfung an die imperiale Macht des alten Rom wieder ausgruben.

Verborgen wie ein dunkler Gedanke,
Für den die Sprache verloren ist,
Toskanische Zypressen,
Bergt ihr ein tiefes Geheimnis?
Sind unsere Worte bedeutungslos?

Das unüberlieferbare Geheimnis,
Tot mit einem toten Volk und einer toten Sprache, und
dennoch
Geheimnisvoll lebendig in euch,
Etruskische Zypressen.

Das Lächeln, das tiefgründige etruskische Lächeln, das noch
lauert,
in den Gräbern,
Etruskische Zypressen.
Wer zuletzt lacht, lacht am besten,
Ja, Leonardo verdarb nur das reine Etruskische Lächeln.

D. H. Lawrence: Toskanische Zypressen. Aus: Toskana, Ein
literarisches Landschaftsbild. Insel Taschenbuch Verlag,
Frankfurt/M. 1986

Erstickte Stadtkultur

Die Zivilisation der Etrusker war eine städtische Kultur und auch darin ein Vorläufer der Stadtherrlichkeit freier Gemeinden wie Florenz, Perugia, Lucca und Orvieto, die Mittelitalien tausend Jahre später zum Frühstart vom Mittelalter in die Neuzeit verhalfen. Die Römer hatten zwischen den wichtigsten Siedlungen schnelle Verbindungswege geschaffen, an deren Verlauf sich heute noch einige Autostraßen orientieren: die Via Aurelia an der Tyrrhenischen Küste, die Via Cassia zwischen Florenz und Rom und die Via Flaminia, die von Rom durch Umbrien zur Adria führte. In neugegründeten Städten wie Florentia (59 vor Christus), der Hauptstadt von Tuscia et Umbria, in Lucca, Pisa und Gubbio hatten sie Amphitheater und Tempel angelegt. Mit dem Zerfall des römischen Reiches bröckelten auch diese Bauten, mitunter wurden sie als Steinbrüche benutzt oder sogar zu Wohnungen umfunktioniert. Am besten sieht man das im ehemaligen Amphitheater von Lucca, der heutigen Piazza del Mercato: Die Häuser mit dem ewig blätternden Putz stehen in engem Oval um die Piazza so wie einst die Zuschauertribünen um den Schauplatz der Gladiatorenkämpfe.

Mit Ende der Römerzeit geriet Italien zum Spielball fremdländischer Einwanderer und Potentaten, unter denen die blühende Stadtkultur über Jahrhunderte erstickt wurde. Wellenweise rollten zunächst nordische Völker ein, die man verallgemeinernd als Barbaren (Fremde) bezeichnete. Den ostgermanischen Goten folgten die nordgermanischen Langobarden, diesen die Byzantiner; schließlich kamen die westgermanischen Franken, dann Normannen und Sarazenen. «Zerstört sind die Städte, die Burgen gebrochen, in Trümmern liegen die Kirchen, und auf dem Land wohnt niemand mehr, der es bebaut», klagte Papst Gregor I., als 586 die Langobarden über die Alpen anrückten. Die germanischen «Langbärte» vereinnahmten die Toskana und errichteten in Umbrien das Herzogtum Spoleto. Aber Umbrien, das als Binnenregion zwischen Tiber und Apennin immer Durchgangsland gewesen ist, blieb jahrhundertelang umkämpftes Gebiet. Während die Toskana unter den Franken schon ab dem 8. Jahrhundert als Markgrafschaft «Tuszien» im ungefähren Kernland des alten Etrurien zu neuer Einheit fand, blieb Umbrien Streitobjekt zwischen den nordischen Kaisern, den freiheitsdurstigen Städten und dem Papst. In dieser Zeit der Kämpfe, um die Jahrtausendwende, begannen die Städte, sich mit Burgen und Stadtwällen an den Hängen der umbrischen Berge einzukapseln. Die Region erhielt den Beinamen «Regio Castigliorum».

Im 15. Jahrhundert schließlich war ganz Umbrien im Besitz des größten Grundherrn Italiens, des römischen Kirchenfürsten.

Steinwälder in freien Kommunen

Um die Jahrtausendwende hatten sich jedoch viele der einst blühenden Stadtgemeinden aus der feudalen Abhängigkeit befreit. Während in Deutschland gerade die ersten Markt- und Handelsflecken aus dem Ei krochen, weckten die längst zu neuem Reichtum gekommenen oberitalienischen Städte wie Mailand und Venedig, aber auch das im

Fernhandel groß gewordene Pisa die Gier der deutschen Kaiser auf Italien. Unter den Franken war Lucca, wo einst die Goten ihre gefährlichen Langschwerter schmieden ließen, das Zentrum der Toskana. Seine luxuriösen Stoffe gelangten über die Via Francigena, die Frankenstraße, an die europäischen Höfe und über Pisa bis in den Orient.

Im elften Jahrhundert mauserten sich auch viele andere Städte in Umbrien und der Toskana mächtig. Geld kam in Umlauf, mit dem die Stadtbürger den geistlichen und feudalen Herren Konkurrenz machen, ihnen sogar Privilegien abnehmen konnten. Da kaufte ein reicher Händler dem verschuldeten bischöflichen Stadtherrn (viele Städte unterstanden einem geistlichen Fürsten, dem Bischof) einige hundert Meter Stadtmauer ab, oder die Stadtgemeinde lieh dem Bischof gegen den Verzicht auf Brotsteuern das Geld, das er so dringend brauchte. Im Rückgriff auf antike Traditionen bildeten sich primitive demokratische Selbstverwaltungen, die Vorstufen zu späteren freien Stadtrepubliken. Auf zuerst noch langobardisch «arengo» (Ring) genannten Volksversammlungen (die es zum Beispiel in Lucca und Arezzo schon im 9. Jahrhundert gab) wählten die Städter ihre mehrköpfigen Regierungen. Meist waren das hochstehende Herren aus dem Stadtpatriziat, die den Titel «Konsul» erhielten. Das gemeine Volk dagegen, das «popolo minuto» (kleines Volk), vor allem die «Akkerbürger» (Bauern, die um die Jahrtausendwende in die Stadt gezogen waren und von dort aus ihre Felder bestellten), Handwerker und Gelegenheitsarbeiter, hatte wenig

zu sagen: Die Macht in den Anfängen der Demokratie hatte das «popolo grasso», «das fette Volk» der reichen Bürger und Adligen.

Jetzt ließen sich die Städte nicht mehr bremsen: Sie griffen aus in das Umland, das ihnen ohnehin schon zum Teil gehörte. Der «contado», das Grafschaftsgebiet, wurde eingemeindet, die «contadini», die Bauern, wurden zu Bürgern zweiter Klasse. Schon vor der Jahrtausendwende hatte sich die Landwirtschaft wieder von den Zerstörungen erholt. Aus leibeigenen Bauern wurden Halbpächter: Das System der «mezzadria», der Halbpacht, sicherte dem feudalen Grundbesitzer effektive Bearbeitung des Bodens. Der «feudo», das Lehnsgut, wurde in handhabbare Parzellen, die «poderi», aufgeteilt. Die Bauern mußten zwar die Hälfte ihres Ertrages per Karren im Hof des Herrn abliefern, aber der verbleibende Rest war ihnen mehr Ansporn als die unfreie Arbeit unter Leibeigenschaft. So konnten sich die feudalen Großgrundbesitzer erlauben, in die Stadt zu ziehen.

Und die Städter legten es drauf an, dem Adel das Stadtleben schmackhaft zu machen: Mitunter boten sie ihre schönsten Töchter zur Einheirat, denn wenn die Adligen selbst Stadtbürger wurden, waren sie als brandschatzende Rivalen ausgeschaltet. Häufig mußten sie jedoch mit Waffengewalt gezwungen werden, wenigstens einen Teil des Jahres in der Stadt zu verbringen. Von ihren Burgen auf dem Land kamen sie in die Städte, wo sie sich große, mit Türmen bewehrte Häuser bauen durften. Während manche edlen Geschlechter die Nase rümpften und «den Gestank der Städte» verachteten, wuchsen in den Städten die Türme der ewig rivalisierenden und auf Status bedachten Ex-Ritter in den Himmel. Das wegen seiner mittelalterlichen «Wolkenkratzer» berühmte San Gimignano blieb auf dieser Stufe der Stadtentwicklung eingefroren, als sich im 14. Jahrhundert der Pilger-Verkehr nach Rom, der die Stadt reich gemacht hatte, von der durch die Bergstadt führenden Frankenstraße ins entsumpfte Tal, das Val d'Elsa, verlagerte. Seine einem Nadelkissen ähnliche Kulisse zeigt, wie ein Reisender Städte wie Bologna, Pavia, Genua, Pisa, Siena und Florenz von ferne sehen mußte: als engumschlungenes Mauerwerk, aus dem ein steinerner Wald aufragte.

Mit ihrem ritterlichen Gepäck brachten die Neubürger allerdings auch unfeine Sitten in die Stadt. Häufig mußten sich die adligen Städter wegen Blutfehden und alten feudalen Zwistigkeiten in ihren Stadtburgen verschanzen – manchmal auch vor dem aufgebrachten Stadtmob.

Demokratie und Zwietracht

Italien stieg zum urbanisiertesten Land Europas auf – aber nur im Norden zwischen Venedig und Mailand, in der Markgrafschaft Tuszien und dem Dukat Spoleto. Viele alte Städte der Etrusker, Umbrer und Römer sind so nach den «secoli bui», den dunklen Jahrhunderten des Mittelalters, in neuer Pracht erstanden. Politisch entscheidend für die Autonomie der über siebzig Stadtrepubliken war das Machtvakuum im Land: Der Kaiser war fern, und der andauernde Streit zwischen Kaisertum und Papsttum verschaffte den aufblühenden Städten Handlungsfreiheit. Kaiser Friedrich Barbarossa, offiziell Oberhaupt Nord- und Mittelitaliens, hat sich am Bund der lombardischen Städte im 12. Jahrhundert die Zähne ausgebissen. Im Frieden von Konstanz mußte er 1183 den freiheitsdurstigen Städten endgültig ihre Unabhängigkeit zuerkennen. Einer aus seinem Gefolge, der Bischof Otto von Freising, erkannte scharfsichtig, daß besonders die demokratische Struktur, die autonome Selbstverwaltung den Stadtrepubliken soviel Erfolg verschaffte: «So kommt es, daß das Land fast vollständig unter Stadtstaaten aufgeteilt ist, ... daß sie an

Rivalität in Stein – Geschlechtertürme in San Gimignano

Reichtum und Macht die anderen Städte der Welt bei weitem übertreffen.»

Über den Rat der Konsuln wurde ab etwa 1175 in vielen Städten ein «podestà» gesetzt. Die deutsche Übersetzung «Stadtvogt» trifft den Sachverhalt nicht ganz. Der Podestà war eine Figur mit Wurzeln in der römischen Republik, eine Art Volkstribun wie später auch der «capitano del popolo». So wurde der Podestà im Faschismus wieder ausgegraben, weil er an Glanz und Gloria Roms erinnern sollte. Der gewählte, oft aber auch von der do-minierenden Nachbarstadt einge-setzte «Bürgermeister» regierte meist nur ein Jahr und wurde, um Korruption zu vermeiden, aus einer anderen Ecke des Landes geholt. Oft waren es juristisch geschulte norditalienische Adlige, die so über die Abläufe in der Stadt entschie-den. Nach Ende der Amtszeit wur-de seine Amtsführung überprüft, und mancher Podestà hat die Gast-Stadt nicht lebend verlassen, wenn ihm Begünstigung nachgewiesen wurde. Oder, wenn er Glück hatte, schrieb man über ihn nur: «Hat nichts getaugt und ist vertrieben worden.» Die lange Reihe der Podestà kann man heute noch an den Fassaden der Palazzi del Podestà in Hunderten großer und kleiner Gemeinden bewundern: Jeder «Stadtvogt» brachte dort als erstes sein Wappen an.

Der Podestà sollte vor allem schlichten, denn die Rivalität innerhalb der Kommunen war die größte Gefahr für die Autonomie. Sie stammte aus dem Hader des alten Ritteradels und infizierte oft die ganze Stadt. In Florenz wurden 1216 durch einen Adelszwist die Rivalitäten zwischen den Gruppen mit den «höllischen Namen» losgetreten: «Und an diesem Tag (so eine Chronik der Zeit) begann die Zerstörung von Florenz, und man hörte zum erstenmal die neuen Namen, nämlich Guelfen-Partei und Ghibellinen-Partei.»

Der Name «Guelfen» war ursprünglich die italienische Bezeichnung für die fränkische Adelsdynastie der Welfen, die einstigen deutschen Papstverbündeten im Kampf gegen die Thronansprüche der Staufenkaiser. Die Friedrich-Sippe (Barbarossa war ein Staufer), mit ihrer Stammburg im schwäbischen Waiblingen, wurden Waiblinger genannt: «Ghibellinen». Und so trennten sich die Papsttreuen und die Kaisertreuen: Papst-Guelfen und Kaiser-Ghibellinen, Symbolnamen für blutige spätmittelalterliche Fehden. Florenz war eigentlich guelfisch: Die lose Anbindung an den Vatikan garantierte Handelsbeziehungen und Autonomie. Aber die Grabenkriege gingen quer durch die Stadt, so wie sie quer durch die Toskana und Umbrien gingen. Pisa und Siena waren als Feinde von Florenz natürlich ghibellinisch – aber nur wenn es zu ihrem Vorteil war. In Umbrien, auf dessen Gebiet der Kampf zwischen Kaisertum und Papsttum unentwegt anhielt, war Perugia die Hauptstadt der Guelfen, Assisi und Foligno blieben kaisertreu ghibellinisch.

In den Städten selbst waren vorwiegend die Adligen für die Wiederherstellung der Kaisermacht, also Ghibellinen; die Kaufleute, auf Handels- und Steuerfreiheit bedacht, orientierten sich hauptsächlich guelfisch, das heißt papistisch. Aber diese Namen waren oft nicht mehr als Kampfrufe in den Schlachten zwischen verfeindeten Adelsgeschlechtern, Stadtvierteln oder Städten, sie hatten weniger mit Papst und Kaiser als mit lokalem Einfluß, Macht und nachbarschaftlichem Haß zu tun. Jeder kämpfte gegen jeden, nach dem Motto: «Des Feindes Feind ist mein Freund».

Der Kampf zwischen den Stadtstaaten währte Jahrhunderte. Aus den wechselnden Allianzen und Rivalitäten ging in Umbrien Perugia, in der Toskana Florenz als die führende Stadt hervor. Viele der heute so malerisch zur Sommerzeit aufgebotenen Wettkämpfe – allen voran der Palio in Siena – haben ihren Ursprung in dieser Zeit. Die bis in die Gegenwart anhaltende, über den sportlichen Aspekt weit hinausreichende Rivalität zwischen den kämpfenden «contrade», den Nachbarschaften Sienas, und der gefährliche Wettkampf peitschender Jockeys und strauchelnder Pferde auf dem ovalen Campo geht auf mittelalterliche Zwistigkeiten zurück. Etwa so, wie 1195, als der Chronist Sercambi über die Stadt Lucca schrieb: «Und in diesem Jahr entstand Zwietracht zwischen Porta San Frediano, Porta di Borgo und Porta San Donato auf der einen Sei-

Ritterspiele – Gioco del Ponte in Pisa

te, und Porta San Gervasio und Porta San Piero auf der andern, und sie läuteten Sturm und schlugen sich gegenseitig tot.»

Florenz vorn

Aus der Flanke des Doms in Siena ragt eine merkwürdige Loggia heraus. Säulenbögen, teils überdacht, bilden einen ummauerten Innenhof, eine Seitenpiazza des Domvorplatzes.

Hier hätte eigentlich das Hauptschiff des Sieneser Domes stehen sollen. Denn 1296 hatte Florenz mit dem Bau eines immensen Gotteshauses begonnen, das den Dom der Erzrivalin Siena in den Schatten stellte. Auf die Herausforderung antwortete Siena 1339 mit dem Ausbau der eigenen Kathedrale, die als Querschiff zum Kern eines wesentlich größeren Gotteshauses werden sollte. Die Pest und wirtschaftlicher Rückgang haben dieses Projekt mitten in den Arbeiten gestoppt. Der fertiggestellte Teil, einige Säulen und eine Stirnwand um einen freigelegten Platz, ist steingewordenes Symbol des Wetteifers, mit dem die frühen Städte auch in Kunst und Architektur einander zu übertreffen suchten.

Florenz hatte schon 1125 die Nachbarstadt Fiesole niedergemacht und ihr Gebiet eingemeindet; aus der Rivalität mit Pisa ging es 1406 siegreich hervor. Sienas Stolz blieb lange ungebrochen, erst 1555 wurde die zweite toskanische Macht mit ihrem großen Herrschaftsgebiet unter den Medici in das Herzogtum Toskana eingegliedert. Wenn heute ein Sienese von «la nostra repubblica» spricht, meint er damit kaum die italienische, sondern die einstige Republik Siena.

Dabei hatte Siena anfangs die besseren Karten. Hier saßen die ersten toskanischen Bankiers, die am «banco», dem langen Verkaufstisch, erste Kreditgeschäfte abwickelten. Doch dann zog das quicklebendige, ehrgeizige, geschickte Florenz nach vorn: zunächst mit Produktion und Verkauf von veredelten Wollstoffen, später mit der Verbindung von Fernhandel und Geldgeschäften unter Führung eines immer reicher werdenden Bürgertums. 1250 hatte die erste Volksregierung, der «primo popolo», die Vormacht des Adels gebrochen. Als «popolo» darf man sich allerdings nicht das gesamte Volk, sondern eben das Bürgertum der Händler und reichen Handwerker der besseren Zünfte vorstellen. Mit den «ordinamenti della guistizia» wurde 1292 eine Art Zunftverfassung erlassen: Die Regierung oblag jetzt dem Ältestenrat der «signoria» und dem «Bannerträger der Gerechtigkeit», dem «gonfaloniere». Der Adel verlor alle politischen Rechte, die verhaßten Geschlechtertürme wurden auf eine Höhe von dreißig Meter geschleift, «um dem Hochmut der Türme Einhalt zu gebieten».

So herrschte jetzt eine auf die Macht des Kaufmannskapitals gestützte, exklusive Demokratie. Zwar trat für wichtige Entscheidungen die große Volksversammlung auf der Piazza della Signoria zusammen, aber nur etwa ein Viertel der Einwohner durfte wählen, Frauen und Unterschichten nicht. Für die Ämter kam nur in Frage, wer einer der höheren Zünfte, den «arti», angehörte. Auch die ständige Ämterrotation – die Posten der Signoria wurden zeitweilig alle zwei Monate neu besetzt – konnten jedoch langfristig weder die gefürchtete Vetternwirtschaft behindern noch innere Stabilität garantieren.

1378, dreißig Jahre nachdem die Pest ein Drittel der 90 000 Einwohner von Florenz hingerafft hatte, versuchten auch die unteren Schichten, allen voran die Wollarbeiter, zur Ämterwahl zugelassen zu werden. Auch in anderen Städten wie Perugia und Siena hatte es (1371) ähnliche Volksaufstände gegeben. Aber der «Tumult der Ciompi», die Revolte des «popolo minuto» gegen das «popolo grasso», konnte in Florenz nur für kurze Zeit eine Volks-Mitbestimmung erreichen. Der Anführer der Ciompi selbst verriet die aufständischen Wollarbeiter – er endete später als Mitglied in der reichsten Zunft der Wollhändler, der Arte della Lana, in der Stadt Modena.

Die inneren Kämpfe um echte Volksdemokratie endeten schließlich mit der Dominanz des bürgerlichen Geldadels. Besonders in den norditalienischen Städten hatte sich schon länger die Herrschaft der «signorie», der Fürstentyrannen, etabliert. In den mittelitalienischen Stadtrepubliken konnten diese Fürsten zwar selten Fuß fassen. Aber Florenz geriet zusehends, trotz aller demokratischer Spielregeln, unter oligarchische Herrschaft der Bankiers und neuen Patrizier. Zwei Jahre vor der Fertigstellung der Domkuppel des Baumeisters Brunelleschi kam mit Cosimo dem Alten 1434 die reiche Bankiersfamilie de' Medici an die Macht. Jetzt besaßen die Florentiner zwar ein so gewaltiges Gotteshaus, «daß es mit seinem Schatten alle toskanischen Völker bedecken könnte», aber ein Schatten zog auch über die gerühmte «Florentina libertas». Drei Jahrhunderte lang herrschten die Medici –

zuerst als gewählte Stadtherrscher, später als absolutistische Fürsten.

Wirtschaftlich war der Höhepunkt der frühen Stadtrepubliken bereits überschritten. Der Hafen von Pisa versandete, San Gimignano stagnierte, der Florentiner Boom klang ab. Aber mit dem geschaffenen Reichtum setzten die neuen Oligarchen die Ausschmückung der Städte fort, die schon die freien Bürger mit Dombauten, Ratspalästen und Volksplätzen begonnen hatten. Jetzt allerdings standen die Kunstwerke, die später unter «Renaissance» klassifiziert wurden, unter dem Vorzeichen repräsentativer Schönheitsideale. Sie wurden von Patrizier-Mäzenen in Anlehnung an klassische Vorbilder in Auftrag gegeben.

Granducato di Toscana

Die Toskana geriet vollends unter die Herrschaft des expandierenden Florenz. Mit dem ersten, oligarchischen, aber formal noch demokratisch regierenden Medici-Strang etablierte sich in Florenz erstmals die Stadtherrschaft eines Fürstenhauses. Wie ein Hund sein Revier markiert, so klebten die Medici ihr Wappen mit den sechs «palle» an sämtliche Rathäuser der militärisch vereinnahmten oder aufgekauften toskanischen Städte. 1494 allerdings vertrieben die Florentiner die Medici aus der Stadt. Der eifernde Sittenprediger und Fürstenfeind Savonarola, ein Dominikanermönch, wurde zum Erneuerer der florentinischen Demokratie berufen. Erst als der Papst ganz Florenz mit Exkommunikation bedrohte, wenn dem gegen die Kirche wetternden Häretiker nicht das Handwerk gelegt werde, stießen die Florentiner

Machtzentrum der Medici – Palazzo Vecchio

Savonarola vom Sockel und verbrannten ihn auf der Piazza della Signoria, wo eine bronzene Platte an den Scheiterhaufen erinnert, der im Mai 1498 dort loderte.

1513 saßen die Medici wieder im Sattel. Der 1537 aufgestiegene Cosimo I. vereinnahmte 1555 die alte Rivalenstadt Siena und hatte damit endlich auch den Süden der Toskana bis zur Maremma unter Kontrolle. 1570 ließ er sich vom Papst zum Großherzog krönen, zum absolutistischen Herrscher über den «Granducato di Toscana». Bis auf die Republik Lucca, einige Teile der Nordost-Toskana um das Herzogtum Massa Carrara und verstreute Küstenenklaven entsprach der Granducato dem heutigen Gebiet der Toskana. Perugia, das noch bis zum 15. Jahrhundert als toskanisch galt, geriet mit dem übrigen Umbrien immer stärker in den Einflußbereich des Kirchenstaates.

Wenn heute viele Florentiner mit nostalgischen Autoaufklebern für den «Granducato di Toscana» schwärmen, ist damit nicht das Medici-Herzogtum gemeint. Die Vergangenheits-Verklärung gilt den Nachfolgern der Medici. Mit dem Tod des letzten der sieben florentinischen Großherzöge, dem alkoholsüchtigen Gian Gastone Medici, wurde die Toskana 1737 im europäischen Schachspiel zwischen den Großmächten dem Ehemann der Maria Theresia, Franz II. von Lothringen, zugeschlagen. Vor allem dessen Nachfolger Peter Leopold und Ferdinand III. sind der Schwarm der Nostalgiker.

«I Lorena», wie die habsburgisch-lothringischen Toskana-Herrscher genannt wurden, etablierten einen aufgeklärten, reformfreudigen Absolutismus. Sie schafften die Todesstrafe und die Folter ab, dezentralisierten die Verwaltung – weg von Florenz – und wollten sogar der unter den Medici immer einflußreicher gewordenen Kirche die Flügel stutzen. Ebenso wie in Umbrien war das Land seit dem 16. und 17. Jahrhundert immer stärker parzelliert worden und gehörte den großen Latifundisten, Adligen wie Bürgern, die von der Stadt aus ihre Geschäfte mit den von Halbpächtern bewirtschafteten Grundstücken führten. Reformvorschläge, die für die Sozialordnung der Toskana zentrale Halbpacht abzuschaffen, scheiterten jedoch am Widerstand der Großgrundbesitzer. Bleibender Verdienst der letzten Großherzöge ist die Entsumpfung des Chiana-Tales und eines Teils der Maremma. Mit Ausnahme eines napoleonischen Zwischenspiels, als der Franzosenkaiser in der Toskana das «Königreich Etrurien» ausrief (1801 bis 1815), regierten die Habsburger bis zum Volksentscheid von 1860, mit dem die Toskaner sich mehrheitlich für den Eintritt ins Königreich Italien entschieden.

In Perugia brach im Nationalfieber des Risorgimento 1859 die offene Revolte gegen die Kirche aus. Die angerückten Schweizer Soldaten des Papstes schlugen den Aufstand blutig nieder. Das «Massaker von Perugia» wurde jedoch bald zum propagandistischen Bumerang gegen den reduzierten Kirchenstaat. Am 11. September 1860 marschierten die piemontesischen Truppen ein. Auch die «Provincia dell' Umbria» gehörte fortan zur neuen Nation Italien.

WIEGE DER KULTUR

VOM UMGANG MIT SCHÄTZEN

In Umbrien müssen Reisende sich bibelfest zeigen. Die Region schenkte Journalisten in Perugia 1989 zur Imageförderung einen kiloschweren Bildband über das «sakrale» Umbrien. Mit raffinierten Fotos und eleganten Essays präsentierte dieses Werk ein Häufchen heiliger Frauengestalten, die im Spätmittelalter zwischen Montefalco und Orvieto Wunder wirkten. Auf dem Spielfeld der Päpste, im mystischen Umbrien, lebten sich die Künstler mit Vorliebe an religiösen Themen aus. «Wir gucken da gar nicht mehr hin», sagt ein Rathaus-Beamter, der täglich unter einer wertvollen «Maria mit Engeln und Heiligen» Akten wälzt. «Natürlich sind diese Bilder hohe Kunst, aber hier in Umbrien haben sie alle das gleiche Thema. Hat man eines gesehen, hat man alle gesehen.»

Aber auch die Toskana langt im sakralen Bereich wuchtig hin. Von der Masse der Kunstwerke in Kirchen, Kapellen und Grabkammern lassen sich selbst nordische Agnostiker überwältigen, auch wenn der tiefere Sinn der mysteriösen Bilder, Plastiken und Bauwerke oft verschlüsselt bleibt.

Eremitenklausen und kuttenbehangene Käuze trifft man allerorten in den abgelegeneren Ecken Mittelitaliens, überall dort, wo hinter Felsen und Dörfchen die Häretiker aus Umberto Ecos «Name der Rose» hervorschlüpfen könnten. Ein Buch wie dieses konnte nur in Italien geschrieben werden. Das Land ist so dicht mit Andenken aus Jahrhunderten weltlicher und religiöser Kämpfe gepflastert, daß jedes Schulkind inmitten einer lebendigen Ahnengalerie großer Geister, gieriger Potentaten, häretischer Heilsucher und berühmter Kirchenkünstler aufwächst. Die Toskana ist die am reichsten bedachte italienische Region, als «Wiege der europäischen Kultur» Zielpunkt eines immer schnelleren Kulturtourismus, der die Kunstwerke wie Fast food verschlingt.

Besonders im Karussell von Florenz entgeht man dieser Art von Überfütterung nur mit Not. Nicht unterzugehen wird zur eigentlichen Kunst. Wer sich nicht von goldbeschlagenen Madonnen und ewigen Götzenbildern martern lassen will, wird vielleicht zu Bauwerken und Stadtarchitektur auch ohne Intimkenntnis von Stilepochen unmittelbaren Zugang finden. Für den Genuß der Betrachtung genügt oft der Eindruck der manchmal harmonischen, manchmal bizarren urbanen Kontraste zwischen etruskisch-römischen Relikten, mittelalterlichen Palazzi, marmorstrotzenden gotischen Domen und dem Tanz der Renaissance-Bauten.

Das Gesamtkunstwerk der gleichsam im 16. Jahrhundert eingefrorenen toskanischen und umbrischen Städte hat Massenappeal, weil hier der Reichtum einer der spannendsten Epochen der europäischen Kunstentwicklung aufgehoben ist. Nach dem ersten Aufblühen der Renaissance allerdings, mit Ausbau des Großherzogtums Toskana und der Übernahme Umbriens durch die Kirche, verblaßte die Strahlkraft der Regionen. Beschäftigung mit Kunst bedeutet deshalb für Toskaner wie Umbrer das Schielen auf eine glorreiche, weil versunkene Zeit. Selbst die jüngsten Künstler kommen an Michelangelos David nicht vorbei. Große Würfe wie diese Figur oder Botticellis Venus sind zu tausendfach kopierten Ikonen geronnen – auf Postern, Tischdecken und T-Shirts; der Turm von Pisa ist begehrtes Exportgut, als Nachttischlampe oder Halter für Zahnstocher.

Michelangelos Engel

Vor Ort liefern selbst die gefürchteten unermüdlichen Touristenführer manchmal interessante Aufschlüsse. Reliefs, Statuen, Tafelbilder und Fresken erzählen oft ganze Geschichten, die zu ihrer Entschlüsselung detektivischen Spürsinn verlangen. Oft hat der Künstler sich selbst als Randperson gemalt, oft seinen Auftraggebern vorteilhafte Heiligenkutten oder mißliebigen Zeitgenossen den Part des Bösen verpaßt. Zur Zeit der Entstehung der Bilder gab es vielgelesene Heiligen-Geschichten wie die «Goldene Legende» eines gewissen Jacopo da Varagine aus dem 13. Jahrhundert, deren Inhalt durch die Vermittlung der Priester Volksgut war. Renaissance-Fresken wie die berühmte Kreuzesgeschichte von Piero della Francesca in Arezzo oder Luca Signorellis Malereien im Dom von Orvieto haben sich an dieser Legendensammlung orientiert. Die Lieblingsformel der Führer, diese Bilderfolgen stellten eine Art Kino des Mittelalters dar, entstammt sinngemäß dem Munde von Papst Gregor dem Großen: «Bilder werden in den Kirchen angebracht, damit jene, die der Schrift unkundig sind, an den Wänden lesen können, was sie in den Büchern nicht zu lesen vermögen.»

Aber die Kirchenkunst zwischen Mittelalter und Renaissance war trotz dieses Lehrauftrags längst nicht allen Betrachtern verständlich. Als der Maler Luca Signorelli im April 1500 in Orvieto den Auftrag bekam, für 575 Dukaten die neue Kapelle des Domes auszumalen, konnte er sich beim kirchlichen Lieblingsthema «Höllenqualen der Verdammten» Anregungen von den Teufelsgestalten und zerfetzten Leibern des Reliefschmucks der Domfassade holen. Beim Ausarbeiten des gesamten Bildprogramms mußte er sich jedoch von theologischen Beratern anleiten lassen, die die Vorlieben und Interessen der örtlichen Kirchenbonzen kannten. Signorelli hat dann eine Paradereihe knackiger Ärsche gemalt wie nie jemand zuvor – solange die theologische Didaktik stimmte, störte das die Pfaffen offensichtlich kaum.

Mancher «guida turistica» schreckt vor solchen lästerlichen Bemerkungen nicht zurück. Eine Prise Patriotismus gehört jedoch auch mit zum Geschäft. «Michelangelo ist der größte Künstler aller Zeiten», quirlt ein Führer in Pisa. «Und er ist Italiener! Über ihm sind nur der blaue Himmel, die Sterne, ein Schwarm Engel und – Gott selbst.»

Närrisch durch Kunst

Auch in solcher Obhut kann mancher noch angesichts der Meisterwerke in Ekstase geraten. Im Kunstdschungel von Florenz mußten etliche Touristen psychiatrisch behandelt werden, die ob des übermächtigen Eindrucks zu schnell konsumierter Werke ausgeflippt waren. «Vor allem beim ersten Mal ist die ästhetische Schönheit auch geheimnisvoll», erklärte die behandelnde Ärztin. «Dann stehen wir vor etwas, dem gegenüber wir schwebend bleiben, um es zu be-

greifen, und das ist sehr schmerzhaft. Dabei kann man sich selbst verlieren.»

Solches Entzücken muß im Florenz des ausgehenden Mittelalters an der Tagesordnung gewesen sein. Das Interesse an Kunstwerken fesselte nicht nur eine Elite von Kaufleuten und Mäzenen, sondern das ganze Volk. Über die Auftragsvergabe für die großen Kommunalbauten – Dom, Baptisterium, Campanile und Domkuppel – entschieden Gremien mit Vertretern aller Berufssparten der Bürgerschaft. Der Baumeister Brunelleschi bekam erst nach langem Kampf den Zuschlag für seine riskante Wölbung der zum Florenz-Symbol gewordenen «cupola» des Domes.

Künstler des 13. Jahrhunderts, die sich erstmalig aus den religiösen Zwangsjacken des Mittelalters hervorwagten, konnten über Funde aus der Etruskerzeit «fast närrisch werden», wie ein Zeitgenosse schreibt, denn die naturgetreuen etruskischen Darstellungen von Pflanzen und Tieren schienen ihnen von geradezu göttlichem Kunstwert. Der strenge Weltverbesserer Savonarola, dessen Askese-Anspruch den Maler Botticelli dazu führte, sein Schaffen aufzugeben, erzürnte sich 1492 über den Kunstfimmel der Florentiner: «Über ein gutes Gemälde sind die Leute oft so entzückt, daß sie bei seiner Betrachtung zuweilen ganz außer sich geraten und fast sich selbst vergessen.»

Selbst der absolutistische Medici-Herrscher Cosimo I. vertraute sich in Fragen der Ästhetik seinen gewieften Untertanen an. Die gewagte Perseus-Statue des Bildhauers Benvenuto Cellini ließ er, um die Publikumsreaktion zu testen, 1553 noch vor Vollendung auf der Piazza della Signoria aufstellen. Stundenlang, so erzählt Cellini in seiner Autobiographie, suhlte sich der Herzog am Fenster des Palazzo Vecchio im Jubel der Piazza, wo die Begeisterten nach Sitte der Zeit unzählige schwärmerische Sonette an die Wand hefteten und sich «ein unmäßiges Geschrei zum Lobe des Werkes erhub».

Die Anfänge der Renaissance legen Kunsthistoriker gemeinhin ins frühe 15. Jahrhundert, als sich mit der «Wiedergeburt» antiken Formengefühls die Baukunst vom spitzig-himmelsstrebenden Schwung der Gotik verabschiedete und wieder menschlicheres Maß suchte. In der Malkunst tauchen naturalistische Darstellungen auf, Porträts werden zu Charakterstudien, sind nicht mehr tausendfach wiederholte Schablonen. Kunstwerke bekommen auch politischen Charakter, religiösen Darstellungen werden weltliche Anspielungen untergemogelt. Aber schon vorher tauchen politische Allegorien auf. Die schönste ist der Freskenbogen im Palazzo Pubblico in Siena, wo der Künstler Ambrogio Lorenzetti 1338 im Auftrag des demokratischen Rats der «Neune» die «Auswirkungen der Guten und Schlechten Regierung auf Stadt und Land» malte. Sein «buongoverno» wurde zum Inbegriff früher Landschaftsmalerei und zur stehenden Formel, wenn es gilt, heutigen Politikern ein ordentliches Regieren abzuverlangen.

Die enthusiastischen Florentiner entwickelten später gezielten politischen Kunstsinn. Der vielzitierte David wurde 1504 in einem riesigen Gerüst hängend auf die Piazza della Signoria in Florenz geschafft, wo eine Kopie noch heute steht. Den Auftrag hatte 1501 die republikanische Stadtregierung der Signoria gegeben, stolz darüber, die Medici vertrieben zu haben (für kurze Zeit, 1494 bis 1512): So wurde der David ein Symbol für den Kampf gegen

Idealbild Lorenzettis – Gute Regierung in Stadt und Land

die übermächtige Dynastie. Michelangelo hatte Donatellos David im Sinn, der 1408 als politisches Freiheitssymbol von Florenz entstand und die Inschrift trägt: «Denen, die mutig für das Vaterland kämpfen, werden die Götter auch gegen die schrecklichsten Feinde Beistand gewähren.»

Die neuen Medici

«Wenn man sich klarmacht, welche enormen Anstrengungen und Geldausgaben unsere Vorfahren auf sich nahmen, solche barbarischen Werke hervorzubringen», schrieb der Engländer Addison um 1700 beim Anblick des Domes von Siena, «dann versucht man sich unweigerlich vorzustellen, welche architektonischen Wunder sie uns hinterlassen hätten, wenn sie nur besser geleitet worden wären.» Für die gotischen Formen der zebragestreiften Sieneser Kathedrale hatten die an antiker Klassik geschulten, auf Rom, Barock und Spätrenaissance gepolten Zeitgenossen des 18. Jahrhunderts wenig übrig. Während Siena heute als gotische Stadt schlechthin Ziel der Touristen ist, klebten die Sieneser selbst noch im 17. Jahrhundert klassische Fassaden an ihre Stadtgebäude, versuchten Palazzi zu begradigen und beklagten sich, daß ihre Piazza – der wunderbare Campo – so krumm gewachsen sei. Erst als die Romantik Anfang des 19. Jahrhunderts das Mittelalter wiederentdeckte, beeilten sich die Sieneser unter dem Aufruf «Retten wir unsere Monumente!», die zerfallenden Gemäuer zu restaurieren, falsche Kulissen abzupflücken und den Originalzustand wiederherzustellen. So erhielt die auf krummen Hügeln balancierende Stadt ihren Charakter zurück, der heute mit allen Mitteln gehütet wird.

Die wertvollen Relikte der Vergangenheit sind neuerdings allenthalben in aufmerksame Hände geraten. Die Privatwirtschaft hat ihren Nutzen als Produktivkraft entdeckt. Seit Anfang der achtziger Jahre, als sich mit dem Aufkommen der privaten Fernsehsender ein weites Werbefeld öffnete, ergriffen viele Firmen die Gelegenheit, mit kulturellem Einsatz ein neues Image von sich zu projizieren. Unter vielfältigen Gesichtern wie Neo-Mäzenatentum, Sponsorisierung, Promotion, Werbung und Stiftungen mischen sich seitdem die muskelstarken Kapitalisten ein, wo der Staat offensichtlich versagt.

Daß das kulturelle Erbe von Zerfall und Zerstörung bedroht ist, gehört zur Grunderfahrung des Touristen: schlecht geführte Museen mit unsinnigen Öffnungszeiten, von Vandalen zerstörte Kunstschätze, ausgeraubte Etruskergräber, von Luftverschmutzung zerfressene Monumente. Was anderswo liebevoll gehätschelt würde, liegt unbeachtet herum: antike Fragmente neben Stadtmüll in staubigen Hinterhöfen, vergessene Meisterwerke in den unergründlichen Staatsarchiven.

Zwei Drittel aller europäischen Kulturschätze lagern in Italien, eine nicht zu bewältigende Bürde. Nirgendwo sonst sprießen aus jedem zweiten Acker antike Statuen, entpuppen sich ganze Landstriche als überwachsene Etruskerfriedhöfe, lagern Monumente aus drei Jahrtausenden wie in einer immensen Kulturtorte geschichtet. Um den Archäologie- und Kunstgarten Italien angemessen zu pflegen, bräuchte das chronisch unterfinanzierte Kultusministerium eigentlich einen Etat so groß wie das Verteidigungsbudget, erhält aber aus dem Jahreshaushalt nur einen Anteil von knapp einem Viertel Prozent. Allein die jährlich anfallenden, regulären Restaurierungsarbeiten werden auf über 700 Millionen DM veranschlagt – eine Überforderung der knappen Ressourcen des hoffnungslos verschuldeten Staates.

DADA/DAVID

RI/COGNIZIONE PER UN IMPROBABILE IDENTIKIT

Nichts geht ohne David

In den roten Regionen mit ihren halbautonomen Finanzbudgets werden zwar weitere Mittel lockergemacht, trotzdem bleibt der Privatwirtschaft noch ein weites Feld. 1985 machten der Fiat-Konzern, die Florentiner Versicherungsgesellschaft La Fondiaria und die Sieneser Großbank Monte dei Paschi di Siena von sich reden, als sie mit einem Aufwand von fünf Millionen Mark in der Toskana die bisher größte Etrusker-Show inszenierten,

eine grandiose Ausstellungsreihe, von der Toskaner noch immer mit leuchtenden Augen erzählen.

An vielen wegen Restaurierung geschlossenen Stätten klebt neben den Bekanntmachungen des Kultusministerums das Logo kleiner und großer Sponsor-Firmen. Der Freskenzyklus Piero della Francescas in Arezzo wird mit Unterstützung der Banca Popolare dell'Etruria e Lazio zum 500jährigen Geburtstag des Malers restauriert, gesponsort unter

Feilschen um Kulturgüter

dem Motto: «Una banca fa cultura».

Zwischen Unkraut und Frucht läßt sich auf dem florierenden Mäzenatenfeld oft schwer unterscheiden. Der Modefabrikant Umberto Ginocchietti aus Perugia ersteigerte 1987 für sensationelle drei Millionen Mark in Venedig einen echten Tizian – daß das Werk somit nach Umbrien geholt wurde, feierte man als kulturellen Erfolg. Der Rummel um den Tizian, strahlte Ginocchietti, habe seiner Strickwarenfirma soviel Publicity gebracht, daß er den Kaufpreis für das Bild schon bald wieder heraus haben werde.

Der englische Observer fand die Bezeichnung «New Medicis» für diese Neo-Mäzene, die Nachfolger des Gaius Maecenas aus Arezzo, der selbst Dichter war und Förderer des Vergil und Horaz. Mindestens unter den späteren Medici kommt die Kunstförderung den Anstrengungen der heutigen Imagesucher nahe, die ihren Apparat springen lassen, um sich als Kunstliebhaber zu profilieren. So holte Cosimo I. den großen Gelehrten Galileo Galilei als Hofmathematiker nach Florenz, weil im Aufschwung der Naturwissenschaften neue Erkenntnisse den Ruhm des Förderers zu

heben versprachen. Zwar ließen die Medici Galilei später fallen, als der Streit mit der Inquisition zu unbequem wurde, aber der Publicity-Effekt war bereits gelungen. Die von ihm entdeckten Jupitermonde hat Galilei nach seinen Förderern benannt – die Medici, so sagt man, sind die einzige europäische Dynastie mit einem Platz am Himmel.

Im Florenz des 15. Jahrhunderts investierten viele Partrizierfamilien in den Bau der Stadtkirchen, ließen Kapellen großartig ausschmücken und setzten ihre eigenen Palazzi nach den neuesten Kunstmaßstäben repräsentativ mitten in die Stadt. Ein Satz des in der Wollindustrie reich gewordenen Giovanni Rucellai kommt dem Ausspruch des Fiat-Chefs Gianni Agnelli nahe, seitdem Fiat wieder schwarze Zahlen schreibe, könne und müsse man Geld für Kultur ausgeben. Nachdem er sich vom besten Architekten der Zeit, Leon Battista Alberti, den schönsten Palazzo von Florenz hatte bauen lassen, erkannte Rucellai erfreut: «Ich habe nun fünfzig Jahre lang nichts anderes getan als Geld verdient und Geld ausgegeben, und es ist mir klargeworden, daß das Geldausgeben noch mehr Genuß bereitet als das Geldverdienen.»

POLITIK

UND ALLTAG

ROTE
REGIONEN

Die Toskana ist für jeden Spleen
ein tolles Haus. Auf Einladung der
Region herumreisende DDR-Jour-
nalisten schwärmten in den siebziger Jahren ekstatisch von der tiefen
Verwurzelung der kommunistischen Partei im toskanischen Volk
und den ungeheuren Fortschritten
des Sozialismus in der «roten Region». Angestrengte Linke können
auf den Spuren der Volksbewegun-
gen endlos durch die Geschichte der
frühen Stadtrepubliken rutschen.
Wie die Bildungssammler im Kunst-
paradies Museen und Kirchen abha-
ken, so erfolgt die Suche nach dem
revolutionären «popolo» auf allen
Plätzen und vor allen Rathäusern,
die dem Willen des Volkes ent-
sprangen. Konsequent läßt sich die
heutige Toskana mit ihren roten

PCI-Rathäusern zum Nabel der Humanität verklären. Auf der anderen Seite steht die nobel-nostalgisch orientierte Fraktion, die für Fürsten und Adelshäuser schwärmt: Meist Kenner edler Weine und Gourmets der Renaissance-Kunst, ringen die Medici-Liebhaber in ewigem Kampf mit den Medici-Zerschmetterern, die in der Florentiner Dynastie nur eine Bande von Tyrannen sehen.

Bildungsreisende der «Grand Tour» im achtzehnten Jahrhundert fuhren oft stur an den Kunstschätzen und der romantischen Landschaft Mittelitaliens vorbei. Goethe beispielsweise, dem Generationen von Italienreisenden ins gelobte Land eines zitronenblühenden «Arkadien» folgten, fiel weder auf die Verlockungen von Florenz noch auf die Heiligtümer von Umbrien herein. Die Liebe für die lieblichen Hügel und kulturträchtigen Städte kam erst mit der Wiederaufwertung der Renaissance. Der Schweizer Kulturhistoriker Jacob Burckhardt, der Mitte des vergangenen Jahrhunderts die «Kultur der Renaissance» umfassend beschrieb, ist vornehmster Protagonist der Toskana-Sehnsucht. «Zum Entzücken des nordischen Wanderers» fand er 1839 «hohe Paläste im Mondschein, Gärten, Terrassen, kühle Kirchen, Pinien und tiefviolette Bergschluchten; hier beginnt das Land der Träume, hier spielen die Novellen des Boccaccio.»

Den Deutschen haben es vor allem der spritzige Geist und die Kunstliebe der Toskaner angetan, da sie darin das Gegenbild zu den eigenen tumben und plattfüßigen Landsleuten sahen. Der kritische Heine, angeödet vom deutschen Spießertum, schrieb schon 1828 beim Anblick der Landschaft um

Lucca: «Und gibt es hier auch Philister, so sind es doch italienische Orangenphilister und keine plump deutschen Kartoffelphilister. Pittoresk und idealisch wie das Land sind auch die Leute.»

Die Italiener geben bei negativer wie positiver Verklärung eifrig Schützenhilfe. Faschisten wie Kommunisten hört man unbändig über die Regierung fluchen («Alles Verbrecher»), Toskaner wie Umbrer können im gleichen Atemzug Italien als Bruchbude denunzieren, die Regionalpolitiker als einen Haufen korrupter Säcke beschimpfen und dann das Lied von der kulturellen Überlegenheit des eigenen Städtchens, der eigenen Provinz, des eigenen Landes trällern.

Der Halb-Toskaner Kurt Erich Suckert, der sich italianisiert Curzio Malaparte nannte, hat die Toskana-Überhöhung mit seinem Buch «Maledetti Toscani» vollends auf die Spitze getrieben. Von ihm stammt der Spruch: «Und ein noch größeres Glück wäre es, wenn es in Italien mehr Toskaner und weniger Italiener gäbe.» Aus Malapartes provozierender Liebeserklärung reckt sich die Unverfrorenheit, lässige Arroganz und Bauernschläue der Toskaner keck als italienischer Idealtypus hervor. Denn: «Wer wird bestreiten, daß die Intelligenz in der Toskana zu Hause ist und daß selbst noch die Toren, die anderswo Toren bleiben, bei uns intelligent sind?»

Natürlich sind weder die Landschaft noch die Leute ganz so idealisch pittoresk, wie der Toskana-Spleen es will. Sicher sitzt den Toskanern ein widersässiger Geist im Blut, der noch aus der herrlichen spätmittelalterlichen Zeit der reichen Stadtstaaten stammen mag.

Aber diese Zeit liegt immerhin einige Jahrhunderte zurück. Die Bauern sind genauso schlitzohrig oder tölpelhaft, die Städter so egoistisch und kleinkrämerisch wie anderswo, wenn auch sicher durch die Kultur und die Landschaft schon früh an höherer Ästhetik, auch an Diskutierlust und Schauspielfreude erprobt. Dem Sommerwesen mit seinem schwatzhaften Treiben auf idyllischen Dorfplätzen folgt winters ein zurückgezogeneres Dasein. Die kalten Monate auf den Hügeln und Bergen Mittelitaliens sind länger und härter, als sich die meisten sonnenverwöhnten Sommertouristen ausmalen. Auch das gehört zum Toskana-Mythos: Im heimgebrachten Bilderreservoir lebt das Sehnsuchtsland nur unter strahlendem Hitzehimmel. Schon eine Frühjahrswanderung auf noch winterhartem, von eisigen Regenschauern langsam schlammig werdendem Boden kann diesen Traum in die rechte Perspektive rücken.

Hinter den Ballungsräumen der Ebenen dehnen sich im toskanischen Hügelland immer wieder Weizenfelder, Wälder und die vielbesungenen Öl- und Weinberge. Bei Florenz haben Industrie und Urbanisierung die Postkartenidylle fast völlig verdrängt. Nur an den Hängen schlängelt sich die Kette der Zypressenreihen, deren Anblick selbst den Florentinern den Impuls verleiht, wochenends in die umliegenden Hügel zu entfliehen – die toskanische Variante der Toskana-Sehnsucht.

Rivalität der Provinzen

An vielen Orten in der Toskana taucht ein Phänomen auf, das man «Dialektik der Provinz» nennen könnte (weniger im entschieden provinziellen Umbrien): Florenz – einst Weltstadt, jetzt als arrogant und verschlafen geschmäht und dennoch quicklebendig. Siena – im eigenen Saft schmorend, sich selbst genug, Historien-Provinz als inszenierter Lebensstil. Grosseto – immer Provinz gewesen, jetzt expandierend. Pisa – Provinz der Starre, festgehalten durch einen wackligen Turm, ausbalanciert durch eine überdimensionale Universität. Lucca, einst eine der reichsten Städte Europas, «schläft nun zeitvergessen seit einem Jahrhundert» (Alfred Kerr, 1920). Aus dem ungebrochenen Verhältnis zur einstigen Größe stammt das selbstverständliche Gefühl, es mit jeder Stadt der Welt aufnehmen zu können. Die Toskaner sind stärker ihrem Land und ihrer Stadt verbunden als andere Italiener, außerdem nicht erst seit dem Ansturm des Tourismus weltgewandt und weltoffen. «Warum sollte ich nach Mailand oder Rom gehen?» lautet oft die Entgegnung auf die Frage, was Jugendliche eigentlich im abgeschiedenen Hinterland hält. Die über dreißig Millionen Touristen, die jährlich die Toskana besuchen, reichen als Beweis, daß hier immer noch das Zentrum der Welt liegt. «Ich muß doch nicht hier weggehen, schließlich kommt ihr alle zu uns!»

Die toskanische Mitte zwischen Prato und Livorno ist seit Jahrhunderten im Einflußbereich von Florenz, aber der Stolz auf die Identität der eigenen Stadtseele existiert unbekümmert weiter. Die Überlegenheit der Arno-Stadt wird von Nicht-Florentinern mit geringschätzigem Achselzucken abgetan. Der «campanilismo», der Kampf der hundert Kirchtürme, existiert in abgeschwächter Form in Rivalenstädten

Im rapiden Wandel der Modernisierung

wie Florenz, Lucca, Pisa und Siena fröhlich weiter.

Jeder Toskaner wird seine eigene Liste noch schwelender Konkurrenzgefühle aufstellen, je nachdem, aus welcher Stadt er kommt. So werden beispielsweise Animositäten zwischen Livorno und Pisa, Florenz und Arezzo, Lucca und Pistoia gepflegt; in Umbrien etwa gärt noch die Alt-Konkurrenz zwischen Perugia und Assisi, als Heimat des heiligen Franz die «moralische Hauptstadt». Ewige Schmach für die Florentiner ist, daß die einzige internationale Verbindung, der Flughafen Galileo Galilei, an der nebelfreien Küstenzone bei Pisa liegt, während die eigene Flugpiste Peretola mit zu kurzer Landebahn vor sich hin kümmert. Gängigster Schmähspruch ist auch deshalb noch immer: «Meglio un morto in casa che un Pisano all' uscio! – Lieber ein Toter im Haus als ein Pisaner vor der Tür.» Die Florentiner neiden Siena den Ruf, das reinste Italienisch zu sprechen, und verhöhnen das wie ein gehauchtes «h» (fast wie «ch») ausgesprochene «k» der Sieneser mit der übertrieben betonten Witz-Order: «Una Chocha Chola chon la channuccia chorta – eine Coca-Cola mit kurzem Strohhalm.» Die Sieneser schlagen mit ähnlicher Häme zurück, in Anspielung auf die frühe Unterjochung der Florentiner durch die Medici: «I Fiorentini mangiano fagioli e leccano tovaglioli – Die Florentiner fressen Bohnen und lecken Servietten.»

Untergang einer Kultur

Doch die Toskana und Umbrien sind moderne, auf Fortschritt geeichte Regionen, wo solche Sprüche hauptsächlich noch für Lokalkolorit sorgen. Im rapiden Wandel der Modernisierung ist auch ein typisch mittelitalienisches Fossil, die Wirtschaftsform der Halbpacht, endgültig dem Untergang geweiht. Als Relikt der Feudalzeit hat die «mezzadria» in einer Zeitkapsel bis ins zwanzigste Jahrhundert überdauert, ein Leckerbissen für Soziologen und Anthropologen. Jetzt hagelt es Doktorhüte für mitunter sehr einfühlsame Feldforschungen unter den letzten überlebenden «mezzadri».

Bauernmuseen sprießen seit dem Verschwinden der «civiltà mezzadrile» wie Pilze aus dem Boden. Oft sind es neutoskanische Ausländer und Intellektuelle, die mit ihrem liebevollen Blick auf eine untergehende Kultur den Toskanern selbst erst den Wert dieser Traditionen ins Bewußtsein rufen. «Aber das Leben besteht nicht nur aus einer Sache», so hebt Domenico, ein umbrischer Kleinbauer, zu einer Litanei über die Vorzüge des Stadtlebens an. «Ihr Städter sagt mir, das Landleben ist schön, ich sage euch: das Stadtleben ist schön. Heute stehe ich den ganzen Tag im Wald und schlage Holz, aber dann ziehe ich mir meinen besten Anzug an, fahre nach Tavarnelle und bin da den ganzen Abend ein Signore!»

«Das kulturelle Substrat der Mezzadria war der Humus für die Ausbildung des Klassenbewußtseins», tönt es aus dem Munde eines Gewerkschafters in Florenz. Die Bauernkultur, so die gängige Sicht, hat die mittelitalienischen Regionen rot eingefärbt. Wie rot noch die kleinsten Kommunen im umbrischen Hinterland sind, kann sogar der flüchtige Reisende an den Ortseingangsschildern ablesen. Das Engagement gegen Atom und für den Frieden wird mit Schildern wie «Zo-

Einem Toskaner gegenüber verspüren alle ein Unbehagen … Es genügt das Erscheinen eines Toskaners, um ein Fest, einen Ball, ein Hochzeitsmahl in eine trübe, stumme, kalte Zeremonie zu verwandeln … Eine hohe Tugend der Toskaner ist diese unverblümte Art. Du findest sie nicht nur im Munde von Lümmeln und Liederjanen, sondern auch im Munde eines Dante und eines Boccaccio, eine Sacchetti, eines Lorenzo Magnifico, eines Machiavelli … So ist es ein großes Glück für alle in Italien, daß die Toskaner intelligente und somit freie Menschen sind. Und ein noch größeres Glück wäre es, wenn es in Italien mehr Toskaner und weniger Italiener gäbe. Denn Italien benötigt Leute, die ihm Ehre machen; so wie ihm die Toskaner Ehre machen allein durch den Umstand, daß sie intelligent und frei sind, und deshalb, da sie mitten in Italien, Stützpunkt der Waage, sitzen, ein Gegengewicht gegen die beiden an Intelligenz und Freiheit armen Teile bilden, in die Italien geteilt ist.

Curzio Malaparte: Verdammte Toskaner. Rowohlt Verlag, Reinbek 1970

na denuclearizzata» oder «Città della pace» rausgehängt. Nach einem Gesetz zur Dezentrialisierung der Verwaltung können die Regionen seit 1970 autonom über ihre eigenen Finanzen entscheiden. Der Regionalrat der «roten» Toskana votierte 1988 einstimmig gegen weitere Subventionierung der toskanischen Kriegsindustrie. Ein harter Schlag für die Produzenten von Klein-U-Booten, Panzern und Raketen, die immerhin acht Prozent aller toskanischen Gemeinden mit Arbeitsplätzen versorgen.

Viele Rathäuser sind seit Ende des Zweiten Weltkriegs überwiegend in Kommunistenhand. Wo nicht die PCI die absolute Mehrheit hat, wie in Florenz beispielsweise, regieren Mitte-Links-Koalitionen oder das in den achtziger Jahren immer häufiger gewordene Parteiensträußchen des «pentapartito» (fünf Parteien) inklusive der Democrazia Christiana. Bei den Europawahlen 1989 trat als traditioneller Außenseiter die Provinz Lucca wieder als «weißer Fleck» auf. Eine Bastion des Kirchgangs und der Democrazia Christiana (DC) mit nur 25,8 Prozent PCI-Stimmen, gegen die 54,3 Prozent der rotesten Provinz Siena.

Trotz seiner staatstragenden, unstalinistischen Politik erleidet das Schlachtroß PCI – mit 1,5 Millionen Mitgliedern zweitstärkste italienische Partei und größte westliche KP – einen Wählerverlust nach dem andern und erwägt sogar, mit einer Änderung des Parteinamens endgültig auf sozialdemokratischen Kurs zu gehen. Bloß die «roten Regionen» Emilia Romagna, Toskana, Umbrien und ein Teil der Marken sind weiterhin PCI-geprägt. Bei den Parlamentswahlen 1987 bekam die KP national nur 26,6 Prozent, aber 43,4 Prozent der Toskaner und 42,4 Prozent der Umbrer stimmten kommunistisch.

Fragt man nach dem Geheimnis, so bekommt man beispielsweise von einem Jugendlichen die Antwort: «Wir hatten Gramsci, der einen völlig autonomen Weg des italienischen Kommunismus eingeschlagen hat – ihr hattet Rosa Luxemburg. Hier ist der Kommunismus volksnäher, immer auf praktische Solidarität aufgebaut gewesen – die kommunistischen Kulturzirkel ARCI, Sportgruppen, Genossenschaften und die Tradition der Arbeiterselbsthilfe der Volkshäuser (Casa del Popolo).»

Bewegte Geschichte

Die eigentlichen Wurzeln reichen bis ins 19. Jahrhundert zurück. Die italienische Einigung, die nach den Ideen des Freiheitskämpfers Garibaldi eine Republik gebären sollte, brachte schließlich eine konstitutionelle Monarchie, die zunächst für die Bauern höhere Steuern, Verarmung und Hungersnöte zur Folge hatte. In der Toskana bildeten sich sozialistische und anarchistische Zirkel aus Handwerkern, Arbeitern und Bauern. Das Brigantentum, vor allem in der Maremma, fand in der Bevölkerung breite Unterstützung als wilde Revolte gegen den neuen, als unterdrückerisch erlebten Staat. Die Halbpächter bildeten Bauernligen (Lega) unter Einfluß der 1892 gegründeten, an deutschen Vorbildern orientierten sozialistischen Partei.

Wiederholte Brotaufstände wurden von den Gutsbesitzern unter Einsatz von Carabinieri erstickt. 1900 erschoß der Anarchist Gaetano Bresci den König Umberto I.

Politische Landschaft –

Wie tief die Anarcho-Tradition noch verankert ist, zeigte sich 1988, als die Anarchisten der Marmorstadt Carrara gegen großen Widerstand das Recht erstritten, eine Statue des Königs-Attentäters aufstellen zu dürfen.

Mit dem Marsch auf Rom ergriffen die Schwarzhemden Mussolinis 1922 die Macht. In der Toskana und Umbrien fanden sie Unterstützung vor allem in großbürgerlichen und adligen Kreisen, die meist zugleich über Großgrundbesitz verfügten. Unter der ländlichen Bevölkerung hatten sie wenig Anhänger. In manche Arbeiterstädte wie Ponte a Ema bei Florenz durfte sich kein Faschist hineinwagen, wollte er nicht von den roten Genossen verprügelt werden. Erst nach der Konsolidierung der Macht zerschlugen die faschistischen «squadre» die Organisationen der Bauern und des Proletariats in den gut organisierten Textil- und Metallindustrien.

«Letztes Ziel» des Faschismus war laut Mussolini «die Umwandlung des Temperaments, des Charakters, der Intelligenz der Italiener». An Stelle des Bürgermeisters tauchte plötzlich die Figur des Podestà wieder auf, der als faschistischer Statthalter agierte. Statt der üblichen Anrede «lei» (Sie) sollte völkisch aufs ältere «voi» (Ihr) umgeschaltet werden. Statt der gewachsenen Kultur der Arbeiter wurden die faschistischen Freizeitzirkel des «dopolavoro» eingeführt und alte angebliche Volkstraditionen wiederbelebt. Die Arbeiterkinder, die beispielsweise im umbrischen Terni schon um die Jahrhundertwende über einer roten Fahne getauft wurden, durften nun in faschistischen Jugendgruppen dem Duce huldigen.

44

Neofaschisten, Kommunisten, Christdemokraten, Grüne

Als Mussolini 1943 auf Order des Königs verhaftet, dann von den Deutschen befreit und nach Norditalien gebracht worden war, wo er die kurzlebige Nazi-Kreation der Republik von Salò führte, bildeten sich bald die ersten Widerstandsgruppen aus den alten sozialistischen und anarchistischen Kampfzirkeln. Die Deutschen hatten halb Italien übernommen. Während von Süden mit dem Vorrücken der Alliierten zu rechnen war, formierten sich Partisanengruppen gegen die faschistischen Besetzer. Nachdem die bis nach Mittelitalien zurückgewichenen Deutschen sich im August 1944 aus Florenz zurückgezogen hatten und sich im nördlichen Apennin entlang der «Gotenlinie» verschanzten, wurden Umbrien und die Nordtoskana zum Operationsgebiet der Resistenza. «Hier gibt es kein Dorf, wo die Nazis nicht ganze Familien umgebracht haben», erzählen die alten Leute im Apennin. Ganze Dörfer wurden in Vergeltungsmassakern ausgerottet, bis im April 1945 alle Waffen schwiegen.

Compagni und cattolici

Vom revolutionären Kurs abweichend, den die KP nach der 1921 in Livorno erfolgten Abspaltung von der Sozialistischen Partei eingeschlagen hatte, wandelte sich die PCI in der Nachkriegszeit zur Massenpartei. In der Toskana kam aus der Erfahrung der Resistenza und dem Einsatz der Kommunisten für Bodenreformen eine starke kommunistische Bauern- und Arbeiterbasis zustande, von der andere Regionen nur träumen konnten. Aber die neugewählten roten Bürgermeister, oft in Koalitionen mit den Sozialisten, haben den Flirt mit der

45

Privatwirtschaft nie gescheut. Zum Teil waren es ja die eigenen «compagni», kommunistische Ex-Arbeiter oder Ex-Bauern, die als neue Besitzer kleiner Betriebe die Hilfe der Lokalverwaltung brauchten. Die Kommunisten stemmten sich nicht gegen den Fortschritt, der mit dem Wirtschaftswunder kam. Da der KP auf der nationalen Ebene nicht der Ruch der Korruption anhängt wie den anderen Parteien, wurde ihnen als cleveren und gebildeten Managern im lokalen Bereich auch von politischen Gegnern Vertrauen geschenkt.

Selbst mit der Kirche ergab sich eine zwiespältige Haßliebe, mit den linken Katholiken schließlich eine ausgeprägte Zusammenarbeit. Bekannteste Köpfe der «contestazione cattolica», der protestantischen Katholiken, waren Ende der sechziger Jahre die Priester Don Mazzi, Don Gomiti und Don Cacciolli in der Vorstadt Isolotto in Florenz. Sie kritisierten den Papst, propagierten öffentlich, nicht die Christdemokraten zu wählen, hielten ihre eigene Kirche besetzt und zelebrierten sonntäglich die Messe auf der Piazza im Viertel. Nachdem der Bischof sie ihres Priesteramtes enthoben hatte, fand Don Gomiti einen Posten in der Nationalbibliothek, Don Mazzi mußte sich schließlich als Elektriker verdingen.

Wes Geistes Kind selbst DC-Politiker sein konnten, zeigte der 1951 bis 1964 in Florenz amtierende Bürgermeister Giorgio La Pira, ein sozial engagierter Populist, der noch heute «heiligmäßigen» Ruf genießt. Auf einem Zusammentreffen mit dem Außenminister Jugoslawiens soll der Linkskatholik seinem kommunistischen Gesprächspartner als erstes die Gewissensfrage gestellt

haben: «Wo wohnst du? Wo arbeitest du? Wo betest du?» Die zwischen Marx und Jesus zerrissene Seele der Kommunisten wiederum stammt aus der bäuerlichen Tradition von Bodenverwurzelung, Gottesfürchtigkeit und Aberglauben. «Über dem Ehebett meiner Großeltern hingen zwei Ikonen», grinst ein Zwanzigjähriger im Mugello-Tal

Treffen in Cliquen

nördlich von Florenz. «Ein schönes Madonnenbild und eine Fotografie von Lenin. Mein Vater ist einer der unverbesserlichen alten Stalinisten, die uns ewig noch die Heldentaten aus der Resistenza vorbeten. Wenn ich mit ihm über den neuen PCI-Kurs diskutieren will, brüllt er mich nur an!»

Kino, Kleidung, Kneipe

Samstag abends ballen sich auf allen Hauptstraßen im einstigen «Tuscia et Umbria» Horden Jugendlicher zusammen, als gelte es, den Aufstand zu proben. Aber es handelt sich nur um die südländische «passeggiata», wegen ihres hautnahen Herumschiebens auch «lo struscio»

(Geschleife) genannt. Vierzehnjährige geschminkte Gören mit Babyspeck stolzieren als parfümduftende Diven durchs Gestrüpp modischer Jeans und metallbeschlagener Schuhe. Gestylter Outfit ist angesagt, möglichst teuer, möglichst nach den Vorgaben der letzten Yuppie-Magazine wie «Max», «Moda King» oder «Taxi».

«Mit vierzehn, wenn du das erste Mofa kriegst, fährst du regelmäßig zum Treff der Cliquen ins Zentrum», seziert der Student Giovanni aus Grosseto die Struscio-Mechanismen. «Eigentlich sind wir da alle eine große Familie, aber natürlich kristallisieren sich Gruppen heraus. Die von der Banca d'Etruria lehnen immer am Geldautomaten, dann gibt's die vom Stadtbrunnen, die von der Gelateria und die vom Zeitungskiosk. Mit achtzehn, wenn du dir ein Auto leisten kannst, hast du sicher auch eine feste Ragazza. Mit zwanzig mußt du dich langsam abseilen, wer danach noch kommt, paßt nicht mehr rein, er muß es irgendwie nötig haben.»

Die Jugendlichen haben mit den Kämpfen und Idealen der Alten wenig am Hut. Selbst die Geschichten der «sessantottini», der 68er Protestgeneration, sind für die meisten nur noch Stoff aus der Mottenkiste. Die Gewerkschaften haben nach einer Zeit härtester Streiks in den siebziger Jahren im neuen Wind kapitalistischer Automatisierung und Umstrukturierung nur noch spärlichen Zulauf. Umbrien und die Toskana sind wegen der vielen Kleinbetriebe ohnehin kein Gewerkschafterland. Neuestes Organisationsgebiet ist jetzt der Tertiärsektor, in dem immer mehr Jugendliche Arbeit finden. Der alte Selbsthilfe-Klub, die Casa del Popolo, dient vorwiegend als billige Pizzeria, Billardstube oder Aufstellplatz für die heulenden elektronischen Abschußkisten, an denen sich die Ragazzi von früh bis spät üben.

Die kommunistischen Kulturzirkel ARCI sind schon kreativer, wenn es darum geht, die Jugendlichen zu begeistern. «Die kommen hier in den Circolo ARCI, weil sie bei uns billig Musik machen können», meint der Jungkommunist Tiberio Maestrini in San Casciano bei Florenz. «Ich sehe ehrlich wenig, was sie sonst vom Hocker reißen könnte. Wir stellen die Räume, Verstärker und Mixer, damit können sie Demo-Tapes machen, in der Hoffnung auf den kommerziellen Erfolg.» Auf Klassenausflügen schmettern die Ragazzi noch die alten Canzoni eines Gino Paoli und Lucio Battisti oder versuchen sich an den einfacheren Songs der alten Garde der Cantautori von Lucio Dalla bis Francesco de Gregori. Die CD-Player im elterlichen Heim dagegen kitzeln Scheiben mit neuesten italienischen Seicht-Schlagern und englischem Pop, wenn's hochkommt auch mal mit dem Hausgemachten: toskanischer New Psychedelics und Rockadepten wie Litfiba, Ozones und Chiuso per Ferie. Von der Mattscheibe strahlt der Kommerzsender «Videomusic» den ganzen Tag nur Video-Clips der internationalen Hitparade. Wenn die Eltern in den Federn schnarchen, klicken die Zöglinge per «telecommando» durch zwanzig Kanäle, bis sie den abendlichen Softporno erwischen – natürlich nicht auf den Staatswellen der RAI oder den offiziösen Privatstationen wie «Teleetruria» und «Italia 1», sondern in den Plüschstudios winziger Lokalsender, die oft stundenlang lukrative Angebote von Perlenketten, Pelzmänteln und scheußlichen Messingbetten ausstrahlen.

«Tutti casa, ristorante e famiglia» nannte 1987 die Florentiner Tageszeitung «La Nazione» die braven Ragazzi von heute – in Abwandlung des alten Spruchs «Kinder, Kirche, Küche», der noch bis vor kurzem die Lage der italienischen Frauen treffend beschrieb. Die durchschnittlich hundertfünfzigtausend Lire Taschengeld gingen nach einer Umfrage unter fünfzehn- bis neunzehnjährigen Florentinern vorwiegend für die Triade Kino, Kleidung, Kneipe drauf. Viele Jugendliche kehrten sogar nach einem kurzen Abstecher in die Außenwelt – eigene Wohnung mit Gleichaltrigen – wieder in die noch immer intakte Familie zurück.

In der auf mitteleuropäisches Maß geschrumpften heiligen «famiglia» sind die Regeln nicht mehr so starr, die Jugendlichen freier als früher. «Natürlich bleiben die Kinder in der Familie, bis sie eine eigene gründen», schwärmt die Mamma eines Fünfundzwanzigjährigen in Perugia. «Das ist doch nur natürlich und für alle das Beste. Wenn mein Sohn seine Freundin mitbringen will, kann er das tun. Wenn er bis um fünf Uhr morgens in der Disco hopsen will, braucht er mir nur Bescheid zu geben, damit ich beruhigt bin, daß er nicht in Drogenkreise gerät.» Daß sie ihm somit notfalls noch im Alter von 35 die Unterhosen waschen wird, ist selbstverständlich.

Gut neunzig Prozent der Jugendlichen, so ergab 1989 eine nationale Umfrage, glauben an Gott, ohne daß allesamt überzeugte Katholiken sind. Noch immer halten sich 39 Prozent der jungen Männer für das überlegene Geschlecht, selbst 23 von hundert «ragazze» sind so traditionell gepolt. Daß sich nur wenige Jugendliche in herkömmlichen politischen Gruppierungen, sondern allenfalls in «präpolitischen» Vereinen wie Umweltschutzgruppen engagieren, erklärt sich aus tiefem Mißtrauen: Nur 17 Prozent haben Vertrauen in die Parteien, 66 Prozent geben den korrupten Politikern die Schuld an chronischen Übeln wie hoher Jugendarbeitslosigkeit.

In Selbsthilfe gründen die Jugendlichen vermehrt Kooperativen, oft computergestützt, zukunfts- und marktorientiert, vor allem im boomenden Agriturismo-Bereich. Die 21jährige Luciana, Tochter einer zu selbständigen Bauern gewordenen Mezzadri-Familie, erzählt, wie sie nach unglücklicher Schulzeit endlich Arbeit in einer Kooperative junger Textilarbeiterinnen fand, die großen Modefirmen zuarbeitet. Oft hapert es mit dem Abstottern der Kredite und selbst der Auszahlung von Löhnen, «wenn nicht genügend Arbeit da ist oder wir unbezahlt auf neue Kollektionen warten». Früher war das Maximum an Entertainment, wenn Luciana zum Madonnenfest oder zum KP-Fest der «Unità» durfte. Jetzt hat sie einen Kleinwagen, einen Freund und «darf in die Disco, weil die Eltern kapiert haben, daß es für alle gut ist, wenn ich nicht Trübsal blasen muß. Am Wochenende sitze ich nicht mehr rum, sondern bin auf allen Festen der Umgebung.»

Der Brunnenplatz in der südlichsten Ecke Umbriens atmet Proleten-Atmosphäre. Auf der Piazza in Narni verströmen die abends versammelten Ragazzi nicht die zurückhaltend-zivile Schaustellerhaltung der mittelitalienischen Bauern-Passeggiata, sondern rüpeln lautstark und vulgär wie an den Straßenecken der römischen Vorstädte. Man rattert mit einem Graffiti-beschmierten Aufzug hoch ins mittelalterliche Stadtzentrum, bewacht von einer Videokamera. Aber oben, am romanischen Dom und dem Palazzo del Podestà aus dem 14. Jahrhundert, erklärt nichts das sonderbar unbäuerliche Gehampel der Jugendlichen. Der Blick über die Ebene unten bei Narni Scalo gibt schon eher Aufschluß. Im Vordergrund der rot-weiß gestreifte Superschlot der Elettrocarbonio, dahinter die Autobahn und das Industriegebiet von Terni. Noch bis 1906 stand in

der Ebene unterhalb von Narni kein einziges Haus außer dem Bahnhof und einer rauchenden Fabrik. Jetzt ragt der Riesenschlot über eine bis zum Nera-Fluß reichende Arbeiterstadt. Die Chemie von Narni produziert vor allem gigantische, sechs Meter hohe Kohlenelektroden für die Schmelzkathoden der Schrott-Hütte ILVA, deren Werkskomplex man bei klarem Wetter am Ostrand des Industriebeckens Terni-Narni erkennt.

Daß sich ausgerechnet hier im umbrischen Hinterland Chemie- und Stahlproduktion ballen, verwundert zunächst angesichts des idyllischen Wald- und Hügellandes. Auch in der Toskana überraschen einige spukartig an der Küste oder zwischen Hügeln auftauchende Schwerindustrie-Inseln. Riesenbagger haben die Ostseite der Chianti-Berge bei Montevarchi in eine surrealistische Braunkohlenöde ver-

LAND UND WIRTSCHAFT

IM DRITTEN ITALIEN

wandelt; Piombino an der Küste gegenüber Elba erinnert an die Hochöfen der Dortmunder Hoesch und Hüttenunion; beim Strandort Follonica stinken eine Aluminiumhütte und ein Schwefelsäurenwerk um die Wette. Es sind aber isolierte Standorte geblieben wie die Terni-Zone in Umbrien. Mittelitalien ist über diese wenigen, vorwiegend staatlichen Kraftakte zur Implantierung von Großindustrie nicht hinausgekommen.

Der ILVA-Komplex in Terni entstand Ende des letzten Jahrhunderts im mit Wasserkraft gesegneten Nera-Tal als reine Rüstungsindustrie. Die frisch vereinte italienische Nation versuchte sich als Spätkömmling in Imperialismus. Die mit staatlichen Subventionen gebauten Schmelzöfen lieferten den Stahl für die notwendige Schiffsflotte. Mit Bedacht wurden die Terni-Werke in das bäuerliche Hinterland gelegt: Spoleto lieferte Braunkohle, die Flüsse Nera und Velino die Energie; vor allem aber lag das Olivenbecken um Terni im strategisch sicheren Binnenland und weitab von den ersten flackernden sozialistischen Bewegungen der Städte. Italien baute sich damals unter dem Schutz hoher Zölle eine Schwerindustrie auf, die jedoch auf lange Sicht nur im geographisch und historisch begünstigten Norden eine Chance hatte. Mit der Stahlkrise kam seit den siebziger Jahren der Pleitegeier ins Terni-Becken. Hier wie im toskanischen Piombino herrschen ruhrgebietsähnliche Zustände. Ohne staatliche Infusionen ist der industriellen Herrlichkeit das nahe Ende sicher.

Aus Bauern Unternehmer

«Mit dem Tabak sind die Leute auf den Geschmack des Geldes gekommen», brummt Livio Dalla Ragione, Spezialist für Bauerntradition, hinter einem gewaltigen Schnauzbart. Livio, aus einer umbrischen Bauernfamilie stammend, hat in Città di Castello in Nordumbrien in langjähriger Sammelarbeit das erste umbrische Museum der «civiltà contadina» aufgebaut. Die mittlerweile zahlreichen Bauernmuseen und Zentren für Volkskultur, auch viele der «historischen Festivals» sind ein Reflex auf den Abschied vom agrarischen Mittelitalien, auf den enormen Industrialisierungsschub selbst rund um solche gottvergessenen Provinznester wie Città di Castello, das aufstrebende Tabak- und Industriezentrum im oberen Tibertal.

Hinter den Objekten in Livios Museum ahnt man die Knochenarbeit auf den «poderi», den kleinen Gütern der Halbpächter, und die Schufterei für den Grundbesitzer, die Abhängigkeit von Erntezufällen und der Laune des Padrone. Klassisches Halbpachtland ist die «Toscana urbana» im zentralen Hügelland. Die «fattoria» (in Umbrien auch «tenuta») des Landbesitzers umfaßte zwischen vier und dreißig «poderi», die gerade groß genug waren, daß der «capoccia», der Chef der Mezzadro-Familie, seine Angehörigen ernähren konnte. Der Padrone stellte Haus, Boden, Saatgut und Geräte, während der Mezzadro alle Arbeiten auf dem Grundstück tun und meist die Hälfte des Ertrages abliefern mußte.

Mit dieser rationalen Kapital- und Arbeitsteilung blieb die Mezzadria über Jahrhunderte stabiler

Pfeiler der vorwiegend landwirtschaftlichen mittelitalienischen Ökonomie. Schon im vergangenen Jahrhundert galt sie jedoch als überfällig. Aber erst 1982 kam, nach vielen Ansätzen zur Abschaffung, ein nationales Gesetz, das endgültig Regeln zur Lösung der teils über Generationen zurückzuverfolgenden Pachtverträge vorsah. Die meisten nach der Landflucht der Nachkriegszeit noch verbliebenen Mezzadri konnten jedoch das nötige Kapital nicht aufbringen, dem Padrone «ihren» Hof abzukaufen. Aus einigen Ex-Mezzadri wurden selbständige Mietbauern mit langjährigen Pachtverträgen, viele aber mußten den Hof gänzlich dem Padrone überlassen und ihr prekäres Heil auf dem Arbeitsmarkt suchen. 1970 wurden in der Toskana noch vierzehn Prozent aller Höfe von Mezzadri bewirtschaftet. In Umbrien waren es 1982 nur noch vier Prozent, gegen Ende der achtziger Jahre schätzt man die Zahl der dort verbliebenen Halbpächter auf ganze 200.

Auf den isolierten Poderi-Höfen wirtschafteten die Mezzadri von der Hand in den Mund – zur Hälfte in den des Padrone – und waren wegen der isolierten Lage und der Armut gezwungen, sämtliche benutzten Gegenstände selbst herzustellen: die Barren für die Webstühle, die Spindeln, die Weinfässer, die Werkzeuge, selbst die Schuhe, schwere Ledertreter mit eisenbeschlagenen «zoccoli» (Holzsohlen). Die Zukunft mancher Baumsetzlinge entschied sich schon nach den ersten Astsprossen: Dem einen dachte der Mezzadro ein Schicksal als spätere Pflugdeichsel zu – die Äste wurden in eine perfekte Gabelung gezogen; dem anderen, möglichst astlos und

rund, sah man an, daß er sich bei gutem Zuspruch zum perfekt ausgehöhlten Faß entwickeln könnte. Die Bauern waren Schreiner und Zimmermann, Schneider, Weber und Metallarbeiter. Wenn mal eine Tür ausrangiert wurde, konnte man sie nicht einfach wegwerfen, denn darin steckten viele Arbeitsstunden. Aus Türen wurden Truhen, aus kaputten Dachrinnen Kochtöpfe. Jedes der handgewebten Kleidungsstücke hielt man mit Flicken über Flicken so lange zusammen, bis es als Küchenlappen endete. Weggeworfen wurde nichts: Es gab kein Abfallproblem, weil es keinen Abfall gab.

Der Preis für die Entwurzelung der Bauern und den Aufstieg vom «metal-mezzadro», dem halbtags in der Fabrik schuftenden Bauern, zum freien Lohnarbeiter oder kleinen Fabrikbesitzer ist oft Identitätsverlust, sinnloses Raffen, Protzen mit Kleidung, Auto, Möbeln und Anbetung des Fortschritts. Der totale Konsum ist an die Stelle der totalen Knappheit getreten. Die alten Kunstfertigkeiten gingen verloren. Selbst in den neuen Handwerksbetrieben, die jetzt hochkommen, sucht man oft vergebens nach den überkommenen Arbeitsmethoden. Sie müssen erst mühsam rekonstruiert werden.

«Die anachronistischen Zustände der Mezzadri brachten die Bergbauern dazu, hier ins Tibertal zu kommen, wo mit den großen Tabakfeldern profitreiche Landwirtschaft zu betreiben war und wo sich bald die ersten kleinen Industriebetriebe bildeten», erzählt Livio. «Mit ihren Fähigkeiten konnten sie da ganz anders wirtschaften. Bald haben sich viele ehemalige Halbpächter unabhängig gemacht und eine eigene

Nostalgische Erinnerung –

kleine Firma aufgezogen: es waren ja allseits geschickte Handwerker, Meister im Improvisieren!»

Ende der siebziger Jahre kam die Schnellstraße Perugia–Cesena, die der Tiberstadt auch den Anschluß nach draußen brachte. Mancher der kleinen Firmenchefs in der Industriezone entdeckte plötzlich, daß es für sein Produkt einen weiten Markt gab: Seien es Verpackungsmaschinen, die zuerst beim Nudel/Dolci-Konzern Buitoni in Sansepolcro und Perugia eingesetzt wurden und dann sogar nach Amerika gingen; oder billig und kreativ gemachte Oberhemden oder modische Taschen, Jeans, Schuhe.

Aus der improvisierten kleinen Klitsche wurde ein auf Effizienz bedachter Betrieb, der häufig sogar die mittlerweile in alte Bauernhäuser gezogenen Ausländer als Dolmetscher und Übersetzer zu verwenden verstand. «Der Besitzer einer Hemdenfabrik, für den ich arbeite», erzählt die Engländerin Ann Clarke, «mußte Kurse in Management-Training machen, weil sein Betrieb nach völlig chaotischen Prinzipien arbeitete. Sie können nur deshalb so gute Produkte machen und sie so billig verkaufen, weil sie auf die alte Bauerngeschicklichkeit vertrauen können, also gute Arbeiter haben, die mit Stolz bei der Sache sind, die aber in den Kleinbetrieben unter Tarif bezahlt werden. Dazu kommt, daß vieles in Heimarbeit gefertigt wird. Viele winzige Firmen unter verschiedenen Namen bilden in Wirklichkeit ein einziges Imperium, gegen das die Gewerkschaften wegen der Zersplitterung machtlos sind. Aber der Laden läuft wie geschmiert. Hier waren neulich Manager aus den USA zu Gast, ich mußte dolmetschen. Die haben die

Bauernmuseum und Textilhandwerk in Umbrien

Hände über dem Kopf zusammen-
geschlagen, als sie sahen, wie hol-
terdipolter die hier organisiert sind.
Dann haben sie gestaunt, wie gut
der Laden trotzdem läuft.»

La Terza Italia

Seit Ende der siebziger Jahre gei-
stert das Wort von den «drei Italien» durch die Analysen der Soziologen und Ökonomen. Dem alten,
ständig ausgebauten Industriedrei-
eck Turin-Mailand-Genua, das seit
dem letzten Jahrhundert als reiches
Norditalien dem verarmten Mezzogiorno, dem Süden, gegenüber-
steht, gesellte sich nun ein drittes
hinzu: «La terza Italia», ein sagen-
haftes Land der galoppierenden
Wachstumsschübe und Exportwun-
der. Es zog sich von der Po-Ebene
bei Bologna über die Industriezone
um Venedig den Adriarücken des

Apennin hinunter bis nach Mittelitalien, weshalb es schlankerweise
auch NEC genannt wurde: Nord-
Est e Centroitalia.

Diese Nordost- und Zentralregio-
nen von der Emilia Romagna über
Friaul und Veneto, die Marken und
die Toskana umfaßten sogar das
rückständig-bäuerliche Umbrien.
Denn Markenzeichen des dritten
Italien ist seine Rückenstärkung
durch eine mit immer weniger Menschen immer intensiver produzie-
rende Landwirtschaft. Eine hoch-
spezialisierte kleine und mittlere Industrie, der dominierende Sektor,
saugt ab, was die Landflucht frei-
setzt, der Tertiärsektor macht große
Sprünge nach vorn. Die am staatlichen Tropf hängenden Grundindu-
strien spielen allenfalls eine brem-
sende Rolle. Die Toskana belegt in
diesem Zug des Terza Italia ein Son-
derabteil: Sie startete früh in den

Boom des zweiten Wirtschaftswunders und blieb hinter den anderen Regionen auf halber Strecke zurück. Umbrien als Spätkömmling bildet das Schlußlicht.

Man kann gnädig über solche Scheußlichkeiten wie die Vorstädte von Perugia und Florenz und die allenthalben in die Landschaft geknallten Hauruck-Schuppen der Kleinindustrie hinwegsehen. Die Hügel und Berge Mittelitaliens haben deren Ausbreitung auf natürliche Weise verhindert. Die großflächigen Industrieansiedlungen beschränken sich auf die Ebenen der Zentral-Toskana und die Flußtäler von Arno, Elsa und Sieve. Kennzeichen des Terza Italia ist die Spezialisierung kleinster Zonen auf oft ein einziges Produkt. In der Toskana haben Handwerkskunst und die alten Traditionen der mittelalterlichen Textilindustrien zur Verdichtung der heutigen Produktionskünste geführt. So ist die einstige Textilkapitale Prato mit modernsten Stoffen heute Weltzentrum des Wollrecycling. Andernorts siedelt Mischindustrie: Pistoia mit Möbeln, Matratzen und industriell betriebener Pflanzenzucht (der für seine Bodenbelastung berüchtigte und umkämpfte «ortovivaismo»); Empoli mit Glas- und Verpackungsindustrie; Pontedera, die Geburtsstadt des aus Flugzeugteilen der Nachkriegszeit entstandenen Vespa-Rollers; Lucca mit Textilien, Chemie, Metallbetrieben und Olivenölfabriken. In Umbrien haben sich in den letzten zwanzig Jahren Kleinindustrien wie ein Ölfleck ins Valle Umbra, das zentrale Becken rings um Perugia, ausgebreitet und bei Città di Castello ins obere Tibertal gezwängt.

56

Lokomotive mit Altlasten

Italien fühlt sich seit Mitte der achtziger Jahre als unaufhaltbar vorwärtsdröhnende Lokomotive. Die «Locomotiva Italia» – so der Titel eines 1988 erschienenen Buches – nimmt mit Volldampf Kurs auf Europa. Mode, Design, Autos sind die Highlights italienischer Exportkunst. Italienische Lebensart ist angesagt, italienischer Look gehört zur Grundausstattung.

1987 schob sich Italien durch eine statistische Manipulation vor England an die fünfte Stelle der westlichen Industrienationen. Man hatte die Schwarzarbeitsproduktion der «economia sommersa», der Schattenwirtschaft, mit rund zwanzig Prozent Anteil zum Bruttosozialprodukt hinzugerechnet. Der «grande sorpasso», das Überholen Englands, das als Inbegriff von Industrie und Zivilisation gilt, wurde als großer Sieg gefeiert. Weitere Statistikspiele rückten die Lokomotive eine Station weiter auf Platz vier, wodurch sich die Absurdität solcher Zahlentricks mit dem PIL (prodotto interno lordo, Bruttosozialprodukt) endgültig offenbarte.

Tatsache bleibt, daß Italien krampfhaft den Wettlauf um die «Verabredung 1992» schaffen und bei der Öffnung des gemeinsamen europäischen Marktes keine kleinen Brötchen backen will. Daß es dabei gute Chancen hat, ist unübersehbar. So produziert die historisch reiche Nordregion Lombardei für sich genommen mehr Reichtum als die Schweiz. Ein Spaziergang durch die Hauptstraßen von Perugia und Florenz macht augenfällig, daß das neue Italien mit dem Fünfziger-Jahre-Image einer in winzige Fiat-

Highlights der Exportkunst

Büchsen geklemmten Spaghetti-Nation nur wenig gemein hat.

Aus einem Emigrantenland ist ein Immigrationsland geworden. Seit Anfang der achtziger Jahre reißt der Zustrom von unkontrolliert über die Grenzen kommenden Einwanderern nicht mehr ab. Rund eine Million Schwarz- und Nordafrikaner suchen im Boomland ihr Glück. Im Volksmund heißen sie «marocchini», weil die Marokkaner das sichtbarste Kontingent bilden. Arbeit finden die meist illegalen und deshalb leichter auszubeutenden Immigranten wie ehedem die italienischen Gastarbeiter in Deutschland in den miserabelsten Jobs, als ungelernte Arbeiter in der Industrie und als saisonale Erntearbeiter auf den Plantagen der Großlandwirtschaft. «Vu cumprà» (nach der afrikanischen Aussprache von «vuoi comprare – willst du kaufen?») hat die Presse die fliegenden Händler getauft, die auf den Straßen und an den Stränden billige, meist von mafiosen Großhändlern gelieferte Duplikatware verhökern. Unter dem Ansturm der Immigranten zeigte sich, daß selbst die Völkermixtur der Italiener gegen den Virus des Rassismus nicht gefeit ist. Diskriminierung bei Arbeits- und Wohnungssuche, prügelnde Polizisten und sogar Mordanschläge auf Immigranten heizen immer wieder die Pressediskussion um die brüchige Toleranz an. Hauptsächlich die Gewerkschaften, aber auch der katholische Arbeiterverband ACLI kümmern sich um die Zuwanderer.

Im gelobten Land finden die Immigranten oft Zustände wie zu Hause: chronische und anhaltende Unterentwicklung des Südens, eine aufgepumpte, schneckenartig mehr rückwärts als vorwärts kriechende

Bürokratie, ein katastrophales Post-, Telefon- und Gesundheitswesen, dazu die höchste Staatsverschuldung der westlichen Welt, hohe Arbeitslosigkeit – besonders unter Jugendlichen – und ein hoffnungslos verfilztes und korruptes politisches System.

In der Toskana und Umbrien kommen die Altlasten aus tieferen Quellen. Die historischen Rivalitäten zwischen den ehemals freien, stolzen Gemeinden haben sich zwar oberflächlich zum Futter für bösartige Sprüche verdünnt, verhindern aber immer noch eine reibungslose Zusammenarbeit zwischen den diversen Provinzen. «Die Toskana ist eine Region ohne Kopf», sagen Wirtschaftsexperten. Florenz hat sich in seiner Rolle als Hauptstadt nie zur führenden, zentralen Figur berufen gefühlt. Es fehlt deshalb an weitreichenden Entscheidungen, zum Beispiel die Infrastrukturen «zukunftsweisend auszubauen». Für den Tourismus ist das die große Chance: Die Maremma, der Mezzogiorno der Toskana, ist unter anderem wegen mangelnder Straßen eine unterentwickelte Provinz, mit relativ sauberen Küsten und einem entvölkerten, pastoralen Hinterland. Pläne für die Autobahn Livorno–Civitavecchia sind bis heute in den Schubläden einer regionalen Wirtschaftsplanung, die über den Nabel Florenz nicht weit hinausging, hängengeblieben. Umbrien als Mittelland wiederum ist per Schnellstraße halbherzig angebunden worden, per Eisenbahn kommt man nur mit Umsteigen und ärgerlichen Verspätungen von Rom nach Perugia. Eine südliche Achse, die quer durchs alte Etruskerland von der tyrrhenischen Küste zwischen Latium, Südtoskana und Umbrien mäandern sollte, ist ebenso auf der Strecke geblieben wie die Anbindung Umbriens an die Adriaküste der reicheren Nachbarprovinz Marken.

Dschungel und Immobilien

So schlummern und werkeln die Regionen dahin, glücklich geschützt vor den größeren Zerstörungen durch solche Projekte und angewiesen auf steigenden Binnenkonsum, Tourismus und den gepriesenen individuellen Unternehmergeist. Die aus der Mezzadria geborenen einzelgängerischen «imprenditori» organisierten sich weniger in Landarbeitervereinigungen als beispielsweise das Landproletariat auf den Latifundien der Emilia Romagna. Genossenschaften sind deshalb weniger aufgeblüht als im dortigen Kooperativen-Paradies; die vorwiegend kleinen Firmen kommen schlechter an staatliche Zuschüsse heran und zahlen höhere Zinsen für Kredite. In der Toskana haben die Betriebe durchschnittlich nicht mehr als dreißig, in Umbrien zehn bis fünfzehn Angestellte. Damit unterlaufen sie oft die gesetzliche Mindestgrenze der Betriebe, die ihren Arbeitern einen Kündigungsschutz garantieren müssen. So sind die Mini-Firmen flexibel und können sich den neuesten Markttrends notfalls über Nacht anpassen.

Die Toskana, schon in den fünfziger Jahren wegen ihrer alten Auslandsverbindungen, besonders im Bankwesen, als «kleine Schweiz» apostrophiert, hat seit Anfang der achtziger Jahre den Anschluß an die exportorientierte Entwicklung des übrigen Terza Italia verpaßt. Jetzt ziehen wieder die aus der alten Handwerkstradition stammenden Konsumgüter, deren Produktion ursprünglich den ersten Boom ausgelöst hatte: Mode, Schuhe, Möbel, Keramik, Antiquitäten. Umbrien hat sich aus der Rolle des Aschenputtels befreit und zeichnet höhere Wachstumsraten als die verlangsamte Toskana. Mit Nudeln, Dolci, Textilien und tausend Kreativprodukten zielen die «imprenditori» auf den gesamtitalienischen und internationalen Markt, der Tertiärsektor hat die Landwirtschaft überholt, die sich mit Monokulturen in den Ebenen ausbreitet. In den nach Maßstäben der EG-gesteuerten Intensivlandwirtschaft nicht mehr haltbaren Berg- und Hügelzonen frißt oft dschungelartiger Niedrigwald über Jahrhunderte kultiviertes Land wieder auf. Oder die Planierraupen kommen zum Einsatz: Selbst die von Touristen geschätzten Wein- und Olivenhügel im Chianti mit ihrer gartenhaften Parzellierung fallen Monokulturen zum Opfer. Die alten Bauernhäuser sind zu sündhaft teuren Immobilienobjekten geworden. Auch in Umbrien ziehen die Preise langsam an, im Chianti feiert der Landhausboom längst wahnhafte Auswüchse. Bei einer Immobilienagentur mit dem vielsagenden Namen «Italhaus» im Chianti-Städtchen Greve werden für Mietwohnungen auf alten Poderi Mailänder Preise verlangt. Eine gammelige Scheune ohne Grundstück geht für dreihunderttausend Mark weg. Selbst eine Stall-Ruine, aus deren kaputten Mauern ein zwanzigjähriger Ahorn durch das zerbröselte Dach wächst, hat noch ihren Preis: eine tolle Investition für nur hundertfünfzigtausend Mark.

UMWELT IN BEWEGUNG

TUTTO ECOLOGICO

Im lauschigen Lucca hat neuerdings der Sprayer von Zürich einen Imitator gefunden. Wenn morgens die ersten Jogger auf den breiten Stadtwällen traben, wenn müde Bürger zum Espresso in die Eck-Bar gehen, stößt ihr Auge vielleicht auf ein frisch gemaltes Schild oder Zeichen auf der Wand: «Signor Sindaco!» steht da über einem stinkenden Bach oder einer wilden Müllkippe. «Faccio schifo e puzzo! Pulitemi! –Ich bin ekelhaft und stinke, macht mich sauber!», ein öffentlicher Aufruf eines einzelgängerischen Umweltschützers an die Behörden, gezeichnet mit «Öko-Zorro». Mitunter landet ein Bild dieses Protestes gegen die allgemeine Vernachlässigung in den Luccheser Lokalseiten von «La Nazione», dann bleibt den Verantwortlichen nur die Flucht in die Aktivität: «Lucca ist eine saubere Stadt!»

Saubermannaktionen wie diese sind allerdings in Italien eher selten. Chicco Testa, der Umweltsprecher der PCI, nennt als einen wichtigen Grund für den italienischen Rückstand in Umweltdingen «ein extremes Interesse für die privaten und ein spärliches Interesse für die öffentlichen Dinge». Zu den Zeiten der großen Kommunalbauten – der gotischen Dome, der stolzen Rathäuser und inszenierten Stadtplätze, die heute touristische Attraktionen sind – legten die religiös und kommunal denkenden Bürger Unsummen in den Gemeinschaftstopf. Heute wachsen um die schönsten mittelalterlichen und Renaissance-Wunder die schäbigsten Siedlungen und Industrieanlagen; einziges Ziel: Wachstum und Profit.

In den roten Regionen hat man im Zeichen des Fortschritts und der PCI-Politik für Arbeitsplätze und

steigende Rendite im Umweltbereich kaum weniger gesündigt als anderswo in Italien. Aber wie im ganzen Land, so kommt auch in der Toskana und in Umbrien mittlerweile ein Umdenken in Gang. Chicco Testa, der 1988 von der Präsidentschaft der KP-nahen Umweltschutzgruppe Lega per l'Ambiente aus den Sprung in die PCI-Fraktion im römischen Parlament schaffte, gehört zum jüngeren, grün denkenden Parteiflügel. Die rote Fortschritts-Lokomotive hat 1989 angesichts eines ständigen Basisverlustes auch unter Einfluß von Leuten wie Testa eine Art grünen Schwenk vollzogen. Neue Parteibeschlüsse, das Thema «ambiente» voll in die KP-Politik einzubeziehen, fanden ausgerechnet in der Toskana ihre erste Prüfung. Der noch um Profil kämpfende neue KP-Chef Achille Ochetto bewies persönlich die grüne Wende der PCI, als er in einem winzigen Thermalbad südlich Siena umweltschädliche Ausbaupläne eines stramm roten Bürgermeisters stoppen ließ und kurz darauf – quasi als nationales Exempel – den zementwütigen Kommunisten von Florenz eine grüne Lektion verpaßte.

Im grünen Archipel

Tschernobyl, die galoppierenden Umweltkatastrophen und erste Erfolge der Umweltschützer haben zu einem grünen Erwachen geführt. Im Herbst 1987 gewannen die italienischen Grünen eine Volksabstimmung gegen den weiteren Ausbau der Atomkraft, für die ohnehin unterentwickelte AKW-Industrie Italiens der K.O.-Schlag. Der Weiterbau der jahrelang umkämpften «centrale nucleare» von Montalto di Castro im Etruskergebiet südlich der toskanischen Grenze wurde gestoppt. Im Juli 1988 flohen Tausende Touristen vor einer Giftwolke des Chemiewerkes Farmoplant in Massa an der toskanischen Küste. Die notorische Giftschleuder wurde daraufhin endlich stillgelegt. Dann folgte der Skandal um die mit italienischem Sondermüll aus der dritten Welt heimkehrenden Giftschiffe Zanoobia und Karin B.

Die anhaltende Algenpest der Adria bringt frustrierte Badefans verstärkt ans Tyrrhenische Meer. Aber auch die Toskana muß immer wieder an Flußmündungen und in der Nähe von Abwassereinleitungen Badeverbot erlassen. Florenz und das Chianti sind von chronischem Müllnotstand bedroht. Bürgerinitiativen wehren sich gegen wilde Müllkippen und giftspuckende Verbrennungsanlagen. Aber auch in Industriezonen wacht die Öffentlichkeit auf. So wurde 1989 der Direktor des Stahlwerkes ILVA in der umbrischen Stahlstadt Terni verknackt, weil er die Verschmutzung des Flusses Nera vertuscht hatte.

Auf politischer Ebene hat sich die lange unterschätzte Öko-Bewegung Lorbeeren verdient. Seit Mitte der achtziger Jahre sitzen Vertreter örtlicher grüner Listen in Stadt- und Regionalämtern. In der Toskana und in Umbrien brachten sie die Pestizid-Verseuchung durch Intensivlandwirtschaft und die Flußverseuchung durch die Industrie zur Anklage. Sie wetterten in allen Gremien gegen das jährliche Massaker an Vögeln und Waldtieren, das unter dem Namen «Jagd» läuft. 1987 gewannen die Grünen mit der Federazione delle Liste Verdi unter dem Symbol der «lachenden Sonne» 2,6 Prozent der Stimmen und hielten Einzug ins italienische Parlament.

Einer ihrer Vordenker, der Südtiroler Abgeordnete Alexander Langer (er stellt auf den folgenden Seiten die toskanischen «Fundis» vor), spricht für die meisten italienischen Grünen, wenn er immer wieder den losen Zusammenschluß der «liste verdi» betont.

Der «arcipelago verde», das grüne Inselreich der zahlreichen Gruppierungen, kämpft um Massen-Appeal. «Né di Destra, né di Sinistra!» heißt ein Slogan, der weitgefaßte Identität angeben soll. Statt «links» oder «rechts» sollte der Kurs «avanti» heißen. So läßt sich auch auf das in Italien wichtige katholische Lager zielen, und Allianzen mit allen möglichen Parteien können sachgebunden und nicht ideologisch diskutiert werden. In der Zweideutigkeit dieses Slogans steckt jedoch auch der Haken: «Qualunquismo», diffus grün orientierte Beliebigkeit, tritt oft an die Stelle eines klar politisch orientierten ökologischen Konzeptes. Im grünen Archipel sind so unterschiedliche Gruppen angesiedelt wie der in Italien sehr aktive World Wildlife Fund, der viele Naturschutzgebiete beaufsichtigt, linke Gruppen wie die Lega per l'Ambiente, Fundamentalisten wie Futuro Verde und internationale Aktionsvereine wie Greenpeace und Amici della Terra (Freunde der Erde).

Bei ihrem Aufbruch ins Parlament hat die Föderation der grünen Listen viel von den deutschen Grünen gelernt. Vor allem eins: sich nicht als Partei zu gebärden, um Fraktionskämpfen und dem Verlust politischer Glaubwürdigkeit vorzubeugen. Die Angst vor der Parteiwerdung, die seit 1987 ihrerseits zu manchen Streitereien geführt hat, ist in Italien besonders ausgeprägt,

wo Parteischranzen und Politiker gern pauschal als «ladri», als korrupte Gauner, abklassifiziert werden.

Zu den Europawahlen 1989, durch die zwei italienische Grüne nach Straßburg kamen – Alexander Langer und der Vertreter der toskanischen Grünen im Regionalparlament, Enrico Falqui –, wankte schließlich auch die Front der alten linken Splittergruppe Democrazia Proletaria (DP). Eine grün orientierte Abspaltung trat als selbsternannte Realo-Gruppierung namens «Verdi Arcobaleno» auf und erhielt beispielsweise in Florenz 2,8 Prozent der Stimmen. Beim Zusammenlegen aller grünen Wahlstimmen, darunter auch der der Rest-DP und der gegen eine Verschärfung der Drogengesetze eintretenden «Antiproibizionisti», kämen mit den 5,2 Prozent der Grünen von der «Sole Che Ride» (Lachende Sonne) im Palazzo Vecchio knapp 11 Prozent «Verdi»-Stimmen zusammen, vergleichbar also deutschen Ergebnissen.

Der bewaffnete Arm

Im grünen Wind, der durch Italien pfeift, haben sich allerdings auch andere Parteien ein entsprechendes Mäntelchen umgehängt. Denn «ecologia» ist zum Schlager-Thema avanciert. Alle möglichen Produkte schmücken sich neuerdings mit dem Modewort «ecologico» – alles ist auf einmal ökologisch. Es gibt ökologische Tomaten, ökologische Schwefelsäure und ökologische Plastiktüten, ja sogar die «pelliccia ecologica», den Öko-Pelzmantel, der nichts weiter ist als der zu neuem Glanz gekommene Webpelz.

In der Toskana und in Umbrien,

wo der Tourismus entscheidender Wirtschaftsfaktor ist, macht sich ernsthafteres grünes Erwachen vor allem in verschärften Bauauflagen, stärkerer Kontrolle für Industrie und Landwirtschaft, dem Ausbau von Kläranlagen und der Einrichtung von Naturparks bemerkbar.

In vielen Städten, wo die Abgase Denkmäler und Lungen zermürben, ist nach langem Kleinkampf endlich der Massenverkehr gezügelt worden. Siena hat mit der Schließung seines engen historischen Stadtkerns schon 1956 ein Exempel gesetzt, aber die anderen toskanischen und umbrischen Städte haben erst in den achtziger Jahren nachgezogen. In Florenz und Perugia, aber auch in vielen kleineren Zentren wie San Gimignano und Volterra, Gubbio, Spoleto und Cortona ist endlich dem Götzen «macchina» ein Einfahrtverbot vor die Nase gehängt worden. Nicht nur die Touristen wissen die mittelalterliche Atmosphäre zwischen den alten Mauern zu schätzen. Auch die Einwohner selbst haben nach anfänglicher Skepsis ihre Städte ohne Krach und Abgasschwaden neu entdeckt. Allerdings werden die Fahrverbote häufig unterlaufen, und längst nicht alle Städte sind rigoros genug: Pisa, Lucca und Livorno beispielsweise haben nur kleine Vorzeigezonen verkehrsberuhigt.

Eine Plage der italienischen Landschaft allerdings ist noch nicht beseitigt, trotz vieler Volksabstimmungen auf regionaler und nationaler Basis: die Jagd, die geheiligte Caccia. Die Gegenkräfte sind noch zu stark: die ehemaligen Mezzadria-Bauern, für die die freie Jagd noch immer bedeutet, das Wild des Padrone abknallen zu dürfen; die pervertierten Städter, die in Safari-

Ausrüstung sonntags zu Massen durch Wald und Felder streifen, blindlings Vieh, Haustiere und sich gegenseitig umnietend; schließlich die «roten» Jäger, die im kommunistischen Jagdverein «ARCI Caccia» organisiert sind, der allgemein als «braccio armato del movimento operaio», als bewaffneter Arm der Arbeiterbewegung, bewitzelt wird. Die Grünen Umbriens haben als Kompromiß vorgeschlagen, die Jagdgesetze umzukehren: Nicht mehr der soll zahlen müssen, der sein Grundstück von Jägern freihalten will, sondern die Jäger sollen für zu schaffende Jagdgebiete blechen. Damit würden in Italien zumindest europäische Gepflogenheiten einkehren.

Toskana –
Wiege grüner Fundamentalisten

Wenn in Italien von grünen «Fundamentalisten» die Rede ist, denken Eingeweihte sofort an eine vornehmlich toskanische Spielart der italienischen Grünen. Gemeint sind nicht linksextreme Revolutionsprediger, die ihre antikapitalistische Kritik auf die ökologische Schiene verfrachtet haben, sondern vielmehr die Vertreter eines traditionsreichen toskanischen Stranges, der eine beachtliche Ahnengalerie von Savonarola bis hin zu einer Wahlverwandtschaft etwa mit Ivan Illich für sich in Anspruch nimmt.

Daß es diese Fundamentalisten mit der Tradition halten, ist schon äußerlich an einem ihrer Blätter zu erkennen. «Il Verde», Florentiner Monatszeitschrift der Grünen, schmückt sich auf dem Titelblatt mit dem Wappen des einstigen Großherzogtums Toskana und somit des

Poppi – Jagdlizenz beim Friseur

Hauses Habsburg-Lothringen. Dasselbe Wappen ist in Florenz und in der ganzen Region immer öfter als Auto-Aufkleber oder Anstecker zu sehen. Es gibt zu verstehen, daß man sich als Verfechter und Bewahrer toskanischer Eigenart betrachtet, dem der Einheitsstaat Italien und die vielen Zuwanderer, der übermäßige Fremdenverkehr und die Verwandlung der lokalen Kultur in Folklore am liebsten gestohlen bleiben könnte. Soweit das nun nicht die nostalgischen Toskaner im allgemeinen, sondern die Grünen im besonderen betrifft, kann man ruhig sagen, daß sie nicht Privilegien für die eigene Region damit einklagen wollen, sondern eher ihre Vision von einer Welt kleiner und autonomer Gemeinschaften, die imstande sind, sich materiell und kulturell selber zu versorgen. Sie sehen in der Zuwanderung fremder Menschen aus Italien und dem Ausland, als Touristen oder als Immigranten, sozusagen die gerechte Strafe für den Verlust des rechten Maßes: «Die Menschen aus dem Süden der Erde folgen ihren geraubten Rohstoffen und Bodenschätzen nach» oder «Wer alles in Geld verwandeln wollte, darf sich dann nicht über die grassierende Prostitution beklagen».

Während sich anderswo die Grünen gern mit Öko-Technik und Kraft-Wärme-Kopplung befassen, gilt das Augenmerk dieser eigenartigen Toskaner beispielsweise der Wiederbelebung und neuerlichen Sinngebung des historischen Florentiner Fußballspiels, das auf der Piazza della Signoria zwischen den Mannschaften der vier traditionellen Stadtviertel oft recht rüde ausgetragen wird. «Den Stadtvierteln und ihren Bewohnern wieder eine

Seele – das heißt Wurzeln und Gemeinschaftsgeist – geben, ist wichtiger als das Herumprobieren mit Pseudo-Mitbestimmungsgremien», meinen die Leute von «Il Verde». Sie sind überzeugt, daß man auch die sogenannte Basisdemokratie nicht aus der Retorte schaffen kann und soll, wenn man es ernst damit meint. Als angemessene Form demokratischen Zusammenschlusses sehen sie beispielsweise den Verbund der Anrainerfraktionen eines gemeinsamen Wasserlaufs, und so hat sich ihr wichtigster Vordenker Giannozzo Pucci – der selbst aus einem alten Adelsgeschlecht stammt und in größter Einfachheit lebt – auch prompt für die Grünen in ein Wasserverwaltungskonsortium wählen lassen.

Tradition im besten Sinne bemühen diese Grünen überhaupt gerne und nicht selten mit ausgesprochenem Erfolg. Als Mitte der achtziger Jahre ein gigantisches Stadterweiterungsprojekt mit Kapital von FIAT und des Versicherungskonzerns Fondiaria schon die Unterstützung aller relevanten Instanzen und auch der großen Parteien, insbesondere der Sozialisten, Christdemokraten und Kommunisten, gewonnen hatte, taten die Grünen alles, um die Kräfte des städtischen «Heimatschutzes» zu aktivieren. Sie scheuten sich auch nicht, sich an die internationale Aristokratie bis hin zum Prinzen Charles von Wales zu wenden, um das Kleinod Florenz vor Verunstaltung zu bewahren. Schließlich kam nach dem grünen Wahlerfolg bei der Europawahl 1989 die plötzliche Wende: Die Kommunisten entschieden sich für einen demonstrativen ökologischen Akt und entzogen in der Stadtregierung nach persönlichem Einschreiten des Parteichefs Occhetto dem Großprojekt ihre Unterstützung, wodurch es zumindest vorerst gescheitert ist.

Den Florentiner Traditionsgrünen, denen gerne eine gewisse Schwäche für Bündnisse mit Konservativen nachgesagt wird, war diese fruchtbringende Allianz mit den Roten hochwillkommen, sosehr sie andere Male gerade im linken Fortschrittswahn eine wesentliche Ursache für das rastlose Bauen erkannt hatten. Auch sonst polemisieren sie gerne gegen die «Selbstverständlichkeiten der Linken». Dabei nehmen sie vor allem solche Florentiner und Toskaner für sich in Anspruch, die eben jene Selbstverständlichkeiten durcheinandergebracht hatten. So beispielsweise den «heiligmäßigen Bürgermeister» Giorgio La Pira, Christdemokrat der fünfziger und sechziger Jahre, der die einschneidendsten sozialen Maßnahmen getroffen hatte – vom Wohnbau für Obdachlose bis hin zur Beschlagnahme einer Fabrik, deren Schließung mit entsprechenden Massenentlassungen drohte. Oder den von seinem Bischof ins ausgestorbene Bergdorf Barbiana verbannten Priester Don Lorenzo Milani (Gründer der «Schülerschule» von Barbiana), der als Kommunistenfreund galt, aber in Wirklichkeit sein ganzes Leben lang gegen die seelische Wüste des Kommunismus angekämpft hatte. Unter den Hausheiligen, auf die sich diese Grünen gerne beziehen, sind natür-

lich nicht die Katastrophenpropheten des World-Watch-Institute oder des Club-of-Rome und schon gar nicht die Öko-Ober-Planer des Brundlandt-Reports zu finden, sondern vielmehr ein Mahatma Gandhi, Lev Tolstoi oder etwa Lanza del Vasto, ein katholischer und aristokratischer Prophet der Gewaltfreiheit, oder dessen konfessionsloses, linkes Gegenstück Aldo Capitini, der Kopf der Antifaschisten von Perugia zur Zeit der Resistenza.

Eine alljährliche «fierucola» (kleiner Jahrmarkt) am ersten Wochenende im September auf der Piazza Santissima Annunziata in Florenz, Blätter wie «aam-terra nuova» in Scarperia (Mugello), «Tra Cielo e Terra» in Viareggio oder «Quaderni di Ontignano» in Fiesole sind Propagandisten dieser «fundamentalen» Einfachheit. Landkommunen in San Gimignano, Alpe di San Benedetto oder auf der «montagnola senese», Tagungen über die Wiederbelebung ländlicher Traditionen und Lebensformen dienen als die geistigen und konkreten Treffpunkte dieser Bewegung, die von den gemeinen Nutzungsrechten der Allmende mehr hält als von Ökoberatern. Ein grüner Fundamentalismus, der auch über seine besondere und bewußt in Anspruch genommene toskanische Eigenart hinaus eine kontroverse, aber wichtige Ausstrahlung auf den «arcipelago verde», auf Italiens grünen Archipel, ausübt.

RÜCKZUG AUFS LAND

JEDEM PÄRCHEN SEIN PODÄRCHEN

In Jonas' Zirkuswagen brüllen nachts Frösche den Schlafgesang. Der Mond leuchtet durchs Fenster auf Bravo-Poster über der Pritsche des italienisch träumenden deutschen Knirpses, der im Jahre zweitausend 22 Jahre alt sein wird. Früh um sechs kräht in Utopiaggia der Hahn, aber die Neu-Bauern schnarchen noch zwei Runden weiter. Draußen wellen sich grüne Hügel endlos und einsam bis zum Horizont.

Die Spuren der letzten Landkommunen der Toskana führen unweigerlich nach Umbrien. Der Exodus aufs Land richtete sich nicht nur nach der Schönheit der Landschaft, sondern auch nach den Marktgesetzen: Am billigsten waren die verlassenen Höfe im umbrischen Bergland. Wer im ausverkauften Chianti nichts mehr fand, der konnte in der verarmten toskanischen Südprovinz Maremma oder den Apenninzonen weitersuchen. Dort ließ sich noch bis Ende der siebziger Jahre billig ein «podere», ein verlassener Hof, mit einer heruntergekommenen «casa colonica» ergattern. Wer spä-

ter kam, den verschlug es ins benachbarte Umbrien, so wie Jonas' Gruppe Utopiaggia.

«Das war schon dieser Traum, der deutsche Traum, ein Haus in der Toskana zu haben», sinniert Ingrid, bürgerlich Lehrerin, jetzt die Schafhirtin von Utopiaggia: «Wir hatten eben diese Vorstellung, dort ist es wärmer, da ist mehr Platz, die Leute sind netter – ein bißchen so wie Paradies!» Utopiaggia heißt eigentlich «Podere Villa Piaggia», kurz Piaggia genannt. 1982 zogen dreißig Erwachsene und elf Kinder ins umbrische Bergland. Sie sind die letzte Bastion der Landkommunarden, die einzige deutsche Gruppe, die den Traum von der Kommune noch weiterlebt. Gäste sind den Leuten von Piaggia willkommen, sie bringen einen Teil des Einkommens in den Kommunetopf, aber Journalisten werden mit Skepsis beäugt. Man befürchtet, wie 1988 im Report des Zeit(geist)-Schreibers Matthias Horx, als verbittert und verarmt ausharrende Überbleibsel einer gescheiterten Utopie geschmäht zu werden. Seitdem gilt die Regel, Pres-

69

sefritzen erst nach mißtrauischem Beschnuppern und Gruppenbeschluß hier schnüffeln zu lassen.

«Die Revolution ist vorbei, wir haben gesiegt» hieß eine amerikanisch inspirierte Landkommunen-Fibel, mit der die Soziologen Karl Ludwig Schibel und Bernd Leineweber 1975 – auf dem Höhepunkt der deutschen Landkommunenbewegung – die Alternativen-Debatte anheizten. Kurz darauf lebten die Schreiber selbst, was sie theoretisch entworfen hatten: zunächst in Niederbayern, später in Utopiaggia – «eine Lebensentscheidung, kein soziologisches Experiment», wie Schibel beteuert. Schreibend hockt er vor einem Computer im umbrischen Bergland und schlägt sich als freier Wissenschaftler durch. Zwischendurch schnippelt er hobbymäßig an den Weinstöcken von Piaggia herum. Als 1988 im nahen Città di Castello die Umweltmesse «Fiera delle Utopie Concrete» erstmalig Grüne aus ganz Europa anzog, waren die Kommunarden von Utopiaggia natürlich dabei. Schibel hat seitdem als erster eine feste italienische Arbeitsstelle: Er ist Umweltberater von Città di Castello, und über diesen Draht erhoffen sich die Akademiker der Kommune einen weiteren Einstieg in den zukunftsträchtigen Ökobereich.

Die Schäferin Ingrid führt das Schaf «Tonio Kröger» vor, das Symboltier der Gruppe. Wie in Thomas Manns Novelle hat das Tier deutsch-italienische Eltern und ist das erste Piaggia-Schaf, das sich im umbrischen Klima wohl fühlt, nachdem die mitgebrachte Ostfriesenherde die Umstellung nicht überlebte. «Erste Anzeichen von Integration, wie bei uns selbst», interpretiert Ingrid.

Rückzug ins Private

In Monticchio, der ehemaligen Nachbarkommune von Piaggia, zerschlugen sich die Gemeinschaftsträume schon nach wenigen Jahren harter Land-Realität. Für die zwölf Leute, die 1979 mit vier Kindern auf das 34 Hektar große Gehöft zogen, erwiesen sich die anfangs so romantisch wirkenden Terrassen der Oliven- und Weinhänge als die Klippen, an denen die Bücherweisheit vom biologischen Landbau strandete. Die Gruppe schrumpfte, zerstritt sich, teilte sich schließlich im siebten Jahr. Übrig blieben zwei Paare mit Kindern. Sie leben separat in ihren Häusern, die nur ein Dorfweg trennt.

Die große steinerne Tischplatte unter den Bäumen vor dem gemeinsamen Anwesen, an der man anfangs gezecht oder gestritten hatte, ist – wie symbolisch – in der Mitte zerbrochen: Der eine Teil hängt herüber zum Haus von Hilmar und Rudi, wo jetzt Feriengäste die Kasse aufbessern, der andere zu Haus und Stall von Ruthild und Günther, die trotz harter Landschufterei nur mit zusätzlicher Sommerarbeit in Deutschland das nötige Bargeld zum Überleben ranschaffen. «Trotzdem sind wir zufrieden», sagen sie, «auch wenn das hier oft verdammt hart ist.»

Das sind Bilder, die sich in der Toskana wiederholen. Nördlich von Grosseto liegt das Podere «La Ribolla». Hier haben sich seit elf Jahren etliche Kommunarden die Hörner abgestoßen. Einige gingen zurück nach Deutschland, andere verteilten sich auf Gehöfte im nahen Umkreis. Die Familie des Frankfurter Stadtplaners Gunter, die vor acht Jahren in La Ribolla einstieg,

Dem Stadtmenschen erscheint fast jede ländliche Szene idyllisch. Gewöhnlich erlebt er sie
im Sommer, wenn in dem ständigen Kampf des
Bauern mit den Elementen gerade eine vor-
übergehende Pause herrscht. Im Sommer
scheint sich das Land in der Toskana selbst zu
versorgen, als brauchten Wein und Olivenbäume nicht gestutzt zu werden, als sei es nur
eine Freude, die steilen Felder zu pflügen, als
gefriere das Wasser niemals im Winter, als
habe der glückliche Bauer nichts anderes zu
tun, als in herrlichem Sonnenschein auf die
Ernte zu warten, als schrecke ihn der Gedanke
an den «fattore», den Zwischenhändler, der,
kaum aus dem Haus, Öl und Wein verdünnt,
nicht aus seinen heiteren Betrachtungen.

H. V. Morton: Toskana, Umbrien. Knaur Taschenbuch Verlag,
München 1980

landete in einem winzigen Häuschen auf einem steilen Gelände unterhalb des mächtigen Felszackens von Roccatederighi. Der Blick auf die Maremma ist göttlich, aber durch zahllose Wellblechschuppen geschmälert, in denen Vieh und Gerätschaft für die Landwirtschaft unterkommen. Dagegen residiert der ehemalige Einzelhandelskaufmann Jürgen, der als einziger auf La Ribolla verblieb, mit großem Haus, gekacheltem Bad und fließend warmem Wasser geradezu fürstlich. Er lebt von der Bienenzucht und bessert seine Einnahmen durch Landurlauber auf, die er per TAZ-Anzeigen anwirbt.

Der Dauertrip in die Toskana ist nie eine «Bewegung» gewesen – es gab keine Zeitungen, keine gemeinsamen Projekte, keine jährlichen Treffen, nur sporadischen, individuellen Austausch. Für die meisten ist der Schritt nach Italien eher zufällig gewesen. «Es hätte auch Südfrankreich sein können», meint Imker Jürgen. Zufällig, übereilt und oft mit utopisch überzogenem Programm setzten sich die Gruppen zusammen. 1989 sind in Utopiaggia die sieben schweren Anfangsjahre und manche Desillusionierung überwunden: «Als man hier ankam und zuerst über diese Dornen stolperte und diese hübschen indischen Sandalen nicht mehr tragen, auch nicht mehr mit den langen Röcken rumlaufen konnte», wundert sich Schäferin Ingrid noch heute, «mußten wir verdammt die Zähne zusammenbeißen! Die Gelder wurden knapp, es regnete durch, die Häuser waren feucht und kalt, man fror. Wir hatten keinen Hunger, aber es war ganz schön anders, als wir dachten!»

Die letzten Kommunarden wie auch die versprengten Gruppenreste sind mittlerweile weiser geworden. «Wir sind mit einer bodenlosen Naivität hergekommen», erkennt Gerlinde, Ex-Ribolla, «keine Ahnung von der Landwirtschaft!» «Und große Ideen», ergänzt Heiko, einer der Versprengten, abends beim Umtrunk im Häuschen (kein Wasser, kein Strom) in der einsamen «Sassella» im Erzgebirge bei Massa Marittima. «Aber keiner dachte daran, daß eben das Auto nicht mit Knoblauch fährt, daß du Sprit bezahlen mußt, und der ist arschteuer hier!»

Im privaten Ausbruch war das private Scheitern schon eingetanzt, konsequent folgte privater Rückzug in Kleinfamilie und Paarbeziehung, die sich jetzt auf den verstreuten Höfen durchwursteln. Gerlinde, alleinstehende Mutter von zwei Kindern, hat dazu den in der Maremma kursierenden Spruch parat: «Die sagen hier ‹Jedem Pärchen sein Podärchen›, daß sich die Paargeschichten auf ihren kleinen Höfen, ihrem Podere, verschanzten. Aber viele Pärchen haben hier in dieser Einsamkeit den Härtetest nicht bestanden. Dann sind die Frauen oft zurückgegangen, weil sie konsequenterweise gesagt haben: Meine Frauenrolle ist hier wie in Deutschland vor 100 Jahren oder vor 50 Jahren, hier will ich nicht leben!»

Anders für die Männer: «Für die gibt's hier das Leben von Freiheit und Abenteuer», lacht Heiko: «Ich selber und auch alle andern, die ich kenne, die ziehen ihr Ding durch und sind im Grunde genommen zufrieden. Und wenn sie 'ne Frau hätten, die auch noch 'n Platz hier finden würde, dann wären sie noch super zufrieden – die hoffen immer

Meditations-Ashram in der Maremma

noch, daß irgend 'ne Touristin vorbeikommt, die sie wieder aufleben läßt!»

Töpfern, atmen, meditieren

Die dreißig Leute von Utopiaggia geben ohne Umschweife zu, daß sie nur zu dreißig Prozent Selbstversorger sind. «Sonst nähme das hier Plantagencharakter an, und das will keiner», argumentiert Beatrix, ehemals Public-Relations-Frau und auch in Piaggia für Außenkontakte zuständig.

«Es ist 'ne Landwirtschaft, die sich nicht rentiert, und deswegen wurde auch verkauft, teilweise für deutsche oder Schweizer Verhältnisse billig weggegeben», weiß Heiko, der sich ebenso wie Gerlinde lange Zeit mit Gelegenheitsarbeiten durchschlug. «Alle haben irgend 'ne Geldquelle außerhalb, sei's ein Ap-partment in Frankfurt, das sie vermieten, andere haben den Tourismus entdeckt, die nächsten sind verkappte Beamte, die Pension beziehen, die nächste hat 'nen Ehemann aus Frankreich, der irgendwelche Alimente rüberschickt – von der Landwirtschaft pur lebt kein Schwein.»

Einer der wenigen Bauern, die es geschafft haben, sich im kargen Bergland von Umbrien über Wasser zu halten, ist Domenico, einige Kilometer staubige «strada bianca» von Utopiaggia entfernt. Aus Tuffsteinen und Beton hat er einen jeder Romantik entbehrenden erdbebensicheren Neubau zwischen seine Olivenhaine gesetzt. Mit der Raupe planierte er den steinernen Hügel neben dem Haus und pflanzte – nach dem Oliventod im Winter 1985 – Hunderte neuer Olivenstöcke. Sein Land nennt er «terra morta», tote

Kleinbäuerliche Plackerei

Erde, der sich nur mit viel Plackerei und Geschick rentable Erträge ablocken lassen. Er gibt zu, daß seine Frau und er hier nur ausharren können, weil eine schmale Invalidenrente das Landwirtschaftseinkommen aufbessert. Nicht ohne Stolz rühmt er seine bäuerliche Professionalität und seine Kenntnis des kargen Landes, Qualitäten, die nach seiner Ansicht den deutschen Nachbarn fehlen. «Anerkennen muß ich ihren guten Willen, aber auch ihre Unfähigkeit und ihre Unkenntnis. Sie leben von der Hoffnung und wissen nicht, daß es keine gibt. Es liegt ja nicht an uns, daß wir hier nicht überleben können, es liegt an dieser Gegend hier. Die Leute haben zig Hektar Land aufgegeben und sind geflohen, weil die Arbeit einer Frau, die in Perugia vier Stunden putzen geht, mehr einbringt als ein kleines Gehöft wie meines!»

Da sich die meisten ausländischen Neu-Toskaner und -Umbrier schon bald die Bauernträume abgeschminkt haben, verfällt das Land weiterhin. Eindeutig ist das bei den reichen Villenbesitzern, die ihre Häuser nur einen Monat im Jahr benutzen. Manche dieser Sorte Landfreunde kommt auf erstaunliche Ideen: Südlich Siena hat der Chrysler-Manager Lee Iaccocca, Italo-Amerikaner, ein Podere in Besitz genommen. Jeder einzelne seiner sorgfältig gepflegten Olivenstöcke wird nachts von einem Halogenstrahler illuminiert – zur Begeisterung der amerikanischen «Ranch»-Gäste. Ein Kölner Vertreter für Alarmanlagen krönte seinen ersten Auftritt im frisch gekauften Hundert-Hektar-Land in den Maremma-Bergen, indem er sein Land ringsum mit über zwei Meter hohem Sicherheitsdraht umgab und längs der Umzäunung eine Art Todesstreifen freirodete.

Auf solche Possen ist glücklicherweise noch keine der genannten Gruppen und Familien verfallen. Aber mit der Wiederbelebung des Landes durch biologische Anbaumethoden ist es bei den Deutschen nicht weit her. Utopiaggia-Nachbar Domenico hat dafür nur ein Achselzucken übrig: «Einige Jahre sind diese Gruppen und Familien jetzt hier, aber was landwirtschaftliche und nichtintellektuelle Kultur betrifft, haben sie wenig gebracht. Für die ist das mehr ein Abenteuer. In Piaggia gibt es Lehrer, Anwälte, Journalisten, die taugen eben nicht für die Landwirtschaft. Seit dem ersten Jahr wollten sie schon ein Rebfeld anlegen. Wenn sie's getan hätten, was hätten sie schon Trauben ernten können!»

Erst mit dem florierenden Geschäft des alternativen Sommerlebens ist für Heiko (Ex-Lehrer) und Gerlinde (Ex-Kinderkrankenschwester) eine neue Ära angebrochen. In der Toskana wie in Umbrien, das weiß jeder Leser der Reiseseiten linker und bürgerlicher Blätter, wird «in der Landschaft der Renaissance» getöpfert, geatmet, gemalt, meditiert, komponiert und therapiert, was das Zeug hält. Gleich hinter La Ribolla beim Örtchen Montemassi in der Maremma ragt ein Windrad aus dem Wald. Darunter breitet sich ein Zeltdorf aus. Ein Schild verkündet: Sant Bani Ashram. Vor einer Hütte parkt ein amerikanischer Riesenschlitten. «Please respect the masters privacy», mahnt ein Holzschild, das die aus aller Welt zum diesjährigen Treffen gekommenen MeditationsjüngerInnen aus der Privatsphäre des Gurus fernhält. Heiko und Gerlinde sind

unweit davon, in der Maremma-Ebene, neuerdings als Bio-Landwirte in einem Schweizer Therapiehof engagiert. Der bietet rollstuhlgängiges Terrain, Naturkost und Sommerkurse für besseres Leben.

So findet sich für jeden, der das Durchhaltevermögen hat, irgendeine Nische, und sei sie noch so skurril. Allerdings bleiben die Stadtmenschen meist unter sich – Integration mit den Bauern ist nur begrenzt möglich. Ex-Stadtplaner Gunter, der täglich über den Weltempfänger in der winzigen Küche per Deutsche-Welle-Nachrichten Kontakt zur Heimat hält, weiß zwar, daß er jederzeit Nachbarschaftshilfe bekommen kann, sei es ein Mittagessen, einen Traktor oder eine geliehene Lire-Million, aber «integriert sind wir letzten Endes doch nicht, es ist so 'ne Art Schwebezustand». Und ländliche Armut? «Die Proportionen verschieben sich», meint Gunter. Und Wolfgang von Utopiaggia preist Selbstbestimmung und die alles beherrschende Natur: «Also ich glaube, wir leben hier einen Luxus, den sich heute keiner mehr leisten kann. Millionäre leben schlechter.»

Der Graf und die Stachelschweine

Kontakte zu italienischen Gruppen und den wenigen noch bestehenden echt alternativen Italiener-Kommunen existieren kaum. Bei den Italienern läuft der Laden ohnehin ganz anders. Die meisten Landgruppen starteten von vornherein nicht mit Ideen vom Kommuneleben, sondern zogen nach der Übersiedlung aus Mailand oder Rom ins mittelitalienische Hinterland professionelle landwirtschaftliche Betriebe auf. So die «Cooperativa La Spinosa» bei

Edelkooperative in Patriziervilla

Barberino im Elsa-Tal am Rand des Chianti-Gebietes. Sie startete mit genügend Kapital, um den Umstieg auf biologischen Anbau durch- halten zu können. «Wir sind nicht aus ideologischen Gründen zusam- men», sagt Paolo, ein 46jähriger Römer, der im Stile eines Grafen am offenen Kamin einen trocken-fruchtigen Weißen kredenzt. «Wir sind eine landwirtschaftliche Kooperative, die das Ziel hat, vom biologischen Anbau zu leben. Wir kommen mit einer städtischen Mentalität hierher. Mit Sinn für Marketing, mit akademischer Ausbildung in Landwirtschaft. Nach unserem zweiten Dreijahresplan müßten wir jetzt nach dem zehnten Jahr in der Lage sein, trotz der problematischen Hügel-Landschaft ein rentables Qualitätserzeugnis zu produzieren.» Ähnlich arbeitet man auf der nahen Kooperative «La Chiara di Prumiano», die 1983 von elf Stadtmüden, vorwiegend aus Mailand, auf einem ehemaligen Landsitz des Florentiner Fürsten Corsini – «nicht als Flucht, ohne Illusionen» – mit dem Landleben starteten.

Die Gewinnformel heißt allerdings für die meisten dieser Gruppen (auch für viele deutsche) «agriturismo». Der läßt seit Anfang der achtziger Jahre mit immenser Wachstumskurve in alten Mezzadria-Höfen, Landvillen und Großgütern die Kassen klingeln. Eine Kooperative mit dem bizarren Namen «Libera Università di Alcatraz» beispielsweise (führender Kopf und Besitzer ist der schlaksige Jacopo Fo, Karikaturist und Musiker, Sohn von Dario Fo) zieht mit ihrem «alternativen Bauernhof» betuchte, grün angehauchte Edelklientel an – natürlich mit Schwimmbad, Pferden, Theaterkursen und ungespritztem Gemüse, Slogan: «Auch die Ameisen haben Rechte.» Auch Chiara di Prumiano könnte ohne den Tourismus – ebenfalls mit Pferden – nicht existieren. Die Agrituristen werden in jedem Fall zu den besten Kunden der Kooperativen: vom Naturgenuß verwöhnte Direktabnehmer für selbst produziertes Extra-Vergine-Öl, handgeschleuderten Honig und hauseigene Bioweine.

Fast alle Gruppen wursteln irgendwo im «arcipelago verde» mit, dem weitgefaßten grünen Spektrum Italiens. Und das meist auf handfeste Art: Als Biobauern, die beweisen wollen, daß chemiefreie Landwirtschaft praktikabel ist; in örtlichen Gremien, beispielsweise wie Alcatraz-Fo mit Engagement gegen die Abholzung von Wäldern; oder als diejenigen, die mit dem Lärm von Traktoren und Topfdeckeln alljährlich die Jäger aus den Wäldern ekeln, wenn die Doppelflinten-Kretins nach Anfang der Jagdsaison gnadenlos auf alles ballern wollen, was Leben zeigt.

Paolo, der «Graf» von La Spinosa, bekennt allerdings, daß sie mit den unzähligen Stachelschweinen auf ihrem Gut (La Spinosa heißt Stachelschwein, ein solches ziert auch das Weinetikett der Kooperative) einen eigenartigen Pakt geschlossen haben. «Jedes Jahr pflügen die uns zentnerweise Mais um, sägen ihn glatt ab und mampfen dann die Kolben. Wir erlauben ihnen das und halten die Jäger fern. Dafür bedingen wir uns aus, jedes Jahr ein Stachelschwein fangen zu dürfen – das Fleisch ist tatsächlich ungeheuer köstlich.» Natürlich wird dabei keine Flinte eingesetzt, sondern ein Spezialist legt – nach Regenfall, der das Wittern erschwert – Schlingen auf den Stachelschweinpfaden aus, die er alle Stunde kontrollieren muß, damit das gefangene Tier nicht leidet. «Weil die Viecher so verflucht gute Nasen haben», knurrt Graf Paolo amüsiert, «darbt La Spinosa seit Jahren ohne Stachelschweinbraten!»

UND KONSUM

MENSCHEN-LANDSCHAFT

«Toscana minore» heißt der neue Hit der Reiseprospekte: das unbedeutendere, unberührtere Hinterland. Die rote Region hat sich ihres unbezahlbaren «patrimonio ambientale», des landschaftlichen Kulturschatzes, besonnen. Seit Juli 1988 sind – zumindest auf dem Papier – 53 Prozent des toskanischen Territoriums als landschaftliche Schutzzone ausgewiesen. Im Sitz der Regionalregierung gegenüber dem Palazzo Medici-Riccardi in Florenz wird das als neuer Trumpf aufgeführt: Die Toskana nimmt damit eine Avantgarde-Position innerhalb Italiens ein.

Aber auch am Corso Vannucci in Perugia klopft man sich im Assessorat für Tourismus aufs grüne Herz. Umbriens dünnbesiedelte Zwischenzonen erweisen sich für den neuen sanften Tourismus, den auch in Italien angekurbelten «turismo intelligente», als sehr zugkräftig. Im Vergleich mit der stärker industrialisierten und besiedelten Toskana sind hier, vor allem am Apenninrand, tatsächlich unberührte, fast archaische Landschaften erhalten geblieben.

Aber bis auf diese Ränder sind die Hügel, Berge und Täler im alten Kernland Mittelitaliens überall seit Jahrhunderten, teils seit Jahrtausenden den Bedürfnissen des Menschen entsprechend geformt worden. Vollends gestaltete Landschaft ist die Postkarten-Toskana zwischen Florenz, Lucca, Pisa und Siena, deren ziselierte Zypressen-Ästhetik oft vergessen läßt, daß die Region außerhalb dieses begrenzten Gebietes überraschend facettenreich ist.

Am Rückgrat Italiens

Der Apennin zieht sich in großem Bogen durch den Norden der Toskana. Wanderer finden hier im Sommer auf den kühleren Höhen ein ideales Terrain. In der nordwestlichen Ecke der Region, zwischen der Küste der Versilia und der Grenze zur Emilia Romagna, ragen östlich des Apennin-Stranges Dolomiten-ähnliche Gipfel auf. Hier ist als Wunderspiel der Natur ein ungewöhnliches Kalkgebirge – die Apuanischen Alpen – hochgeworfen worden, aus dessen Flanken der weiße Marmor gewonnen wird, der seit den Römern Künstler und Baumeister fasziniert hat.

Das «Rückgrat Italiens», wie der Apennin genannt wird, ist ein meist an den Kuppen abgerundetes Gebirge aus Sand- und Tongesteinen. An manchen Stellen allerdings sind die Berge aus festerem Kalkstein gebaut. Steile, abschüssige Flanken ragen im märkisch-umbrischen Kalk-Apennin auf. Im jungen, tektonisch unstabilen und deshalb erdbebenanfälligen (Tertiär-)Gebirge, das Umbrien östlich in einem Bogen einschließt, sind einige ungewöhnliche Karstbecken entstanden. Der Piano Grande bei Norcia im Südosten und der Altopiano di Colfiorito in Mittelumbrien sind blühende Hochebenen, die in den nächsten Jahren zu Naturparks erklärt werden sollen.

Mit etwas geologischem Rigorismus könnte man ganz Umbrien und die Toskana als Apennin-Landschaften bezeichnen. Der Gebirgszug flacht in mehreren Wellen gegen Westen ab, die Hügel werden sanfter, je näher man an die toskanische Küste kommt. An den Vorapennin schließt sich etwa ab der Linie Siena–Florenz ein wahres Meer von Hügeln an, fast eine Erinnerung an das voreiszeitliche Meer, das hier lag. Zwischen den Berg- und Hügelwellen ragen einige ältere Formationen heraus: südwestlich von Siena das toskanische Erzgebirge (Colline Metallifere), die Monti Pisani bei Pisa, die Apuanischen Alpen.

Die ganze Südtoskana wird beherrscht von einem erloschenen Vulkan, dem Monte Amiata, der sich vor weniger als eineinhalb Millionen Jahren buckelartig aus dem Hügelgelände heraushob. Die Einheimischen nennen ihn schlicht «La Montagna». Südlich des Amiata-Massivs liegen die bis ins nördliche Latium reichenden Tuffberge mit vielen etruskischen Grabstätten. Die Küstenzone der Maremma schließt sich westlich an, ein flaches, ursprünglich von Lagunen und Sümpfen durchzogenes Schwemmland. Nach zweitausendjähriger Versumpfung ist das Malarialand erst in diesem Jahrhundert wieder entwässert und bewohnbar geworden.

Über die Hälfte der Landschaft Umbriens, das stärker im Bereich des apenninischen Hauptkamms liegt, wird von den Geographen als gebirgig ausgewiesen, gegenüber einem Fünftel in der Toskana. Dort überwiegen die Hügelzonen mit zwei Dritteln, in Umbrien sind gut vierzig Prozent «colline». Zwischen Hügeln und Bergen verlaufen meist nord-südliche Täler, die von Flüssen in das leicht erodierende Gestein geschnitten wurden. Die meisten dieser Becken und Täler sind vor etwa 1,5 Millionen Jahren von Seen bedeckt gewesen, ihr flacher Sedimentboden ist deshalb fruchtbarstes Ackerland. Das Valle Umbra zum Beispiel, Umbriens größtes Becken, eignet sich mit seinem kalkhaltigen, trockenen Boden ausgezeichnet für den Olivenanbau.

Toskanisches Gesamtkunstwerk

Seit den Römern führten die Hauptverkehrsstraßen durch die wenigen flachen Strecken Mittelitaliens. Von den alten Römer- und Etruskersiedlungen, den im Spätmittelalter reich gewordenen Städten, ging ab dem 16. Jahrhundert die Aufteilung der für die toskanische und umbrische Hügelzone typischen gartenhaften Landschaft aus. Bürger und Adlige steckten ihr vorhandenes Kapital jetzt mit Vorliebe in die Landwirtschaft. Die neuen Großgrundbesitzer ließen ihr Land von Halbpächtern bewirtschaften, die nicht wie früher in Haufendörfern, sondern vereinzelt liegenden «poderi», kleinen Höfen, wohnten und wirtschafteten. Die verstreuten Poderi seines Gutshofes kontrollierte der Padrone vor allem im Sommer, wenn er seine prächtige, mit Zypressenauffahrten geschmückte Villa aufsuchte.

So entstanden städtisch orientierte, mit viel Sinn für Ästhetik gestaltete Nutz- und Erholungslandschaften. Im Zusammenspiel mit den Kulturstädten, alten Wehrdörfern und Burgen bilden sie die harmonischen Gesamtkunstwerke im Zentrum der Toskana und Umbriens, die Landschaften, die als «typisch toskanisch» gelten.

Die Halbpächter kultivierten selbst in Weinbaugebieten wie dem Chianti immer eine gemischte Landwirtschaft, neben Wein und Oliven auch Getreide, Obst und Gemüse. Inzwischen ist das Chianti, so wie viele andere Gebiete, an vielen Stellen von endlosen Wein- und Olivenplantagen durchzogen, deren monotone Reihen das harmonische Landschaftsbild zu zerstören drohen. Jahrhundertealte Terrassenkulturen werden von Raupenschleppern niedergewalzt, um flache, konkurrenzfähige Monokulturen zu erhalten.

Wälder und Naturparks

Die Toskana ist eine der waldreichsten Regionen Italiens. Auch das steht im Kontrast zur stereotypen Vorstellung der zierlich zypressengesäumten Chianti-Landschaft, die nur ein kleiner Ausschnitt der tos-

kanischen Vielfalt ist. Noch zu Zeiten der Etrusker und Umbrer ist Mittelitalien von einer fast geschlossenen Walddecke überzogen gewesen. Seit den Rodungen der Römer-Kolonien ist der Wald für Heizung, Gewerbe und Schiffsbau fortlaufend dezimiert worden. Schon die Republik Pisa, der reichste Hafen der Toskana, mußte sich Holz für seine Handelsflotte aus Sardinien besorgen. Erosion der tonigen Berg- und Hügelhänge ist die Folge gewesen. Am besten sichtbar ist das bei den berühmten Crete Senesi, den Lehmbergen südlich Sienas, deren restliche dünne Vegetationsdecke gegen fortlaufende Erdrutsche nichts ausrichten kann.

In den verlassenen Bergzonen sind Waldbehörden und eine relativ junge Institution, die staatliche Comunità Montana, mit Wiederaufforstung beschäftigt – zum Teil mit recht guten Erfolgen. In der Toskana haben im Bereich des Apennin-Kammes vor allem Mönche seit fast einem Jahrtausend den Wald aufgeforstet. Bei den Klöstern Vallombrosa und Camaldoli haben sie hochstämmige Buchen- und Tannenwälder angelegt, die seit den Medici unter Schutz stehen. Umbrien hat einen von Mönchen gehegten Steineichen-Forst auf dem Monte Subasio beim Eremitenkloster des Franz von Assisi. Etwa ein Drittel der Region ist bewaldet, in der Toskana sind es fünf Prozent mehr. Dort sind allerdings viele als Wald ausgewiesene Flächen nur niedrige, aus Unterholz gewachsene oder von Waldbränden zurückgelassene Macchia – ein immergrüner mediterraner Strauch- und Kräuterpelz, im vergangenen Jahrhundert idealer Schutz für die Brigantenbanden der Maremma.

Um Vinci – Landschaft als Kunstwerk

An den Küsten sind zur Gewinnung der köstlichen «pinoli», der Pinienkerne, vor allem Schirmpinien angebaut worden. Ihre windgezausten Kronen werden heute leider häufig vom Meerwasser selbst bedroht: Der Wind trägt Wasserdunst heran, der Rückstände von Detergentien enthält, die den Kronen die Schutzschicht gegen das zersetzende Meersalz nehmen. In den tausendjährigen Hochwäldern der Mönche von Vallombrosa dagegen beginnt der saure Regen die Kronen auszudünnen.

Im Zuge der Wiederentdeckung dieses bedrohten Kulturschatzes hat eine regelrechte Naturpark-Welle die beiden Regionen erfaßt. Kaum eine einsame, weil entvölkerte Bergzone des Apennin, für die nicht die Schaffung einer Schutzzone geplant ist, kein Sumpf, keine Insel, die nicht zum Wald- und Vogelgebiet erklärt werden soll: im waldreichen Casentino im nordöstlichen Eck der Toskana, in den legendenumwobenen Sibyllinischen Bergen (Piano Grande) in Umbrien, im weiten Val d'Orcia südlich Siena. Der gesamte toskanische Archipel – die Inseln der Gruppe um Elba – ist als Naturpark ausgemacht. Die restlichen verbleibenden Strafgefangenen des veralteten Gefängnisses der Knast-Insel Gorgona sollen als eine Art Parkwächter eingesetzt werden. Dabei sind manche bereits geschaffene Naturparks reine Phantome geblieben. Der sumpfige Massaciuccoli-See im gleichnamigen Naturpark bei Lucca ist mitten im Parkgebiet eine überdüngte Kloake geworden. Im Park der Apuanischen Alpen wird selbst an geschützten Gipfeln weiterhin Marmor-Raubbau betrieben.

Im ältesten toskanischen Natur-

park dagegen, dem Parco della Maremma, ist vor allem der Ansturm der nicht immer so naturfreundlichen Besucher zum Problem geworden. «Die fallen da zu Tausenden ein und hinterlassen einen entsetzlichen Müllberg», beklagt sich die Gräfin von La Trappola, deren Gut zum Großteil im Parkgelände liegt. Der Trip in die Natur ist offenbar für viele Italiener zum beliebigen Mode-Ausflug geworden, eine Promenade vor grüner Kulisse.

Strände und Flüsse

Die resolute Gräfin steht sinnierend am Privatstrand der Tenuta la Trappola bei Grosseto. «Hier liefen wir Hunderte Meter über feinen Sand bis zum Wasser, jetzt wird schon der Pinienwald vom Meer aufgefressen.» Die Wellen lecken um Bäume und Gesträuch, bald wird das Trappola-Sommerhäuschen dran sein, das bei der flachen Düne steht. Nicht nur hier, nördlich vom großen Maremma-Naturpark – auch «Parco dell'Uccellina» genannt –, sondern an vielen toskanischen Sandstränden nimmt die Küstenerosion Land weg. Die Hälfte aller italienischen Strände ist in Bewegung geraten, seit Landflucht und Industrialisierung den Stiefel umgekrempelt haben. In der Toskana sind 93 Kilometer Küste auf dem Rückzug – ein Symptom für das Eingreifen des Menschen in Natur und Landschaft. Für den Zementwahn in den Ballungsgebieten werden dem Boden Kies und Sand abgegraben, die Flüsse sind mit Deichen, Dämmen und betonierten Laufbahnen domestiziert und umgelenkt worden, die Flußmündungen haben zweckmäßige Begrenzungen bekommen. So spülen die Meeresströmungen die

Kaum auszudrücken ist aber erst, was diese Landschaft für Gefühle erregt. Sie hat nichts Historisches... die Spuren der Menschen, die ewigen unveränderten Hügel und Täler, ja die untergehende Sonne und die Wolken werden hier zu einer Einheit, die Olivenbäume, die Mauern und Burgen, die Friedhöfe, auf denen man sitzt, alles gehört zusammen, ist von keiner Zeit und greift so in einen hinein wie nichts anderes in der Welt.

Hugo von Hofmannsthal

Zur Physiognomik von toskanischen Städten: Manchmal erscheinen mächtige Domplätze mit bezwingender Architektur plötzlich, unvermittelt, im Gewebe der Straßen, auch sehr triste münden darauf. Der Glanz, der ins Elend herniederfährt, vergegenwärtigt unmittelbar, vor aller Symbolik, Wunder und Gnade, die jene lehrt.

Theodor W. Adorno

Beide aus: Literarischer Führer durch Italien. Insel Taschenbuch Verlag, Frankfurt/M. 1988

Küsten ab, die die Flüsse nicht mehr anreichern können.

Der Arno, der wichtigste toskanische Fluß, durchläuft auf seinem Weg bis zur Küste bei Marina di Pisa etliche exemplarische Stationen. Im waldreichen, dünnbesiedelten Casentino fließt er noch relativ sauber gen Süden. Sein Leidensweg beginnt bei Arezzo. Da kurvt er nach Norden Richtung Florenz. Aus dem Chiana-Tal zwischen Orvieto und Arezzo führt ihm der Canale Maestro, einst zur Trockenlegung des sumpfigen Tales gebaut, die duftenden Abwässer von Schweinemastfarmen zu. Dann kommt der Weg durch das Arnotal, eine enge Industriezone. Sechs Millionen Kubikmeter Sand und Kies sind hier für den Bau der Autostrada del Sole abgetragen worden, festes Material, das jetzt an der Küste fehlt. In den letzten acht Jahrhunderten hat der Arno Florenz über zwanzigmal überschwemmt, das letzte Mal 1966. Gegen die durchschnittlich alle vierzig Jahre zu erwartenden Fluten ist bisher noch keine erfolgreiche Abhilfe gefunden worden. «Die Behörden schlafen der nächsten Katastrophe entgegen», klagen die Umweltschützer. Projekte von neuen Mammutstaudämmen sind – bis auf den Damm von Bilancino im Mugello-Becken nördlich Florenz – glücklicherweise nie realisiert worden.

Florenz reichert den Fluß satt mit Kolibakterien an, der dann als trübe Verzierung durch Pisa fließt. Das flache Küstenland hier war ehemals eine Bucht, die der Arno mit seinen Anschwemmungen aufgefüllt hat.

Jetzt ist die Landwanderung umgekehrt: Die Zollhäuser von San Rossore und die Hütten der Jagdaufseher der Königsresidenz (heute Präsidentenpalast) nördlich vom Mündungsort Marina di Pisa sind vom Meer verschlungen. Ihre untergegangenen Fundamente liegen mittlerweile mehr als einen Kilometer von der Küste entfernt.

In Umbrien nimmt der mythische Tiber schon an seinem Oberlauf eine Pestizidlast aus der Tabak-Monokultur um Sansepolcro (Toskana) und Città di Castello auf, fließt dann durch die Industriesiedlungen von Perugia, um schließlich wieder in unberührtere Zonen zu geraten, derentwegen sich Umbrien als «grünes Herz Italiens» rühmt. Mit dem Lago di Corbara westlich von Todi wird der Tiber zur Energiegewinnung gestaut. Weiter südlich ist um den Stausee von Alviano ein Vogelparadies entstanden, das die Provinz Terni zur geschützten «Oase» erklärt hat.

Der Wasserreichtum der kleinen Binnenregion spielt beim grünen Image eine wichtige Rolle. Eines der schönsten Gebiete ist das Valnerina, die vom Flüßchen Nera in die Berge gegrabene südöstliche Talzone Umbriens. Die Nera und ein aus Latium kommender Fluß, der Velino, sind seit dem vergangenen Jahrhundert für die Energiegewinnung im Industriebecken von Terni und Narni vielfach gezähmt worden. Schon die Römer leiteten die Velino-Wasser um, wodurch Europas größtes Kaskaden-Kunstwerk entstand, die Wasserfälle von Marmore.

KULT DER FESTE

SUBVENTIONEN FÜR DIE TRADITION

Im Frühling rüsten sich Toskaner und Umbrer für den jährlichen Wettlauf mit ihrer Geschichte. Dann werden Fahnen geflickt, Wappen gestickt, puffärmelige Hemden entmottet, klirrende Helme und Schwerter auf Rostansatz geprüft. Zum Sommer explodiert etappenweise die Festival-Manie. Eine Woge von Folklore überflutet das Land, auf unzähligen Transparenten werden kleine und große Volksfeste angekündigt. Nirgendwo in Italien fallen so viele internationale Stars und Künstler ein wie in toskanischen Dörfern und Städten, wo sie aus reiner Toskana-Liebe oft ohne Gage auftreten.

Das sommerliche Aufwachen wird seit heidnischen Zeiten mit Frühlingsriten, Maifeiern und karnevalesken Umzügen begrüßt. Manches davon ist als einigermaßen authentische Volkskultur noch in den heutigen Frühlingsfesten erhalten: dem Canto del Maggio, den Maifesten, und den religiösen Lob- und Bußliedern der Lauda, in Umbrien beispielsweise zur Zeit der Karwoche, wenn diese Erzählgesänge vor geschmückten Kirchen vorgetragen werden.

Wenn dann die Sommerhitze die Gedanken endgültig auf Feiern statt Schuften lenkt, wenn die mittlerweile zum Inventar gehörenden Touristen wieder ausschwärmen, steigt die große Sommerkirmes qua-

Florentiner Spektakel –

si als Entschädigung für die Langeweile des kalten Winters. Kein Dorf, in dem nicht eine Sagra (Kirchweih), meist ein Freßfest wie die «sagra della bistecca» in Cortona oder ein Erntefest wie die zahlreichen «sagre del vino», ein Gioco (Spiel), eine Giostra (Turnier), ein Palio (Wettkampf), eine Rassegna (Schau) oder schlicht eine Festa abgehalten wird. Wichtigster Ansporn ist dabei mittlerweile der Tourismus. Vielerorts sind lokale Traditionen zum folkloristischen Schauspiel reduziert worden. Was nicht heißt, daß der Spaß ausbleibt. Italiener trinken fast nie im Übermaß, aber bei diesen Festen fließt der Wein immer in ungewöhnlichen Strömen.

Mit zum Reigen gehören die Parteifeste, die in Anknüpfung an die sommerlichen Feiertraditionen entstanden sind. Das bekannteste ist die Festa dell' Unità, das als Pressefest der KP-Zeitung «L'Unità» seit 1965 in ganz Italien gefeiert wird. Zu den Glanzzeiten der PCI waren die lokalen wie nationalen Unità-Feste in den Terminkalendern deutscher Linker ein festes Pilgerdatum. Für die Bevölkerung in den roten Regionen sind sie bis heute Kulminationspunkt der weltlichen Sommerfeste. Aber die großen Debatten finden nicht mehr enthusiastischen Zulauf wie noch in den siebziger Jahren. Wenn die KP-Chefs der Region anreisen, um «das Problem der Jugendbeschäftigung und der Einwanderer aus der dritten Welt» zu diskutieren, zieht das nicht mehr die Massen an. Auch die Parteifeste müssen daher mit riesigen Videoschirmen die Konzerte von Madonna übertragen oder Spektakel nach Spektakel ablassen, um das Volk noch auf die Festwiese zu locken.

Calcio Storico

Blutiger Sand und Lanzenkampf

Florenz hat mit einem historischen Wettkampf eher zweifelhaften Ruhm errungen. Besucher des Calcio Storico, eines Fußballspiels in Kostümen, werden verblüfft sein, wenn sie ein rein touristisches Fahnen-Geschwenke erwarten – hier sind harte Bandagen im Spiel. Auch in anderen Städten werden echt empfundene Feste gefeiert, bei denen die Touristen nur eine Nebenrolle spielen: die lebensgefährliche Pferdehatz des Palio in Siena; der Gioco del Ponte in Pisa, ein Giganten-Schieben auf der Hauptbrücke über den Arno; der Wettlauf mit den Ceri, riesigen Holzattrappen, in der altrumbrischen Stadt Gubbio. So wie diese ist auch der Kostümfußball in Florenz seit Jahrhunderten im Leben der Stadt verankert. Der erste schriftliche Bericht,

abgefaßt in «ottava rima», einer erzählenden Versform, wie sie auch der Renaissance-Poet Ariost verwandte, stammt aus dem 15. Jahrhundert.

Die Florentiner wähnen sich mit diesem frühen Datum als Erfinder des Fußballs schlechthin. Allerdings kommen die Füße der Spieler vor allem für gezielte Tritte gegen den Gegner zum Einsatz. An zwei Juni-Sonntagen treten die größten Hünen der Stadtviertel gegeneinander an. Reiter und schwitzende Hellebardenknechte sind vorher über die Piazza della Signoria vor dem Palazzo Vecchio paradiert. Sand bedeckt die Steinplatten des alten Stadtplatzes, in ihm wälzen sich die bulligen Spieler im Kampf um den Ball. Sie werden angefeuert von den Bewohnern ihres Stadtviertels, aber es scheint nur nebensächlich darum zu gehen, wieviel Bälle ins Netz des

Gegners fallen. Die meisten Spieler sind stadtbekannte Schläger, Halbgauner und Preisboxer, die sich gleich nach Anpfiff in einem wütenden Knäuel verbeißen. Der Ball ist vergessen, bald prügeln sich die giftigsten Rivalen mit Fäusten und Fußtritten. Minutenlang halten sich die Kämpfer pärchenweise im Würgegriff, muskelstrotzende Tiere wie das Standbild des Riesenherkules vor dem Palazzo Vecchio. Vom Feldrand schütten Helfer aus Plastikflaschen Wasser auf die in Sand und Blut gepökelten Riesenleiber. Der Trainer, mehr breit als hoch, treibt zwei Kampfhähne mit einem gewaltigen Faustschlag auseinander. Ein verzweifelter Schiedsrichter brüllt über den Lautsprecher: «Ragazzi, cosi non si gioca!» Und droht vergeblich mit der Aufhebung der Partie.

Es wird viel touristisches Brimborium um diese Schlägerei veranstaltet, politische Honoratioren sitzen etwas verstört ob der Brutalität auf der Tribüne. Die Spiele sind schon öfters abgebrochen worden, die Zeitungen schreiben dann von einer Verrohung der Sitten und einer Infizierung des historischen Fußballs durch die schlechten Vorbilder der gewalttätigen Fans des modernen «calcio». Der Calcio Storico findet allerdings nur in den toskanischen Zeitungen ein Echo, die nationalen Zeitungen haben ihn als unwürdig von ihren Sportseiten verbannt. Dabei sind die Ursprünge mit traditioneller Patina belegt. Das römische Legionärsspiel «harpastum» soll der Vorläufer gewesen sein, als kriegerisches Spiel überliefert bis ins Mittelalter und dort mit zivilen Regeln versehen.

Auch viele andere der historischen Kostümkämpfe haben den Ursprung in solchen Kriegsspielen oder in Rivalitäten zwischen den alten Stadtteilen der frühbürgerlichen Kommunen. In Perugia haben sich die Bürger im Mittelalter regelmäßig bei Steinspielen gegenseitig massakriert. In Siena artete ein Rivalenspiel der «contrade» (Stadtviertel) in eine wahre Schlacht aus, deren Morden nur die versammelten Priester mit Bannsprüchen ein Ende setzen konnten. Aus den Reiterspielen und Turnieren der Adligen entwickelte sich dann in vielen Städten ein Pferderennen oder Lanzenkampf, an dem später auch die «popolani», die Bürger, teilnehmen konnten.

Kreationen aus dem Archiv

In Siena ist das Rennen um den Palio, eine seidene Standarte, noch heute der historische Kitt, der die Stadtteile («Contrade») in mitunter erbitterter Rivalität verbindet. Jemanden aus einer verfeindeten Contrada zu heiraten, gilt als Sakrileg. Die Reiter werden mit Millionen-(Lire-)Beträgen bestochen, Ehre und Wohlergehen der Contrada hängen vom wilden Drei-Minuten-Ritt auf dem roten Lehm des Campo ab. Heidnische Rudimente des Palio zeigen sich, wenn die Pferde vor dem Rennen in den winzigen Pfarrkirchen der Contrade geweiht werden. Trotz Blitzlicht-Verbots zucken während der Zeremonie die Flashlights, um das Pferd so zu erschrecken, daß es auf die vor dem Altar ausgebreitete Gummifolie scheißt – ein gutes Omen für den Sieg. Der Priester im vollen Ornat entläßt das Tier mit den laut skandierten Worten: «Vai e torna vincitore! – Gehe und komm als Sieger zurück!»

Der Palio ist zwar eine bluternste,

ureigene sienesische Angelegen-
heit, aber er bringt auch gute Kasse
und Renommee. Die Hotelzimmer
sind Monate im voraus ausgebucht,
in den Restaurants bersten nach
dem Rennen die Tische. Vor allem
aber hat Siena durch den Palio das
Primat des spektakulärsten und echtesten italienischen Historienstücks.
Das hat diverse Neider und Nachah-
mer gefunden. Viele der heute als
historische Folklore propagierten
Feste sind in den dreißiger Jahren
aus der Tiefe historischer Archive
hervorgezaubert worden. Unter den
Faschisten, die bei den mißtraui-
schen Toskanern ohnehin wenig
enthusiastischen Anhang fanden,
gehörte die Wiederherstellung von
Traditionen zur Wiederbelebung
der völkischen Kultur.

Auf diese Art ist zum Beispiel die
Giostra del Saracino in Arezzo aus
der Versenkung aufgetaucht. Angeblich ist dieser Lanzenritt über
die Piazza Grande gegen einen ge-
panzerten «Sarazenen» seit 1593 dokumentiert. Dabei ist zweifelhaft,
ob die an den Küsten marodieren-
den Sarazenen-Piraten überhaupt
so weit ins Inland vorgestoßen sind.
Im Tourismusprospekt heißt es aber
heute vieldeutig: «Nach mannigfa-
chem Geschehen durch die Zeit-
läufte wurde das Turnier 1931 wieder ans Licht befördert.»

Die fantastischen Kostüme und
der Pferdeschmuck sind selbst bei
den echtesten Spielen Kreation. Die
«fantini» (Jockeys) in Siena reiten
mit modernen Turnschuhen unter
Mittelalter-Phantasien aus dem
19. Jahrhundert. Die Giostra della
Quintana im mittelumbrischen Foligno schließlich ist eine Kostümshow, die erst in der Nachkriegszeit komplett rekreiert wurde.
Das Lanzenreiten, das heute die

ganze Stadt zusammenbringt und
zur größten umbrischen September-
Attraktion geworden ist, erfüllt die
Einheimischen schon dadurch mit
Traditionsstolz, daß es «so alt wie
unsere Republik» ist.

Import für die Kulturwiege

Auf dem Feld der «hohen» Kultur
brennen die Kulturämter ein Jahr
für Jahr umfangreicher werdendes
Feuerwerk an Musik, Film und
Spektakeln ab. Älteste Einrichtung
dieser Art ist der Maggio Musicale
in Florenz, ein 1933 geschaffenes
Festival mit hauptsächlich klassischer Musik. Standardbemerkung
historisch Gesinnter ist, es sei das
einzige Stück Kultur von bleiben-
dem Wert, das Mussolini in der Toskana hinterlassen habe. Der 1947
geschaffene Estate Fiesolana hat
dieser Institution in den letzten Jahren den Rang abgelaufen. Ein echtes Kulturfest mit interessanten toskanischen und internationalen
Theateraufführungen, Tanz, Film
und klassischer Musik, zum Teil im
römischen Amphitheater von Fiesole, zum Teil in Villen und Gärten
von Fiesole mit Panoramablick auf
Florenz.

1989 trat hier beispielsweise eine
der kreativsten jüngeren toskanischen Theatergruppen mit einem
Rückgriff in die Kulturgeschichte
auf. «Decameron Variazioni» nannte der Regisseur Ugo Chiti vier Be-
arbeitungen von Novellen aus der
Erzählsammlung des Giovanni Boccaccio. Der florentinische Dichter,
Zeitgenosse von Petrarca und Inter-
pret Dantes, hatte die in den reichen Familien der Renaissance
übliche Sitte, sich gegenseitig er-
bauende und satirische Geschichten
zu erzählen, im Jahr der großen

Kindertheater – Kunst der Träume

Pest von 1348 als Vorbild zu einer Hundert-Novellen-Sammlung genommen. Die genüßlichen Darstellungen kleiner moralischer Verfehlungen und derber Liebesspäße aus dem 14. Jahrhundert hatte Chitis Arca Azzurra Teatro in gelungene, halb originalgetreue, halb modernisierte Theatralik umgeformt. Einige Mitarbeiter von Arca Azzurra stammen aus dem verdienten Experimentiertheater des Industrieortes Pontedera, Chiti selbst ist Mitarbeiter des Centro FLOG, das sich in Florenz um die Erforschung und Dokumentierung der Volkstraditionen kümmert. Die Schauspieler der Dekamerone-Variationen bemühten sich deshalb redlich, den toskanischen Dialekt zu sprechen.

Was von den alten Traditionen noch lebendig ist, wird mittlerweile gesucht und gehätschelt. Die Regionen unterstützen mit Subventionen die immer zahlreicher werdenden Bauernkultur-Museen und Dokumentationszentren wie das genannte FLOG in Florenz. Die traditionellen Stegreifgedichte der «stornelli» wird man kaum noch in den Dörfern selbst hören, sondern eher auf Festen wie dem des Teatro e Tradizioni Popolari im südtoskanischen Tuffstädtchen Sorano. Der seit dem Film «Down by Law» auch international bekannt gewordene toskanische Scherzbengel Roberto Benigni ist der größte lebende Meister der frechen, gotteslästerlichen Improvisationen, für die die toskanische Zunge berühmt ist. «Tutto Benigni» ist ein Film mit Benigni live in Höchstform, aber der Clown aus Prato tourt im Sommer auch gern mit Live-Auftritten durch die Toskana und Umbrien.

Eines der schönsten Theatererlebnisse in der Toskana findet man im alten Grenzstädtchen Monticchiello bei Siena im Orcia-Tal: das Teatro Povero. Dort spielt ein Dorf Geschichten aus dem eigenen Leben, für die den ganzen Winter geübt und im Sommer der winzige Dorfplatz als Bühne benutzt wird. Im nahen Montepulciano erlebt jährlich die traditionelle Form des toskanischen Bauerntheaters, der Bruscello, Aufführungen. Im Teatro Poliziano und auf der Piazza dort steigt dagegen eine weitere Kulturshow mit großem «K». 1976 hat der deutsche Komponist Hans-Werner Henze die «Internationale Baustelle der Kunst» ins Leben gerufen, um auch in die «Perle des 16. Jahrhunderts» Sommerkultur zu bringen.

Kleinere Städte bringen oft aus eigener Initiative und ohne Hilfe seitens der Region Kulturpreise auf, um das eigene Kulturleben mit dem Hauch der großen Welt zu befruchten. Eine von vielen in den siebziger Jahren erwachsenen Initiativen zur Belebung der Stadt-Land-Beziehungen ist zum Beispiel der Premio Internazionale di Cultura Citta di Anghiari in diesem Städtchen an einem Hang im oberen Tibertal. Dort füllt sich die Piazza sommers mit Zuhörern, die einem Musikschüler der Essener Folkwangschule lauschen, deutsche und italienische Fremdlinge eilen ins Musen-Theater, um einem der Dorfspektakel beizuwohnen.

Große Kultur allerdings kommt heute nur selten aus der Toskana. Die Zeitung «La Nazione» spricht spöttisch von einer «leeren Wiege der Kultur». Die Importware von außen füllt die Lücken. Umbrien hat mit dem 1958 gegründeten, mittlerweile zur Mega-Show gewordenen Festival dei due Mondi in Spoleto den ersten Platz unter den Sommerfesten errungen. Das Fest der «zwei Welten» in dem wunderschönen Bergnest hat Kulturgeschichte gemacht, hat Größen wie Ionesco, Bergman, Pablo Neruda und Henry Moore ins umbrische Hinterland gebracht. An den skeptischen Einwohnern allerdings geht der Zirkus oft vorbei. Viele Spoletaner wissen nicht mal, daß auf ihrer Piazza vor dem Dom, deren theaterhafter Anblick auf Fotos und Bildschirmen um die ganze Welt geht, heute abend Berühmtheiten aufspielen.

Die vielen verschiedenen Feste – in der Toskana mittlerweile mehr als 30, dazu an die 470 Dorf- und Kostümfeste – versuchen sich gegenseitig zu übertrumpfen, quasi als Wiederholung der historischen Rivalitäten zwischen den auf den eigenen Kirchturm fixierten Gemeinden. Aber immerhin: Internationale Festivals bringen plötzlich Leben vor die Traumkulissen sonst vergessener Provinzkaffs, angeheizt durch die Verleihung von Literatur- und Kulturpreisen, bei denen meist schon – oft auch nur – das Festbankett die Anreise wert ist.

Tausende saßen um die längste Freßtafel der Welt. Kilometerlang wand sich der mit Wein und Speisen bedeckte Tisch durchs Zentrum von Florenz. Nobili und Popolani, das Volk von Florenz, speisten im Juni 1989 an dieser Guinness-Rekord-Tafel, ungewöhnlich vereint durch die gelungene Krebshilfe-Aktion «Firenze per la vita». Aber in die Mägen geriet alles andere als Rekordkost. Vorgefertigtes, wenn auch Ur-Florentinisches kam auf die Tische: Die Fenchel-Salami Finocchiona als «antipasto», dann Fagioli natürlich, kleine weiße Bohnen, mit Öl gewürzt, die Arme-Leute-Speise der Florentiner; schließlich Trippa, zerschnippelte Eingeweide, deren Anblick, auch wenn sie das Glanzprädikat «alla fiorentina» trugen, bei Fremdlingen und Kostverächtern Magenrunzeln hervorrief. Die großen Weinhäuser hatten spendenhalber ihre Etiketten auf den Lindwurmtisch lanciert. Das half, die frugalen Bissen runterzuspülen, und reichte selbst für die neidisch herumschleichenden Touristen, die sich fragten, ob die Florentiner wohl immer so zahlreich zu Tische säßen: rund um den Dom, auf dem Ponte Vecchio und zurück zur Piazza della Signoria. Der Spaß endete mit den mittlerweile in ganz Italien verbrei-

teten «cantucci di Prato», die in den «heiligen» Dessertwein Vinsanto getunkt wurden.

Die Köche der Medici-Tochter Katharina, die im 16. Jahrhundert durch Einheirat Königin von Frankreich wurde, werden sicher weniger karge Kost auf die Tische gebracht haben. Für patriotische Italiener ist eindeutig, daß die französische Haute cuisine in den Töpfen der toskanischen Köche Katharinas entstanden ist – mit einer Erblast in den frischen, naturrein zubereiteten Speisen der Toskana. Was da jetzt als Nouvelle cuisine in manche überzogenen Edel-Restaurants Italiens zurückgekommen ist, darf getrost als bastardisierte Version der italienischen Kochart gesehen werden. Denn Grundsatz fast aller regionalen Küchen Italiens ist, Speisen möglichst wenig zu würzen, sie weder mit elaborierten Soßen zuzukleistern noch in endlosen Kochvorgängen auszulutschen.

In der Toskana wie in Umbrien wird dieses Prinzip einfacher, aber raffinierter Bauernküche mit besonderer Hingabe gepflegt. Die florentinische Trippa, Fagioli, aber auch Brotsuppen wie die Ribollita sind typisch mittelitalienische Speisen, simple Mahlzeiten der Bauern oder Hirten, die sich jahrhunderte-

LA CUCINA

lang von dem ernährt haben, was ihr eigener Hof hergab. Dazu gehörten Gemüse, Weizen und Oliven, schließlich der Wein, eine ursprünglich mit rudimentären Methoden gemachte, erdige und kurzlebige Traubengärung.

Gipfel der Einfachheit ist die «fett'unta», die geölte Scheibe aus dem salzlosen Brot, über Glut geröstet, mit Knoblauch gerieben, ein geradezu minimalistischer Luxus. Die Römer sollen sich so etwas schon zum Frühstück gegönnt haben, die heutigen Italiener bevorzugen den schnellen Caffè oder morgendlichen Capuccino mit einem süßen Hörnchen namens Cornetto oder Brioche oder irgendeine andere «pasta».

Lokale Spezialitäten

Mit Pasta sind also nicht nur Nudeln gemeint, sondern alle Formen von Teigwaren, darunter eben auch die «pastasciutta», die nicht frisch gemachten, sondern trockenen (asciutto) Nudeln in unendlichen Varianten. In der Toskana gibt es Pasta vor allem in Form von «pici», dicklich-kurzen Regenwurmnudeln, die, je weiter man Richtung Siena kommt, immer stärker wie «pihschi» ausgesprochen werden. Typisch für die Toskana und Umbrien sind auch «pappardelle», gern aus einem Sugo (Sößchen) aus Wild oder Geflügelteilen zubereitete breite Bandnudeln. Exquisitester Genuß in Umbrien sind Trüffel-Nudeln. angemacht mit den weißen oder schwarzen Würzknollen, die ins Geld gehen: Schon einige Gramm abgeraspelte Trüffelscheibchen können die Zeche um zehntausend Lire hochtreiben.

Zwischen Oktober und Dezember schleichen die Trüffelfans in die Wälder beim nordumbrischen Città di Castello, um dann die dortigen weißen Trüffeln zu Hause einem aromatischen Omelett unterzuziehen. Zwischen Januar und April sind die Sammler der schwarzen Trüffel von Norcia in Südumbrien aktiv. Sie bringen graubraune, pickelige Kugeln heim, die Pasta, Lamm, Geflügel und Fisch jenes himmlische Aroma verpassen, das mittlerweile im Zentrum einer regelrechten Trüffelmode steht. In Umbrien sind deshalb auch Versuche in Gange, die begehrten Erdknollen zu züchten und anzupflanzen.

Die Toskana ist Fleisch- und Gemüseland, trotzdem haben Pasta-Feinde schlechte Karten: Nicht immer ist ein Ausweichen auf Gemüse, soßenlose Fleischscheibchen oder «Importe» wie das Risotto möglich. Auf der Speisekarte der Restaurants, die sich noch nicht unter dem Einfluß nordischer Schnitzelfresser und dem nivellierenden Druck des Zeitgeistes eine allitalienische oder gar internationale Speisekarte zugelegt haben, findet man allerdings unter den «primi» häufig deftige Eintöpfe wie die genannte Ribollita, das Resteverwertungswunder Acquacotta oder – in Umbrien – die Mehlsuppe Frascarelli, die laut Volksmeinung bei stillenden Müttern milchbildend sein soll.

Umbriens Küche kennt Einflüsse aus der nahen Romagna, der Toskana und Lazio. Die besten Nudeln sind frisch und hausgemacht, «fatta in casa», aber Umbrien ist auch einer der größten Pastasciutta-Hersteller Italiens. Hier werden vierzig Prozent aller Teigwaren Italiens erzeugt, hauptsächlich in den Buitoni-Fabriken rings um Perugia.

Die lokalen Besonderheiten er-

Alltägliche Genüsse

kundet man am besten, indem man an Ort und Stelle einen «piatto locale» bestellt: In Livorno, der Versilia und auf Elba beispielsweise die Bouillabaisse-Urform Cacciucco, deren Namensherkunft aus dem türkischen Kacucli auf jahrhundertelange Sarazenenüberfälle an der Küste verweist; im südumbrischen Norcia die Norcineria, Wurst-Spezialitäten der örtlichen Metzgerkunst; in Lucca alles, was mit «farro» gemacht ist, einer Gersten-Art, die schon die Etrusker zu schätzen wußten; in Florenz die Bistecca alla fiorentina, ein satter Batzen T-Bone-Steak vom weißen Chiana-Rind, der nur in der Zubereitung sparsam, beim «conto» aber kaiserlich ist.

Kunst des Genießens

Die amerikanische Fast-food-Manie hat bisher in Italien wenig Erfolg gehabt. Die Schnellfreßstätten sind reine Domäne der Jugendlichen und beschränken sich auf den Dunstkreis der Stadtzentren. Um den Vormarsch der Unkultur aufzuhalten, hat Florenz jede Eröffnung weiterer McBurger-Stuben im historischen Zentrum untersagt. Essen ist zu sehr Ritus, als daß es im Schnellverfahren erledigt werden dürfte.

Die Genuß-Kunst kommt geradezu wörtlich schon mit der Muttermilch. Babys von drei Monaten schlabbern als ersten Brei eine Gemüsemixtur, der zur besseren Verdaulichkeit Ölivenöl beigemengt wird. Später kommt dann der eiweißhaltige Parmesan hinzu, und weiter geht es mit Zucchini und Artischockenböden. Aus der Küche der Mutter lernen die Kinder, daß zum Würzen einer Soße ein Bündelchen «odori» reicht, je nach Verfügbarkeit Salbei, Rosmarin und Thymian. An die Soße kommen nur Knoblauch, Wein und Öl, allenfalls etwas Wasser. Fleisch wird als «arrosto» (Braten) möglichst kurz und auf ganz kleiner Flamme geköchelt, die Scheiben sind hauchdünn zu schneiden. Basilikum wird nur geputzt, nicht gewaschen, das würde die komplexen Duft-Essenzen auslöschen. Es kommt nur von Frühling bis Herbst auf den Tisch, weil es eingemacht oder tiefgefroren kaputtgeht.

Beim Essen und zu jeder Gelegenheit ergötzt man sich stundenlang an solchen Themen, fachsimpelt über Zubereitungsarten und die tausend regionalen Varianten, über die Künste beim Zaubern der Dolci und die passende Kombination von Wein und Speisen. Die Männer beweisen dabei oft erstaunliches Fachwissen. Kommt es jedoch zur Probe in der Küche, scheitern viele an Aufgaben, die über die einfache «frittata», das Rührei, hinausgehen. Die Küche ist und bleibt Domäne der Frauen, denn da die Jugendlichen meistens bis zur Heirat in der Familie bleiben, rutscht der Mann übergangslos von der Obhut der allmächtigen Mamma unter die kulinarischen Fittiche der Ehefrau. Selbst die emanzipiertesten Frauen akzeptieren diese bequeme männliche Unmündigkeit, je nach Charakter resigniert oder froh, so wenigstens in ihrem Reich das Sagen zu haben. Männer, die in der Küche mitmischen wollen, werden mit gewisser Verwunderung und überschwenglichem Lob als «bravi» gefeiert, ihre Mitarbeit gilt jedoch als reiner Ausrutscher.

Die italienischen Mägen müssen sich schon früh für einen erstaunlichen Parcours trimmen. Morgens kommt nur das Pfützchen Caffè und Süßes, mittags zum «pranzo» dann mächtig Pasta als «primo», um das knurrende Loch zu besänftigen und so für den leichten «secondo» einzustimmen, meist ein Stück mageres Fleisch und etwas gekochtes Gemüse. Wasser wird reichlich getrunken, Wein in Maßen; ein erneuter Caffè hilft ins «pisellino», das Nickerchen, hinein, besonders im Sommer, wenn die heilige Mittagsruhe Städte und Dörfer aussterben läßt. Die Magenfüllung reicht bis abends, wenn die späte «cena» mit voller Wucht einsetzt. Sie dient noch stärker als das Mittagsmahl als Schwatz- und Sitzrunde, die sich über die genauesten aufeinander abgestimmte Klaviatur der diversen Gänge bis zum abschließenden Amaro-Schnaps hangelt. Zu diesem kommt man oft erst kurz vor Mitternacht; er soll die SchläferInnen über das Völlegefühl hinwegtäuschen. Der solchermaßen kunst- und liebevoll gestopfte Wanst ist noch am nächsten Morgen schwer: Häufig ist ihm schon der Kaffee mit dem Käppchen («capuccino») aus Schaummilch zuviel, es ist nur Platz für das winzige Näpfchen Espresso.

Therapeutisches Elixier

Das Geheimnis der toskanischen und umbrischen Küche bleibt das Olivenöl, das salbend alle Speisen veredelt. Lebensmittelchemiker wissen, daß es das beste aller Öle ist, leichter verdaulich als Sesam-, Sonnenblumen- und sonstige Öle. Und dazu universell einsetzbar, von der Babynahrung bis zur Leberdiät. Streit- und Glückssache ist, wer wirklich das leichteste, säureärmste und aromatisch ausgewogenste Olivenöl hervorbringt: die Provinz

«Hier Professor. Auf die Tülle setze ich dies Papierhütchen... Es sieht nach nichts aus, aber es hat seine Funktion... Ja, denn so verfliegt das starke Aroma des ersten Kaffees nicht, der zudem der stärkste ist. Man muß auch, Professor, ehe man das Wasser durchlaufen läßt, also ich sagte, ehe man es durchlaufen läßt, muß man auf die Innenseite der gelöcherten Kapsel einen Löffel grob gemahlenen Kaffees streuen. Das ist ein kleines Geheimnis! So nimmt das Wasser schon beim Kochen das Aroma an.» *Inzwischen ist der Kaffee fertig.* «Professor! Er ist durchgelaufen!» *Er trinkt.* «Donnerwetter, das ist ein Kaffee...»

Eduardo de Filippo: Questi fantasmi. Nach: Italienische Reise.
Klaus Wagenbach Verlag, Berlin 1986

Lucca, die Chianti-Gegend, die Toskana oder Umbrien. Innerhalb Italiens machen Ligurien und der Garda-See den mittelitalienischen Regionen den Anspruch aufs Top-Öl streitig. Dabei hängt es – neben Klima und Bodenbeschaffenheit – vor allem vom langsamen Reifen der Oliven und den verwendeten Olivensorten ab, wie zart und mild das Öl, wie komplex sein Geschmack und Geruch, wie frei von ungesättigten Fettsäuren es ist. Ein gutes Olivenöl darf laut Gesetz nicht mehr als ein Prozent Säuregehalt haben, dann ist es «extra vergine». Noch extra jungfräulicher wird es, wenn es aus der ersten, kalten Pressung stammt, aus der «prima spremitura a freddo».

Im Januar 1985 vernichteten Temperaturen bis zu minus 22 Grad einen Großteil der Olivenkulturen in Mittelitalien, im Chianti beispielsweise überlebten nur sieben von hundert Olivenbäumen unbeschädigt die Katastrophe der «grande gelata». Siebzehn Prozent aller Pflanzen waren vollständig erfroren, sechzig Prozent mußten radikal bis zum Boden abgesägt werden. Aus den Stämmen wachsen jetzt wieder neue Sprossen nach, aber jahrelang verfeuerten die Bauern die kostbaren, schwarz gewordenen Olivenstrünke. Die Folgen des «Frostschocks» haben den Preis für naturreines Olivenöl in ungeahnte Höhen getrieben. Die neuen Sprossen brauchen zehn Jahre, bis sie wieder gut tragen, zwanzig Jahre, bis sie zu vollen Bäumen werden. Der von 1985 war jedoch nicht der erste Katastrophenfrost. Kalte Winter haben immer wieder die Kulturen geschädigt, wie schon im Schnee-Januar 1709, als an fast allen toskanischen Olivenbäumen

«die Äste brachen und alle Fasern und Wurzeln verdörrten».

Wenn die Oliven im Dezember mühsam von Hand in die am Boden ausgebreiteten Netze geschüttelt und gepflückt worden sind, wenn die Ölfrüchte vom schweren Steinrad der Mühle zerquetscht und anschließend zwischen runden Bastmatten mit Hydraulikkraft kalt gepreßt worden sind, kommen aus einem Zentner Oliven zwischen fünfzehn und zwanzig Kilo Öl heraus. Wer nochmals preßt, heiß preßt, womöglich Lösungsmittel benutzt, kann aus dem Ölkuchen noch mehr hervormogeln, aber dieser Stoff darf höchstens den Namen «olio di oliva» tragen. Unter «olio vergine» laufen, abgesehen von «extra vergine», das «sopraffino vergine» (bis 1,5 Prozent säurehaltig), «fino vergine» (bis 3 Prozent) und das einfache «olio vergine di oliva» (bis 4 Prozent). Öl, das aus schlechten, insektenbefallenen oder überreif vom Baum geplatzten Oliven gemacht wird, schmeckt schimmlig, erdig, vergammelt. Im neunzehnten Jahrhundert, als die Olivenkulturen der Toskana erstmals ihre heutige Ausdehnung erreichten, wurden solche kaputten sowie alle einfachen Olivenöle vor allem für Öllampen verwendet. Gammeliges Öl wird heute vielfach chemisch und unter hohen Temperaturen «berichtigt». Dieser geruch- und geschmacklose Stoff kommt dann mit etwas gutem Öl versetzt als billiges Olivenöl in die Geschäfte. Das Etikett verrät nichts von seinen abenteuerlichen Irrwegen.

Leider setzen EG-Normen fest, daß auch bei geringer Temperaturzufuhr gepreßte Oliven «extra vergine» heißen dürfen. Bio-Bauern

Vino e olio – therapeutisches Elexier

und kleine Produzenten erster Qualität bringen ihre Oliven deshalb nur zu den Mühlen, die mit traditionellen Methoden wirklich «a freddo» pressen. Eifersüchtig überwacht man dabei, daß wirklich nur das eigene Kontingent Oliven in die Presse wandert. Nach der Kaltpressung werden Schwebstoffe ausgefiltert, denn sie würden das Aroma bald zerstören. Klares Öl ist deshalb besser als das rustikal auf «biologisch» oder «naturtrüb» getrimmte.

Ob ein Öl allerdings tatsächlich naturrein ist, läßt sich nur im Speziallabor feststellen. Geschummelt wird viel: Trotz strenger, gestaffelter Kontrollen der Öl-Konsortien sind längst nicht alle toskanischen und umbrischen Öle aus einheimischen Oliven gepreßt. Der gute Ruf der Regionen hat eine Nachfrage zur Folge, die nicht von der reduzierten Produktion erfüllt werden kann. Spanische und portugiesische Lieferungen schließen die Lücken. Wer auf Nummer Sicher gehen möchte, muß zwangsläufig zu den nur scheinbar überteuerten Flaschen greifen, mit Literpreisen ab fünfzehn Mark.

Das beste Öl wird in speziellen Stahlbehältern unter Sauerstoffentzug gelagert, um die kostbaren Essenzen zu konservieren. Das dann auf Flaschen gezogene Elixier bekommt eine Geschmacks- und Geruchsgarantie. «Unser Öl wird sogar in winzigen Flaschen in der Apotheke verkauft», freut sich ein Bio-Bauer, «es hat therapeutische Qualitäten.»

103

WEINPFLEGE

Toskanischer Wein ist seit Jahrhunderten das Flaggschiff der italienischen Weinproduktion. Der «Wein von Florenz» gelangte vom Hafen von Livorno aus schon im 17. Jahrhundert an den Königshof in London, der rote Saft aus den Chiantihügeln überstand dank seiner harzigen Seele selbst die Schaukelfahrt im Ärmelkanal. Schon damals wurde das Qualitätsprodukt marktorientiert präsentiert. Wer die Flaschensiegel änderte, so ein Dekret des 17. Jahrhunderts, erhielt als Fälscher zwei Stockschläge, und zwar «auf dem alten Markt (von Florenz), mit einer Schrift am Hals, die besage: Flaschenfälscher».

In der Zwischenzeit hat der Chianti die Herzen von Millionen Nordländern gelöst. Heute sind die Deutschen die besten Abnehmer für toskanische wie umbrische Weine. Der Nimbus der Kultur-Regionen mag dazu beitragen, sicher aber auch der Tourismus. Sechzig Prozent aller toskanischen Weine landen allerdings in billigen Supermarktregalen. Vermutlich reicht die Erinnerung an jene Zaubernächte unter freiem Himmel aus, noch aus dem billigsten Fusel einen köstlichen Tropfen werden zu lassen. Dabei ist es gerade der Massenwein, dessen schlechtes Image den Weinproduzenten am meisten zu schaffen macht. Sie versuchen seit Jahren, den Ruf des toskanischen Weins zu bessern, ihm das Bild des aus Bast-Pullen gesoffenen Pennertrunkes zu nehmen, wie es auch dem noblen Kollegen Lambrusco aus der Emilia-Romagna anhängt, der von einem fruchtig-spritzigen Stöffchen zum schäbigsten Verschnitt degradiert worden ist.

Der Skandal um die 1986 aufgeflogene Panscherei mit Methylalkohol in nord- und süditalienischen Weinfabriken hat der ohnehin mit zurückgehenden Absatzzahlen kämpfenden italienischen Weinwirtschaft einen harten Schlag versetzt. Höchste Qualität ist die neue Devise. Die Toskana liegt in diesem Trend an der Spitze. Große Weinhäuser im Chianti, wie Frescobaldi, Antinori und Ruffino, haben zuerst mit neuen Techniken auf gehobene Weincharakteristiken gezielt. Kleinere Häuser zogen nach, mittlerweile gefolgt von vielen Bio-Winzern. Die Weine Umbriens, viele mit langer Geschichte, meist leicht und gut trinkbar, sind erst auf dem Vormarsch. Sie reichen, mit Ausnahmen, nicht an die besseren Weine der Toskana heran. Manche Anbauzonen wie die des oberen Tibertals (Colli Altotiberini) um Città di Castello haben sich lange Zeit damit begnügt, ihren Wein in die italienischen Nord-Regionen zu verkaufen, wo er, zumeist mit süßeren süditalienischen Weinen, zu klebrigen Spumanti verschnitten wurde. Erst neuerdings beginnt man auch in Umbrien, mit verschärfter Öno-Technik in den eigenen Kellern auf exportorientierte Qualität zu setzen.

Durch die Provinzen

Anbaukarten Umbriens und der Toskana gleichen einem bunten Flickenteppich. Es gibt eine verwirrende Vielzahl von Herkunftszonen, unter deren jeweiligem Kontrollsiegel DOC (Denominazione di Origine Controllata) wiederum unendliche Qualitätsvarianten auftreten. In der Toskana gibt es 39 solcher DOC-Weine, nur drei davon sind über die Grenzen Italiens hinaus ein Begriff: der rote Chianti, der weiße Vernaccia aus dem Turm-Ort San Gimignano und der tiefrote Brunello di Montalcino, teuerster Spitzenwein Italiens. Im verborgenen liegen glückliche Getränke wie der weiße Montecarlo aus der Nähe von Lucca, der Bianco di Pitigliano in der Maremma und Exoten wie der Rosè aus Bolgheri und der Morellino di Scansano. Umbrien hat siebzehn DOC-Weine, von den Hügeln des Trasimeno-Sees über die

Montefalco-Zone bis zum Orvieto-Gebiet.

Um die Weine kennenzulernen, bleibt einem nur die köstliche Aufgabe, sich langsam durch die Provinzen zu schlürfen. Der offene Hauswein («vino sfuso») im Restaurant ist dabei meistens, aber durchaus nicht immer der richtige Tip. Ursprünglich wurden alle Weine offen gehandelt und in der großen Bauchflasche «damigiana» transportiert. Viele offene Weine können es, da leicht und süffig, immer noch mit den DOC-Weinen aufnehmen, die mittlerweile ein Drittel der gesamten Produktion der Toskana ausmachen (Umbrien vierzehn Prozent). Aber in manchen – vor allem stark touristischen – Restaurants wird mit Blick auf die Ignoranz der Kunden leichthin eine geschwefelte Ätze kredenzt, die vielleicht auf Anhieb die Kehle gut netzt, im Nachklang aber im Schädel zwickt. Und wenige Wirte werden so ehrlich sein, von ihrem eigenen «vino della casa» abzuraten, um einen DOC-Tropfen vorzuschlagen.

Weinkenner merken zu starken Schwefelgehalt gleich beim Ansetzen des Glases. Der Blick geht unauffällig an den schwappenden Flüssigkeitsrand, erkennt Alkoholgehalt, Farbe und Durchsichtigkeit des Weines. Derweil schnüffelt die Nase das aufsteigende zarte Geklingel von Aromen; bei guten Roten kommen Düfte von allerlei Waldfrüchten, Mandeln und Veilchen hoch, bei schweren Faß-Roten künden Teer und Leder von der Lagerfähigkeit. Faule Eier, die sonnenbeseelte TouristInnen vielleicht nicht wahrnehmen, weisen Geschulte mit der höflich-ungnädigen Bemerkung «solforosa» zurück.

Für den normalen Bauern oder

Ort des teuersten Spitzenweins – Montalcino

schlichten italienischen Alltagstrinker ist der Wein jedoch ein Grundnahrungsmittel, das nicht mit den kapriziösen Methoden der Sommeliers gemessen wird, sondern einfach trinkbar und rein sein muß. Wein kommt schon früh in Kinderkehlen und begleitet bis ins hohe Alter, wenn nicht das so strapazierte «fegatino», das liebe Leberlein, den Trank irgendwann verbietet. Dann liegen Wasserkuren in einem der vielen toskanischen Thermalbäder an. Grundsätzlich aber saufen Italiener nicht: Der lange Umgang mit dem Wein hat eine verfeinerte Trinkkultur entstehen lassen, wo Besoffensein als unanständig gilt und nur den aus Saufkulturen kommenden Nordländern nachgesehen wird.

Il rosso nella vigna

Ein guter Wein ist teuer. Absichtlich reduzierter Hektarertrag, sorgfältige Traubenlese, Kelter- und Lagermethoden kosten Zeit und Geld. Neben dem ältesten toskanischen Rotwein, dem Chianti in seinem Zentralgebiet des Chianti Classico, haben zwei andere Anbauzonen ebenfalls die neue «garantierte» Herkunftsbezeichnung DOCG bekommen: der Brunello von Montalcino und der Vino Nobile di Montepulciano.

Gegen den Einsatz der chemischen Keule im Weinberg versuchen die immer zahlreicher werdenden Bio-Winzer, den Wein wieder mit traditionellen Mitteln zu spritzen (Kupfersulfat, das vom Regen abgewaschen wird), Naturdung zu verwenden und ihm im Keller nur das absolut notwendige Minimum an

Abfüllen des Brunello

Schwefel zuzusetzen. Im Chianti
sind sie in der Vereinigung des Bigallo Verde zusammengeschlossen
(als Distanzierung zum schwarzen
Hahn des Chianti Classico, dem
Gallo Nero). Sie produzieren mittlerweile erstklassige Weine, die es
mit den Önotechnik-Elaboraten der
großen Häuser ohne weiteres aufnehmen können. Aber: «Il Rosso si
fa nella vigna, il bianco in cantina –
Der Rote wird im Weinberg gemacht, der Weiße im Keller», das
geben selbst die Bio-Winzer zu: Ein
guter Weißer kann ohne «lavorazio-
ne», sorgfältiges Filtern und Sterili-
sieren als Minimum, niemals halt-
bar und transportfähig sein. Und
selbst auf die naturreinen Trauben
wird beim Transport zum Most-Bot-
tich etwas Pottasche gestreut, die
sich im Faß in stabilisierenden
Schwefel verwandelt.

Die großen Weißweine Italiens

kommen aus den Nord-Regionen,
Mittelitalien ist vorwiegend Rot-
wein-Erde. Gute toskanische Weiße
sind der Vernaccia von San Gimignano und der Bianco di Pitigliano,
besonders in der von Juden gemachten «koscheren» Version. Neuester
Exportschlager ist der Galestro, der
auf der Welle der Sucht nach leich-
tem, trockenem Weißwein reitet,
süffig und trinkbar ist, oft aber auch
wässerig, übermäßig mit Schwefel
aufgehellt und, wie die Weinkenner
sagen, «ohne Körper».

Als umbrischer Qualitäts-Rot-
wein empfiehlt sich der Sagrantino
von Montefalco. Der bekannteste
umbrische Weiße ist der Orvieto
Classico, ursprünglich – wie im folgenden von Karin Bechtle, einer
deutsch-orvietanischen Weinbäue-
rin, beschrieben – ein strohgelber
Weißwein mit süßem Einschlag.
Massenfabrikation und Zeitge-

schmack haben ihn jedoch häufig zu einem «weißen», also durchsichtig gewordenen charakterlosen Gesöff gemacht.

Traditioneller orvietanischer Weinbau

Umbrien, das sind Wälder, Wildschweine, Mineralquellen, Trüffel und der Wein aus der Gegend von Orvieto. Er hat die Farbe der Tuffsteinpalazzi der Stadt, die Farbe der Kastanienwälder im Herbst. Die Rede ist vom «vino genuino», dem echten, unverfälschten, der hier zum Alltag gehört wie das ungesalzene Brot, die Tagliatelle, das zarte Olivenöl, die Schinken und Würste aus dem Fleisch freilaufender Schweine. Der Orvietaner hat einen Wein geschaffen, der zu jeder Gelegenheit und zu jeder Tageszeit getrunken werden kann. Es ist ein Wein, der den Kopf klar hält. Jeder Besuch, jeder Handel, jeder Arbeitsvorgang wird mit einem «bicchierino» (Gläschen) abgeschlossen. Dabei ist es wichtig, im Stehen, sozusagen unter der Türe, noch einmal nachzuschenken, bevor der Gast das Haus verläßt.

In Orvieto selbst hat die uralte Symbiose zwischen Weinrebe und Mensch überall seine Spuren hinterlassen. Trauben zieren die schmiedeeisernen Gitter der Balkone, Weinreben schmücken die Fassadenreliefs des Doms. Weinschößlinge nisten in den Mauerspalten der alten Häuser und zeugen davon, daß bis zum letzten Jahrhundert der Wein innerhalb der Stadtmauern genauso gezogen wurde wie außerhalb in der Tenuta Civitatis. Vigna Grande, großer Weinberg, nannte sich beispielsweise das Gebiet zwischen der heutigen Piazza Cahen bis

Das Glas zwischendurch

zur Kirche der Servi di Maria und zum Kloster der Nonnen von San Pietro. Gleich hinter dem Dom erstreckte sich eine Weinpflanzung namens Vignarco. Und heute noch kann man unterhalb der Kirche von San Giovenale im Pfarrgarten Weinstöcke bewundern.

Wie die Etrusker Wein angebaut haben, ist nicht überliefert. Doch daß sie ihn hergestellt und getrunken haben, sieht man auf ihren Grabbildern. Eine erste genaue Schilderung des Weinanbaus der Zone gibt der Orvietaner Matteo Cataluccio, der im Jahre 1448 in sein Haushaltsbuch schreibt, er habe an ein paar Langobarden zwei Golddukaten bezahlt, damit sie ihm einen Weinberg anlegten in der Contrada di Cay. Dabei empfiehlt er, in den Trockenzonen die Arbeit im September und Oktober zu beginnen, in den feuchten Gebieten jedoch im Februar und März. In der Ebene genüge es, das Erdreich gut umzupflügen, während am Hang Gräben zu ziehen seien. Die Pflanzen sollten sodann in feine, trockene Erde gesetzt und fürs erste mit Kastanienstöcken gestützt werden. Er empfiehlt die Kultivation «ad armaleo», die die Weinstöcke mit Bäumen «vermählt». Vorzugsweise der Feldahorn sowie die Weinbergpappel seien für eine solche «alberata» besonders geeignet.

Diese Bäume – sie dürfen natürlich nicht zu viel Schatten geben und werden deshalb gestutzt – sind für den Weinberg wichtig, weil auf ihnen Pan hausen und das Gedeihen der Trauben im Auge behalten kann. Eine neue Weinpflanzung sollte im dritten Jahr Früchte tragen. Im Februar wird die Weidenrute im Wasser biegsam gemacht, der Wein beschnitten und der Abfall zu «fascine» zusammengeschnürt, die im Winter zum Feueranmachen gebraucht werden. Die Reben werden so gebogen und mit Weidenruten festgebunden, daß die Knospe, die den fruchttragenden Zweig hervorbringen wird, hinauf zum Licht schaut. Das Erdreich, gedüngt und um die Pflanzen herum angehäufelt, sollte bis zum April einmal umgeschoren und mehrere Male gehackt worden sein. Im Mai wird das Unkraut gejätet, werden die Triebe ausgegeizt. Im Juni müssen zu lange Rebranken abgeschnitten, im Juli und August die Weinblätter gelichtet werden. Im Oktober sollten die Kantinen gefegt, Holzbottiche und Fässer dicht sein. Das Fest der Ernte kann beginnen.

Die Traubenmaische gärt, das ganze Haus duftet nach Most, und Wolken von Fruchtfliegen hängen in der Luft. Bald sondern sich die Traubenschalen vom Saft, sie bilden einen festen Kuchen, der sich über den Rand des Bottichs erhebt. Zeit, den Zapfen herauszulösen, der dicht über dem Boden des Bottichs ein Loch verschließt. Der herausschießende Most kommt in die Fässer. Der Traubenkuchen muß gepreßt, gekeltert werden. Der Trester wird hinters Haus geworfen, wo Hühner, Enten und Schweine darin wühlen, bis sie besoffen sind. Früher wurde der Trester mit Wasser begossen und nochmals zum Gären gebracht. Dieser Aufguß war der Wein für die Bauern.

An Ostern ist der Wein fertig. Die Fässer werden gespült und hinauf zur Grotte gefahren, in der es im Sommer kühl und im Winter angenehm temperiert ist. Der Wein wird in Bottichen hinterher getragen. Immer zwei Mann tragen fünfzig Liter mit Hilfe eines Holzgestells. Ist ein Faß erst einmal angebrochen, muß es zügig ausgetrunken oder sein Inhalt bei einer «luna buona», das heißt bei abnehmendem Mond, auf Flaschen gezogen oder in andere luftdicht abgeschlossene Behälter abgefüllt werden.

An diesem ganzen Zyklus des Anbaus und der Weinproduktion hat sich, was den «vino genuino» betrifft, seit den Aufzeichnungen des Cataluccio, wahrscheinlich seit dem Altertum, nur sehr wenig verändert. Selbst die Traubensorten – heute allerdings auf gegen die Reblaus resistente Weinstöcke gepfropft – sind dieselben geblieben: Procanico, Verdello, Drupeggio, Malvasia, Vernaccia, Grechetto.

Natürlich haben im Orvietano moderne Produktions- und Anbaumethoden ihren Einzug gehalten. Auch traditionelle Winzer spritzen gegen die Pilzkrankheit Perenospora nicht mehr die alte Bordolaiser

Tuffhöhle als Weinkeller

Brühe (Kupfersulfat und gelöschter Kalk), sondern ein Ersatzmittel von Schering. Auch Methoden des Weinverschnitts mit Konzentraten aus besseren Jahrgängen sind in schlechten Jahren nicht verpönt. Doch zwischen den Kantinen der Weinfabriken und der Cantina traditionsbewußter Weinbauern klaffen Jahrhunderte. So unterschiedlich wie die Herstellungsstätten ist auch das Getränk, das in ihnen gemacht wird. Zunächst unterscheidet es sich wesentlich in der Farbe, aber auch im Duft, in der Haltbarkeit und im Geschmack. Der Löwenanteil des in den Großbetrieben hergestellten Weins ist preiswerte Massenware in gängigen Geschmacksrichtungen, für die man in Münchner, Stuttgarter oder Hamburger Restaurants meist viel zuviel bezahlt. Eine weit geringere Produktion konzentriert sich auf Weine, die Genießern und Kennern vorbehalten werden, die einen angemessenen Preis dafür zu zahlen bereit sind.

Die alte Kunst des Weinanbaus aber, die darin besteht, daß Licht und Luft zur rechten Zeit an die Trauben kommen, die Erde locker und der Dung gut ist, daß der Winzer die Entwicklungszyklen der Sporenpflanzen und die Insekten kennt, die Trauben und Blätter befallen können, daß er zwischen die Weinzeilen Gewächse pflanzt, in denen die Brut von Schädlingen nicht nisten mag, daß er die Reben richtig beschneidet – diese höchst arbeitsintensive Pflege von Reben und Trauben fast das ganze Jahr hindurch haben die Kinder der Bauern meist nicht mehr lernen wollen. Ob diese Kunst von den wenigen Enthusiasten bewahrt werden kann, bleibt abzuwarten.

UNTERWEGS

TOSKANISCHER NORDEN

BERGWÄLDER UND MARMORGIPFEL

Z ehn Meter von hier fängt die Toskana an!» Die Theken-Wirtin auf dem Cisa-Paß zeigt irgendwo hinter sich in den blauen Himmel. Eine Kirche, eine Andenkenbude, zwei Straßenschilder. Zwischen zwei Gasthäusern schlängelt sich eine leere Bergstraße in leeres Bergland. Hier ragt ein vorwitziger Zipfel der Toskana in die Emilia Romagna. Der Cisa-Paß liegt auf der gleichen Höhe wie siebzig Kilometer Luftlinie weiter östlich der Stadtkern von Bologna.

Der «tosco-emilianische» Apennin ist Wander- und Waldgebiet, selbst im Hochsommer kühl und schattig. Endlos strecken sich grüne, steile Berghänge bis zum Horizont, fallen zum Meer hin flacher ab. Dieser nordwestlichste Teil der Toskana, Drehpunkt zwischen Ligurien, der Po-Ebene und der Tyrrhenischen Küste, ist immer umstrittenes Grenzgebiet gewesen. Der Dialekt ist eine Mischform aus ligurischen, emilianischen und tos-

kanischen Einflüssen, die auch in der Küche einige Besonderheiten hervorgebracht haben.

Erst nach der italienischen Einigung wurde das Durchgangsland mit der frisch gebildeten Provinz Massa Carrara in die Region Toskana aufgenommen. Der Landstrich zwischen Küste, Apennin und den weiter südlich aufragenden Apuanischen Alpen hatte nicht zum Kerngebiet des etruskischen Reiches, und damit zum Stammland der Toskana, gehört. Hier siedelten die Apuanischen Liguren, ein vom übrigen toskanischen Urvolk abweichender Volksstamm. Die Römer unterwarfen sie erstmals 177 vor Christus und bauten die 2000 Soldaten starke Kolonie Luna unten an der Küste, an der Mündung des Flusses Magra unweit des heutigen Carrara. Luna war der Stützpunkt zur Ausbeutung der Marmorbrüche, von hier gelangte der Marmor römischer Prachtbauten in die Tiberstadt. Später veränderte sich der

Name des Hafens zu Luni, die Marmorstadt wurde wiederholt ausgeplündert und gegen 1000 nach Christus wegen grassierender Malaria verlassen. Heute stehen dort noch die Reste eines für 6000 Zuschauer gebauten Amphitheaters. Der Nordzipfel der Toskana hat seinen Namen von dieser Stadt: «Lunigiana» heißt der Landstreifen von der Magra-Mündung bis zum Cisa-Paß.

Die Autobahn von Parma nach La Spezia schlägt unterhalb der Paßhöhe abenteuerliche Kurven und schleust den Verkehr mit zahllosen Tunnels unter der Bergstraße durch, die jahrhundertelang Norditalien mit Rom verband. Nach 700 wurde diese Straße von den Langobarden geschaffen als Verbindung zwischen ihrer Hauptstadt Pavia und der Papststadt. Die Franken benutzten den Weg über den relativ niedrigen Apennin-Paß des Cisa (1039 Meter) als Verbindung von Pavia nach Lucca, der Hauptstadt ihrer Markgrafschaft Tuszien. Die spätmittelalterlichen Grafen, die diese Gegend beherrschten, die Malaspina, Herren von Massa und Carrara, errichteten Burgen, deren Reste noch überall zu sehen sind. Es waren keine Wehrburgen, sondern Stützpunkte zum Ausplündern oder zum Erzwingen von Wegezöllen der reisenden Kaufleute und vor allem der Pilger, die zur Kultstätte Rom zogen.

Die Autobahn, zwischen 1962 und 1973 gebaut, entlastet die Strecken Mailand–Genua und Bologna–Florenz, ist aber schwächer befahren als diese. Am Straßenrand winken Bergdörfler mit Plastiktüten auf oft nur in gefährlichem Manöver ansteuerbaren Halteplätzen. Die Schnellstrecke hat den Verkehr aus ihren Durchgangsdörfern abgezo-

gen. Mit improvisiertem Handel schlagen sie sich jetzt durch. Quasi als Nachfahren der mittelalterlichen Burgräuber erwirtschaften sie Wegezoll von den Autobahn-Pilgern. Die bunten, im Fahrtwind der vorbeibrausenden Autos flatternden Tüten signalisieren den Verkauf von Waldpilzen des Apennin, von Wurst, Schinken und hausgemachtem Schafskäse, der allerdings oft getürkte Fabrik-Massenware ist.

Im Hauptort der Lunigiana, dem Straßenstädtchen Pontremoli, existiert eine Institution, die ein Schlaglicht auf die Armut dieser Region wirft. «Premio Bancarella» nennt sich ein bekannter Literaturpreis, den die Unione Librai Pontremolesi vergibt. Die Lunigiana ist nicht nur Durchgangsland, sondern auch Emigrationsgebiet, und zwar nicht erst seit der Landflucht der Nachkriegszeit. 1861 beispielsweise wanderten 1146 Lunigianer aus – gegen 394 in der gesamten übrigen Toskana. Die Buchhändler von Pontremoli zogen mit ihren «bancarelle», den ambulanten Buchständen, wegen der schwierigen wirtschaftlichen Lage aus ihrem Straßenkaff in die Dörfer und Städte Italiens, um sich mit dem Verkauf des gedruckten Wortes durchzuschlagen. Erstmals nach 1815 dokumentiert, sorgten die Bancarellisti unter anderem für die Verbreitung der Streitschriften und nationalistischen Appelle des Risorgimento. Noch heute sind die ambulanten Buchhändler aus Pontremoli, Wander-Emigranten sozusagen, in Italien unterwegs. In Pontremoli hat ihre Vereinigung 1953 den Bancarella-Preis gegründet. Längst sitzen in der Jury nicht mehr nur die wenigen verbliebenen Bancarellisti, sondern die Buchhändler Italiens. Sie

verleihen den Preis an das meistver-
kaufte «wertvolle» Buch (1989:
Umberto Ecos «Pendel»). Der Bancarella-Preis ist damit wohl der am
stärksten auflagensteigernde Preis
unter den unzähligen italienischen
Literaturpreisen (einer der renommiertesten wird übrigens im nahen
Viareggio verliehen).

Brüche im weißen Berg

Der toskanische Teil der Lunigiana
bleibt im Bergland. Der ligurische
reicht an der Küste entlang bis kurz
vor die Marmorstadt Carrara und
ihren Hafen- und Badeort Marina di
Carrara. Bis zur Ankunft des Tourismus war der Marmorabbau der
einzige ökonomische Schwerpunkt
der Provinz. Ein Blick auf die im
Hafengebiet und entlang der
schachbrettförmigen Straßenzüge
des Industriegebiets zwischen Carrara und Massa aufgetürmten Marmorklötze belegt, daß die Gegend
noch immer zum großen Teil vom
kostbaren weißen Stein lebt.

Unermüdlich kurven schwere
Transporter zwischen Küstenzone
und Berggebiet. In endloser Kette
donnern mit einem weißen Zwan-
zig-Tonnen-Klotz beladene Laster
durch das enge Städtchen Carrara.
Rund um die Uhr wird in den Mar-
morsägereien der Stein in Platten
zerteilt und poliert. Alle Flüsse um
Carrara sind weiß von Marmor-
staub, Schneid- und Poliermitteln,
weiße Wölkungen färben das Meer
an den Flußmündungen – Ärgernis
für Touristen und Umweltschützer.

Der weiße Berg von Carrara
kommt wenigstens nachts zur Ruhe.
Tagsüber rückt man ihm an hun-
dertfünfzig Fronten gleichzeitig auf
den marmornen Leib. Das weiße
Kristallgestein wird unter freiem

Himmel in bizarren gleißenden
Gruben scheibchenweise aus dem
Berg geschnitten.

Carrara ist das Weltzentrum von
Marmorabbau und -verarbeitung.
Eine Stadt, die sich seit Jahrhunderten ganz dem Stein verschrieben
hat, die Nachfolgerin des römischen
Luna/Luni. Die Römer waren die
ersten, die hier systematisch für ihre
Triumphbögen, Säulen und Pracht-
villen den Marmor abbauten. Heute
sind raffinierte Techniken im Einsatz, den Stein in großem Maßstab
zu gewinnen. Marmor und Spezialmaschinen aus Carrara werden heute in die ganze Welt exportiert. Die
Launen des Weltmarktes sorgen für
wechselnde Bilanzen: 1960 waren
90 Prozent des Exports von Massa-
Carrara Marmorerzeugnisse, 1980 –
der Tiefpunkt der letzten Jahre –
nur noch 71 Prozent. Der große
Boom kam vor allem durch die öl-
fördernden arabischen Länder zustande, die marmorglänzende Paläste in den Wüstensand bauten.
Durch die international wiederge-
kehrte Vorliebe für kostbaren Na-
turstein (statt Glas, Plastik, Stahl
besonders im Bausektor) stieg die
Ausfuhrquote nach dem Absinken
der arabischen Nachfrage Ende der
siebziger Jahre bis 1986 wieder auf
84 Prozent. Eine bis heute anhaltende Tendenz, wie man im 1979 gegründeten Marmor-Konsortium von
Carrara freudig erklärt.

Mit einer Mischung aus Wasser
und Sand schneidet der Spiraldraht
den Stein vom Berg. In den Brüchen sieht man diesen bis zu anderthalb Kilometer langen Draht, wie er
über Rollen geleitet, von einer Win-
de angetrieben, an alle Stellen der
Grube herangeführt wird, wo ein
großer Block aus dem Berg zu
schneiden ist. Das Singen des

Drahts hallt in der Weite der Steinbrüche. Der gewickelte Eisendraht wird schlingenförmig um den Steinblock herumgelegt und frißt sich mit einer Geschwindigkeit von etwa einem Quadratmeter pro vierundzwanzig Stunden in oft wochenlanger Arbeit durch den Kristall. Die «bancata», der mächtige Block, kann bis zu zwölf Meter hoch sein und 400 Tonnen wiegen, groß wie ein zweistöckiges Haus. Kein Tieflader könnte damit die Serpentinen vom Berg nach Carrara herunterklettern. Ein diamantbeschichteter Draht, dreißigmal schneller als der Eisendraht, zersägt die Bancata in transportable, immer noch angsterregende Klötze. Die werden von gigantischen Spezialschaufeln auf schwere Lastwagen gelegt, die unter dem Gewicht in die Knie gehen. «Keine Angst, die fallen schon nicht runter», sagt der Vorarbeiter im größten Bruch Gioia. «Die Blöcke wiegen zwanzig Tonnen, die halten sich durch ihr eigenes Gewicht.»

Früher wurden die Marmorklötze mit Meißeln und Keilen in Blöcke gespalten, die man per «lizza», einem hölzernen, mit Seifen-Schmierung auf Holzstämmen gleitenden Schlitten, an Hanfseilen ins Tal ließ. Dann zogen Dutzende von Ochsen den Block durch Carrara zum Hafen. 1876 bis 1891 baute man eine Eisenbahn in die Berge, zum Teil über abenteuerliche Brücken (zu sehen auf dem Weg zu den Fantiscritti-Brüchen). Im Marmormuseum von Carrara steht eine der Lokomotiven der stillgelegten Bahn.

Marmor für David

«Im engeren Wortsinn ist nur der Carrara-Marmor als Marmor zu bezeichnen.» Lorenzo Marchini vom Marmor-Konsortium hat wie alle Carraresen ein besonderes Verhältnis zu dem schillernden Gestein. Der «einzig wirkliche» Marmor ist technisch gesehen ein «rekristallisiertes metamorphisches Kalziumkarbonat», sprich ein in verschiedenen Varianten auftretender doppelt kristallisierter Kalk. Bei den Griechen hieß marmareos «glänzend», die Römer schon nannten alle polierbaren Steine Marmor.

Der Carrara-Marmor besticht wegen seiner Härte und der Feinheit des Kristalls. Die Apuanischen Alpen, die wie ein von den Göttern geschaffenes Amphitheater über der Küste thronen, lagen vor Urzeiten unter dem Meeresboden und wurden dort unter dem Druck von Wasser und Gestein erstmals kristallisiert. Als sich vor dreißig Millionen Jahren die afrikanische und europäische Kontinentalplatte just hier übereinanderquetschten, fand die zweite, die Re-Kristallisierung statt. Was dann nach Jahrmillionen der Erosion aus der geschobenen Erdkruste auftauchte, war ein zu großen Teilen aus Marmor bestehendes, bis zu knapp 2000 Meter hohes Gebirgsmassiv mit Dolomiten-ähnlichen Felsformationen, aus dem sich sechzig unterschiedlich gemaserte und getönte, graublaue bis weiße Marmorsorten gewinnen lassen.

In den vielen Souvenirläden auf dem Weg zu den Brüchen kann man diese Steinsorten sehen, aber auch den Unterschied des Carrara-Marmors zu anderen Steinen erkennen: Der Marmor aus Griechenland zum Beispiel ist grobkörniger, bricht leichter und ist durch Politur nicht so gut gegen das Eindringen von Flüssigkeit zu versiegeln wie der ge-

Als wir beiseite traten, um einen dieser Karren vorüberzulassen, der nur mit einem Paar Ochsen bespannt war – denn es lag ein sehr kleiner Marmorblock darauf –, begrüßte ich den Mann, der auf dem schweren Joch saß, um es auf dem Nacken der armen Tiere festzuhalten, und der weder rückwärts noch vorwärts blickte, insgeheim als den Teufel des Despotismus. Er hatte einen langen Stecken mit einer eisernen Spitze in der Hand, und wenn die Tiere sich durch das steinige Bett nicht länger einen Weg bahnen konnten und stehenblieben, stieß er sie mit dem Stock in den Leib oder schlug ihnen damit auf den Kopf, bohrte mit der Spitze in ihre Nasenlöcher und trieb sie mit diesen wahnsinnigen Quälereien ein paar Meter weiter… Wenn sie dann infolge ihrer Schmerzen und der Last hinter ihnen in einer Wolke von spritzendem Wasser dem Abgrund zurasten, schwang er den Stecken über seinem Kopf und stieß ein lautes Hallo hervor, als hätte er wer weiß was vollbracht, ohne nur im mindesten daran zu denken, daß auf dem Höhepunkt seines Triumphes die Tiere ihn abschütteln und blindlings zerstampfen konnten.

Charles Dickens: In den Marmorbrüchen (1844). Aus: Toskana, Ein literarisches Landschaftsbild. Insel Taschenbuch Verlag, Frankfurt/M. 1986

meine Carrara-Marmor, der «bianco di Carrara». Der kostbarste Stein ist der «statuario»: Michelangelo drang in die höchsten Höhen der Berge vor, um den raren, feinkörnigen und gleichmäßig weißen Marmor für seinen David zu finden.

Vom 16. Jahrhundert bis Ende des 19. Jahrhunderts sprengte man den Stein aus dem Berg, eine ungeheure Verschwendung. An den Hängen der Berge glänzen weiße Schutthalden, die von weitem wie Schnee aussehen. Heute wird nur noch gesprengt, um den Abraum zu beseitigen, den der Diamantdraht hinterlassen hat. Die schnellere Steingewinnung hat den Marmor nicht nur billiger werden lassen (in Carrara kostet ein Quadratmeter Marmorfußboden runde vierzig Mark, teuer wird erst der Transport des schweren Materials), sondern auch den Abfall verringert.

Der Vorarbeiter im Gioia-Bruch verdient nicht mehr als ein Straßenfeger in Mailand, riskiert aber durch den Einsatz der großen Raupen und des Diamantdrahtes täglich seine Gesundheit. Knochenbrüche, Quetschungen, Tote sind der Preis der Großtechnik. Die körperliche Mühe nahm ab, die Gefahren kaum – früher arbeitete man mit primitiveren, gefährlicheren Mitteln langsamer und vorsichtiger. In den dreißiger Jahren gab es in den Brüchen durchschnittlich vierzehn tote Arbeiter pro Jahr, heute sind es dreizehn. Oft müssen die schweren Lastwagen die Serpentinenwege auf dem Marmorschotter mangels Wendemöglichkeit nach dem Aufladen des Blockes im Rückwärtsgang runterfahren, und auch dabei gibt es tödliche Unfälle, wenn der Laster samt Marmor umkippt.

Gegen die rasante Schneidarbeit

hat die Region auf Druck von Naturschützern 1980 ein Gesetz zur Errichtung des Naturparks der Apuanischen Alpen erlassen. Bis heute existiert der Schutzraum jedoch vorwiegend auf dem Papier. Der Raubbau geht auch in den höchsten Gipfeln weiter. Die Marmorleute, die von Naturschwärmerei nicht viel halten, meinen schließlich, der weiße Berg sei nur knapp angekratzt, der Marmor schier unerschöpflich: «Erst wenn aller Sand am Meer verschwunden ist, wird auch der Marmor zu Ende sein.»

Freie Bürger, freie Stadt

Die schwere, schlecht bezahlte Arbeit in den Marmorbrüchen führte im letzten Jahrhundert öfters zu Streiks und Aufständen. Carrara gilt heute als Zentrum der italienischen Anarchisten, obwohl die Landbevölkerung der Lunigiana und die Marmorarbeiter erst relativ spät auf die seit der Mitte des 19. Jahrhunderts weitverbreiteten anarcho-konspirativen, von Bakunin geprägten Ideen einschwenkten. In Carrara galten die Ziele der anarchistischen Zirkel vor allem den Arbeitsbedingungen und der Ausbeutung durch die Marmorbarone, die im 19. Jahrhundert entlang der nach Marina di Carrara führenden Allee ihre großbürgerlichen Landvillen bauten.

Wer über diese Allee nach Carrara einfährt, gerät zunächst in den Ende des 19. Jahrhunderts rechtwinklig angelegten neuen Stadtteil. Vom Parkplatz auf der weiten Piazza Mateotti hat man den ersten Eindruck von der Rolle der Anarchisten in der Stadt. Die erste Etage des Theaters Politeamo Verdi ist auf der ganzen Breite von schwarz-roten

Carrara – Marmorfluß und Marmorlaster

Fahnen gesäumt. Hier hat die örtliche Sektion der 1945 in Carrara gegründeten italienischen Anarchisten-Föderation FAI (Federazione Anarchica Italiana) ihren Sitz.

Im hinteren, kleiner gebauten Stadtteil, dessen Anlage noch aus der Zeit der freien Kommune Carraras im Mittelalter stammt, sind die Anarchisten erstaunlich lebendig. Ein Anarchistenzirkel dient als Treffpunkt und Lesestube. Nicht weit entfernt eine anarchistische Druckerei, in der vierzig Prozent aller italienischen Anarcho-Schriften gedruckt werden, darunter die Wochenzeitung «Umanità Nuova». An den Hauswänden des Städtchens klebt ein Wahlplakat der Jung-Anarchos: «Unsere Vertreter sind nicht im Parlament. Die Subversiven sind nicht wählbar.»

Dem Domplatz sieht man an, daß der Dombau Jahrhunderte brauch-

te und dann mit einem Stil-Sammelsurium vollendet wurde – unten romanisch, oben gotisch. Die Fassade kehrt sich vom Platz ab, so als hätte die Stadtentwicklung das Zentrum der Aufmerksamkeit anders gedreht als von den Baumeistern geplant. «Freier Platz für freie Menschen» steht auf einer Plakette am Rand der Piazza: Nach dem Vorbild der Londoner Speaker's Corner soll hier jeder seine Meinung frei rausposaunen können, so lange und so giftig, wie er es für nötig hält – ein Recht, von dem die Carrareser regen Gebrauch machen.

Touristen verirren sich selten hierher. Die Italiener liegen in Massen am Grill-Strand, eine Karawane unermüdlicher Ausländer kurvt die Straßen zu den Marmorbrüchen hoch. Dieser hinterste Teil von Carrara ist deshalb urwüchsig geblieben und hat nichts vom Geleckten man-

Theaterbar in Carrara

cher Provinz-Piazze der Toskana. In der winzigen Weinschenke bechern die Marmorarbeiter schon frühmorgens, der Wirt ist sich selbst der beste Kunde. Der lokale Wein, ein simples Gesöff, wird gelobt, die Anarchisten-Story im Handumdrehen aus dem Hut gezogen. Schon in den siebziger Jahren des 19. Jahrhunderts gründeten Marmorarbeiter die erste Anarchistensektion «La Congiura», die sich den Umsturz der Monarchie und die Einrichtung einer freien sozialistischen Republik auf die Fahnen schrieb. In Abendzirkeln las man die Schriften von Bakunin, Marx und Engels. Als Anfang der neunziger Jahre die italienische Sozialistische Partei PSI gegründet wurde, standen viele Carrareser Arbeiter gegen deren staatstragende reformistische Programmatik. 1894 kam es zum großen Aufstand der Marmorarbeiter ge-

gen die von der Wirtschaftskrise ausgelöste Arbeitslosigkeit, für Absicherung auf dem Arbeitsplatz, Unfallentschädigungen, höhere Löhne und kürzere Arbeitszeiten. Die Regierung Giolitti verhängte den Ausnahmezustand. Beim brutalen Einsatz der Polizei gegen den Aufstand, der sich auch aus Solidarität mit in Sizilien revoltierenden Arbeitern und Bauern entzündet hatte, gab es elf Tote und zahlreiche Verletzte.

Unter Mussolini waren es vor allem die Anarchisten, die in Carrara Widerstand gegen die Faschisten aufboten. Im November 1944 erschoß der anarchistische Partisan Giovanni Mariga auf der Hauptstraße von Carrara einen deutschen Spion. Die Partisanenbrigade Garibaldi wurde daraufhin in die Stadt berufen, die Bürger vor Repressalien durch die Nazis zu schützen.

«Zona degli Eccidi», Zone der Blutbäder, nannten die Carrareser die umkämpfte Bergregion der Apuanen, wo die Nazis als Vergeltung für Patisanenakte Massaker an der Bevölkerung verübten. Zwischen Mai 1944 und April 1945 fielen insgesamt 654 Männer, Frauen und Kinder dem Terror der deutschen Besatzer zum Opfer. Hier war der Anfangspunkt der «Gotenlinie», des mit Hilfe von 20 000 italienischen Zwangsarbeitern hochgezogenen Verteidigungswalls, den die Deutschen gegen die anrückenden Alliierten quer über die Halbinsel bis nach Rimini spannten.

Nach Kriegsende existierten noch rund fünfzig Anarchistenzirkel in der Provinz Massa-Carrara, heute sind fünf solcher Gruppen geblieben, die unterschiedliche Ziele verfolgen. Manche kümmern sich traditionell um die Arbeitssituation in den Marmorbrüchen, jüngere Anarchos haben sich nach dem antinuklearen Kampf vor allem den ökologischen Problemen gewidmet.

Massenstrand und schwarze Wolke

Mit Marina di Carrara beginnt die toskanische Strandszene, 32 Kilometer Sandküste. Fast lückenlos reiht sich ein Sonnenschirm neben dem anderen bis nach Viareggio, dem toskanischen Belle Epoque-Rimini. Hinter Massa beginnt der zur Provinz Lucca gehörende Teil des Badeparadieses, Riviera della Versilia genannt, immer in Sichtweite der Apuanischen Alpen, mit kleinen Bergdörfern, die Erfrischung und Ausblick bieten. Die Küste wurde schon von Mussolini erschlossen. Eine breite Panzerstraße, heute gesäumt von Ampeln, Pal-

men, Campingplätzen und Eisbuden, zieht sich an sämtlichen Marinas entlang.

In den dreißiger Jahren organisierte der Faschismus hier – wie in den anderen großen Strandzentren Italiens – militärisch organisierte Ferien für die Jugend: Alle sollten einen Platz an der Sonne haben. «Colonie» wurden hochgezogen, Bade- und Wohnkomplexe für die Kinder, die sich in Reihen aufstellen, zur gleichen Zeit ins Wasser springen, dem Duce huldigen mußten. Einige dieser Bauten stammten von den bekanntesten Architekten der Zeit. 1936 war der Höhepunkt der staatlich verordneten Wassersprünge: Fünf Millionen Kinder labten sich unter militärischem Drill am Strand. Mit Ende des Faschismus verfielen auch die Bauten, zwischen Tirrenia und Livorno erstreckten sich die Ruinen der Kolonien kilometerweit am Strand entlang (Calambrone, unweit der Jugendherberge).

In Marina di Massa ist der spektakulärste Tempel der Kolonienzeit erhalten geblieben: der Turm der Colonia Edoardo Agnelli, im Jahre 1933 vom Architekten Bonadè-Bottino für die Kinder der Fiat-Arbeiter gebaut. Der weiße Turm mit seinen runden Rippen und unzähligen kleinen Fenstern wird bis heute von Fiat-Jugendlichen benutzt. «Ein wunderbares Bauwerk», schwärmt die Eisverkäuferin am Strand. Deutsche Urlauber hocken davor in ihrem Wohnmobil. Der Strand ist hier nicht parzelliert wie an den meisten Stellen der Küste, man kann baden, ohne in eines der vielen «bagni» zu müssen.

Am 17. Juli 1988 allerdings ging hier das große Fliehen los: Um 6.30 Uhr in der Frühe wurden die Camping-Gäste von Marina di Massa von einem dumpfen Schlag aus den Schlafsäcken gerissen, eine schwarze Wolke breitete sich stinkend über die ganze Küste bis nach Ligurien aus. Nur wenige hundert Meter hinter der «größten Zeltstadt Europas», so nennt «La Nazione» den Camping-Ortsteil Partaccia, liegt das Industriegebiet von Massa und Carrara: die Kokerei Italiana Coke (1989 kurz vor der Schließung), die Röhrenfabrik Dalmine, die Büroartikel-Produktion von Olivetti Synthesis, die übliche Marmorverarbeitung und der heruntergekommene Riesenkomplex des Chemiewerkes Farmoplant. Der Chemiekonzern Montedison, vor kurzem vom Agroindustriellen Raoul Gardini übernommen, verpestet seit langem die Luft über Massa mit Rückständen aus der Produktion des Pestizids Rogor, das in Europa verboten ist und deshalb in die dritte Welt exportiert wird. Seit über zehn Jahren wird das Farmoplant-Werk als Giftschleuder bekämpft. Öko-Anarchos aus Carrara waren die ersten, die eine Schließung forderten. Eine Allianz von Umweltgruppen klagte per Volksabstimmung 1987 die Zustimmung der Bevölkerung zur Schließung von Farmoplant ein, aber Montedison durfte weitermachen: «Zu 99,9 sicher!» entschied das Oberverwaltungsgericht der Toskana. 600 Arbeitsplätze standen auf dem Spiel, bei einer Arbeitslosenzahl von 9000 in der Provinz Massa Carrara. Erst die Explosion eines Rogor-Behälters und der anschließende Brand mit der schwarzen Giftwolke, bildhaft verbreitet über die Fernsehstationen ganz Europas, rüttelte die Behörden endlich auf. Nachdem 30000 Touristen in die Apuanischen Alpen geflohen

waren, beschloß Umweltminister Ruffolo die Stillegung von Farmoplant.

Ein Jahr später sitzen die Protestler immer noch vor dem Portal der Fabrik, eingehüllt in den Gestank der weiterhin auf dem Gelände lagernden Reststoffe. «Erst wenn ich den Schornstein da nicht mehr sehe, werde ich hier weggehen, dann weiß ich, daß die Farmoplant wirklich schließt», sagt einer der Anwohner. Abends zieht ein Fackelzug durch die Innenstadt von Massa. Auf dem Orangenplatz vor dem Palast der Markgrafen von Malaspina, deren Burg und Residenz die Stadt dominieren (Massa war 1442 bis 1741 die Hauptstadt der Malaspina-Grafschaft Massa Carrara), fordern die Demonstranten die Sanierung und endgültige Auflösung des Fabrikgeländes. Seit einem Jahr ist nichts getan worden, allen Versprechungen der Regierung zum Trotz. Selbst die Strafanzeigen gegen den Bürgermeister von Massa und die Manager von Farmoplant sind versackt. Genau zum Jahrestag erst kommt der Fall vors Gericht. Hoffnung auf eine Verurteilung der Verantwortlichen macht sich kaum jemand. Die Netze italienischer Gerichte fischen äußerst langsam, und in solchen Fällen oft mit gröbsten Maschen.

Die Touristen sind ein Jahr nach der «nube tosscica», der giftigen Wolke, unbeschwert und zahlreicher als zuvor wieder zurück. Die Algenpest der Adria hat manche Urlauber an die vergleichsweise sauberere Riviera umziehen lassen. Die Strandszene bis Viareggio ist voll: In den drei Sommermonaten kommen fünf Italiener auf einen Ausländer. Italienische Familienidylle, geeignetes Terrain für Freizeitsoziologen, die aktuelle italienische Volkskultur studieren wollen. Die Wasserqualität läßt auch hier zu wünschen übrig, aber man ist abgehärtet. Die Kinder wachsen schon mit der trüben Brühe auf – das Meer ist eben nicht mehr so, wie es mal war, doch im Urlaubstrubel gibt es keine Zeit für falsche Nostalgie.

Verlassene Garfagnana

Von Massa aus kann man die Apuanischen Alpen über eine steile Paßstraße überqueren, ebenso von Seravezza. Tunnels führen durch die Flanken des Monte Altissimo (1589 Meter) in die tief eingeschnittene Flußschlucht des Bergbaches Turrite Secca. Vom Norden her, von Aulla im Magra-Tal dagegen, lassen sich die weißen Berge auf einer gewundenen Höhenstraße umrunden. An bedeckten Tagen sieht man plötzlich zackige Massen durch Wolkenlöcher blitzen: Der Monte Pisano ragt 1945 Meter hoch auf. Man erkennt, daß die felsigen Apuanischen Alpen nicht zum Strang des Apennin gehören, der auf den Kämmen abgeflachter und dicht bewachsen ist. (Boccaccio war der erste, der den Namen des Volksstamms der Apuanischen Liguren auf dieses Gebirge anwandte.) Allerdings ist der nördliche Apennin-Teil im oberen Bereich des Flusses Serchio von ungewohnt tiefen Flußtälern durchzogen. Die steilen Hänge sind nur tiefer unten im Tal mit Terrassenkulturen zu bebauen. Weiter oben tragen sie vorwiegend Edelkastanien, die im Mittelalter angepflanzt wurden und bis heute Kastanienkuchen (castagnaccio) und -Polenta (neccio) liefern, neben Wildschweinbraten mit Waldpilzen die Spezialitäten der Region, die Garfagnana heißt.

Diese unwegsame Bergregion war im Mittelalter, weil malariafrei, eine der dichtbesiedeltsten Gegenden der Toskana und dementsprechend zwischen den umliegenden Potentaten umkämpft, lange Zeit vom Luccheser Tyrannen Castruccio Castracane beherrscht. Das abgelegene Bergland ist Teil der Provinz Lucca. Das Serchio-Tal ist zur Pendlerstrecke geworden, auf der die Garfagnaner in die Industrie-Ebene um Lucca oder noch weiter zur Arbeit fahren. Das Fluß-Örtchen Casola, noch im Lunigiana-Teil der Apuanen-Umrundung, ist typisch: Im 14. Jahrhundert übernahmen die Malaspina die Herrschaft (vorher Lucca), 1429 die Republik Florenz. 1971 hatte das Dorf noch 1816 Einwohner, heute 230, vorwiegend ältere Leute.

Eine gut ausgeschilderte Führung erklärt Touristen den mittelalterlichen Ortskern, vorbei an Sozialwohnungen («casa povera») aus dem 16. Jahrhundert. Im Erdgeschoß der Häuser der Bauern wohnten bis 1950 noch arme Familien, mit fünf Personen in einem Raum, der ursprünglich dem Vieh vorbehalten war. Ein alter Bauer, der am Flußbett Kartoffel- und Erbsenbeete bestellt, erzählt von einem Dörfchen oben in den Bergen: «Im Sommer ist alles voll Touristen, wegen des Panoramablicks auf die Apuanen. Im Winter leben da nur noch fünf Familien, die größte ist dreiköpfig. Als nach zwanzig Jahren endlich wieder ein Baby geboren wurde, gab es ein riesiges Freudenfest. Aber wenn der Wolf eines Nachts kommt, frißt er uns alle auf!»

Partisanen und Kastanienwälder

Die Garfagnana ist touristisch gut erschlossen. Städtchen wie Castelnuovo Garfagnana, Hauptort des Serchio-Tales und Textilzentrum, oder die unzähligen an die Berge geklebten Dörfer sind ideale Ausgangspunkte für Wintersport und Wandern.

Früher allerdings fanden Fremde unter den verschlossenen Hinterwäldlern weniger gute Aufnahme. Barga, an einer Flußbiegung des Serchio auf einem Hügel gelegen, streckt den Turm seines Domes stolz in den Apenninhimmel. Die Medici fanden hier «resistenza», sie setzten 1530 zehn Goldflorin als Kopfgeld für den aufständischen Capitano Galletto und seine Anhänger aus. Im Zweiten Weltkrieg durften die Deutschen die Kampfkraft der zu Partisanen gewordenen Bergbauern spüren. Von der Küste über die Apuanischen Alpen und quer durch das Serchio-Tal lief die Goten-Linie.

Im Örtchen Sommocolonia, einer besonders bei Engländern beliebten kleinen Sommerfrische oberhalb Barga, erinnert ein Denkmal an den Weihnachtskampf von 1944. Die ehemalige Burghöhe war von Deutschen besetzt, von Amerikanern und Partisanen des Esercito di Liberazione Nazionale umzingelt. «Schwarze amerikanische Soldaten der Division ‹Buffalo›, die sich zu sehr von den Gefühlen der Weihnachtsfeier und weniger von den Problemen des Kampfes hatten leiten lassen», schrieb das «Giornale di Barga» 1950, seien gemeinsam mit den Partisanen von den im Schnee leise anrückenden Deutschen frühmorgens überrascht worden. Sechs Italiener und ein Ameri-

kaner fielen. Als die Deutschen in Barga einmarschierten, hatten die Bewohner die Stadt verlassen: «Via, arrivano i tedeschi!» Barga lag im Kreuzfeuer zwischen englischen Geschützen östlich des Serchio in den Apuanen und der deutschen Höhe Sommocolonia. Hinter der Bibliothek wächst im sonst so dichten, mit Treppen und Gäßchen verwinkelten Mittelalter-Kern auf freiem Platz ein großer Kirschbaum – in der Ruine eines bombenzerstörten Hauses, das nicht wieder aufgebaut wurde.

In den Serchio-Fluß nördlich der Luccheser Hügel mündet das Flüßchen Lima. In seinem dunklen, kühlen Flußtal liegt das langgestreckte Bagni di Lucca, ein Thermalbad, das im 19. Jahrhundert besonders unter Engländern beliebt war. Auf den Serpentinen zum Thermalkomplex grünt selbst im Hochsommer Moos, Feuchtigkeit dringt aus allen Ritzen. Englisches Feeling unter italienischem Himmel, ideales Terrain für die reisenden britischen Adligen und Großbürger, deren Ticks Heinrich Heine 1828 in «Die Bäder von Lucca» beschrieb. Ein Hauch von Verfall und Belle Epoque weht um das Städtchen, das nie an seine großen Konkurrenten wie Montecatini Terme südöstlich am Rande der Arno-Ebene heranreichen konnte oder wollte. Es ist fest in italienischen Händen, abgesehen von wenigen Ausländern, die hier vielleicht literarische Phantasien ausleben und sich in den Marmorwannen des Bagno Bernabò als Lord Byron oder sein Dichtergenosse Shelley wähnen.

Das Wasser des Lima dient zur Papierproduktion: Recycling, Pappe, auch Papier für Geldscheine. Fährt man das enge Lima-Tal hoch zum Kamm des Apennin, wird die Gegend hell und licht, mit weiten Ausblicken ins Pistoia-Gebiet. In La Lima ist eine Granitwalze ausgestellt, die von 1922 bis 1976 zur Papierproduktion diente, inzwischen sind diese Industrien unten im Tal angesiedelt, seit 1987 arbeitet in dem alten Industriegebäude der Cartiera della Lima eine Metallschlosserei.

In der grünen Garfagnana und auf den Höhenwegen des Apennin begreift man, warum Statistiken die Toskana als eine der waldreichsten Regionen Italiens ausweisen. Die englischen Badegäste von Bagni di Lucca waren die ersten, die die Luccheser Berge südlich des Lima-Tals «Kleine Schweiz» nannten. Knapp dreißig Prozent der Kastanienwälder Italiens stehen in der Toskana, die Mönche des Mittelalters sollen für die Anpflanzung gesorgt haben. Auf der sonnenbeschienenen Westseite des Nord-Apennin fand die Edelkastanie geeignetes Terrain.

Sie ließ sich als schnellwachsendes Nutzholz und für die Mehlgewinnung verwenden. Die ehemals hohen Wälder sind großenteils zu Niederwäldern geworden, weil die Ausnutzung des Waldreservoirs und damit die Pflege nicht mehr die Rolle spielt wie zur Blütezeit der Garfagnana, als sich viele kleine Orte in diesen kastanienträchtigen Höhen ansiedelten. Sich selbst überlassen und von Wanderwegen überzogen, die meist auf alten Maultierstrecken geführt werden, wuchern die Wälder vor sich hin. Ein endloser grüner Teppich, oft undurchdringlich wie Urwald. Erst wenn man den Kamm überwunden hat und zur Region Emilia Romagna hinübersieht, wird der Blick wieder frei auf flacher abfallende Berghänge, die leichter landwirtschaftlich genutzt werden können, auf Felder und Wiesen, über die man bei gutem Wetter bis in die Po-Ebene sehen kann.

LUCCA, PISA, LIVORNO

IM SCHATTEN VON FLORENZ

Maledetta camionale!» Verdammte Lastwagenpiste! fluchen täglich Tausende von Pendlern auf der Autostrada del Sole, wenn sie mal wieder im Stau in einer Tunnelröhre des Apennin schwitzen. Mit kurzem Entschluß könnten sie sich an der nächsten Abfahrt von der Bahn schwingen, über das Voglio-Plateau auf einsamer Straße auf den Apennin-Paß schweben und durch die grüne steile Bisenzio-Schlucht runter nach Prato. Schon nach einem Kilometer hört man keinen Laut mehr von der durch diese Bergwüste brüllenden «camionale». Die Bisenzio-Straße, die alte Apennin-Überquerung, führt in gedachter Linie entlang der Eisenbahnstrecke Bologna–Florenz, die in Italiens längstem Tunnel achtzehn Kilometer durch den Berg fährt.

Am unteren Ende ist das Flußtal des Bisenzio gesäumt von alten Textilfabriken, die schon ahnen lassen, daß man sich mit Prato einer Industriestadt nähert. In «Der Kaufmann von Prato» hat die Engländerin Iris Origo anhand der Aufzeichnungen des Textilkaufmanns Francesco di Marco Datini ein anschauliches Bild des Wirtschaftslebens im

128

Mondänes Erbe – Thermalbad Montecatini

14. und 15. Jahrhundert gezeichnet. Damals gehörte Prato mit Florenz und Lucca schon zu den wichtigsten Textilstädten der Welt. Auf Datinis Geschäftsbriefen prangte das handschriftliche Motto «Im Namen Gottes und des Profits». Heute arbeiten in Prato unzählige kleine und große Fabriken, die Wollkleider aus der ganzen Welt empfangen, um sie in raffinierten Verfahren zu zerreißen und zu Textilwolle zu verarbeiten.

Ein altes Sprichwort verheißt, wenn man unter den Stadtmauern von Prato grabe, würde man dort Wolle finden. Seit einigen Jahren steckt jedoch auch Prato mit seiner spezialisierten Textilproduktion und -verarbeitung in der Krise. Noch immer schicken anspruchsvolle Stylisten ihre Ankäufer nach Prato, um die Stoffe mit dem besonderen Finish zu kaufen und Druckmuster in Auftrag zu geben. Aber weil die Bil-

ligproduzenten der dritten Welt Marktanteile wegnahmen, geht besonders die Produktion der Massenware nicht mehr so gut. Pratos vielleicht wichtigste Errungenschaft der letzten Jahre ist das Centro per l'Arte Contemporanea, Italiens erste Neugründung eines Museums zeitgenössischer Kunst, gestiftet vom Textil-Industriellen Enrico Pecci.

Das Becken Prato–Pistoia–Florenz wird im Westen vom Monte Albano abgeriegelt, den die Autobahn Richtung Lucca in nördlichem Bogen umfährt. Diese hügelige Sperre zur anschließenden großen Ebene zwischen Montecatini und Lucca ist einst das Jagd- und Vergnügungsgebiet der Medici gewesen. Lorenzo «Il Magnifico» hat sich 1480 in Poggio a Caiano eine Prachtvilla mit Luxusgarten bauen lassen, die allein einen Abstecher in dieses wie aus dem toskanischen

Bilderbuch genommene Zypressen-
und Weinkulturenland lohnt. Die
spätere, absolutistische Medici-
Linie ging sogar soweit, im 16. Jahrhundert einen riesigen Mauerbau zu
planen, mit dem fast der halbe Monte Albano als riesiges privates Jagdgebiet umschlossen werden sollte.
Das Hauptportal des von Cosimo I.
gebauten fünfzig Kilometer langen
Barco Reale (eines von vier geplanten) kann man bei Poggio alla Malva
nahe Artimino sehen. Heute ist das
Medici-Revier nicht nur florentini-
sches Ausflugsgebiet, sondern auch
vom Phänomen der «villeggiature»
zerfressen: der Zweithaus-Manie
der mittleren und höheren Bour-
geoisie, wobei der gute Geschmack
der Renaissance-Vorläufer leider
nicht immer als Vorbild diente.
Zum Glück ist dieses Übel seit
Ende der siebziger Jahre, als der
Landschaftsschutz ernster genommen wurde, mit strengeren Geset-
zen gestoppt worden.

Hinter dem Monte Albano fängt
das eigentliche Flachland des toskanischen Kerngebietes an. Die älteste Toskanische Eisenbahnstrecke,
noch im Großherzogtum unter den
Habsburgern vom Eisenbahnpio-
nier Robert Stephenson 1838 bis
1840 angefangen, zieht sich über
Empoli und Pisa bis zur Hafenstadt
Livorno großenteils am Arnolauf
entlang. Wie mit dem Lineal gezogen läuft die älteste toskanische
Autobahn, 1933 unter Mussolini gebaut, die A11 Firenze-Mare am
mondänen Thermalbad Montecatini
vorbei nach Lucca. Für die Strecke
Florenz–Lucca braucht man eine
knappe Stunde. Diese schnelle Verbindung hat einen Pendlerverkehr
selbst zwischen der Luccheser Provinz und der toskanischen Hauptstadt ermöglicht.

Lucca – Stadt des Merkantilismus

«Lucca, bei großer Vergangenheit,
ist heute, nach der Rolle, die es im
Lande spielt, provinziell, auch die
meisten Läden sind es und die Kleidung. Illusionär wohl, sich einzubil-
den, das Bewußtsein der Einwohner
wäre es weniger. Aber sie wirken
nicht so. Die Tradition ihres Volkes
und ihrer besonderen Gegend ist so
tief in Erscheinung und Gebärde
eingedrungen, daß sie geformt, der
Barbarei der Provinz entrückt sind,
vor der in nördlicheren Breiten
noch die schönsten mittelalterlichen
Städte ihre Einwohner nicht feien.
Provinz ist nicht Provinz.» So philo-
sophierte 1967 Theodor Adorno in
Lucca mit gewohnter Blickschärfe
für den Zusammenhang von Geschichte und Gegenwart.

Lucca hat in der Geschichte der
Toskana immer eine Außenseiter-
rolle gespielt. Es war Grenzort zwischen Etrurien und Ligurien, dann,
ab 180 vor Christus, römische Kolonie und Knotenpunkt vieler Straßen; unter den Langobarden
Hauptstadt von Tuszien, unter den
Franken Kapitale der Markgrafschaft Toskana und häufig Residenz
der Markgräfin Mathilde. Nach der
Jahrtausendwende, als freie Kommune, stieg es schneller auf als Florenz. Um 1200 kontrollierten die
Händler Luccas den europäischen
Seidenmarkt, spielten die Rolle von
päpstlichen Steuereintreibern (Lucca war guelfisch, also auf seiten des
Papstes) und agierten mit dem
durch Export der kostbaren Da-
mast-, Samt- und Brokatstoffe ge-
wonnenen Kapital als Leihgeber sogar für den englischen Hof.

Während in Florenz die Tyran-
nenherrschaft der Signoria keinen
Fuß fassen konnte, kam mit dem

Pisaner Uguccione della Faggiuola im 14. Jahrhundert der erste Alleinherrscher nach Lucca. Die Bürgerschaft der freien Kommune Lucca wählte als dessen Nachfolger den größten italienischen Gewaltfürsten der ersten Hälfte des 14. Jahrhunderts, den Söldnerführer Castruccio Castracani, zum Luccheser Signore auf Lebenszeit. In nur zwölf Jahren schaffte er es, von Lucca aus den ganzen Nordwesten der Toskana zu beherrschen und sogar die Stellung von Florenz zu bedrohen. Niccolò Macchiavelli hat ihm als «idealen Fürst» eine Biographie gewidmet – nur sein früher Malaria-Tod habe ihn davon abgehalten, vor den Medici zum Herrn der Toskana zu werden.

Als das inzwischen von Florenz und Prato wirtschaftlich überrundete Lucca im 16. Jahrhundert (wie diese) von der Krise der Textilindustrie getroffen wurde, steckten die Kaufleute ihr überschüssiges Kapital in großartige Villen in den Hügeln, ein ähnlicher Prozeß wie in Florenz, wo unproduktives Vermögen zum Bau der Patrizier-Palazzi wie Strozzi und Pitti verwendet wurde. Viele dieser Villen stehen heute für Besucher offen, andere verfallen oder können sich nur über Wasser halten, indem sie als Filmkulisse vermietet oder in Touristikpläne einbezogen werden.

Der Reichtum Luccas, das bis zur französischen Besetzung 1799 eine freie Republik blieb und erst 1845 zum Großherzogtum Toskana kam, wurde in ein Jahrhundert-Bauwerk gesteckt, das Lucca vor allen anderen Städten der Toskana auszeichnet: Ein mächtiger, fünf Kilometer langer Mauerring, 1544 bis 1645 gebaut, umschließt das historische Zentrum. Der an seinem Funda

ment dreißig Meter starke Wall, der gegen den Expansionsdrang der Medici schützen sollte, technisch ausgefeilt und praktisch uneinnehmbar, hat jedoch nur einmal wirklich als Schutz gedient: Bei einem gefährlichen Hochwasser des Serchio im Jahre 1812 schützte er Lucca vor Überschwemmung. Napoleons Schwester Elisa Bonaparte

Im Oval des Amphitheaters

Baciocchi, die Regentin des napoleonischen Fürstentums Lucca, soll sich, um in die wasserumspülte Stadt zu kommen, von einem Kran über das Tor heben lassen haben.

Der Platanen-bestandene, von Bollwerken umzackte breite Backsteinwall ist bis auf wenige Teile nicht mehr für Autos befahrbar und zur liebsten Joggingstrecke der Luc-

cheser geworden. Andere Städte der Toskana haben ihre überflüssigen Stadtmauern im letzten Jahrhundert abgerissen und dem Verkehr geopfert. Lucca hat dieses Denkmal seines Reichtums gerettet. Zwischen Kulturschützern und Stadtregierung wütet allerdings ein Streit um ein absurdes Projekt, unter der Stadtmauer ein Riesenparkhaus einzurichten, das Denkmal also zu unterhöhlen und Einfahrtsrampen in die Wiesen vor den Bastionen zu bauen. Lucca ist die einzige toskanische Stadt mit einer christdemokratischen Stadtregierung – Fortsetzung der Sonderrolle. «Dieses Denkmal gehört der Welt, es darf nicht angetastet werden», hagelt es Protestbriefe gegen die DC-Regierung. «Hinter dem Projekt steht das Profitstreben von Bauherren und DC-Bonzen», sagen die Grünen in Lucca: «Daran siehst du, daß hier immer noch der alte Geist des Merkantilismus regiert. Lucca hat 92 Kirchen, eine Bastion des Katholizismus, eine ‹weiße Oase› in der roten Toskana!»

Den einäugigen Profitgeist der Luccheser beklagte schon 1585 der Lucca-Besucher Montaigne: «Man kann die Gesellschaft der Luccheser nicht genießen, weil alle, bis auf die Kinder, ständig mit ihrer Arbeit beschäftigt sind.» Diese Arbeitsamkeit hat sich außerhalb der Mauern in die Ebene mit ihren Industriegebieten ausgedehnt. Einer der größten Komplexe ist die seit über hundert Jahren bestehende Ölfabrik von Bertolli, erfolgreich wegen des als besonders mild und aromatisch gepriesenen Luccheser Olivenöls.

Auf der Stadtmauer kann man den alten Kern gut zu Fuß umrunden und sich einen Eindruck verschaffen, wie Lucca aus der römischen Kolonie Luca (von etruskisch Luk = Sumpf) herausgewachsen ist. Vom Mauerring erkennt man als Orientierungspunkt den Turm der Guinigi mit seinem Steineichen-Dach. Machtsymbol der Guinigi-Familie, die Anfang des 15. Jahrhunderts mit Paolo Guinigi kurze Zeit eine Alleinherrschaft errichtete. Von oben hat man einen Rund-

blick über die Mauerstadt. Fast zu Füßen des Turms – aber hier sind alle Wege nicht weit – liegt das in einen kreisförmigen Wohnblock verwandelte römische Amphitheater, ein weiteres Markenzeichen Luccas. Auf den Trümmern der alten Gladiatorenstätte wurden im Mittelalter Häuser gebaut, im letzten Jahrhundert ist das Innere des Ovals wieder freigelegt und zum Marktplatz gemacht worden. An der Ostseite ragen noch einige der alten Römer-Bögen zackig aus der Häuserwand heraus.

Pisa – schiefe Stadt

Zwischen Lucca und die Küste schiebt sich eine Bergkette, die man mit wenigen Serpentinen überwindet. Dahinter erstreckt sich eine Schwemmland-Ebene, die einst Lagune war, dann mit den von Serchio und Arno angespülten Sedimenten aufgefüllt wurde. Rest der Lagune ist der Schilfsee Lago Massaciuccoli, das Zentrum des gleichnamigen Naturschutzgebietes, das bis heute großenteils nur auf dem Papier existiert. Zwischen der Pinien-Herrlichkeit des Küstenstreifens und dem flachen Massaciuccoli-See lebte Luccas berühmter Komponist Giacomo Puccini (1858 bis 1924). Die Ortschaft Torre del Lago trägt seinen Namen als Anhängsel. Hier steht die Puccini-Villa, wo er La Bohème, Tosca, Madame Butterfly und andere Opern komponierte und die ihm als Ausgangspunkt für Entenjagden diente. Nach Erzählungen war der Musiker ein miserabler Schütze. Sein Bootsführer entkam öfters nur mit Glück dem Streufeuer der Schrotbüchse Puccinis.

Die Berge am Ostrand der Schwemm-Ebene sind von Stein-

Schilfsee Massaciuccoli

brüchen zerfressen. Am Monte Niquila südlich des Sees lagerten 1989 vor einem aufgelassenen Steinbruch Bürger und Bauern der Umgebung um einen behelfsmäßigen Wachtposten, um den Bau einer Mülldeponie für Lucca zu verhindern: ein Großmüllplatz im Naturpark! Eine der vielen Aktionen, wo sich Campanilismo (schmeißt euren Dreck vor eure eigene Tür) mit Naturschutz verbindet, während auf der gegnerischen Seite Ignoranz und politische Macht stehen. Aber das Naturschutzgebiet, das eigentlich die ganze Ebene von südlich Viareggio bis nördlich Livorno umfassen sollte, ist ohnehin ein müder Traum: Im Pinienwald der Tenuta di Tombolo sitzt ein riesiger US-Militärstützpunkt. Fünf Kilometer fährt man von der Via Aurelia bis zur Küstenstraße beim modernen Badeort Tirrénia an den Abzäunungen entlang.

Nördlich des Industriehafens von Livorno, beim zwischen Livorno und Pisa verlaufenden Canale dei Navicelli, kann man einige Reste des Pisaner Hafens sehen. Yachtwerften ziehen sich an diesem Kanal entlang, Reste der großen Schiffsbautradition Pisas. Knapp zweihundert Jahre haben den Ruhm von Pisa begründet. Vom 11. bis 13. Jahrhundert war der toskanische Hafen Ausgangspunkt für profitreiche Kreuzzüge, hatte Handelsstationen im gesamten Mittelmeerraum und unterhielt eine fähige Handelsflotte. Dann unterlag Pisa 1284 bei der Seeschlacht von Meloria vor Livorno dem konkurrierenden Genua, der Abstieg begann. Aber in diesen Kernjahren sind die Bauwerke entstanden, die Pisa heute für jeden anständigen Touristen zur unabdinglichen Etappe machen, allen voran der Schiefe Turm, La Torre Pendente.

135

Der Touristenblick auf Pisa ist im allgemeinen ebenso schief wie der Turm selbst. Als trüge der Turm die Stadt nur als Anhängsel auf seinem geplagten, spektakulär krummen Rücken. In die Altstadt jenseits der imaginären Bannmeile um den Turm verirren sich nur die wenigsten. Dabei wimmelt es in Pisa von Leben: Auf knapp über 100 000 Einwohner kommen 25 000 Studenten. Zwar wohnen die längst nicht alle in Pisa, da in Italien viele Studenten eine Art Fernstudium betreiben und nur zu wichtigen Terminen wie Examen und Semesteranfang aufkreuzen. Aber im Universitätsviertel, das ein paar Straßen südöstlich der Turmszene anfängt, drängen sich die Studenten in winzigen Buden zu oft horrenden Mieten. Die Masse der Studierenden ist für eine Kleinstadt wie Pisa völlig überproportioniert. Öfters ist es in den letzten Jahren, seitdem die Immigration aus afrikanischen Ländern immer stärker zugenommen hat, gegen die schwarzen fliegenden Händler auf dem Touristenplatz am Dom zu Übergriffen der dortigen Souvenirhändler gekommen. Auch die Polizei sprang mit den Schwarzen nicht gerade zimperlich um. Proteste dagegen kamen vor allem von seiten der Studenten, die sich mit den abschätzig «vu cumprà» genannten fliegenden Händlern solidarisierten.

Der Domplatz, das eigentliche Touristenziel, wird neuerdings mit einer werbewirksamen Formel als «Wunderplatz» (Piazza dei Miracoli) apostrophiert. Er liegt, anders als man es von vielen toskanischen Städten gewohnt ist, nicht im Zentrum, sondern am äußersten nordwestlichen Eck der Stadtmauer. Daß Dom, Baptisterium und Cam-

panile draußen vor die Stadt gelegt wurden, ist im Mittelalter nicht ungewöhnlich gewesen. Die Position ist Ausdruck der Distanz zwischen den freien Stadtrepubliken und der Macht des Bischofs, dessen Kirche der Dom schließlich war (Pisa erhielt als erste Kommune der Toskana 1081 von Kaiser Heinrich IV. die Stadtfreiheit, nur Lucca hatte sich schon ein Jahr früher mit den gewählten Konsuln Autonomie verschafft). Aber in Pisa, das sich seit den zwei Glanz-Jahrhunderten urbanistisch wenig erweitert hat, ist diese Anordnung so geblieben, während anderswo (Florenz, Lucca) die Stadt um den Dom herum weiterwuchs.

1406 kam Pisa nach langem Widerstand unter die Herrschaft von Florenz. Der ohnehin versandende Hafen verlor seine Funktion vollends, als Cosimo I. Livorno ab 1577 zur neuen Hafenstadt von Florenz ausbaute. Pisa blieb die Universität, die erste der Toskana (1329 gegründet). Sie ist heute neben Florenz und Siena eine von dreien in der Toskana, in naturwissenschaftlichen Forschungszweigen renommiert.

Ein Führer im Dom erinnert an die glorreiche Zeit Pisas: «Der Kronleuchter dort oben fing im Luftzug an zu schwingen, und Galileo Galilei, ein Sohn unserer Stadt und Professor an der Universität, benutzte seinen Pulsschlag, um den regelmäßigen Ausschlag dieses pendelnden Leuchters zu messen. Pisa verlor seine Freiheit an Florenz – die Medici verboten Galilei weiterzuforschen, weil seine kopernikanischen Ideen den Herrschaften nicht ins Weltbild paßte. Können Sie jetzt verstehen, weshalb wir auf die Florentiner nicht gut zu sprechen sind?»

«Vu cumpra» am schiefen Turm

Galilei, bis heute Pisas berühmtester Wissenschaftler, benutzte auch den schiefen Turm und dessen Schräglage, um Fallexperimente zu machen. Oben hat der zwischen 1173 und 1372 gebaute Campanile eine seitliche Auslenkung von knapp 4,30 Metern erreicht. Ab dem dritten Stockwerk stoppte man den Bau, weil der Turm sich auf dem losen Schwemmboden ohne ausreichende Fundamente bereits geneigt hatte. Bei genauem Hinsehen ist der Knick zu sehen, der entstand, als ab 1275 beim Hochtürmen der restlichen Stockwerke mit einer Krümmung gegen die Fallsucht des Torre gesteuert wurde – was zwecklos war.

Man kann die Schräglage auch physisch erfahren, wenn man die steilen Treppen im Innern hochsteigt. Mancher kommt am Ende bleich wieder runter – es ist nicht jedermanns Sache, ohne sicherndes Gitter zwischen den Säulen auf abschüssigen Rundgängen seitlich des Turms herumzuklettern und im dunklen Innern orientierungslos in Schräglage aufzusteigen. Im übrigen kann das Turnen am Turm auch gefährlich sein. Es ist schon zu tödlichen Unfällen gekommen, wenn jemand aus dem Säulenkäfig rutschte und abstürzte.

Zementinjektionen in das schwache Fundament haben den jährlich um rund einen Millimeter weiter kippenden Campanile nicht aufhalten können. Im hohlen Turminneren sind Meßgeräte installiert, die die zunehmende Neigung kontrollieren. Eine wissenschaftliche Kommission kam 1989 zu dem Ergebnis, der Turm sei einsturzgefährdet. Das Kultusministerium, das sich ein Jahr zuvor Vorwürfe einhandeln mußte, weil der umstürzende Turm von Pavia Menschen erschlagen hatte, befürwortete zunächst die Schließung eines großen Teils des Campo dei Miracoli im Umkreis des Turmes. Auf Protest der Pisaner, die um ihr Bruttosozialprodukt fürchten – allein 700 000 Touristen erklimmen jährlich den Campanile –, blieb der Mirakelplatz jedoch weiterhin geöffnet. Der Turm selbst jedoch wurde allen Protesten zum Trotz bis auf weiteres gesperrt. Eine neue Kommission soll endgültig prüfen, wie gefährdet der Turm ist. Eventuell müßte er auf Jahre in ein Stahlkorsett gespannt werden, um ihn von unten herauf gründlich zu stabilisieren.

Weniger beachtet als der mit griechischen und arabischen Stilelementen gebaute pisanisch-romanische Dom und sein berühmter Campanile ist der «camposanto» seitlich am Wunderplatz. Für den Bau des Domes schleppte die Pisaner Kreuzfahrerflotte antike Säulen herbei, die sie auf ihren Reisen im Mittelmeer erbeutet hatte. Der Camposanto wurde als Höhepunkt der städtischen Herrlichkeit mit heiliger Erde gefüllt, die eine ganze Schiffsflotte aus Jerusalem und vom Golgotha-Berg geholt hatte. Im alten Stadtfriedhof sind Reste von im Zweiten Weltkrieg durch Bombeneinwirkung zerstörten Fresken erhalten. Der Triumph des Todes («Maestro del trionfo della Morte» nennt man den umstrittenen Urheber behelfsweise) gibt ein eindringliches Bild davon, wie drastisch im späten Mittelalter die Vorstellungen vom Leben nach dem Tod waren. Goethe hat die grausamen Darstellungen der in der Hölle von Monstern Gefolterten nur aus zweiter Hand gekannt, war aber so beeindruckt, daß zer sie in seinen Faust einbaute:

«Satane stehen auf den Köpfen, die Plumpen schlagen Rad auf Rad und stürzen ärschlings in die Hölle.»

Livorno – Kosmos an der Küste

Pisas Pech, in einer Lagune zu liegen, die der Arno mit der Zeit zuschwemmte, geriet dem winzigen Küstenflecken Livorno fünfzehn Kilometer weiter südlich, bis dahin Vorort des Pisa-Hafens, zum großen Vorteil. Als abzusehen war, daß der Porto Pisano immer unpraktischer wurde, schacherten diverse Fremdmächte wie Genua und Mailand Livorno hin und her, 1421 kaufte es schließlich die Republik Florenz für 100 000 Goldflorin. Die Medici setzten schon nicht mehr auf Pisa, sondern bauten Livorno systematisch zum Florentiner Hafen aus: 1571 der Mediceer-Hafen, 1576 das Projekt einer fünfeckigen «idealen Stadt» des manieristischen Baumeisters Bernardo Buontalenti; 1593 die «costituzione livornina», eine Stadtverfassung, die Freiheit und Schutz vor Verfolgung für alle Zuwanderer versprach. Das bedeutete im Klartext, daß sich hier ein Sammelsurium von religiös oder politisch Verfolgten, von Banditen und Briganten aller Art und aus allen Ländern einfand, gefördert durch großzügige Steuergesetze und Handelsfreiheit. Die Verfassung hatte aber auch den Vorteil, daß viele Engländer und Juden ihr im Ausland gefährdetes Kapital mitbrachten und in Livorno einsetzten.

Das Völkergemisch hat die Hafenstadt bis heute geprägt. Livorno, seit Ende des 18. Jahrhunderts hinter Florenz zweitgrößte Stadt der Toskana, ist die internationalste, die neueste, irgendwie auch die ehrlichste toskanische Stadt: keine für Touristen aufgerührte Altstadt-Makulatur, sondern Industrie (Glas, Chemie, Metallverarbeitung, Ölraffinerie), Hafen, Verkehr und Handel, zwar mit entsprechender Luftverschmutzung und verdreckt, aber ungeschminkt. Die Livornesen sind dank ihrer Geschichte und Zusammensetzung ein besonderer, weltoffener Schlag, berüchtigt für ihren unerschrocken Humor. Als Erfolgsanekdote wird immer noch gehandelt, daß es 1985 zwei Studenten aus Livorno gelang, die internationale Kunstwelt zu foppen. Sie «fanden» in einem der Kanäle von Livorno eine Statue von Amedeo Modigliani, dem bekanntesten Künstler der Stadt. Der Fall schien unglaublich, da Modigliani viele seiner Werke weggeworfen hatte. Die renommiertesten Kunstkritiker bestätigten die Echtheit des Fundes, bis die Studenten schließlich mit der Wahrheit herausrückten: Sie hatten die Statue selbst gebastelt und in den Graben geworfen, um die Kunsthistoriker zu testen. Nie hatten sie gehofft, in die internationalen Schlagzeilen zu kommen.

Die Prachtbauten der Medici und ihrer Nachfolger fielen im Zweiten Weltkrieg Flächenbombardierungen zum Opfer: Livorno als Industrie- und Hafenstadt war seit 1943 umkämpft. In das aus der Zeit der Medici-Costituzione stammende Judenquartier fiel die SS ein, Tausende Juden wurden deportiert und getötet. Der größte Platz Italiens, die Piazza Grande im Zentrum, ein von den Medici angelegter Schauplatz für ihr im Stadtfort untergebrachtes Militär, ist nach dem Krieg mit einem quer über den Platz gebauten Arkadenhaus zweigeteilt worden. Wichtige Monumente wie der Dom, ebenfalls an der Piazza Grande,

Nuova Venezia – Kanäle in Livorno

wurden wieder aufgebaut. Aber die alte Via Grande, die Stadtachse zum Hafen, ist von modernen, arkadengesäumten Zweckbauten geprägt.

Ein bißchen Tradition atmet noch im «Venezia Nuova» genannten Viertel bei der Medici-Fortezza. Erhalten blieb auch das System der Verbindungskanäle mit dem Ringgraben, dem Fosso Reale, heute Ankerplatz für Yachten. Ungewöhnlich ist die Piazza Repubblica, nicht nur wegen des auffälligen PCI-Schildes am Haus der kommunistischen Partei, das den immensen, leeren Platz fast dominiert (1921 ist die PCI in Livorno als Abspaltung von der Sozialistischen Partei gegründet worden), sondern vor allem, weil sie eine Art Brücke darstellt: Der Fosso Reale zieht sich in einer Tunnelröhre unter dem Platz durch. Bootsführer sieht man mitunter hier durchschippern, mit zugekniffener Nase, weil die ehemals klaren Gräben verstopft und zur Kloake verkommen sind.

Der Hafen ist in den achtziger Jahren zum größten Container-Umschlagplatz Italiens geworden. Viele der im Industriehafen nördlich der Stadt lagernden Container sind für Deutschland bestimmt, Livorno gilt neuerdings als das Container-Standbein Deutschlands im Mittelmeer. So war es geradezu passend, daß im Herbst 1988 das berüchtigte Giftmüllschiff Karin B., das im Auftrag der italienischen Regierung und einer Bremer Reederei mit aus Nigeria heimkehrender italienischer Giftmüllfracht unterwegs war, ausgerechnet in Livorno landete. Das Schiff hatte eine lange Odyssee hinter sich, während der es von allen europäischen Häfen abgelehnt wurde. Auch italienische Hafenstädte sperrten sich dagegen, die wie ein ungewollter Bumerang zurückkommende giftige Ladung aufzunehmen. Livorno, mit seinem modernen Hafen für rasche Klassifizierung, Entladung und Abtransport der durchgerosteten Fässer am besten geeignet, ließ sich schließlich breitschlagen. Ein Deal zwischen der Region Toskana und Rom wurde ausgehandelt, der vorsah, das Zeug nicht in Livorno zu lagern. «Immer sind wir es in den fortschrittlichen, technisch ausgerüsteten roten Regionen, die die Schlamperei der anderen ausbaden müssen», kamen Proteste. Der Kapitän der Karin B., ein gemütlicher Bayer, zeigte sich vom Rummel ziemlich unbeeindruckt: «Uns ham's g'sagt, 's wär nix G'fährliches. Und is ja wenigstens nix Radioaktives.»

Livorno dürfte für die meisten Touristen nur Durchgangsstation zu einer der toskanischen Inseln oder nach Sardinien/Korsika sein, vielleicht auch Etappe auf dem Weg in den Strandsüden der Maremma. Dabei war die Stadt im letzten Jahrhundert selbst eines der größten europäischen Badezentren. Südlich entlang der Küste bauten die Reichen aus seltsamem Stil-Mischmasch gewachsene Villen. Aber der Rummel an den Stränden ist auch heute nicht von Pappe: Ein Strandbad am anderen, sommers von Mopeds und parkplatzsuchenden Autos umschwirrt – erst an der Steilküste einige Kilometer weiter wird es ruhiger. «Das Meer und die Bademöglichkeiten sind der einzige Ausgleich dafür, daß wir in Livorno in einem kulturellen schwarzen Loch sitzen», hört man von Einheimischen, die sogar den Wochenendtrip nach Mailand nicht scheuen, um mal städtischmondäne Atmosphäre zu tanken.

FLORENZ

GEPLAGTES DORNRÖSCHEN

F lorenz ist eine belagerte Stadt. Sechs Millionen Touristen jährlich überfallen Firenze und seine knapp über 400 000 Einwohner. Ein «Numerus Clausus», an den man in Venedig schon gedacht hat, wäre in der nach allen Seiten offenen Arno-Stadt nicht möglich. So fliegen die Heuschreckenschwärme unkontrolliert hier ein, flattern in großen Schwärmen über Plätze und Monumente, sitzen schwirrend und schmatzend auf Brücken, Brunnen, Statuen und in Abspeisungsstätten.

Florenz kann somit schnell zur Marter-Tour werden. Zumal beim gängigen Vorsatz, «unbedingt die wichtigsten Kunstwerke sehen und die Stadt begreifen» zu wollen. Das heutige Florenz ist eine chaotische, laute, von gesichtslosen Peripherie-Siedlungen gesäumte Stadt, wie eigentlich alle italienischen Großstädte. Der historische Stadtkern ist zum vulgären Karussell degradiert. Die Kunst ist, sich davon nicht schwindlig drehen zu lassen. Mal zu Fuß, mal per Bus, mit dem Fahrrad oder auch mit dem Auto – um von außen einen Eindruck zu bekommen –, kann man sich behutsam ein Bild von der «Perle der Renaissance» machen, der nachgesagt wird, sie sei mit raffinierter Harmonie in eine theatralisch schöne Landschaft gebettet.

Florenz im Rundblick

Orientierungspunkt wird immer der Dom (Santa Maria del Fiore) mit seiner geradezu mythischen Kuppel

143

sein. Diese rote Backstein-Wölbung, vom Renaissance-Architekten Filippo Brunelleschi im 15. Jahrhundert gebaut, ist für die Florentiner nicht nur das Wahrzeichen ihrer Stadt, sondern das Höchste überhaupt, ihr größter Stolz in der Masse der Monumente, kurzum, einfach «la cupola». Weshalb, das kann man eigentlich nur verstehen, wenn man von weitem gesehen hat, wie sie als roter Ballon über der Innenstadt schwebt; wenn man sie mit ähnlichen Bauten wie der Kuppel des Petersdoms in Rom verglichen hat (von Michelangelo gebaut, aber – natürlich – weniger großartig als die von Brunelleschi); oder wenn man in ihrem Innern aufgestiegen ist und womöglich ihre Konstruktion studiert hat. Der Dom ist allerdings so eng in die mittelalterliche Stadtanlage gequetscht, daß man die Kuppel, diese ideelle Orientierung, nur hin und wieder über den Gassen aufblitzen sieht.

Florenz liegt an einer flachen Stelle des Flusses Arno, der sich hier, vom Apennin kommend, durch immer niedriger werdende, gewellte Hügel in die Ebene meerwärts schlängelt. Im Jahre 59 vor Christus wurde es als Kolonie Fiorentia von den Römern gegründet. Die Anlage der Römersiedlung erkennt man beim Blick auf jedes beliebige Faltblatt, das man in den zahlreichen Fremdenverkehrsämtern als Stadtplan in die Hand bekommt (diese Pläne zeigen ohnehin immer nur das Zentrum): Ein paar Straßen nördlich des Arno liegt da ein wenige hundert Meter langes, enges Straßenraster, umgeben von einigen verwinkelten Gassen. Das entspricht in etwa der römischen militärisch-rechtwinkligen Stadtanlage.

Der große Platz in der Mitte, Piazza della Repubblica, mit seinen weiten umgebenden Straßenzügen allerdings stammt aus dem 19. Jahrhundert: Im Enthusiasmus über die frisch gebackene Nation Italien mit Florenz als Hauptstadt (von 1865 bis 1871) betrieb man Kahlschlag im engen, mittelalterlich überbauten Römerzentrum, schuf breite Achsen mit Prachtarkaden nach dem Vorbild des barocken Turin. Wer auf der Piazza della Repubblica in einem der teuren Cafes sitzt und beim Campari auf das herrliche Florenz schaut, soll sich also nicht täuschen – die Renaissance-Schönheiten liegen ein bis zwei Straßenzüge entfernt. Für viele Florentiner ist die großbürgerliche Szenerie um diese Piazza ein nicht wieder gutzumachender architektonischer Fehlgriff, auch wenn auf dem großen Triumphbogen vermerkt ist, hier sei dem jahrhundertealten «Elend» des Zentrums «neues Leben» eingehaucht worden.

Östlich, zwischen dem Hauptplatz der frühbürgerlichen Republik Florenz (Piazza della Signoria mit Rathaus Palazzo Vecchio) und der weiten Piazza vor der gotischen Kirche Santa Croce, sind die Reste des rmischen Amphitheaters von Fiorentia noch im Stadtplan erkennbar. Zwei Straßen durchschneiden einen Ring wie eine Torte; eine Ringsektion heißt denn auch Via Torta – allerdings ist dies eine Verkürzung von «Via Storta»: Krumme Straße. Dieser Ring bildet den Umriß des Gladiatoren-Schauplatzes, dessen Ruinen im Mittelalter bis in seinen Kern mit Wohnhäusern bebaut wurden.

Zwischen dem unter Mussolini gebauten Bahnhof im Westen, dem mächtigen Renaissance-Palazzo Pitti im Süden am jenseitigen Arno-

Ufer («oltrarno») und Santa Croce im Osten dreht sich das Karussell der Sehenswürdigkeiten und rasselt nur knapp in die Straßenzüge nördlich des Doms, vor allem um die Piazza San Lorenzo mit dem großen Kleider- und Schnickschnack-Markt. Darüber hinaus reicht das Centro Storico bis zu den Ring-Alleen, den Viali, die dort verlaufen, wo bis zu ihrem Abriß Ende des letzten Jahrhunderts die alten Stadtmauern standen. Vom alten, um 1300 gebauten Stadtring sind im Nordring der Viali nur noch einige Tore erhalten. Auf dem Südufer des Arno dagegen blieb noch ein großer Teil des Mauerrings stehen, zu sehen bei Porta Romana, dem Südtor.

Im Süden und Nordwesten ist Florenz von Hügeln begrenzt. Die Baumasse hat sich also seit Ende des letzten Jahrhunderts, als die Stadt über die Viali hinauswuchs, zwangsläufig vor allem nach Westen ergossen. Die gesichtslose Peripherie zieht sich in Richtung Autobahn, die einen Halbkreis um die Stadt schlägt. In diesem Jahrhundert sind Betonsiedlungen in die Westebene geklotzt worden, so daß die meisten Besucher durch moderne Häßlichkeit nach Florenz einfahren und sich wundern, wo denn die gerühmten Schönheiten stecken.

Am besten kann man den Aufbau der Stadt vom Aussichtspunkt Piazzale Michelangelo studieren – der Blick geht vom Osten flußabwärts zu den Arnobrücken und zum Dom, dahinter weitet sich das Flußtal zur Ebene. Oder aber, bequemer, von den Boboli-Gärten aus. In gut fünfzehn Minuten kommt man, durch den Palazzo Pitti hindurch, in diesen großartigen, wie ein Amphitheater angelegten und mit Grotten und Brunnen geschmückten italienischen Ziergarten. Dann links einige Terrassen hinauf, zur Stadtburg Forte di Belvedere. Die Balustraden hier sind Wallfahrtsort von Florentinern wie Touristen: Hingeblättert unter den Burgmauern liegt das Stadtbild von Florenz, über allem thronend Brunelleschis «cupola». «Das göttliche Florenz zu unseren Füßen..., mit seiner ungeheuren Domkuppel, seinen hochragenden Türmen und Palästen, seinen Gärten, Hainen und Brücken... wie der süßeste Traum eines Kindes», jubelte Jakob Burckhardt, der große Propagandist der Renaissance, Mitte des letzten Jahrhunderts bei diesem Anblick: «Ich hielt es beinahe für optische Täuschung, aber diesmal war eines meiner Ideale wahrgeworden, und doch war alles unendlich schöner, als ich es vorher zu denken imstande gewesen war.»

Lust auf eine neue Renaissance

Der Geräuschpegel zu Füßen der Burg ist seit dem 20. Februar 1988 um einige Dezibel reduziert. Es war ein sonniger Februar-Samstag, an dem das Wunder geschah: Ab 7.30 frühmorgens wurde der Innenstadtbereich nördlich des Arno zwischen den Ring-Alleen und ein keilförmiges Gebiet am Südufer des Arno für den Privatverkehr gesperrt. «Florenz, ohne Auto bist du schön», jubelte der «Corriere della Sera». Der Kampf um die Zona Blu oder ZTL (Zona a Traffico Limitato), die verkehrsberuhigte Innenstadt der abgasgeschwängerten Renaissance-Perle, hatte verdammt lange gedauert. Die Florentiner selbst geben zu, daß sie in einer Stadt der «bottegai» leben. Ein Bottegaio ist ein Händler – im negativen, umgangssprachlichen Sinn ein engstirniger, egoisti-

145

Florenz unter Wasser – La grande alluvio 1966

scher Kleinkrämer. In Florenz obendrein einer, der dank seines kommerziellen Gewichts gleichzeitig die politische Macht hat, seine Interessen durchzusetzen. So haben die Geschäftsinhaber der großen wie kleinen Läden der Innenstadt jahrelang gegen die Schließung des Zentrums gemauert, aus Angst, ihre Auto-fixierten Kunden zu verlieren.

Vor allem der Halsstarrigkeit des städtischen Verkehrsreferenten Graziano Cioni, eines dem ergrünten linken Flügel der KP angehörenden Politikers, ist zu verdanken, daß schließlich an jenem Samstag – zuerst als Experiment, schließlich als Dauereinrichtung – endlich die Bottegai das Nachsehen hatten. Bei einer öffentlichen Darlegung der neuen Verkehrspläne auf der Piazza San Lorenzo stürmten zwar einige aufgebrachte Markthändler das Podium und traktierten Cioni mit Faustschlägen, aber der Assessore ließ sich trotz erlittener Verletzungen nicht abschrecken – an eine Erweiterung der verkehrsberuhigten Zone ist gedacht.

«Lust auf eine neue Renaissance in dieser von den Autos befreiten Stadt», nannte die Tageszeitung «La Repubblica» mit ihrer wie häufig übertriebenen Rhetorik das neue Phänomen. Tatsächlich waren die ersten Tage wie eine Befreiung von einem Alptraum. Schon seit Jahren war ein winziges Gebiet zwischen dem von Abgasen zerfressenen Dom und der Goldschmiede-Brükke Ponte Vecchio gesperrt gewesen. Jetzt plötzlich fast das gesamte Centro Storico und damit auch die Touristenrennbahn zwischen Palazzo Vecchio, Ponte Vecchio und Dom/San Lorenzo. Die Abgaswerte sanken drastisch. Am bisher im Dauerstau befindlichen Arno-Ufer entdeckte man plötzlich eine wunderschöne Flußpromenade – und eine neue Gefahr: Kamikazeartig stürzten sich die von Autoblech unbehinderten Mofa-Ragazzi ins Fußgängerparadies und röhrten durch ungewohnt leere Straßen.

Mittlerweile haben sich die Florentiner an die «Blaue Zone» gewöhnt. Mit den üblichen Tricks sind die üblichen Extrawürste gebraten worden, und so fahren wieder Tausende Autos mit legal oder halblegal erstandenen Passierscheinen ins Zentrum ein. Immerhin bleibt Kern ziemlich ungestörter Fußgängerzone im Dreihundert-Meter-Umkreis um die Piazza della Signoria, und zumindest im Winter, wenn die Touristenströme spärlicher fließen, kann man sich tatsächlich an manchen Stunden eine Rückkehr zur Renaissance oder ins Mittelalter erträumen.

Macht im Palazzo Prozzi

Das Florenz, das – vom Forte Belvedere aus gesehen – direkt vor uns liegt, läßt sich in seiner Substanz auf diese Zeit zurückführen: Etwa vom 12. bis 16. Jahrhundert sind die Hauptbauwerke, aber auch die wichtigsten Kunstwerke entstanden. Einer der letzten Großbauten ist die Burg selbst: Forte di Belvedere war als Verteidigungsburg nach außen und als Zwingburg gegen die aufsässige Bevölkerung nach innen geplant. Unter den absolutistischen Medici der späteren Zeit, genauer Großherzog Ferdinand I., entstand die sternförmige Burg mit ihren mächtigen Mauern in den Jahren 1590 bis 1595. Die Boboli-Gärten wurden nach 1560 als Lustgarten der Medici angelegt.

Der großkotzige Palast, durch den man in die Boboli-Gärten kommt, der Palazzo Pitti, müßte eigentlich Palazzo Granducale Medici heißen. Der Bau, von Brunelleschi entworfen, war zwar von der reichen Kaufmannsfamilie Pitti 1457 angefangen worden, wurde aber 1549 von den Medici aufgekauft und erweitert. Er diente während der gesamten Zeit ihrer Herrschaft als Großherzöge im Granducato di Toscana (1569 bis 1737) als zweite Florentiner Residenz neben dem Palazzo Vecchio.

An den berühmten Palazzi von Florenz kann man ablesen, welche Beziehung die herrschenden Bankiers und Kaufherren zu ihrer Stadt und damit ihren Mitbürgern oder Untertanen hatten. Diese Bauwerke, von den größten Renaissancekünstlern entworfen, sind auf Effekt geplante, auf Ausgewogenheit und Harmonie im Gesamteindruck bedachte Wohn-Kunstwerke. Und doch sind sie auch oft abstoßende Steinhaufen, gewaltige Klötze im Stadtbild, mit meist grob behauenen Quadersteinen im Erdgeschoß: optisch abweisend und technisch wehrtüchtig. Mit zunehmender Machtkonzentration werden die Kästen nach außen hin stilistisch durchgefeilter und gleichzeitig – im ästhetischen wie physischen Sinn – abstoßender. Man kann eine aufsteigende Linie verfolgen vom Palazzo Rucellai (1446 bis 1451 von B. Rossellino) im teuren Modeviertel nahe der Via Tornabuoni über den frühen Medici-Wohnsitz Palazzo Medici-Riccardi in der Via Cavour nördlich des Doms, gegenüber dem Sitz der Regionalregierung der Toskana (gebaut von Michelozzo 1444 bis 1464) über den Palazzo Strozzi unweit der Piazza della Repubblica (gebaut 1489 bis 1504) zum fast ka-

Paläste wie Kasernen

sernenartig anmutenden, über zweihundert Meter langen Palazzo Pitti.
Die ersten beiden Paläste, Produkte
der Frührenaissance, sind in der
Fassadenwirkung noch nicht zu der
Wucht und Strenge gelangt wie die
beiden letzten. Für Pitti-Palast und
Strozzi-Klotz wurden zahlreiche
Wohnhäuser abgerissen, um Platz
für Repräsentation und Distanz zu
schaffen. Der reiche Luca Pitti
übernahm sich mit seinem Palast
und ging bankrott, die Strozzis bauten jahrzehntelang, mißtrauisch beäugt und mit Bauauflagen belegt
vom Rivalen Cosimo I.

«Das vollkommenste Beispiel für
die Architektur der Renaissance»
nennt Piero Bargellini im Buch
«Florenz – erleben und verstehen»
den Stadtpalast der Familie Strozzi.
Ein stilgeschichtlich sicher korrek-
tes, ästhetisch allerdings eher ver-
blendetes Urteil. Im Erdgeschoß

enge, vergitterte Fenster, darüber
das Wohngeschoß der Familie (piano nobile). Bis unter das Dachge-
sims vorspringende, grobe Fassa-
densteine (Bossenquader), die nach
oben hin flacher und weniger be-
drohlich werden, den Bau aber wie
eine Burg wirken lassen. Schöne,
zweigeteilte Fenster mit Rundbögen
setzen nur minimale ästhetische Akzente in die strenge Fassadenmaske.
Der Koloß sitzt so wuchtig im Stadtzentrum, daß man ihn eigentlich Palazzo Prozzi nennen sollte. Als die
fundamentalistische Öko-Gruppe
«Futuro Verde» im Juni 1989 Platz
vor dem Strozzi-Palast eine Veranstaltung zur Rettung des Amazonas-
waldes abhielt, flatterten an den
Quadersteinen Transparente mit der
Inschrift: «IWF: Strozzino del Mondo» in etwas schräger Anspielung an
die Rolle des Internationalen Wäh-
rungsfonds als Strozzi von heute.

149

Ponte Vecchio – Brücke mit Geheimgang

Bomben über dem Arno

Wenn wir, langsam den Weg in die
Stadt zurückverfolgend, die Geschichte rückwärts durchkämmen,
kommen wir von der Herrscherpha-
se der Medici, der späten Glanzzeit
von Florenz, zu den Ursprüngen der
reichen Handels- und Kulturstadt
im späten Mittelalter.

Um unbehelligt von Gestank und
Gewühl der Stadt vom Palazzo Vecchio zum Wohnpalast Palazzo Pitti
zu kommen, ließ Cosimo I. de Medici 1556 durch seinen Hof-Künstler
Giorgio Vasari in luftiger Höhe
einen Gang über den Ponte Vecchio
bauen. Er ist nur für Gruppen nach
Voranmeldung zu besichtigen – ein
lindwurmartiger Korridor mit vielen
Fenstern, die eine Porträtgalerie be-
leuchten; der Führer muß dazu
zahllose Blendläden aufklappen.

Im Zweiten Weltkrieg bekam der
Vasari-Gang sogar eine versteckte
militärische Funktion. Als die Alliierten 1943 bereits vor dem südlichen Arno-Ufer lagen und die zurückweichenden Deutschen die
Stadt noch besetzt hatten, hielten
die Partisanen im Stadtkern über
eine Telefonleitung durch diesen
Gang Kontakt mit den Alliierten.
Der Gang selbst wurde im Krieg
zum Teil zerstört und ist erst seit
1973 wieder zugänglich. Den Ponte
Vecchio allerdings, die älteste und
mit ihrer Überbauung schönste Ar-
no-Brücke, hat ein deutscher Diplo-
mat mit viel List und Mut gerettet.
Der wegen seines Einsatzes als
«Konsul von Florenz» berühmt gewordene, 1955 zum Ehrenbürger
von Florenz ernannte Dr. Gerhard
Wolf bewahrte den Ponte Vecchio
vor den Sprengkommandos der
Nazis.

Nach dem Waffenstillstand der

Badoglio-Armee im Herbst 1943 herrschte zwischen den elf deutschen Militärstellen solche Verwirrung, daß Konsul Wolf etliche gefährdete Ausländer und Florentiner vor der Verhaftung retten konnte. Vor der Einnahme durch die Alliierten im Sommer 1944 begannen die Nazis auf Befehl Hitlers die Arnobrücken systematisch zu sprengen. Wolf erklärte Florenz zur offenen Stadt, um die Zerstörung der Renaissance-Güter zu verhindern. Der Ponte Vecchio konnte so gerettet werden, nur die Häuser am Ufer wurden gesprengt, um den Weg zu versperren.

Der Florenz-Kenner Eckart Peterich schreibt in seinem lesenswerten Buch «Italien»: «Diese sinnlose Tat – ich selbst war Zeuge dieser Vorgänge – hat die Alliierten nur für zwei oder drei Stunden in ihrem Vormarsch aufgehalten. Schon nach zwei Tagen wimmelte es auf der Brücke von Arbeitern und Handwerkern, die die an ihr sich reihenden Lädchen und Büdchen in Erwartung des mit den Siegern zu machenden Geschäfts ameisenflink in Ordnung brachten. Zerstört aber wurde der älteste, malerischste Teil von Florenz, vor allem die Häusergruppe am Südufer des Flusses. Beim Wiederaufbau hat Geldgier die Bauherren veranlaßt, viel zu hoch zu bauen, und die Behörden haben das geduldet.» Die anderen zerstörten Brücken haben die Florentiner später wieder aufgebaut, zum Teil nach jahrelangen Suchaktionen im Arno, um die originalen Steine wiederzufinden (Plakette an Ponte S. Trinità).

Renaissance und Mittelalter

Diesseits des Flusses, unter den weißen Leibern der gigantischen Statuen auf der Piazza della Signoria, wimmelt es heutzutage im Hof der Uffizien schon frühmorgens von Entschlossenen, die sich ins Labyrinth der weltberühmten Kunstgalerie werfen. 2500 Gemälde, ein absolutes Muß! Durchschnittliche Verweildauer der Touristen in den Uffizien laut einer Umfrage der Florentiner Tageszeitung «La Nazione»: 45 Minuten. Über diesen Bau, der ursprünglich Cosimo I. als weitläufiger Büropalast für die «uffizi», die Kanzleien seines Hofstaates, diente, ist der Vasari-Gang mit dem Palazzo Vecchio, Cosimos Regierungssitz, verbunden. Eigentlich heißt dieses seltsame Gebäude Palazzo della Signoria, denn es entstand zur Zeit der Herrschaft der «signoria», der ersten bürgerlichen Stadtrepublik in Florenz.

«Diese Festung, die im Jahre 1298 von freiwilligen Spenden der Kaufleute erbaut wurde, streckt stolz ihre Zinnen und Mauern hoch empor, und zwar nicht in irgendeinem stillen Winkel, sondern mitten auf dem schönsten Platz von Florenz», schrieb der reisende Franzose Henri Beyle alias Stendhal 1817. Der Medici Cosimo, «jener schreckliche Fürst, der den Charakter der Toskaner zerbrach», hat den Signorienpalast erst 1559 «il vecchio» benannt, als er in seinen neuen Wohnsitz, den Pitti-Palast, umzog, den Vasaris Gang mit dem Amtssitz verband.

Den Kontrast zwischen dem mittelalterlichen, republikanischen Florenz und der Zeit der Fürstenherrschaft erkennt man an der Gegenüberstellung der beiden Amtsgebäude. Der Palazzo Vecchio: eine kompakte, steile asymmetrische, mit groben Quadern bewehrte Burg mit schlankem Turm, der wie der Hals einer Giraffe über den Zinnenkranz des Palazzo in den Himmel ragt – ein bedrohliches, stolzes mittelalterliches Stadtsymbol. Dagegen der bis zum Arnoufer reichende Doppelbau der Uffizien: mit symmetrischen Säulenkolonnen und manieristischem Zierat, mit langen Achsen raumgreifend auf Repräsentation ausgerichtet, ein mit wissenschaftlichen Methoden durchgeplanter Bau (von Vasari angefangen 1559, von Buontalenti und Parigi 1585 zu Ende geführt).

Das mittelalterliche Florenz muß man sich eng und gezwängt vorstellen, mit 150 Türmen, die oft über die geduckten Häuser der Bürger und die Hütten der Unterschichten hinweg mit Zugbrücken verbunden waren. Manche der Gassen um die Piazza della Signoria sind noch immer so schattig und eng wie zur Zeit der frühbürgerlichen Republik Florenz. Beim Blick aus dem Fenster des Palazzo der Familie Davanzati in der Via Porta Rossa 13 sieht man, wie gedrängt im 14. Jahrhundert gebaut wurde. Man kann mit der Hand die Wand des Nebenhauses erreichen. Balkonartig wölben sich die Häuser über den ohnehin schmalen Straßen gegeneinander, um noch den Luftraum im dichten Stadtkern zu nutzen.

Nach 1293, als die Bürgerschaft endgültig den in Fraktionen zerstrittenen Adel entmachtet hatte, wurden die Türme der «nobili» gekappt. Die Häuser der bürgerlichen Kaufleute waren keine Schutzburgen mehr, sondern öffneten sich mit Bögen und Loggien im Erdgeschoß zur Straße hin, offen für Handel

und Kommunikation. Als Zeichen des Reichtums und der Unabhängigkeit begann die Stadtgemeinde mit den großen Kommunalbauten. Schon 1290 hatte man die offene Markthalle Orto San Michele gebaut, die später zur Kirche «Orsanmichele» umfunktioniert wurde; 1293 wurde der Grundstein für den Dom gelegt, 1299 mit dem Bau des

Mittelalter in Florenz

großartigen Rathauses begonnen. Die Schumacherstraße Via Calzaiuoli wurde zur Hauptachse, zum öffentlichen Raum des engen Zentrums erweitert. Erst 1842 wurde die Calzaiuoli so verbreitert, wie wir sie heute sehen. Sie ist damit zur Haupteinkaufsstraße geworden (vor der Via Tornabuoni mit ihren Edel-Geschäften), von Boutiquen gesäumt, vor denen die allgegenwärtigen schwarzen Ramschhändler falsche Louis-Vuitton-Taschen und Billig-Jeans ausbreiten.

Bis auf diese Achse blieb das spätmittelalterliche Florenz eine willkürlich gewachsene, gedrängte Stadt. Zwischen den Stadtmauern lebten 100 000 Menschen auf engstem Raum. Vergleichbare deutsche

Städte hatten damals nur wenige tausend Einwohner. Man nimmt an, daß die Türme der Adligen nicht nur als phallisches Symbol des Stolzes so hoch in den Himmel strebten, sondern auch wegen des Platzmangels. Freie Räume wurden erst geschaffen, als die Bankiers und Handelsfamilien, die ab dem 15. Jahrhundert Florenz oligarchisch regierten, für ihre Palazzi, Gärten und Loggien Breschen in das mittelalterliche Gassendickicht schlugen. Die großen Bauten und Kunstwerke kamen jetzt nicht mehr durch kollektiven Einsatz zustande, sondern wurden von Privaten finanziert – zuerst von der Oligarchie verschiedener Finanzaristokraten, später hauptsächlich von den Medici. Dabei bedienten sich die Baumeister der Renaissance – neben dem Wiederentdecken antiker Formen – zunächst noch im Repertoire des vorgefundenen Stadtbildes. Die Rustikaquadern ihrer Palazzi waren Zitate der Festungsbauten der frühen Kommunen. Im Palazzo Vecchio hatten Zinnen, Wehrgang und abweisende Mauern mit kleinen, vergitterten Fenstern noch eine echte Funktion: Die städtischen Beamten, die während ihrer Amtszeit in diesem Palast eingeschlossen waren, sollten weder von aufgebrachten Bürgern überfallen, noch irgendwie von außen beeinflußt werden. Die Palazzi von Strozzi bis Pitti dagegen nahmen die mächtigen Steine nur noch als optisches Element, um die Macht ihrer Besitzer zu unterstreichen.

David und der Kürbissack

Via Calzaiuoli ist die Verbindung des weltlichen Zentrums, der Piazza della Signoria, mit dem religiösen,

Piazza del Duomo. Taufkirche (Baptisterium), der schlanke Turm von Giotto, als schönster Campanile Italiens bezeichnet, und der in schwarz-weiß-rotem Marmor verkleidete Dom sind ebenfalls Zentren des Fast-food-Tourismus, der hier die Pflichtübung Campanilerauf, Dom-rein und schließlich die Türen des Baptisteriums absolviert. Die erst 1881 bis 1888 vorgesetzte Domfassade ist mittlerweile so von Abgasen zerfressen, daß ein scheinbar auf ewig aufgestelltes Baugerüst die Besucher vor herabhagelnden Marmorstücken schützen soll.

Zerstörend wirken auch die Vibrationen der hier massenhaft herumkurvenden Stadtbusse der Gesellschaft ATAF. Diese verkündet zwar lautstark, daß sie mittlerweile «Diesel ecologico» verbrennt, aber eine Umstellung auf kleinere, elektrisch angetriebene Innenstadtbusse, wie sie die Grünen im Stadtparlament seit langem fordern, läßt auf sich warten. Die Buslinien sind seit der Einrichtung der Zona Blu nicht verändert worden. Die Grünen dagegen wollen eine nicht länger sternförmig aus dem Zentrum kommende Busverteilung, sondern Linien, die das Zentrum umrunden, ergänzt durch flinke, in kurzem Zeittakt fahrende Minibusse, die den Stadtkern versorgen könnten.

Selbst die Kuppel, das Wahrzeichen, ist gefährdet. Eine Gruppe Wissenschaftler studiert seit langem das Konstruktionsprinzip. Einige vermeintliche Risse sind fälschlicherweise zugemauert worden – später erst stellte man fest, daß sie zu dem ausgeklügelten Abfluß- und Belüftungs-System des Konstrukteurs Brunelleschi gehörten. Man schätzt die Sanierungskosten für die Kuppel auf einige Milliarden Lire,

Wahrzeichen La Cupola

woher das Geld kommen soll, weiß keiner zu sagen.

Der Bau der Domkuppel, finanziert von den reichen Zünften, den «arti maggiori», allen voran die Wollweber, die «arte della lana», ist bemerkenswert in technischer wie historischer Bedeutung. Er steht auf dem Kreuzweg zwischen Mittelalter und Neuzeit. Stilistisch wird La Cupola halb der Renaissance, halb der Gotik zugerechnet, technisch ist sie der empirischen Bauweise des Mittelalters verhaftet. Daß die Wissenschaftler lange brauchen, die Geheimnisse ihrer Konstruktion zu durchdringen, hat seine Gründe im Vorgehen des Baumeisters Brunelleschi.

Giorgio Vasari berichtet in seinen «Lebensgeschichten» von Brunelleschis ehrgeizigem Kampf um den Auftrag zum Kuppelbau. Der Gründer der Renaissance-Architektur und «Entdecker» der Zentral-

perspektive hatte nach gründlichem Studium antiker Bauten in den Ruinen Roms vorgeschlagen, den Dom mit einer Kuppel zu überwölben, die ohne Gerüst gebaut werden sollte. Die zentralen Kuppelbauten des Baptisteriums neben dem Dom und die des römischen Pantheon dienten ihm als Vorbild. Allerdings trugen diese keine schwere Laterne als Verzierung, wie für den Dom vorgesehen, und sie schwebten nicht in dieser enormen Höhe.

Brunelleschi schlug eine doppelschalige Kuppel vor, die mit schnell trocknendem Mörtel zu mauern sei. Wie sich die in spitzem Winkel zueinander stehenden Kuppelteile gegenseitig stützen würden, hatte er aus seinen Ruinen-Studien abgeleitet. Die Kuppel sollte aus acht gewölbten Flächen bestehen. Gegen den nach außen drängenden Druck des eigenen Gewichts sollten eiche-

Ruhm, Geld und
Fürstengunst

ne Spannstreben sie einschnüren. Einen genauen Plan aber, eine Zeichnung, die das Gelingen des Baus bewies, konnte und wollte Brunelleschi nicht vorweisen. Seine Gewißheit – «ich aber, der ich sie gewölbt schaue, weiß, daß es kein anderes Mittel und keinen anderen Weg gibt, sie zu erbauen, als den, welchen ich gezeigt habe» – konnte das Gremium der Konsuln, Werkmeister und Bürger allerdings nicht überzeugen. Für die Ausschreibung waren Architekten aus ganz Europa nach Florenz gekommen. Einer schlug sogar vor, um die Kosten des Gerüsts zu sparen, solle man die Kirche «mit Erde ausfüllen und Pfennige darunter mischen, wenn sie aber gewölbt sei, Erlaubnis geben, daß von dort Erdreich holen könne, wer nur wolle, wodurch in

kurzem das Volk ohne Kosten jenen Schutt wegbringen werde».

Aber schließlich überzeugten Brunelleschis Ausführungen doch. Die Kuppel wurde von 1420 bis 1434 ohne Gerüst und zweischalig gebaut. Ein völlig unerprobtes Terrain, auf dem sich der Baumeister, jeden Stein einzeln prüfend, mit seinen Maurern langsam vorwärts tastete, einen achteckigen Ring auf den andern mörtelnd, bis die acht Zwickel oben zusammenstießen, wo sie durch die Schwere der (nach Brunelleschis Tod aufgesetzten) Laterne endgültig festgehalten werden sollten. Weil der Bau empirisch vorangetrieben wurde, sind keine für die Statik aufschlußreichen Entwurfszeichnungen erhalten. Die Ideen und Pläne hatte nur der geniale Künstler im Kopf, und er wachte eifersüchtig, sie keinem Konkurrenten zu zeigen. Selbst das von ihm erstellte Modell konnte nur er selbst erläutern.

Brunelleschi war der Typus des individuell arbeitenden neuzeitlichen Künstlers, der ständig um die Gunst des Publikums und der Auftraggeber bangen mußte. Vasaris Anekdoten mögen nicht immer der Wahrheit entsprechen – seine «Vitae» sind mit schmuckreichen Phantasien «aufgebessert» – aber der von ihm geschilderte erbitterte Kampf Brunelleschis gegen den ihm als Mitarbeiter aufgezwungenen Bildhauer und Goldschmied Lorenzo Ghiberti ist durchaus zeittypisch. Auch der Florentiner Goldschmied Benvenuto Cellini, Erschaffer der blutrünstig-gewagten Perseus-Statue unter der Loggia dei Lanzi auf der Piazza della Signoria, berichtet von seinen bis zu Bluttaten gehenden Rivalitäten mit anderen Künstlern um Auftrag, Ruhm, Geld und

Selbige Stadt Florenz ist sehr volkreich und mehret sich um ihrer guten Luft willen; die Bürger sind wohlgesittet, die Frauen sehr schön und reichgeschmückt; die Behausungen sind prächtig, voll aller Gewerbe zu Nutz und Ergötzen mehr denn andere Städte Italiens. Um welcher Dinge viele von weither kommen die Stadt zu sehen, nicht gezwungenerweise, sondern um der Vortrefflichkeit willen der Gewerbe und Künste und der Stadt Schönheit und Zierde zuliebe.

Dino Compagni: Cronica delle cose occorenti ne' tempi suoi (1312). Aus: Literarischer Führer durch Italien. Insel Taschenbuch Verlag, Frankfurt/M. 1988

Schauen Sie sich den großen Dom von Florenz an – ein riesiges Gebäude, das seit fünfhundert Jahren die Börsen seiner Bürger aushöhlt und noch nicht annähernd fertig ist. Wie alle anderen Leute fiel ich nieder und betete es an; aber als die schmutzigen Bettler um mich herumschwärmten, war der Gegensatz allzu auffallend, allzu sprechend, und ich sagte: «O Söhne des klassischen Italiens, ist der Geist der Unternehmungslust, des Selbstvertrauens, des edlen Strebens ganz und gar in euch erloschen? Fluch eurer trägen Unwürdigkeit, warum beraubt ihr nicht eure Kirche?» Dreihundert glückliche, behaglich lebende Priester sind im Dom beschäftigt.

Mark Twain: Die Arglosen im Ausland (1867). Aus: Florenz, Ein Reisebuch. Syndikat Verlag, Frankfurt/M. 1982

Fürstengunst. Brunelleschi stach seinen Rivalen dadurch aus, daß er eine schwere Krankheit vortäuschte. Als der Baumeister mit falschem Fieber im Bett lag, stand die Baustelle still – wodurch offensichtlich wurde, daß Ghiberti, der ratlos auf das Gesunden des Meisters wartete, die Kuppelkonstruktion nicht begriffen hatte, geschweige denn ausführen konnte.

Cellini, der eigentlich Goldschmied war, sich aber zum Bildhauer berufen fühlte, sparte beim Buhlen um Fürstengunst nicht mit Beleidigungen. Die klobige Statuengruppe des Herkules und Cacus neben dem weißen, idealen David Michelangelos auf der Piazza della Signoria nannte er einen Sack voller Kürbisse, «übel gebildet und geflickt: deswegen schreit die treffliche Schule noch über das große Unrecht, das man jenem Marmor angetan.» Ein solches widerfuhr übrigens nach Auffassung Cellinis sowie der Florentiner Volksstimme auch dem Marmor, aus dem der Neptun des Piazza-Brunnens vor dem Palazzo Vecchio gehauen wurde. Den Auftrag für die Arbeit bekam wegen Intrigen der Geliebten von Cosimo nicht der launische und eigensinnige, als Haudegen verschriene Cellini (dem häufig die Geliebten seiner fürstlichen Gönner nicht gewogen waren), sondern sein Konkurrent Bartolomeo Ammanati. Dieser hat scheinbar das Attribut «gigantisch» mit «schwerfällig» verwechselt. «Den marmornen Neptun dagegen hat Ammanati verschuldet», schrieb Peterich 1959, «und mit Recht sagt noch heute das florentinische Volk: Ammanato, Ammanato, che bel marmo hai sciupato! – was für einen schönen Marmor hast du verdorben!»

Die Florentiner dürften heute wohl weniger kritisch, weil weniger sachverständig sein. Daß der Neptunsbrunnen neuerdings Zentrum von Vandalenanschlägen ist, dürfte also kaum auf ästhetisches Unbehagen zurückzuführen sein. Im Oktober 1989 schlugen Strolche zum zweitenmal die ausgestreckten Vorderbeine der Pferde im Brunnen ab. Es folgte ein Aufschrei der Empörung, und seitdem patrouillieren nachts bewaffnete Wächter um die wichtigsten Monumente von Florenz.

Das Stendhal-Syndrom

Die Kolosse auf der Piazza Signoria dürften wohl nur von wenigen der hastig durchziehenden Touristen als Kürbis-Sack oder verschandelter Marmor gesehen werden. Kunstwerke sind heilig geworden, jedenfalls für den rasenden Bildungssammler. Und doch gibt es immer noch Reisende, die zur Schönheit der Kunstwerke direkten Zugang haben, sich in eigenartigen Zauber versetzen lassen können – mitunter sogar auf ungesunde Weise.

Im Sommer 1987 versorgte die Florentiner Psychiatrieprofessorin Graziella Magherini Italiens Presse mit einem schlagzeilenträchtigen Phänomen. Sie hatte von 1978 bis 1986 über hundert Fälle von Touristen analysiert, die angesichts der Übermächtigkeit des Florentiner Kunstangebots schier ausflippten und zur Beruhigung in die psychiatrische Abteilung des Krankenhauses Santa Maria Nuova eingeliefert wurden. Mit griffiger Formel nannte Frau Magherini das Ganze «Stendhal-Syndrom», nach einem ekstatischen Erlebnis des französischen Romanciers Stendhal in Florenz.

Schock beim Kunstgenuß

Am 22. Januar 1817 war Stendhal in der Franziskanerkirche Santa Croce in Florenz beim Anblick der Grabmäler der größten italienischen Künstler – «in die Betrachtung edelster Schönheit versunken» – in lustvolle Not geraten. «Meine Erregung war an dem Punkt angelangt, wo sich die himmlischen Gefühle, die uns die Kunst einflößt, mit den menschlichen Leidenschaften vereinen. Als ich Santa Croce verließ, hatte ich starkes Herzklopfen; in Berlin nennt man das einen Nervenanfall; ich war bis zum Äußersten erschöpft und fürchtete umzufallen.»

Die in Santa Maria Nuova eingelieferten heutigen Touristen leiden ebenfalls unter Schwindelgefühl, aber auch Paranoia, Depression, Ideenflucht und Ichverlust. Die meisten können nach Behandlung mit Beruhigungsmitteln bald wieder

in die Welt entlassen werden, oft von dem innigen Wunsch begleitet, sofort nach Hause abzureisen. Die Touristen in Santa Croce werden heute durchgeschleust wie stumpfes Vieh, meistens mehr genervt als interessiert. Vom Phänomen der berauschenden Schönheit keine Spur. Aber Frau Magherini in ihrer kleinen Praxis hinter dem Souvenir-Markt San Lorenzo weist darauf hin, daß vor allem alleinreisende, unverheiratete Touristen befallen werden, die nicht im Konvoi durch die Stadt schieben. Ausflipp-Objekte sind die beiden mythischen David-Figuren: der von Michelangelo auf der Piazza della Signoria, eine schon 1873 aufgestellte Kopie, oder das Original von 1504 in der Galleria dell' Accademia, und der knakkig-kecke Bronze-David Donatellos im alten Sitz des «capitano del popolo», im Bargello-Museum. In den

159

Uffizien lassen vor allem die drastischen Malereien von Caravaggio sowie Tizians sanfte Venus von Urbino sensible Gemüter umkippen.

Ohnmachtsanfälle beobachten die Wächter in den Uffizien öfters – Hitze, Gewühl und Schlangestehen sind meistens verantwortlich. Nur wenige sind tatsächlich von akutem Entfremdungsschub gepackt, so daß sie, wie manche von Frau Magherinis Patienten, wirr durch die Stadt streunen, nicht wissend, wo sie sind und wie sie heißen. Das Stendhal-Syndrom wird begünstigt vom Massentourismus, der die Kunstwerke bewußtlos verschlingt. Von «La Nazione» befragte Besucher der Uffizien wußten in vielen Fällen nicht mehr, ob die Venus von Botticelli rote, blonde oder schwarze Haare hat. Manche wollten gar Leonardos Mona Lisa, die doch im Louvre beheimatet ist, in den Uffizien gesehen haben.

Das Ausrasten an der unbegreiflichen Kunstwelt in Florenz ist also eine kulturelle und touristische Verstopfung, bei der das ästhetische Erlebnis den Auslöser spielt. Die Betroffenen sind meist unverheiratet, zwischen zwanzig und vierzig Jahre alt und kommen aus europäischen Ländern (Italiener sind «immun»). Anfällig sind nicht die reinen Lusturlauber, die wie die Kinder lachend und unberührt durch die Renaissance-Stadt ziehen, auch nicht die Intellektuellen und Gebildeten, die auf das Kunsterlebnis vorbereitet sind, sondern eine Mittelgruppe. Frau Magherini fand vor allem labile, «empfindsame Personen, die kein großes kulturelles Instrumentarium haben, aber für die Beziehung mit der Schönheit empfänglich sind und so in einen ästhetisch-psychischen Konflikt geraten».

Mythos Florenz

Unser Großdichter Goethe hatte da weniger Probleme. «Die Stadt hatte ich eiligst durchlaufen», notierte er auf seiner Italienischen Reise am 25. Oktober 1786. Goethe war auf Antike, auf Klassik getrimmt, Rom war sein atemlos angesteuertes Ziel. Für das Florenz der Renaissance, geschweige denn des Mittelalters, hatte er weder Zeit noch Muße: «Hier tut sich wieder eine ganz neue, mir unbekannte Welt auf, an der ich nicht verweilen will.» Später, als Goethe die Autobiographie von Benvenuto Cellini übersetzte, bereute er, in Florenz nicht die Statue des Perseus gesehen zu haben. Dreißig Jahre nach Goethe kam Stendhal in die Stadt, der erste Tourist, der in Florenz «nichts anderes als ein Museum» sieht. Für die Medici findet er keine guten Worte. Die Renaissance ist kein Thema: «Florenz liegt in einem engen Tal inmitten kahler Berge, und es genießt eigentlich einen sehr angemaßten Ruf.»

Die Faszination für die Zeit des Aufbruchs in die Neuzeit, für die «Renaissance-Perle Florenz», kommt erst Mitte letzten Jahrhunderts so recht in Gang. Jakob Burckhardt, der Schweizer Renaissance-Kenner, schafft mit seinem 1855 erschienenen Italien-Führer «Cicerone» und seiner «Kultur der Renaissance» (1860) erst die Voraussetzungen für die Begeisterung über die Zeit der «Wiedererweckung» und die Kulturschätze von Florenz. «Hier beginnt das Land der Träume, hier spielen die Novellen des Boccaccio. Und diesen romantischen Duft hat die Arnostadt keineswegs eingebüßt, noch behält sie ihre dem Ideal einer Stadt sich nähernde Schönheit, und wird sie, so Gott will, noch lange behalten zum Entzücken des nordischen Wanderers und zum tiefinnigen Behagen ihrer Bewohner.» Später soll Burckhardt seine stellenweise romantische Idealisierung der Renaissance bereut haben, als er merkte, daß die Renaissance-Liebe zur Modeerscheinung wurde.

Als erstes ließen sich die Engländer in der Arno-Stadt nieder. 1845 schon schwelgte Charles Dickens im Kontrast zu seinen Beschreibungen der Londoner Elendsviertel beim Anblick von Florenz: «Da liegt es vor uns in dem sonnendurchfluteten Tal, durchflossen von dem sich dahinwindenden leuchtenden Band des Arno und eingeschlossen von schwellenden Hügeln. Seine Kuppeln, Türme und Paläste erheben sich aus der üppigen Landschaft als eine riesige schimmernde Masse und glänzen in der Sonne wie Gold.»

1908 schrieb E. M. Forster sein von James Ivory verfilmtes Florenz-Buch «Zimmer mit Ausblick», ein Loblied auf die Lebensfreude im Kulturparadies Florenz. Die Rom-Verehrung hatte sich geradezu umgekehrt. Der in die Etrusker-Kultur vernarrte D. H. Lawrence bemerkte im November 1919: «Florenz war so hübsch; seine echte Kultur ruft in der Stadt noch immer eine gewisse Vollkommenheit hervor; Rom dagegen ist geschmacklos und so überfüllt, ich hasse es.»

Mit gewohnter Ironie allerdings konterte schon der «arglose» Amerikaner Mark Twain, daß an der Mythologisierung von Florenz auch die Florentiner ihren Anteil haben müßten: «Es ist allgemein beliebt, den Arno zu bewundern ... Es wäre ein recht überzeugender Fluß, wenn man etwas Wasser hineinpumpen würde. Alle bezeichnen ihn als Fluß, und sie glauben ehrlich, daß er ein Fluß ist, diese finsteren und blutigen Florentiner. Sie helfen dieser Täuschung sogar noch nach, indem sie Brücken darüber bauen.» Twain wird im Sommer in Florenz gewesen sein – im Frühjahr ist der Fluß oft reißend, die Hochwasser sind gefürchtet. 1333 riß eine Flutwelle die drei steinernen Brücken von Florenz mit sich, darunter den 1345 wieder aufgebauten Ponte Vecchio. Die große Flutkatastrophe von 1966 ist noch heute ein Tiefpunkt in der Florentiner Nachkriegsgeschichte: Das bis zu sechs Meter hoch stehende Wasser zerstörte Tausende unersetzlicher Kunstwerke, Handschriften und Museumsstücke. Noch heute liegen die Keller des Nationalarchivs voll mit wertvollen, verschimmelnden Dokumenten.

Der Franzose Théophile Gautier bemerkte, daß Florenz in der Mitte des 19. Jahrhunderts zum mondänen Treffpunkt Europas geworden war. Das sich konsolidierende Bürgertum fand im Florenz des Frühkapitalismus geeignete Identifikationsbilder. Gautier sah in der Arno-Stadt Ausländer «von allen Punkten des Horizonts anlangen», darunter natürlich auch «die Deutschen auf der Suche nach Kunst-Ursprünglichkeit». Deutsche Dichter und Denker kamen in Scharen: Fontane («... würd ich sagen, es wird überschätzt. Es ist voll Engländer und Bilder, und mit den Bildern wird man nicht fertig»), Hofmannsthal, Nietzsche. Ausgesprochener Florenz-Kenner war Heinrich Heine, der gleich viermal verweilte. Vom modernen Banausentum hielt Heine wenig. 1911 ärgerte er sich über seine unbeschwert von Bildungsballast reisenden Landsleute: «Der Sonnenuntergang war prachtvoll, besonders nachher das Leuchten der Berglinie. Natürlich war eine deutsche Gesellschaft da, sehr ‹feine› Leute, die alle Kirchen von Florenz miteinander verwechselten ... und Witze über den Sonnenuntergang machten. Wozu kommen diese Schweine nach Florenz?»

Schöner, hohler Stadtkörper

Nach den Medici regierten die Habsburg-Lothringer, «I Lorena», vom Palazzo Vecchio aus das Großherzogtum Toskana. Während der Hauptstadtzeit saß das junge italienische Parlament im großartigen Sala dei Cinquecento. Heute huscht hier manches Mitglied des Stadtparlaments durch, das von den winkligen Parteizimmern an der Rückseite des Palazzo zum repräsentativen Vorderbau will. Dieser nicht ganz offizielle Weg, vorbei an verblüfften Touristen, die sich wundern, wer da plötzlich aus den verzierten Türen des Heiligtums kommt und über die Absperrkordeln steigt, kürzt einige Treppengänge und Irrwanderungen ab. Das Stadtparlament tagt im kleineren, ebenfalls eindrucksvollen Sala dei Duecento, der direkt zur Piazza della Signoria weist.

Am 22. April 1988 fand hier eine denkwürdige Show statt. Der Fiat-Konzern war angetreten, der Weltpresse per Videofilm zu zeigen, daß man in Florenz, dem einbalsamierten, doch noch großartig bauen kann. Illustre Architekten aus aller Welt waren angeheuert worden, ein 32 Hektar großes, altes Fiat-Gelände im Stadtteil Novoli, dort wo die Autos von der Nordautobahn in die Stadt preschen, in eine futuristische Satellitenstadt zu verwandeln: mit

Wasserspielen, geschwungenen Stadtachsen, Hotels, Büros und dem neuen Justizpalast. Seit 1984 existierte der Plan, die über verschiedene Palazzi im Stadtkern verteilten Justizeinrichtungen in einem Gebäude außerhalb des Centro storico unterzubringen. Das Grundstück für das Gebäude auf Fiat-Gelände wollte der Auto-Multi der Gemeinde Florenz im Sponsoren-Gestus überlassen. Kooperation zwischen Privatkapital und öffentlicher Hand ist das große Schlagwort. Florenz wird von einer Fünf-Parteienkoalition regiert, mit der KP als stärkster Gruppierung. Privatkapital soll den chronisch knappen Stadtsäckel beflügeln, dafür hat Fiat laut Plan freie Hand für die Ausführung des Satellitenprojektes.

Aber schon bei der Vorstellung im Sala dei Duecento kommt es zum Eklat: Ein renommierter englischer Architekt steigt vorzeitig aus, weil er weitere Zerstörung für Florenz befürchtet: «Warum haben wir das Gespür für die Symphonie der Gassen, Straßen, Plätze und versteckten Hinterhöfe von Florenz verloren? Wo kann die ‹passeggiata› in dieser neuen Wildnis stattfinden?» Der amerikanische Architekt Lawrence Halprin dagegen, Galionsfigur des Projektes, entgegnet, in seinem achtzehn Hektar großen geplanten Park «werden die Menschen Tag und Nacht spazierengehen». Der Florentiner Architekt Francesco Ventura von der Kulturschutzvereinigung Italia Nostra hält dagegen, daß Florenz schon heute drohe, zu einem schönen, hohlen Stadtkörper zu werden, aus dessen Kern die gewachsene Bevölkerung von Kommerz, Tourismus-Exzeß, Spekulation und hohen Mieten abgedrängt werde. Das Novoli-Projekt werde die Tendenz zur Peripherisierung noch fördern. Und der Anmaßung des «Cowboy» Halprin setzt er mit typischem Florentiner Überlegenheitskomplex entgegen: «Wir haben eine jahrhundertealte gewachsene Struktur, wir haben die Domkuppel von Brunelleschi. Für einen Halprin ist hier kein Platz.» In der Stadt entbrennt die Diskussion um Novoli und ein weiteres Projekt der zur Fiat-Holding gehörenden Florentiner Großversicherung La Fondiaria, in einem bisher als Park ausgewiesenen Brachland am Stadtrand eine Groß-Siedlung zu bauen.

Die Modernisierung für Florenz wird von vielen ersehnt: Seit Mussolinis Bahnhof, so ein Kulturhistoriker, sei hier nichts Großes mehr gebaut worden. Kein Wunder, daß Florenz den Anschluß an die Entwicklung verpasse, wenn es sich so einbalsamiere, klagt eine Modejournalistin. Logisch auch, daß Florenz so provinziell sei – seit zwanzig Jahren rangelt man hier um den Ausbau des Flughafens. «In den sechziger Jahren hat Florenz die italienische Mode lanciert, jetzt ist die Vorreiter-Rolle längst an Mailand gegangen, nur ein paar Avantgardisten wurschteln noch hier. Auch die Messen wie Pitti Uomo und Pitti Trend haben daran nichts geändert. Auch kulturell tut die Stadt zu wenig. Die letzten Austellungen waren 1985, die große Etrusker-Show. Jetzt hat Venedig Florenz als Ausstellungsstadt überholt. Sollen sie doch bauen, im häßlichen Novoli kann man sowieso nichts kaputtmachen. Hauptsache, es tut sich was in der Stadt. Sonst schlafen sie hier weiter den Dornröschen-Schlaf.»

Im Stadtteil Novoli sitzen derweil die Mitglieder des Comitato di Novoli niedergeschlagen in ihrem winzigen Initiativen-Büro. Sie kämpfen nicht wegen großer Themen (Museum kontra Entwicklung), sondern weil sie ahnen, daß sie durch Spekulation um Mieten und Bodenpreise im Umfeld der Fiat-Stadt verdrängt würden.

«Natürlich ist dieses Viertel häßlich, eine Schande für Florenz», sagt der Vorsitzende, Cavaliere Fontini, ein wortreicher Mann. «Aber statt hier das achte Weltwunder zu bauen, um das herum das Getto weiterbesteht, sollten sie zuerst mal das Getto verbessern und dann Wunder tun!» Der Cavaliere hofft allerdings, daß die von der Stadtteilinitiative ausgearbeiteten Verbesserungsvorschläge Gehör finden: «Die Politiker im Palazzo (gemeint ist das Stadtparlament im Palazzo Vecchio) werden sich hüten, Novoli zu verlieren – schon 3000 Stimmen reichen aus, um einen Abgeordneten aus seinem Stuhl zu kippen.»

Im Juli 1989 zerbricht über dem Streit um Fiat-Fondiaria die Fünf-Parteien-Koalition im Palazzo Vecchio. KP-Chef Achille Occhetto in Rom hat – auf grünes Image der PCI bedacht – einen Schwenk der Kommunisten in Florenz angeordert. Das ist zumindest das vorläufige Aus für Fiat-Fondiaria.

Firenze duemila: ratlos

Der Streit zwischen den erneuerungswütigen «modernisti» und den nostalgischen «passatisti» ist damit längst nicht beigelegt. Florenz als Stadt auf dem Weg ins zweite Jahrtausend braucht Entwicklung, rufen die Erneuerer. Im Dreieck Florenz–Prato–Pistoia sind nur wenige Florentiner Industriebetriebe angesiedelt: Metallverarbeitung der Officine Mecchaniche Galileo und die

Florenz für alle

staatliche Nuovo Pignone (Gasturbinen), der größte einzelne Arbeitgeber ist die Glas- und Chemiefabrik Saint Gobain. Die Regionalhauptstadt entwickelt sich immer stärker zur Dienstleistungszentrale (Banken, Versicherungen, Messen) und zum Umschlagplatz: 1987 arbeiteten 23 Prozent der Florentiner im Handelssektor, die Tendenz ist steigend. Die Befürchtung ist berechtigt, daß auch in diesem Bereich bei mangelnder Modernisierung der Infrastrukturen der Zug verpaßt wird, der dann woandershin rauscht, wie in Arezzo mit dem Goldschmiedehandwerk und in Mailand nach 1975 mit der Mode geschehen.

Symptomatisch für den Florentiner Snobismus – die gerühmte «fiorentinità» – und dessen Kehrseite, die verschlafene, lamentierfreudige Provinzialität, sind die bis heute nicht behobenen Flutschäden der großen «alluvione» von 1966. Nicht nur viele Kunstschätze wurden beschädigt und sind noch heute in jämmerlichem Zustand, wie beispielsweise das archäologische Museum, auch 6000 traditionelle Florentiner Handwerksbetriebe wurden durch die Fluten des Arno ruiniert. In der Innenstadt sind nur noch die Viertel San Frediano und Santo Spirito jenseits des Arno und das Viertel Santa Croce östlich des Doms einigermaßen intakte Handwerkerviertel geblieben. In vielen kleinen Buden werkeln jetzt vor allem Möbelrestaurateure, die den Antiquitätenhandel beliefern. Aber das soziale Gefüge, das der Schriftsteller Vasco Pratolini in den «goldenen dreißiger Jahren» in seinen sozialkritischen Romanen wie «Metello», «Il Quartiere» oder «Le ragazze di San Frediano» beschrieb,

ist großenteils unter der Spekulation zerbrochen.

«In Florenz stehen 6000 bis 8000 Wohnungen leer, während 6000 Familien von Räumungsklagen bedroht sind», erklärt Vincenzo Simoni von der Mietervereinigung Unione degli Inquilini im Viertel Santa Croce. Bei zahlreichen Häuserbesetzungen zwischen 1975 und 1983 entdeckte er, daß rund 500 Familien seit dem Mittelalter bis heute den Grundbesitz in Florenz in der Hand haben, darunter Barone und Grafen. «Seit Anfang der achtziger Jahre hat es einen Anstieg des Tourismus und der internationalen Konferenzen gegeben, allein siebzehn Filialen amerikanischer und europäischer Universitäten gibt es in Florenz. Der Run auf Büroraum im Zentrum ist enorm. Bis Mitte der neunziger Jahre werden durch Räumungen und Aufkauf von Wohnraum durch Großgesellschaften etwa 50000 Menschen umgesetzt worden sein, und Florenz hat nur 420000 Einwohner!»

Zwischen Passatisti und Modernisti klafft also mehr als eine rein ästhetische Kluft. Angesichts der Entscheidung, wie das «Firenze duemila» aussehen soll, ist die Stadtseele zerrissen, und die Politiker sind handlungsunfähig. Die Eingriffe von Fiat und La Fondiaria, den Medici von heute, rufen bei vielen nicht nur Ablehnung, sondern auch kontrastierende Erinnerungen wach. Der Gewerkschafter Norberto Malcontenti deutet auf die kasernenartigen Wohnviertel, die Mussolini hochziehen ließ, und denkt mit Wehmut an die Stadttyrannen der Renaissance: «Sicher waren die Medici verdammte Hurensöhne, aber wenigstens haben sie in Florenz große Kunst geschaffen!»

LO AVRAI
CAMERATA KESSELRING
IL MONUMENTO CHE PRETENDI DA NOI ITALIANI
MA CON CHE PIETRA SI COSTRUIRA'
A DECIDERLO TOCCA A NOI
NON COI SASSI AFFUMICATI
DEI BORGHI INERMI STRAZIATI DAL TUO STERMINIO
NON COLLA TERRA DEI CIMITERI
DOVE I NOSTRI COMPAGNI GIOVINETTI
RIPOSANO IN SERENITA'
NON COLLA NEVE INVIOLATA DELLE MONTAGNE
CHE PER DUE INVERNI TI SFIDARONO
NON COLLA PRIMAVERA DI QUESTE VALLI
CHE TI VIDE FUGGIRE
MA SOLTANTO COL SILENZIO DEI TORTURATI
PIU' DURO D' OGNI MACIGNO
SOLTANTO CON LA ROCCIA DI QUESTO PATTO
GIURATO FRA UOMINI LIBERI
CHE VOLONTARI SI ADUNARONO
PER DIGNITA' NON PER ODIO
DECISI A RISCATTARE
LA VERGOGNA E IL TERRORE DEL MONDO

SU QUESTE STRADE SE VORRAI TORNARE
AI NOSTRI POSTI CI TROVERAI
MORTI E VIVI CON LO STESSO IMPEGNO
POPOLO SERRATO INTORNO AL MONUMENTO
CHE SI CHIAMA
ORA E SEMPRE
RESISTENZA

GIORNATE DELLA RESISTENZA
25 MARZO 1954

IM APENNINBOGEN

Vom Futa-Paß aus, wenige Kilometer östlich der Autostrada del Sole, kreist man auf leeren Serpentinen dem Mugello entgegen, der grünen Lunge nördlich von Florenz. Oben auf der Höhe, mit weitem Blick über das Bergland der Toskana und der Emilia Romagna, schneidet ein Betonflügel in den Himmel. Er markiert den Standort des Cimitero Tedesco, des größten deutschen Soldatenfriedhofs in Italien. Ein schauriges Denkmal – «gut gepflegt» kommentieren die Besucher sprachlos angesichts der 30683 Gefallenen der Gotenlinie, die hier ihren Zentralpunkt hatte. Zu fünft liegen die oft namenlosen Soldaten unter Steinplatten, gefallen sind sie in den Jahren 1944/45, als entlang der 1944 aufgebauten «Grünen Linie» die Deutschen einen aussichtslosen Rückzugskampf führten, begleitet von Massakern unter der Bevölkerung, an die im nahen Barberino di Mugello mit einer schlichten Inschrift erinnert wird. «Du sollst dein Denkmal haben, Kamerad Kesselring», steht da in Erinnerung an Albert Kesselring, den Oberbefehlshaber der deutschen Truppen, «aber aus den verrußten Steinen der wehrlosen Dörfer, die deine Vernichtung zerriß, nicht aus der Erde der Friedhöfe, nicht aus dem unbefleckten Schnee der Berge, die dich zwei Jahre herausforderten, nicht mit dem Frühling dieser Täler, der dich fliehen sah, sondern mit dem felsenfesten Schwur zwischen freien Menschen, die aus Würde und nicht aus Haß die Schande und den Terror der Welt vertrieben.» Die Rathäuser der Kommunen hier oben

167

im Mugello-Tal tragen alle diese Aufschrift der Resistenza mit ihrem einfachen, direkten Pathos. Oben auf dem Friedhof, der seit 1969 alle deutschen Toten der weiteren Umgebung zusammengefaßt hat, ziehen derweil Bundeswehrsoldaten die deutsche und die italienische Flagge hoch.

Häufig sieht man an den von Wald und Bergwiesen gesäumten Straßenrändern im Mugello Wegzeichen mit der Aufschrift SO.F.T.-Trekking – hier in den Partisanenhügeln schleichen heute Wanderer herum, in einem der am besten ausgeschilderten, mit Ringwanderstrecken und Übernachtungshütten versorgten Wandergebiet der Toskana. Das Mugello ist ein Talbekken entlang des Sieve-Flusses, der aus dem Apennin kommend einen Bogen ostwärts schlägt, um sich dann bei Pontassieve mit dem von Süden kommenden Arno zu vereinigen. Dieses Wald- und Landwirtschaftsgebiet, Teil der Provinz Florenz, war immer direktes Einflußgebiet und Hinterland der Arno-Stadt. Das Städtchen Scarperia mit seiner bekannten Messer-Produktion und Firenzuola an der Grenze zur Emilia Romagna wurden im 14. Jahrhundert von der Republik Florenz gebaut, um die hier herrschenden Grafen von Ubaldini in Schach zu halten. Schon seit dieser Zeit galt das Mugello als der schönste Teil des Florentiner Gebiets. Die Florentiner Familie Medici stammte ursprünglich aus dem Mugello. Der Legende nach sind ihre sechs roten «palle» im Wappen Erinnerung an die Löcher, die ein im Mugello hausender Riese in den Schild des fränkischen Ritters Averardo schlug, der darauf von Kaiser Karl dieses Wappen erhielt.

Viele reiche Bürger aus Florenz setzten ihre Villen in das «Arkadien der Florentiner». Cosimo der Ältere ließ die Medici-Schlösser Cafaggiolo (1451) und Trebbio (1461) bauen, zinnengekrönte Landsitze. Von Barberino kommend fährt man an Cafaggiolo vorbei – eine verfallene Schönheit des Baumeisters Michelozzo, der schon den Stadtpalast der Medici in Florenz, den Palazzo Medici-Riccardi, gebaut hatte. Hinter Cafaggiolo streckt sich ein weiter Park ins Hügelland. Früher verband hier ein durchgehender Wald die Villa im Flachland mit dem Schloß Trebbio einige Kilometer weiter auf einem Hügel. Beide Güter sind heute in Privatbesitz: Die Azienda Faunistica Venatoria Trebbio in der Hand von Römern – ein mit Patronengurt und Schrotflinte bewaffneter Wildhüter schwört, daß jeder Wilderer die Konsequenzen zu tragen habe, wenn er ins private Jagdgebiet eindringe. Cafaggiolo, im Besitz einer argentinischen Familie, eigentlich eine schöne, völlig leergeräumte Hülle (die Einrichtung ging in die Museen von Florenz), soll ab 1990 fürs Publikum geöffnet werden.

Giotto und die Schülerschule

Das Mugello (vom ligurischen Volksstamm Mucelli) ist ein fruchtbares, windgeschütztes Becken mit mildem Klima. Besonders im Winter legt sich oft dicker Nebel über das Tal. Wenn man dann an einem der Berghänge hinauffährt, kann man sich vorstellen, wie das Mugello vor Urzeiten aussah, als es noch von einem See bedeckt war. Wein und Oliven finden hier nicht das richtige Terrain; Mais, Weizen, auch Tabak und Sonnenblumen

Ponte di Cimabue

werden angebaut. Um den Hauptort Borgo San Lorenzo haben sich kleinere Industrien angesammelt; der größte Arbeitgeber ist die Firma Rifle, die Boutiquen in aller Welt mit Hemden und Hosen versorgt.

Von Cafaggiolo nach Borgo San Lorenzo kommt man durch eine staubige Mondlandschaft. Hier wird nach langem Widerstand seit 1984 ein Staubecken gebaut, das den Sieve dämmen und ein Reservoir für Florenz abgeben soll: 500 Hektar Wasserfläche. Mit dem Bilancino-Stausee könnte das Mugello endgültig zum Motorboot-genervten Freizeitparadies der Florentiner werden. Noch ist das Tal mit seinen bewaldeten Hügeln und Apenninhängen relativ isoliert und hat sich seine eigene Identität bewahrt. Viele Leute pendeln täglich nach Florenz, aber das ist auf der gewundenen Straße ein mühsames Geschäft.

Bis zu ihrer Zerstörung im Zweiten Weltkrieg verband die Eisenbahnstrecke Florenz–Faenza das Mugello in vierzig Minuten mit der Arno-Stadt. Die Jugendlichen am Samstag um sieben beim «struscio», dem Passeggiata-Gescheuere auf dem kleinen dreieckigen Platz am Uhrenturm von Borgo San Lorenzo, wären natürlich froh, wenn die «Faentina», wie geplant, wiederhergestellt würde: in 25 Minuten zur Disco nach Florenz! Andere, ältere, befürchten Vermassung: «Dann kommen die ganzen Arbeiter aus Florenz und kaufen sich hier Wohnungen, dann ist es aus mit der Tradition!»

Und auf die wird viel gegeben, wenn auch nicht immer mit ganz lauteren Mitteln. Fährt man von Borgo ins östliche Tal nach Vicchio, passiert man das Schild «Ponte di Cimabue». Ein kleiner Zufluß des Sieve, von einer zugewachsenen

Giotto in Vicchio

Brücke überspannt – hier könnte noch reinstes Mittelalter herrschen. «In su passando Cimabue pictore vide il fanciullo sedente in terra et disegnava su una lastra una pecora» schrieb Lorenzo Ghiberti, der Künstler der Baptisteriumstüren in Florenz, über eine denkwürdige Begegnung, die hier stattgefunden haben soll. Einst saß hier ein zehnjähriger Knabe namens Giotto, Sohn eines Landmannes aus dem nahen Vespignano, und zeichnete zum Zeitvertreib ein Schaf, als der Meister Cimabue vorüberkam und das Genie Giottos gleich erkannte. Er nahm ihn mit nach Florenz, und dort wurde Giotto größer als sein Mentor. Dieses Treffen um das Jahr 1280 wird gern als der Schlüsselpunkt zur Renaissance bezeichnet – die Begegnung der ersten großen Gestalten, die sich vom reinen Mittelalter ablösen. In Vespignano

bei Vicchio steht das Geburtshaus von Giotto, ein einfaches Bauernhaus mit Reproduktionen einiger seiner Werke, aber das Brückentreffen wie die Festlegung der Geburtsstätte gehören zu jener Art von legendenhafter Historienschreibung, wie sie um die Großen der Toskana seit langem lebhaft betrieben wird. Selbst der alte Bauer auf der Brücke sagt: «Eine zu schöne Geschichte!»

Das nahe Vicchio ist ebenfalls Heimat des spätgotischen Künstlers Beato Angelico, auf dessen Gemälden Engel auf Zypressenspitzen mit goldenen Trompeten die Botschaft von der Schönheit der Mugello-Landschaft verkünden. Vicchio ist Ausgangspunkt einer Exkursion zur Wirkungsstätte eines Heiligtums linker Pädagogik: die «Schülerschule» von Barbiana. Bei Cistio auf der gegenüberliegenden Seite des Sieve-

Verlassene Schülerschule La Barbiana

Tals geht der SO.F.T.-Pfad Nummer fünf ab: eine gewundene steile Strecke, die als Schotterstraße in die Berge führt. Vor einer kleinen Zypressenallee werden auch Autofahrer aufgefordert, zu Fuß weiterzugehen. Bald ist das Pfarrhaus in Sicht, wo Don Lorenzo Milani, linker Katholik und revolutionärer Pfarrer, von 1954 bis 1967 als Dorfprior der Berggemeinde Barbiana eine Schule aufzog, die immer noch Wallfahrtsstätte ist. Im kleinen Schulraum neben der Pfarrkirche stehen noch die beiden langen Holztische, an denen die dreißig Schüler saßen, die an den Staatsschulen unten in Vicchio durchgefallen waren, dazu ein improvisierter Lautsprecher, eine Toilette in der Ecke, die Wände voller Bücher, gebunden in Packpapier und von Don Milani und seinen Schülern beschriftet.

Don Milani, Teil einer radikalen linken Priesterbewegung der fünfziger und sechziger Jahre, hatte in San Donato Calenzano bei Prato schon aufrührerische Kirchenkritik geübt und seinen Schäflein, den großenteils kommunistischen Arbeitern, lieber Bücher und Bildung geben wollen als Fußball und Billardtische, wie sonst in den Gemeinden üblich. Wegen seines konsequenten Engagements für die Armen und ihren «Hunger nach Gerechtigkeit» wurde der radikale Priester ins Bergdorf Barbiana strafversetzt, ein bereits von der Flucht der Bauern aus den Bergen ins industrielle Tal gezeichnetes Fleckchen mit wunderbarem Ausblick und viel Armut. Die Schüler organisierten mit Don Milani die Schule selbst, sie schufen sich sogar ihre eigenen Unterrichtsmaterialien. Der Kampf des Pfarrers gegen

171

den Klassencharakter der staatlichen Bildungsstätten gipfelte im mittlerweile zum rhetorischen Gedenkstein der Linken gewordenen «Lettera a una professoressa» (auf deutsch als «Schülerschule» bei Wagenbach): «Eine Schule, die Auslese betreibt, zerstört die Bildung. Den Armen nimmt sie die Möglichkeit, sich auszudrücken. Den Reichen nimmt sie die Kenntnis der Tatsachen. Daß ihr gebildet seid, redet ihr euch selbst ein. Ihr habt alle dieselben Bücher gelesen. Es gibt niemanden, der euch etwas anderes fragen würde.»

Kurz nach Veröffentlichung des Buches starb Don Milani, der «ein intelligentes Rädchen in der Maschine Gottes» sein wollte. Er liegt unterhalb des Dorfes auf einem wunderbar ruhigen kleinen Friedhof begraben. Ein Schild bittet, bei der Grabpflege zu helfen, engagierte Pädagogen tragen sich ein: «Fanden den Weg hierher, werden die Gedanken Don Lorenzos mit uns weitertragen.» Nach dem Tod des Priesters blieb die Pfarrei unbesetzt. Die verstreuten Häuser des Dorfes sind heute Zweitwohnungen, «ville», wie die alte Frau sagt, die Don Milani damals bekochte. Auch sie kommt mit ihrem Sohn und dessen Tochter nur noch wochenends von Calenzano hier hochgefahren – das Mädchen mag Barbiana vor allem, weil sie ins Schwimmbecken darf, das Don Milani mit seinen Schülern gebaut hat.

Casentino – vergessenes Bergtal

Durch einen Bergrücken vom Sieve-Tal getrennt, breitet sich das obere Arno-Tal aus, Casentino genannt. Wie ein Amphitheater reihen sich die Berge um das weite

Becken, das im Mittelalter eine der wichtigsten Durchgangsstrecken von Norditalien nach Rom war. Mönche bauten kleine Raststätten, Hospize, und große Klöster entlang der Via Romea Peregrinorum. Feudale Fürsten setzten Festungen an die Paßübergänge, und zur Sicherung ihrer Macht gegen die aufstrebenden Städte bauten sie Wehrburgen an den Rand der fruchtbaren Ebene. Das heute so abgelegene, wirtschaftlich arme Casentino muß im späten Mittelalter reich gewesen sein. Hier herrschten die Grafen der Guidi-Sippe: langobardische Abkömmlinge, die sich lange gegen die Vorherrschaft von Florenz behaupteten. Erst als ihr Gebiet 1440 endgültig an Florenz fiel und die Wirtschaftswege nicht länger über die unwegsamen Pässe des Casentino verliefen, wurde das Tal mit seinen bewaldeten Höhen zum vergessenen, verarmten Hinterland. Bis auf wenige Industrie-Ansammlungen vor allem um den Hauptort Bibbiena und die Produktion des als «Panno di Casentino» bekannten buntfarbigen Stoffes ist, neben den üblichen Handwerksbetrieben, immer noch die Landwirtschaft wichtigste Ernährungsquelle. Wenn man über einen der das Tal umgebenden Bergrücken ins Casentino kommt, etwa aus dem emsigen Arno-Tal, fällt gleich die Weite und Ruhe der Landschaft auf, der wenige Verkehr, die Entrücktheit dieses verschlafenen, mittelalterlich gebliebenen Gebietes, das glücklicherweise noch nicht in die Manie verfallen ist, sämtliche verwinkelte Gassen auf Hochglanz zu polieren.

Zum Beispiel Poppi: Selbst an einem Wochenende im Hochsommer verirren sich wenige Touristen hierher, an den Stammsitz der Gui-

172

Vallombrosa – Abtei im Hochwald

di-Grafen. Vor der Guidi-Burg in Poppi, mit weitem Ausblick übers ganze Casentino, hat man einen Riesenschädel von Dante aufgestellt: Grimmig schaut der Dichter auf dieses Tal, als würde er sich nur ungern daran erinnern lassen, daß er hier einige Zeit in der Verbannung verbracht hat. Er war als Anhänger kaiserlicher Restauration 1301 aus seiner Vaterstadt vertrieben worden und hat einige Zeit bei den Guidi in Romena gelebt, heute eine verfallene Burg. In der «Göttlichen Komödie» hat er seine Gastgeber später als «häßliche Schweine» bezeichnet, wohl weil sie gegen die Macht des Kaisers kämpften, die der Dichter als einigende Kraft gegenüber dem Papsttum bevorzugte.

Ein Stück nordwärts im Tal an einer Straßenbiegung steht eine Gedenksäule, die Colonna di Dante: 1989 wurde hier großartig die Sie-

benhundertjahrfeier der Schlacht von Campaldino abgehalten (11. Juni 1289), an der Dante teilnahm. Der mit 15 000 Toten erkämpfte Sieg der guelfischen Republik Florenz über das kaisertreue, von Bischofs-Grafen regierte ghibellinische Arezzo bildete den Anfang von Arezzos Abstieg zur Vasallenstadt von Florenz.

Eremiten und Schattenwälder

Was das Casentino jedoch bis heute vor allen anderen Gegenden der Toskana und Umbriens auszeichnet, sind die immensen Hochwälder, die den Nordteil des Tals umschließen. Hier waren Mönche am Werk: Franziskaner und Benediktiner, die säten und hüteten, so daß zusammenhängende Mischwälder entstanden, die zu den schönsten Italiens zählen.

173

Von Florenz kommend, liegt das Kloster von Vallombrosa (gegründet 1055) auf dem Weg, am Bergrücken des Pratomagno, der das Arno-Tal vom Casentino trennt. Hier leben ein gutes Dutzend Benediktiner-Mönche der Vallombrosa-Kongregation. In ihrem Verkaufsshop beim Klostereingang finden «Gin Dry Vallombrosa», Waldhonig und Kräuterelexiere, alles nach alten Rezepten hergestellt, regen Absatz. Das «schattige Tal», in Wirklichkeit ein dunkler, mystischer, ganz von Buchen und Tannenwäldern, von Eichen, Kastanien und Kiefern bedeckter Berg, ist Ausflugsziel für Weekend-Trips. Von Florenz aus kommen die Städter an, die sich auf der großen Wiese vor dem Kloster beim Picknick laben.

1866, als mit der italienischen Einigung die Klosterbesitztümer aufgelöst wurden, fiel der Waldbesitz an den Staat. Die erste italienische Forstschule, 1869 gegründet, konnte an die über Jahrhunderte dauernde Forstarbeit der Mönche anschließen – sie hatten einen Wald sozusagen kreiert, mit Bäumen «ad alto fusto», hochstämmigen Riesen, die in der natürlichen Umgebung nicht vorkommen, aber in der tiefen Erdschicht und dem gemäßigten Bergklima beste Bedingungen fanden. Seit 1963 sind auch die Mönche wieder nach Vallombrosa zurückgekehrt, der Wald wird weiter von staatlichen Förstern gepflegt. Heute ist leider selbst die älteste Ulme (300 Jahre) von der in Europa grassierenden Ulmenkrankheit bedroht, und auch in Vallombrosa bemerken die Forstleute «neue Schadtypen», sprich Effekte des sauren Regens: veränderte Baumkronen, spärlich wachsende Nebenzweige und «verbrannte» Blätter.

Ungeübte Augen werden jedoch hier wie in den anderen Hochwäldern der Nordtoskana wenig davon wahrnehmen. Die alten Eremitenorte, wo seit der Jahrtausendwende Klöster aus dem Boden sprossen, sind Zielorte des auch in Italien zunehmenden «sanften Tourismus», der allerdings mit seinen Mountainbikes und Four-Wheel-Drives auch munter in die letzten Reservate drischt.

Gegenüber von Pratomagno, am östlichen Talrand, bei den Pässen zur Emilia Romagna, liegt die Eremitage Camaldoli, ebenfalls eingebettet in einen schattenspendenden Hochwald. Der zu Poppi gehörende Bergort Badia Prataglia ist Wintersportplatz und Sommerfrische mit 10 000 Betten. Das spürt man in der Riserva Naturale Biogenetica Camaldoli: Pfadfindergruppen hocken im Kreis unter vierzig Meter hohen Edeltannen, Radfahrer laben sich am Brunnen vor den Eremitenzellen, in der Antica Farmacia werden Propolis-Shampoo und die traditionellen Liköre wie «Tannen-Tränen» über die Theke gereicht, mancher zieht sich einen mit Eremiten-Schnaps «korrigierten» Espresso rein.

Schon vor den ersten Klostergründungen waren die Wälder des Casentino Rückzugsgebiet für religiöse Asketen und Wahrheitssucher. 1012 ließ der aus Ravenna stammende Romualdo, Ordensgründer der Camaldolenser, hier die ersten fünf Einsiedler-Zellen zimmern. Die Eremitage von Camaldoli war schon im 11. Jahrhundert als «infermeria», also Pflegestätte für kranke Pilger und Mönche bekannt, später blieb nur die «farmacia». Aus dem Hospiz wurde ein Kloster, einst mit hundert Mönchen. Die Tanne war für die religiösen Waldbewohner ein Symbol der Kontemplation. Die Regel der Camaldolenser lautete: «Piantare molto, tagliare poco – viel pflanzen, wenig schneiden». Der Stolz der zwanzig Mönche und fünfzehn Eremiten ist der zweihundertjährige Edeltannenwald rings um das von einer bis zu vier Meter hohen Mauer eingerahmte Eremiten-Dorf. Den Rekord hält allerdings eine Kastanie: zwölf Meter Umfang, schätzungsweise 600 Jahre.

Das Kloster mit seiner großen Foresteria ist nicht nur gastlicher Ort, sondern schon seit Jahrhunderten Zentrum fortschrittlicher kultureller und spiritueller Forschung – aufklärerische Florentiner Wissenschaftszirkel tagten hier. Heute finden Kongresse und Tagungen statt, die nicht nur religiöser Natur sind. Von einigen der Mönche weiß man um ihre Sympathien mit der PCI. «Der Eremit ist eine Person, die auf die zersplitterte Welt verzichtet, um die Welt ganz und ohne Unterbrechungen zu genießen.» Das Motto bei den mit neun kleinen Räumen ausgestatteten steinernen Eremitenhäusern bedeutet offensichtlich nicht den totalen Rückzug.

Wenige Kilometer von Camaldoli steht hoch über dem Casentino der Felsen von La Verna, wohl die bekannteste Büßerstätte Italiens: Franziskus, der zur Armut konvertierte Sohn reicher Eltern aus Assisi, fand hier seine erhabenste Einsiedelei, die ihm der Graf Orlando Cattani von Chiusi 1213 geschenkt hatte. Eines der größten Heiligtümer der Franz-Verehrung, eine Pilgerstätte mit großem Franziskaner-Kloster. Reisebusse schieben die vier Kilometer Serpentinenstrecke von Chiusi della Verna, der alten Paß-Festung, zum Büßerfelsen entlang. Trotz Rummel bleibt die meditative Adlerhöhe jedoch immer noch ein mystischer Ort auf diesem «rauhen Felsen zwischen Tiber und Arno» (Dante). Wer sich angemessenerweise wie Franz nähern will, sollte besser in La Beccia halten, direkt unter dem Felsen, auf dem das Santuario steht. Vielleicht singt, wie 1214 dem ekstatischen Francesco, eine Schar Vögel beim Aufstieg ein Willkommenslied.

Tiberquelle für Mussolini

Ein Tälchen weiter wird es wieder weltlicher. Von La Verna schraubt sich eine einsame Bergstraße zum Geburtsort Michelangelos, Caprese. Michelangelos Vater war einer jener Podestà, die in kleinen wie großen Kommunen jeweils für (meistens) ein Jahr eingesetzt wurden, von außen kommende «Intellektuelle», die schlichten und regeln sollten. Caprese hat 169 Podestà kommen und gehen sehen, Vater Ludovico Buonarrotti war nur einer von ihnen. Die Republik Florenz schickte ihn zunächst für sechs Monate nach Chiusi della Verna. Das nächste halbe Jahr absolvierte er in Caprese, Luftlinie zehn Kilometer Wildnis weiter südlich und 500 Meter weniger hoch und sturmgepeitscht gelegen. Daß der Marmor- und Malermeister, der am 6. März 1475 im kleinen Podestà-Haus auf dem Hügel beim Dorf zur Welt kam, nur wenige Monate die Bergluft des oberen Tibertals atmete, reichte schon aus, um den Lokalstolz zu nähren. Bis 1875 stritten sich Chiusi und Caprese um die Ehre des Geburtstitels, dann fand man die Geburtsurkunde, von Vater Ludovico persönlich ausgestellt. So darf sich Caprese also den Beinamen Michelangelo geben. In den letzten Jahren ist die alte Burg beim Podestà-Haus zum Zentrum von internationalen Kunststudien geworden. Michelangelo würde allerdings lachen, sähe er einige der Werke, die man ihm da in den luftigen Vorgarten gestellt hat.

Östlich tut sich mit dem Valtiberina, dem oberen Tibertal, wieder ein Becken auf, dessen Geschichte der des Casentino ähnelt: mittelalterliche Durchfahrtstrecke, Mönche und Eremiten, umkämpftes strategisches Gebiet, schließlich Isolation, heute gemildert durch den Ausbau der Schnellstraße Perugia–Cesena. Schon die Zickzacklinien der Grenzen machen klar, daß hier zwischen Papsttum und Kaisertum mit ihren jeweils verbündeten Städten lange um jedes Städtchen gekämpft wurde. Das Siedlungsgebiet der Umbrer zog sich bis in die Bergwelt des oberen Tiberlaufes. Bis 1441 war ein großer Teil des Valtiberina um Sansepolcro, das im Mittelalter zum Besitztum des Camoldolenser-Ordens gehörte, zwischen diversen kaisertreuen Potentaten, dem expansionistischen Perugia und dem Kirchenstaat umstritten. 1440 kam es zum endgültigen Schlagabtausch: Bei der Schlacht auf der Ebene zwischen Anghiari und Sansepolcro schlugen die päpstlichen Truppen, unterstützt von Florenz, das Heer des Mailänder Fürsten Visconti entscheidend – angeblich ohne einen Toten. Daraufhin verkaufte der Papst Sansepolcro für 25 000 Goldflorin an das siegreiche verbündete Florenz, erst seitdem gehört dieses eigentlich umbrische Gebiet zur Toskana. Leonardo da Vinci malte ein großes Gemälde der Entscheidungsschlacht für den Ratssaal im Palazzo Vecchio in Flo-renz, ein legendärer Fresko-Entwurf auf Karton, den der an tausend Projekten gleichzeitig bastelnde Leonardo nicht als Wandbild ausführte und von dem leider nur schlechte Kopien erhalten sind.

Im Norden des Valtiberina mäandert die Grenze um den Apenninkamm herum zwischen Toskana und Emilia Romagna, westlich und im Süden dann zwischen den Marken und Umbrien. Den letzten Streich tat hier Mussolini. Am Hang des Monte Fumaiolo, in 1206 Meter Höhe, entspringen zwei Flußadern, die «Venen des Tiber». Mussolini, als typischer lokalpatriotischer Italiener, verlegte diesen mythischen Quellort des Tiberflusses kurzerhand in die Romagna, indem er seine Heimatprovinz Forlì auf dem Reißbrett um einige Bergkilometer weiter in die Toskana ausdehnte.

Im großen Bogen des Apennin sind in den letzten Jahren die alten Mulattiere, die Maultierpfade zwischen Pässen, Wäldern und Bergdörfern, wiederhergerichtet worden, 320 Kilometer ausgeschilderte Wanderstrecke, auf der man wohl wegen der Abgelegenheit dieses Zwischenlandes auch in Zukunft kaum Überfüllung befürchten muß. Achtung ist allerdings vor wilden Tieren geboten: Wölfe, streunende Hunde und Wildschweine haben allein zwischen 1984 und 1988 in Landwirtschaft und Wäldern für über vierzehn Millionen Mark Schäden angerichtet. Besonders die Wühlarbeit der ständig zunehmenden Wildschweinherden könnte, so befürchtet man in der Behörde der Bergregion, der Comunità Montana, zu weiterer Abwanderung der letzten Bergbauern und damit zur endgültigen Verwüstung führen.

Stellt euch ein großes Amphitheater vor, wie nur die Natur es hervorbringen kann. Eine riesige, weit geöffnete Ebene wird von Bergen eingerahmt, deren Gipfel von uralten Hochwäldern gekrönt sind; alle Arten von Wild gibt es dort in Fülle. Buschwald wächst auf den Abhängen. Die fruchtbaren Hügel, die sich anschließen, tragen eine dicke Schicht des besten Bodens und stehen den Feldern, die in der überaus gleichförmigen Ebene liegen, an Ertragfähigkeit nicht nach... Am Fuße der Hügel breiten sich nach allen Seiten Weinberge aus... Die Felder können nur mit riesigen Ochsen bearbeitet werden... Der Fluß durchquert das Land, er ist im Winter und Frühjahr schiffbar und bringt alle landwirtschaftlichen Produkte hinunter in die Stadt.

Plinius der Jüngere: Briefe. 1. Jahrhundert nach Christus

Im Lande Piero della Francescas

Ein Staudamm ins Piero-Land

Von Caprese aus stößt man bei Pieve Santo Stéfano auf den Tiberlauf: «Città del Diario» heißt das unscheinbare Städtchen wegen seiner Sammlung und Dokumentation von Tagebüchern. Von hier fährt man durch die immer ausgedehnter werdenden Tabakfelder der Ebene bis nach Sansepolcro. Die Provinz Arezzo, zu der auch das Valtiberina gehört, ist eines der größten Tabakanbaugebiete Italiens. Wenn der Blick über die weiten Felder und verstreuten Baumgruppen bis zu den Hügeln streift, kommen die Bilder Piero della Francescas in Erinnerung. Hinter seine kühlen Figuren mit dem erhabenen Ausdruck auf den bäuerlichen Gesichtern stellte er oft eine Ebene mit spärlich verteiltem Baumwuchs, bekränzt von kegelförmigen Bergen. So liegt

bis heute Sansepolcro da, Pieros Geburtsstadt. Von der erhöhten Schnellstraße aus sticht nur ein Objekt aus der Gemälde-Landschaft heraus: das neue Fabrikgebäude des Pasta- und Dolci-Multis Buitoni, der seit seinen Anfängen 1827 das ökonomische Geschick der Piero-Stadt dirigiert hat.

Das alte Fabrikgelände unweit des Geburtshauses von Piero della Francesca liegt verwaist. Es soll nach hochtrabenden Plänen einiger Finanziers zu einem ökonomischen und kulturellen Zentrum werden, ähnlich dem alten Fiat-Gelände von Lingotto in Turin. 1986 übernahm der Olivetti-Tycoon Carlo de Benedetti das Nudel-Imperium Buitoni mitsamt der weltweit bekannten «Baci»-Firma Perugina (Perugia). In einem millionenschweren Coup verkaufte der Finanzjongleur sein Buitoni-Paket dann 1988 an den

Schweizer Nestlè-Multi, der somit in Pieros Stadt Einzug hielt.

«Borgo» Sansepolcro, einst von vielen Türmen geziert, eine unter den Medici ummauerte Florenz-Kolonie, soll Italiens zweite Stadt (nach Mailand) gewesen sein, die elektrisches Licht erhielt. Dafür sorgte Nudel-Kapitalist Buitoni mit einem Staudamm und Wasserkraftwerk. Auf seinen Spuren wandelt jetzt das Wasserkonsortium des oberen Tibertals, das einen gigantischen Damm bei Montedoglio gebaut hat, der bis zum Jahr 2000 das Tiberwasser oberhalb Sansepolcro in einem der größten Stauseen Europas sammeln soll. Das gestaute Wasser wird die Intensiv-Landwirtschaft des Chiana-Tals bei Arezzo sowie Umbrien und Lazio versorgen – das Valtiberina wird allerdings nicht wiederzuerkennen sein.

Ein mit den Staudammplänen verknüpftes großes Touristikprojekt wurde bereits von der nahen Kommune Anghiari akzeptiert: Eine Schweizer Gruppe will bei Albiano ein Mega-Dorf ins Tibertal bauen, das am Ufer des Stausees liegen wird. Das in einem Fall wie diesem sehr zweifelhafte Arbeitsplatz-Argument hatte bei der Entscheidung der kommunistischen Stadtverwaltung von Anghiari Vorrang vor landschaftspflegerischen Einwänden – einer der Widersprüche, an denen die PCI trotz ihres 1989 verabschiedeten neuen «grünen» Kurses weiterhin knacken wird.

Anghiari ist übrigens erst wegen eines 1978 ins Leben gerufenen Kulturpreises sozusagen auf die Landkarte eines mondäneren Tourismus gekommen. Dabei hatte sich eben jene rote Stadtverwaltung für die Verquickung von Volkskultur und Intellektuellen-Kultur verdient ge-

macht, die sich dann für das umstrittene Albiano-Projekt einsetzte. Die Kleinstadt mit Blick auf die Tiberebene, die im 12. Jahrhundert von den Camaldolenser-Mönchen entsumpft wurde, ist bekannt eigentlich nur wegen der erwähnten Anghiari-Schlacht und besonders interessant wegen seiner Zweiteilung in mittelalterliches Rund-Städtchen und durchgeplante Stadterweiterung. Vom Höhepunkt des Stadtberges fällt eine breite Straße direttissima in die Ebene: der schnurgerade, fünf Kilometer lange «stradone», der die ehemalige Sumpfebene bis nach Sansepolcro wie mit dem Messer durchschneidet. Die Straße ist ein Werk des Bischofs-Grafen Piero «Saccone» Tarlati aus Arezzo (genannt der Einsacker, weil er Arezzo 1337 für einen Verräterlohn an Florenz verkaufte). Er ordnete durch den Bau der «Großen Straße» Landschaft und Stadt mit autoritärem Griff. Jenseits der steil den Hügel hinauf durch Anghiari ziehenden Schnitt-Straße entwickelte sich die Neustadt, jetzt oben auf dem Hügel weiter ausgedehnt durch die Zuwanderung der Bauern aus den Bergdörfern, die in den Handwerksbetrieben und Kleinindustrien der Umgebung Arbeit fanden.

Das bedeutendste Bild der Welt

Sansepolcro, als Zentrum der fruchtbaren Ebene, ist blühendes Wirtschaftszentrum, das sieht man schon an den Stefanel- und sonstigen Boutiquen, die man in Anghiari umsonst suchen würde. «Aber denen da unten fehlt einfach was», sagen sie oben auf dem Berg, und sie meinen den Blick über die Ebene, der einfach den Geist und die Seele stärker bildet als das langweilige

179

Stradone in Anghiari

Flachland. Hier oben könnte Piero della Francesca seine Studien zur Perspektive betrieben haben: Der Stradone wäre das Musterbeispiel einer an den Horizont geführten zentralen Fluchtlinie.

In Sansepolcro sollte man allein wegen der Gemälde von Piero della Francesca ins Stadtmuseum gehen. Piero (etwa 1415/20 bis 1492) ist immer wieder von seinen Ausflügen in die Welt der großen Malaufträge in seine Heimatstadt zurückgekehrt. «Tra i consiglieri eletti di quell' anno fu Piero della Francesca», heißt es in einer alten Stadtchronik – 1442 wurde der bekannte Maler zum Stadtrat gewählt. In den Ratssaal hat er eines seiner wichtigsten Fresken gemalt: die Auferstehung Christi mit einem bleichen, kriegerischen Christus, wie ihn in der Malerei zuvor noch keiner gewagt hatte.

Aldous Huxley hat dieses Gemälde «das bedeutendste Bild der Welt» genannt, und das hatte Folgen: Ein englischer Artillerieoffizier namens Anthony Clarke hatte 1944 den Auftrag, das angeblich von Deutschen besetzte Sansepolcro sturmreif zu schießen. Obwohl von den Tedeschi keine Spur war, hatte Clarke bereits einige Probesalven auf die Stadt feuern lassen. Da wurde ihm siedendheiß klar, woher er «den Namen Sansepolcro kannte: ‹Das bedeutendste Bild der Welt!› Ich mußte etwa achtzehn gewesen sein, als ich den Essay von Aldous Huxley gelesen hatte ... Also stellte ich das Feuer ein.» Es mag sein, daß der Engländer den letzten Turm von Sansepolcro, den Torre di Berta auf dem Hauptplatz gefällt hatte, aber das Bild war unbeschädigt. «Ich blickte zum Dach hinauf: Eine einzige Granate hätte ausgereicht, um den Gegenstand jahrhundertelan-

ger Bewunderung zu zerstören ... Man kann den Vorfall als einen schönen Beweis für die Wirksamkeit der Literatur ansehen und dafür, daß die Feder mächtiger ist als das Schwert.»

Einige Kilometer südöstlich, knapp vor der Grenze nach Umbrien, liegt ein weiterer Piero-Ort, den man sich nicht entgehen lassen sollte: Monterchi. Pieros Mutter kam aus Monterchi, und der Maler hat dort ein Fresko gemalt, das, von der Wand abgelöst, in der kleinen Friedhofskapelle hängt. Es ist die berühmte «Madonna del Parto», eine revolutionäre Darstellung der Maria als schwangere Frau, die unter einem Piero-typischen Zeltdach stehend ihre Hand mit leidend-geringschätzigem Blick auf ihren schwellenden Bauch unter einem halb aufgenestelten Kleid legt.

Monterchi ist bekannt für seine heidnischen Riten schwangerer Frauen: Zumindest in der Tradition wagten sich die werdenden Mütter ins Wasser des Flüßchens Afra, um göttlichen Schutz für die Geburt zu erhalten. Bis heute ist Pieros Madonna für die Schwangeren dieser Gegend des Tibertals Wallfahrtsort. Vor der Geburt kommen sie, beten vor der Madonna und opfern ein Kerzen- oder Öllicht.

Piero wird um die Traditionen hier gewußt haben. Nicht mit ihnen rechnete die Gemeinde Monterchi, die vor einigen Jahren auf Anfrage des Metropolitan Museum die Madonna nach New York ausleihen wollte. Zum Protest der Kunstwelt gesellte sich der Unwillen der Dörfler, und so hängt die unwahrscheinliche Maria weiterhin in einer winzigen Friedhofskapelle, nur bewacht von einer einsilbigen, schlecht bezahlten Wärterin.

CHIANTI

G estern abend sind einige Engländer angekommen, aber man wußte nicht, ob es Russen oder Deutsche waren.» Florenz ist schon im vergangenen Jahrhundert bevorzugter Wohnort von Engländern gewesen, das Wort «Inglesi» wurde geradezu zum Synonym für «Ausländer». Von Florenz war es nicht weit ins liebliche Weinland des Chianti. Die Presse hat denn auch dem von Engländern überschwemmten klassischen Hügelland den ironischen Namen «Chiantishire» gegeben. Aber der Zypressenhauch lockte nicht nur Briten an. Amerikaner, Schweizer, Holländer, Franzosen, Deutsche siedeln allüberall auf den Hügeln. Das Chianti ist teuer und überlaufen, urban und kosmopolitisch.

Das Wort Chianti (der Name kommt vom Etruskerstamm der Clante) stand lange Zeit für italienischen Wein schlechthin. Die bauchige Korbflasche, einst Symbol von üppigen Studentenfeten und Emigranten-Folklore, später in der Plastikversion Kennzeichen für billigen, gepanschten Massenwein, wurde im 18. Jahrhundert als Kennzeichen gehobenen Standards obligatorisch. Wie ein Cosimo Villifran-

chi berichtet, «verschneiden viele aus Hunger nach Gewinn und um den Bestellungen nachzukommen, den Chianti-Wein mit Weinen aus anderen Orten. Seit jenem Jahr wurde beschlossen, ihn nicht mehr in Fässern, sondern in Bauchflaschen zu verschicken.»

1987 stand den Winzern im Chianti ein übler Anschlag ins Haus: «Eine Müllkippe im Herzen des Chianti» riefen die Schlagzeilen der Zeitungen. Beim Grafen Capponi in Greve werden herbeigeeilte Journalisten mit einem Regen von Schrotkugeln begrüßt, die ihnen von oben herabfallend auf die Köpfe prasseln. Jagdsaison: Ein Freizeitjäger, Freund des jungen Grafen, schlendert lässig mit einem gefangenen Fasan die Zypressenallee entlang zum Gutshof. Seelenruhig entkorkt der Graf im großen Küchensaal erst mal eine Flasche Chianti Classico. Fünf weitere stehen auf dem immensen Küchentisch, in der weiten Herdstelle glimmt ein Feuer. (Der Graf tafelt, progressiv, mit seinem Gesinde gemeinsam mittags in der Küche.) Dann legt «Conte» Capponi los: Für den Ruf des Chianti Classico, der erst 1984 zum DOCG-Wein (kon-

trollierte Herkunftsbezeichnung) wurde, um erneut seine überlegene Qualität herauszustellen, sei mit Sicherheit abträglich, daß Alberto Bencistà, junger kommunistischer Bürgermeister von Greve, fünf Kilometer vom Dorf mitten zwischen beste Weinlagen eine stinkende Müllhalde bauen wolle! Es hat Winzerproteste gehagelt, Weinbauern demonstrierten auf dem dreieckigen Dorfplatz von Greve, einem der schönsten Marktplätze der Toskana. Währenddessen zigeunert der Müll von Greve und Umgebung in Lastwagenladungen durch halb Italien, aber selbst im armen Süden findet sich keine Gemeinde, die den Auswurf des Chianti unterbuddeln will!

Bezeichnend für die gestiegene ökologische Wachsamkeit wie für das Image-Bewußtsein der Chianti-Bauern ist, daß der Stinkanschlag abgewehrt werden konnte. «Die französischen Weinbauern im Burgund pflanzen Rosen um ihre besten Weinlagen, um das Bukett der Weine zu heben», wütete der Klein-Winzer Marco Fagiano, «und hier im Bereich des weltberühmten Chianti Classico soll Kot aufgehäuft werden!» Der rote Bürgermeister («ich bin ein Grüner, nicht umsonst ist in Greve 1987 erstmalig die nationale Messe der Öko-Bauern organisiert worden») fand unter dem Druck der Öffentlichkeit schließlich eine andere Lösung: eine hypermoderne, umweltverträgliche Verbrennungsanlage, deren Bau staatlich bezuschußt wird.

Im Reich des Gallo Nero

Das Chianti-Ländle ist seit den Renaissance-Malern der bekannteste Hügelstreifen der Toskana, reduziert zum allseits geleckten Abziehbild mit dem Geschmack von Zypressen, Oliven und göttlichem Wein. Eine zwar inzwischen ziemlich abgegraste, aber immer noch liebliche Oase zwischen Florenz und Siena. Durch die Stadtnähe ist dieses seit Jahrhunderten urbane Land Pendlergebiet. Glücklicherweise wird es von der Autobahn in respektvollem Abstand umrundet. Die Superstrada Florenz–Siena flankiert das Chianti auf der Westseite. Viele Städtchen, so wie Castellina, sind bewehrte Ableger der streitenden Kommunen Siena und Florenz gewesen, ihre Trutzburgen lassen das noch erkennen. Auch die alten Feindschaften zwischen den Gemeinden haben sich als meist scherzhafter «campanilismo» erhalten, beispielsweise zwischen den Konterpaaren Castellina/Radda, Radda/Gaiole, San Gusmè/Castelnuovo Berardenga.

Klima, Bodenbeschaffenheit und die mittlere Höhe der Hügellandschaft um 300 bis 600 Meter lassen den traditionsreichen Wein reifen. Aber zu dessen jahrhundertealtem Ruf trug vor allem bei, daß das Chianti-Land von Florenz und Siena immer schnell zu erreichen war und sozusagen als geteilter, umkämpfter Vorgarten zwischen den beiden Stadtrepubliken lag. Das Halbpacht-System zerteilte das Land in unzählige Parzellen, die in die Landschaft gestreut sind. Obwohl zu 45 Prozent bewaldet, ist das Chianti die am stärksten vom Menschen geprägte Gegend der Toskana, eine kleinteilige, mit Sinn für Ästhetik ziselierte Gartenlandschaft, in der sich Olivenhänge und Weinfelder abwechseln.

Die Landflucht nach Auflösung der Mezzadria hat zunächst viele Bauernhäuser verfallen lassen, auch

Zwischen Greve und Castellino

das Land verkam, Erosion und wildes Gestrüpp traten an Stelle der alten Mischkulturen. Die Pendler und Ausländer haben viele der verfallenen Häuser meist im alten Stil wiederhergerichtet. In den meisten Dörfern wurde liebevoll und nicht zu aufdringlich restauriert, perfekter Hintergrund für die vielen im Chianti stattfindenden Sommerkonzerte und Festivals. Im näheren Einzugsbereich der Städte sitzen die Poderi dicht an dicht, nur an den Rändern des Chianti, besonders im Süden, da wo die Klischee-Hügel unmerklich in die kahle Landschaft der Crete-Hügel um Siena übergehen, weitet sich die Landschaft mit Getreidefeldern bis zum Horizont.

In diesem Garten zwischen Florenz, Arezzo und Siena gedieh der Wein so gut, daß die Lega del Chianti, Zusammenschluß der unter florentinischer Protektion stehenden Gemeinden Radda, Gaiole und Castellina, schon 1444 feste Regeln einführte, um die Qualität zu wahren. Der Wein, so hieß es in der Anordnung, dürfe nicht eher geerntet werden als derjenige von San Michele (mit 1000 Meter höchster Punkt der «Monti del Chianti»), «denn sie können keine guten Weine werden und verkauft werden». Angeblich 1874 erfand der «eiserne Baron» Bettino Ricasoli die Formel für den klassischen Chianti-Wein, die bis heute gilt: Der Chianti Classico wird aus zwei weißen und zwei roten Traubensorten (Sangiovese, Canaiolo nero, Trebbiano toscano, Malvasia del Chianti) gekeltert, mit einem achtzigprozentigen roten Traubenanteil (vorwiegend Sangiovese). 1924 bildete sich in Radda das erste Weinkonsortium, dessen Regeln zur «Verteidigung des typischen Chianti-Weines» 1932 Gesetz

Fest in Teutonenhand

wurden. Ab 1967 sind die Grenzen des Chianti-Classico-Gebietes unter dem Markenzeichen des Schwarzen Hahns, des Wappentiers der Lega del Chianti, festgelegt: 73 043 Hektar Weinbaugebiete der Kommunen Radda, Gaiole, Castellina und Greve sowie Teile von Kommunen, deren Gebiet in das Chianti-Land hineinragt.

Nur wer im Reich des Gallo Nero produziert und sich Konsortiums-eigenen Qualitätskontrollen unterzieht, erhält schließlich das begehrte Gütesiegel.

Aber Chianti dürfen sich auch Weine nennen, die entschieden außerhalb jeder noch so weiten Vorstellung des Chianti-Gebietes liegen: so die Hügel von Pistoia, Pisa, Arezzo und südlich Siena. Sogar bis zur Grenze nach Umbrien bei Chiusi im Chiana-Tal streckt sich das autorisierte Chianti-Gebiet – immer-

hin besser als zu jenen Zeiten (vor der Einführung der DOC-Regeln), die den Chianti in Verruf brachten, weil auch jedes in Nord- oder Süditalien gepanschte rote Gebräu sich Chianti nennen durfte. Um ebenfalls ein stilvolles Siegel auf ihren Chianti kleben zu können, haben sich Winzer von außerhalb des Gallo-Nero-Gebiets ein Puttenengelchen aufs Etikett montiert und verkaufen «Chianti Putto», der sich damit über den einfachen, eigentlich jung («a pronta beva») zu trinkenden Chianti abheben soll.

Wein, Kunst und Marketing

Neuerdings beginnen jedoch immer mehr Classico-Winzer, zum Teil mit Unterstützung des Konsortiums, sich von der «eisernen» Regel zu befreien. Die Formel des Barons Ricasoli gilt als technisch überholt.

Neue, kreative Weine mit eigenem Image sind angesagt. Und die können tatkräftige Winzer auch ohne die hohen Abgaben an das Konsortium erzeugen.

Die biologisch anbauende Kooperative La Chiara di Prumiano bei Barberino im Elsa-Tal beispielsweise bemühte sich im ersten Erntejahr 1983 um die DOCG-Anerkennung ihrer im Gallo-Nero-Gebiet angebauten Bio-Weine, um sich selbst zu beweisen, daß sie den Qualitätsanforderungen gerecht wurden. Ab 1985 produzierten die elf Leute keinen Classico mehr, sondern lancierten das eigene Label «Prumiano», indem sie neue Formeln versuchten, um dem Wein mehr Fruchtigkeit und Würze zu verleihen, und das Herbe, Tanninhaltige des Classico zu nehmen.

Das Traditions-Weingut Badia a Coltibuono, eine alte Abtei des Vallombroser Ordens, wo schon seit Jahrhunderten ein edler Tropfen gebraut wird, hat neben den Classico einen neuen roten Renner gestellt. Der wird nur noch aus einer Klon-Abwandlung des Sangiovese namens «Sangioveto» gekeltert, ein rubinroter, voller Tropfen, der es mit jedem schwarzen Hahn aufnehmen kann.

Zwar sind mittlerweile fast alle Weine mit der gehobenen Qualitätsbezeichnung DOCG (garantierte Herkunft) zumindest akzeptabel, aber auch das «G» hinter dem DOC garantiert keine Exklusivität. So werden Eigenkreationen mit phantasievollen Namen wie «Gorgottesco» oder «Ciliegiolo» auf den Markt gebracht, um sich aus der Masse des Classico oder anderer Qualitätsweine abzusetzen. Dabei stehen die kleineren der 700 Weingüter im Gallo-Nero-Gebiet stärker unter Zugzwang als die großen Weinhäuser. Die Weine des Hauses Ricasoli, noch immer unter einem Grafen Bettino auf Schloß Brolio hergestellt, zielen auf den großen internationalen Markt. Das berühmte Weinhaus der Florentiner Adelsfamilie Antinori gehört seit einigen Jahren zu 49 Prozent dem englischen Getränke-Multi Whitbread; der größte toskanische Produzent Villa Banfi (bei Montalcino, also außerhalb des Chianti) ist von zwei italo-amerikanischen Brüdern zu einem gigantischen Komplex mit einer 45 000 Quadratmeter großen Cantina ausgebaut worden. So wird allgemein der Ausverkauf des Chianti an «die Amerikaner» beklagt. Richtiger ist, daß viel nicht-toskanisches Kapital, darunter vor allem italienisches (und Toskaner betrachten Mailänder Investoren gern als verkleidete Amerikaner) in neue Keltermethoden, Ausrüstungen und Anbaugebiete gesteckt wurde, um – mittlerweile mit Erfolg – den Ruf des Chianti wieder aufzupeppen.

Mit der Formel Wein, Marketing und Kunst hat die genannte Badia a Coltibuono eine der steilsten Erfolgskarrieren absolviert. Ein Mailänder Industriemanager, Präsident des Automobilclubs der lombardischen Metropole, gab dem Traditionsunternehmen den zukunftsträchtigen Schliff: Der Badia-Sprößling Piero Stucchi Prinetti sorgte nach Übernahme des Weingutes zunächst mit einem nostalgischen Etikett für das richtige Image. 1965 ließ er als erster italienischer Weinproduzent seinen Chianti von einer Spezialfirma vertreiben. Zugkräftige Publicity für den alten «Klosterwein» kam mit einer Badia-eigenen Zeitung und einem erstklassigen Restaurant, das vor allem

Marktplatz in Greve

das gehobene, genießerische europäische Bürgertum anlockt. Schließlich organisierten die Prinettis kulturelle Veranstaltungen im ehemaligen, von Expertenhand restaurierten Kloster und legten Wert auf die Betonung traditioneller und natürlicher Anbau- und Keltermethoden. Dazu kam ein erstklassiges, kaltgepreßtes Extra-Vergine-Öl, das mit seiner viereckigen Flasche die Kostbarkeit des Inhalts signalisierte – eine Verpackungs-Idee Prinettis, die sich heute fast überall eingebürgert hat.

Klein-Winzer im Zangengriff

Viele kleine Produzenten würden es der Badia natürlich gerne nachtun, aber es fehlt oft entweder am Kapital oder am Know-how, der «europäischen Mentalität», die Prinetti für seinen Erfolg ins Feld führt. Viele Kleinbauern schlagen sich mit Mühe durch. Marco Fagiano, Winzer in Greve, der mit seinem alles übertönenden Organ gegen die geplante Müllkippe im Chianti lauthals auf dem Dorfplatz von Greve protestierte, hat zwei Jahre später neue Malessen zu beklagen. Durch seine dicken Brillengläser linst er auf seinen Weinberg und kritzelt ungefragt zwei Seiten «Gedanken zum Untergang des Chianti Classico» aufs Papier. Der Etikettenschwindel um den Classico müsse endlich aufhören. «Der Classico sollte ehrlicherweise Sangiovese heißen», schreibt er, da er längst nicht mehr der ehernen Regel entspreche. Fagiano verkauft wie viele Klein-Winzer seine Ernte bis auf den für den Hausgebrauch bestimmten Rest an den Baron Ricasoli. Gerade kommt er von einem Streitgespräch mit dem Baron, das sich in seinen Zei-

len niederschlägt: «Die Großen pressen uns aus, durch staatliche und EG-Zuschüsse können sie groß investieren und uns zur Aufgabe zwingen, indem sie die Preise manipulieren. Alle Bauern unter dreißig Hektar werden plattgemacht! Die letzten Ecken werden bebaut, um Zuschüsse zu kassieren, sogar in den alten Wassergräben werden Weinstöcke angepflanzt, alles in strengen Reihen an Betonstäben.»

Tatsächlich ist ins Chianti längst der Kampf um jeden Zentimeter eingekehrt – vom Wein allein können die Kleinbauern nicht überleben. So wird Anbaugebiet erschlossen oder wieder dichtgemacht, je nach Laune der wetterwendischen Zuschüsse, auf die die Winzer angewiesen sind. Im Wettlauf um den europäischen Markt haben die Großen die Nase vorn. Fagiano schlägt vor, eine Föderation der Klein-Winzer zu gründen, um eigenhändig auf den «mercato europeo» vorzustoßen.

Die 10 000-Hektoliter-Schleudern der Großproduzenten verkaufen natürlich am sichersten auf festem Terrain, sprich über organisierte Handelsketten, vorwiegend für den Export, neben dem europäischen besonders für den großen amerikanischen Markt. Die originelleren, nicht Massen-klassifizierbaren Sonderweine der gehobenen, unabhängigen Kleinproduzenten dagegen – dazu gehören mittlerweile etliche Bio-Winzer, die sich im grünen Konsortium des «Bigallo Verde» zusammengeschlossen haben – profitieren vom Anti-Effekt der wählerischen Genießer, die über exklusive Enotheken versorgt werden, und sie sind auf diese Marktnische so angewiesen wie die Großen auf die Supermarktregale.

VON SIENA

NACH VOLTERRA

KONSERVIERTES MITTELALTER

Beide heulen echtes sienesisches Rotzwasser: Der Stadtvertreter der Grünen, sonst ein robuster Schluckspecht, heult vor Verzweiflung; der Kollegin von der Neofaschisten-Fraktion rollen Freudentränen übers dicke Make-up. Das Geheul gilt der Corsa del Palio, einem teuflischen Galopp von drei Minuten und neun Sekunden um den abschüssigen Campo in Siena. Drei gestürzte Reiter, Hunderte Millionen Lire Bestechungsgelder, Sieger: die Wölfin, la Lupa. Unten auf dem Campo hagelt es Fußtritte und Faustschläge für den Jockey der Raupe, der sich absichtlich abwerfen ließ; Küsse für die «schöne und präpotente» Vipera, das Glückspferd, das auch seinen Reiter abwarf und trotzdem als erstes durchs Ziel stürmte.

Die Fascho-Frau, glückliche Wölfin, schnappt über vor Wonne, jubelnd schwebt sie mit anderen «lupe» dem Campo entgegen. Nach sechzehn Jahren wird endlich wieder der Palio, die bemalte Standarte, in die Contrada getragen. Der Grüne, Contrada Bruco, also ein Raupen-Mann, stiert finster in sich rein, als hätte man ihm einen Eimer Pferdepisse über die Leber gekippt. Seit 1955 hat die Raupe keinen Palio mehr heimgeholt, und diesmal waren sie so knapp vor dem Sieg! Aber der Vollblüter Pitheos, an der Spitze bis zur dritten Runde, rannte ohne Reiter in die Matratzen in der gefährlichen Kurve San Martino. Dieser verfluchte Jockey, der gekaufte Schweinehund, hatte sich eindeutig fallen lassen!

Vorher hatte der Bruco-Grüne noch vieldeutig grinsend gewarnt: «Paß auf! Jetzt lachen wir noch alle, aber bald ist hier die Hölle los. Ich kann nicht garantieren, daß ich danach noch ansprechbar bin – kann sein, daß mit mir was passiert, was du nicht kapieren kannst...»

Davor warnen alle: Den Palio könne ein Außenstehender gar nicht begreifen; was da ablaufe, so tief unten in den Gefühlen der Sieneser und damit Sienas selbst, sei ein wundersames Stück mittelalterlicher Welt, wie in einem Zeitblitz ins zwanzigste Jahrhundert geworfen und Fremden damit auf immer ein Rätsel. Gleichzeitig heißt es: Siena könne man nur durch den Palio verstehen, den Palio nur durch Sienas Geschichte. In der Zeit, die zählt, im ausgehenden Mittelalter, ist Siena der große Gegenpol von Florenz gewesen, die zweite Stadt der Toskana. Heute ist es eine von vielen mittleren toskanischen Städten, an die alte Rivalin Florenz angebunden durch eine Schnellstraße, die hinter Siena endet. Was es über

die anderen Mittelstädte erhebt, ist die fast totale Konzentration auf jene wenigen glorreichen Jahrhunderte: in der Kompaktheit des Stadtbildes wie im Geist ihrer Bewohner. Siena ist im doppelten Sinne die am besten konservierte gotisch-mittelalterliche Stadt der Toskana: gut erhalten, aber wie im Einmachglas. Touristenmassen wälzen sich durch die steilen Gassen und gewundenen Höhenstraßen, ganze Busladungen überwältigter Ausländer lagern in der ovalen Muschel des Campo, staunend eingefangen von der seltsamen Welt, die man irgendwie aus Ritterromanen zu kennen meint. Um den Sprung rückwärts vollends zu schaffen, strömen sie zur Palio-Zeit herbei, von den Sienesern als lästige, aber geldbringende Störenfriede geduldet. In diesen Tagen verfällt die Stadt in einen Trommel- und-Fahnen-Rausch, als schriebe man das Jahr 1260, als Siena die Truppen des feindlichen Florenz zwölf Kilometer vor der Stadtmauern niedermachte. Im Palio feiert sich die Stadt immer wieder aufs neue selbst, die Geschichte der Stadt verschmilzt mit der Geschichte des Palio.

Il Monte und die Kulissenstadt

Siena überragt auf seinen Hügeln ein weites Umland. Im Norden schließen die Chianti-Hügel an, die Wein- und Öl-Lieferanten, im Süden Weizenfelder und die bizarren Crete-Wellen mit ihren schillernden Kreidefarben vor dem Hintergrund des Monte Amiata. Die unter den Etruskern und Römern unbedeutende Siedlung Siena ist als Handelsstützpunkt reich geworden. Die Frankenstraße, der wichtigste mittelalterliche Pilgerweg nach Rom,

Das Wappen der Sieger – Medici-Kugeln am Sieneser Rathaus

verlief auf den sicheren Höhenzügen, vorbei an San Gimignano und Siena. Beide Orte sind beispielhaft für die spätmittelalterliche Geschichte der Toskana. Sie häuften auf winziger Fläche ungeheuren baulichen Reichtum an. Die Geschlechtertürme der Adligen, die aus Protz und Platzmangel in allen frühbürgerlichen Kommunen zwischen die Hütten der niederen Schichten und die Steinhäuser der Handelsbürger gesetzt wurden, sind nur in San Gimignano noch annähernd so erhalten wie im 12. und 13. Jahrhundert.

Alle diese neuen urbanen Zentren, in denen sich Geld und Macht gegen Ende des Feudalzeitalters sammelten, könnten den Titel «Manhattan des Mittelalters» tragen, von Pavia über Bologna nach Lucca, Florenz, Siena, bis zum umbrischen Perugia. Nur San Gimignano ist so geblieben, weil es zwischen den großen Stadtstaaten Lucca, Florenz und Siena nicht mehr bestehen konnte. Wie Siena verlor es seine Bedeutung als Handelsposten, als ab dem 14. Jahrhundert der Pilgerweg nach Rom nicht mehr über die Höhenstädte verlief. Anders als Siena wurde es auch politisch bedeutungslos. Kein Gesetz schrieb den Adligen vor, ihre Türme zu kappen, kein politischer Gegner fiel brandschatzend und mordend ein. Im Schlepptau des mächtigen Florenz überdauerte San Gimignano als Zeitkapsel.

Wenn man sich ihm von weitem nähert, etwa zu Fuß vom sechzehn Kilometer entfernten Certaldo aus, kann man nachvollziehen, warum der Tourismus schon seit den fünfziger Jahren dieses Hügelkaff als erstes kleineres toskanisches Städtchen entdeckt hat. Man läßt den Lärm der Straße hinter sich, auf der die Laster durch das mit Kleinindustrie besiedelte Elsa-Tal dröhnen. Nach einem Marsch über Felder und Staubstraßen liegt die Stadt hoch oben mit ihren Wolkenkratzern vor einem, so wie sie die Pilger des dreizehnten Jahrhunderts gesehen haben.

San Gimignano ist mit Mitteln der UNESCO großzügig restauriert worden und bietet sich als belebtes Museum dar. Die Stadt lebt vom Wein, dem Vernaccia di San Gimignano, und vom Tourismus. Busladungen von Tagesausflüglern werden mit Perfektion abgemolken. Als einziges Zeichen der rauhen Jetztzeit überrascht der Knast, wenige Schritte von Dom, Gemeindepalast und malerischem Brunnenplatz. «Es ist, als wenn du aufwachst», meint Bob, ein kalifornischer Schrotthändler, beim Anblick eines Gefangenentransports, der unter dem Wachturm des Gefängnisses hält. «Das katapultiert dich aus diesem Disneyland zurück in die reale Welt.» Nur abends, wenn die Ausflügler abgezogen sind, senkt sich wieder so etwas wie heimisches Feeling über die Kulissenstadt.

In Siena dagegen ist die reale Welt präsenter: Aus der Zeit, in der die Stadt mit ihren reichen Bankhäusern als Geldeintreiber des Papstes Pfründe scheffelte, ist bis heute die Kunst des Geldgeschäftes verblieben. Die meisten Sieneser arbeiten im Dienstleistungssektor: alles dreht sich um den «Monte», Sienas weltweit aktives Bankhaus Monte dei Paschi di Siena.

Siebzig Prozent aller Beschäftigten hängen direkt oder indirekt von «il Monte» ab. Die 1472 gegründete Bank, die ihre Geldgeschäfte ursprünglich mit den Besitztümern

Siena – kompaktes Stadtbild

von Schafweiden (pascoli = paschi) in der Maremma absicherte, rühmt sich auf einem Tourismusprospekt mit ihren 486 Filialen von New York bis Singapur. Sie ist zu 49 Prozent Besitztum der Stadt Siena, öffentliches Gut also, dessen Gewinne laut Statut anteilmäßig in Siena investiert werden müssen.

Fester Tagesordnungspunkt in den Haushaltssitzungen der Kommune ist die Frage «Come spendere gli utili del Monte?» – die Verteilung der Gewinne der Monte dei Paschi trifft dabei auch Gruppen, die gegen den Kurs steuern. So erhielt 1988 die Umweltschutzgruppe «Kronos 91» anderthalb Millionen Lire aus den «utili del Monte», und auch die KP-nahe Lega per l'ambiente wurde aus dem Bank-Topf bedacht.

Der Tourismus hilft mit, die Kassen der teuren Boutiquen rings um den Campo zu füllen. Aber nur indirekt: «Kaum einer der Touristen kann sich die Klamotten da leisten», meint Enrico, ein siebzehnjähriger Schüler. «Die bringen das Geld in die Stadt, in Hotels, Gaststätten, Souvenierläden. Die Pizzeria am Campo, wo ich arbeite, ist zum Beispiel die reinste Goldgrube. Meine Schulkameraden sind alle auf die neueste Mode abgefahren. Eigentlich sind sie verwöhnte Kinder von reichen Eltern, für die es nichts Größeres gibt, als sich mit dem teuersten Schick zu zeigen. Sie sind die besten Kunden in den Edelläden in Via della Città.»

Stadtbild, Geschichte, Palio

Siena besticht durch seine Kompaktheit. Noch immer ist die Stadt kaum über ihre mittelalterlichen Mauern hinausgewachsen, mit knapp über 60 000 Einwohnern hat sie nach langem Niedergang heute wieder die gleiche Größe wie vor 500 Jahren erreicht. Anders als beispielsweise in Perugia, wo sich mehrere Schichten Stadtentwicklung sichtbar überlagern – Etrusker-, Römer-, Mittelalter und Neuzeit –, ist Siena in seinem Kern wie aus einem Guß. Die wichtigsten Bauwerke stammen aus der Zeit der Gotik: der Dom, der Stadtpalast und die Palazzi der Großbürger, die ihn sich als Vorbild nahmen, der Palazzo del Capitano del Popolo (bürgerlicher Stadthauptmann, der ab dem 13. Jahrhundert Gegengewicht zum adligen Podestà wurde), die großen Bettelordenskirchen, die Stadttore. Die Renaissance hinterließ vor allem Paläste wie den der Familie Piccolomini, die sich fast bruchlos in das mittelalterlich-gotische Stadtbild einreihen. Der Kunsthistoriker Harald Keller hat in Siena eine «gotische Idealstadt» gesehen, in deren steilen Gassen, auf engen Höhenzügen laufenden Verbindungsstraßen und dichten, wegen Platzmangels in die Höhe strebenden Häusern die düster-schlanke, himmelstrebende Gotik ein artverwandtes Terrain fand.

Siena war seit 1141 der Gegenspieler von Florenz. Vorwiegend von Adligen regiert, war es ghibellinisch, also kaisertreu, und somit immer im Kampf mit den guelfischen Florentinern. Die berühmte Schlacht bei Montaperti 1260 sollte der großartige Sieg über Florenz gewesen sein. 10 000 Florentiner star-

ben, 15 000 wurde gefangengenommen, die Fahne von Florenz («gonfalone») wurde durch den Schmutz der Straßen Sienas geschleift. Aber der Papst, Beschützer von Florenz, exkommunizierte die Bürger Sienas, wirtschaftliche Depression setzte ein, weil die Gläubiger der sienesischen Banken die Zahlungen an die entweihte Stadt stoppten. Schon 1269 unterlagen die Sieneser in einem erneuten Kampf zwischen Golle di Val d'Elsa und der Festungsstadt Monteriggioni knapp nördlich Siena den Florentinern – eine Schmach, die in den stolzen Feiern der ehemaligen Größe «unserer Republik» Siena niemals vorkommt.

Bis 1555 konnte die Republik sich noch ihre Unabhängigkeit bewahren, dann fiel die Stadt mitsamt ihrem Hinterland, der Maremma, ans Großherzogtum der Toskana, kam also endgültig unter das Diktat des verhaßten Florenz. Einige stolze Familien wanderten fünfzig Kilometer südlich ins Exil der Bergfeste Montalcino, prägten sogar neue sienesische Münzen dort, bis 1559 auch das «Siena im Exil» aufgeben mußte.

Die großen Stadtbauten sind allesamt in den Jahrhunderten der Republik entstanden, viele darunter in den «goldenen Jahren» des Neunerrates, einer glücklichen demokratischen Phase, als die «popolani», vorwiegend reiche Händler und Bankiers, das Vorbild einer «guten Regierung» gaben (1286 bis 1355). Unter den «nove» entstand auf einem freien, abschüssigen Platz am Treffpunkt der Höhenwege der drei Stadtviertel das neue Zentrum Sienas, die schönste Piazza der Toskana, «il Campo». An seinem Rand wuchs ein Palazzo hervor, dessen

Gestopptes Riesenprojekt Dom

kühn aufragender Torre del Mangia den des Rathauses in Florenz klein wirken ließ.

Das Innere des Palazzo Pubblico ließ der Neunerrat von den besten Künstlern schmücken. Eines der berühmtesten Fresken Italiens stammt von Ambrogio Lorenzetti und stellt «Die Auswirkungen der guten und schlechten Regierung auf das Land» dar, die erste große Landschaftsmalerei der modernen Kunst. Der Wandteil, der die «schlechte Regierung» zeigt, ist nur fragmentarisch erhalten. In bestem Zustand dagegen präsentiert sich das «buongoverno». Es vergegenwärtigt in idealisierter Form Siena, wie es unter dem Neunerrat ausgesehen hat. Die Landwirtschaft blüht und ernährt die Stadt, unter den Loggien der Stadthäuser liegen Waren aus, es wird Handel getrieben und gefeiert, Siena wird ausgebaut und verschö-

nert. Tatsächlich gab es genaueste Bauauflagen für die Ausschmükkung der reichen Stadt, bis hin zu einer Art Subventionen für ärmere Hausbesitzer, damit diese ihre Fassaden dem vorherrschenden Stil anpassen konnten. Aus dieser Zeit erwuchs der Stolz der Sieneser auf ihre Stadt, die «schönste von allen». Das himmelstürmende Projekt, ihren Dom zum größten der Toskana auszubauen, scheiterte allerdings an Statikfehlern und ungeheuren Kosten. 1348 raffte die Pest zwei Drittel aller Bewohner hin, der Bau blieb undurchführbar. Der seitlich am Dom erkennbare Erweiterungsbau, der im Pestjahr steckenblieb, ist bis heute Symbol des Massentodes und des darauf folgenden allmählichen Niedergangs von Siena.

Der Nabel der Welt

Stärker als Florenz zehrt Siena von der großen alten Zeit. Florenz ist ein Museum für Touristen geworden, Siena ist ein Museum für die Sieneser selbst. Der Palio schafft das Paradox, dem Museum Vitalität zu verleihen. Er füllt es mit immer neuen, gloriosen Episoden. In Sienas Geschichte hat es zahlreiche Wettkämpfe dieser Art gegeben: Ballspiele, Faustkämpfe, Stierjagden, Büffelrennen. Der Palio geht auf das Jahr 1174 zurück. Ursprünglich ritten nur die Nobili, ab 1581 beteiligten sich neben den Adligen auch die Stadtviertel, die «contrade». Im Mittelalter waren die 42 Contrade kleine Wehrgemeinschaften. Die übriggebliebenen siebzehn Stadtviertel, die heute am Rennen teilnehmen, tragen noch immer ihre phantastischen mittelalterlichen Namen und hegen Rivalitäten untereinander, die über Jahrhunderte zurückreichen.

Die Contrada ist eine engverflochtene Stadtviertel-Familie, die Zugehörigkeit zu ihr steht über allem. Sie ist Freizeit- und Solidaritätsverein, Kontrollbehörde, Sozial- und Standesamt. Die «contradaioli» werden am Contrada-eigenen Taufbrunnen getauft (seit 1949) und in der Contrada beerdigt. Alle Contrade haben zum Teil prächtig ausgestattete Kommunikationszentren («società»), die jede kommunistische Casa del Popolo in den Schatten stellen.

Die Identifizierung mit der Contrada und die Fixierung auf Siena als Nabel der Welt hat es anderen Ideologien immer schwergemacht, in der rückwärtsgewandten Stadt Fuß zu fassen. 1919 mußte die Partito Popolare resignierend einsehen,

daß sie unter den Sieneser Arbeitern «nichts, absolut gar nichts» erreichen konnte. Faschisten und Kommunisten machten ähnliche Erfahrungen. Bis heute hat die Stadt, im Kontrast zu anderen toskanischen und umbrischen Städten, keine Casa del Popolo. Der letzte Versuch, einen solchen Sozialisten-Treff zu etablieren, scheiterte 1925, als die Faschisten die Casa del Popolo anzündeten.

Schon bald nach dem Niedergang der Republik erhielt der Palio größere Bedeutung, bis er schließlich als einziges großes Volksfest übrigblieb. Wie bei allen anderen folkloristischen Festen schreitet der ganze Pomp des Mittelalters dem eigentlichen Rennen vorneweg: Trompeter, Fahnenschwinger, der Capitano del Popolo. In Siena ist diese Kostümshow zwar grandioser als anderswo – sie dauert praktisch den ganzen Tag –, aber nur wenig authentischer. Im 19. Jahrhundert, als die Stadt sich langsam ihrer lange vernachlässigten gotischen Bauwerke besann, beispielsweise den im Renaissance-Stil umgebauten Palazzo del Capitano del Popolo wieder in seinen gotischen Originalzustand zurückführte, erhielt auch der Palio neuen, historisierenden Aufschwung. Die Palio-Hymne stammt genauso aus dem 19. Jahrhundert wie die Kostüme, von Künstlern entworfene Mittelalter-Phantasien.

Das ganze Jahr über fiebert die Contrada auf die zwei Rennen des Palio hin. Der 2. Juli und 16. August sind die Kulminationspunkte, in denen sich alles entlädt. Auf einen Vorschlag, den Palio vielleicht durch ganz Italien auf Tournee ziehen zu lassen, antworteten die Contradaioli Sienas nur mit Gelächter:

Aufgelöst in der Menge, ist der Anwalt Maggioni irgendwie immateriell geworden, körperlos, entrückt in eine höhere Sphäre des reinen, absoluten Wartens. Und zugleich ist ihm, als hätten sich seine Fähigkeiten auf phantastische Weise multipliziert, als gehörten alle hier versammelten Augen und Ohren, alle Lungen, Membranen, Herzen, Poren, Nerven ihm und nur ihm. Er fühlt sich gleichzeitig ausgelöscht und kollektiviert.

Da stehen sie, startbereit zwischen den Seilen, um letzte Bündnis- oder Neutralitätsbekräftigungen zu tauschen, sich zum letzten Verrat anzubieten, zur äußersten Korruption; und ihren knappen konventionellen Gesten, nie mehr als zwei oder drei Finger kurz vorgestreckt, ihren drohenden oder hämischen Blicken, ihren abgehackten Worten, hervorgestoßen zwischen kaum geöffneten Lippen, entspricht die Nervosität der Pferde, das Beben der Flanken, das Scharren der Hufe, das ständige Hin und Her und Vor und Zurück, das jähe Aufbäumen. Diesmal ruft der Böller die Gestarteten nicht zurück, und von ihrem Balkon aus sieht Valeria die wilde Schar in vollem Lauf herangaloppieren, die Pferde gestreckt in höchster Anspannung ihrer Kräfte, die Jockeys verbissen über die Mähnen gebeugt. Sie fühlt sich selber wie mit ihnen losgeschossen, zuckt und zittert mit ihnen, trippelt und zappelt und klammert sich ans Geländer wie an einen Zügel.

Carlo Fruttero, Franco Lucentini: Der Palio der toten Reiter. Serie Piper, München 1989

«Der Palio wird nicht gespielt, er wird gelebt!»

Palio scosso

So ist der Palio der Kitt, der Siena gegen die Außenwelt abschottet und innen zusammenhält. Siena ist stolz auf die Vergangenheit, auf den Palio, auf die schöne Stadt, aber lebt mit diesem Stolz in einer selbstgeschaffenen Isolation und Provinzialität, einer faszinierenden allerdings. Die Geschichtsbücher schöpfen immer wieder aus dem unergründlichen Staatsarchiv Material aus der glorreichen Zeit der Republik. Die Geschichte wird wieder- und wiedergekäut, Sätze über das heutige Siena muß man in großen Wälzern mit der Lupe suchen. Dem sozialen Leben in der Stadt scheint das kaum abträglich: Der Zusammenhalt und die soziale Überwachung in den Contrade halten die Laster der Neuzeit fern. Siena hat eine der niedrigsten Kriminalitätsraten der westlichen Welt. Es gibt keine Alkoholiker und Penner, und selbst das Drogenproblem ist so gut wie unbekannt.

Dafür wird um den Palio, die begehrte Standarte, mit um so härteren Bandagen gekämpft. Die Contrade zahlen den «fantini», den meist aus Sardinien stammenden Jockeys, ein Jahresgehalt, eine Rennsumme und eine Siegesprämie. In den Tagen vor dem Start bewacht der «barbaresco» das per Los bestimmte Pferd, das für die Contrada reiten soll, damit es nicht von den Rivalen vergiftet wird. Hohe Bestechungssummen werden geschoben: Eine Contrada, die kürzlich gewonnen hat, wird sich gegen einige Millionen Lire gerne zurückhalten, gegen einige zig Millionen

auch leicht den Erzrivalen der zahlenden Contrada am Sieg hindern. Denn ein Sieg kostet: Durch die aufwendigen Feiern verschulden sich die Contrade oft jahrelang.

Am Tag des Palio löst sich das Fieber endlich im Massentaumel. Nur im Mittelfeld des Campo läßt sich die Spannung richtig erfühlen, die dann die ganze Stadt packt. In den Fenstern der Palazzi des Campo stehen die Gutbetuchten in sicherer Distanz: Bis zu 700 000 Lire ist so ein Fensterplatz wert. Die Knirpse der Contrade dagegen klettern schon frühmorgens auf die Steinpfosten am Rand der ovalen Rennbahn und verschachern ihren Platz nachmittags meistbietend: 200 000 Lire für den perfekten Fotografen-Standort am Startplatz.

Zurückgehalten vom schweren Startseil, dem «canapo», tänzeln die aufgeregten Pferde. Der Startmeister, «mossiere», pfeift die Jockeys immer wieder zurück vor das Startfeld, läßt neu wieder aufstellen, drei-, fünf-, siebenmal: «Oca, Acquila, Selva, indietro! Fuori, tutti fuori!» Schon eine Stunde dauert das fiebrige Gerangel vor dem Canapo, die Fantini treffen die letzten Abmachungen: «Zwanzig Millionen, wenn du mir den Bruco vom Leib hältst!»

Endlich fällt das Seil, zehn Pferdeleiber strecken sich wie ein langer flitzender Streifen am Campo entlang. Mit Ochsenziemern dreschen die Fantini auf ihre Gäule und die Konkurrenten; die sattellosen Reiter stürzen wie Fallobst auf den roten Tufflehm, Pitheos, das Bruco-Pferd, rast «scosso» in die Matratzen-gepolsterte Kurve San Martino. Ein einziger drei Minuten langer Aufschrei, kaum Zeit zum Atemholen, dann ist der Spuk nach drei

200

Campo-Runden vorbei, Kanonenschüsse: «La Lupa! La Lupa!» Später werden die großen Fernsehschirme auf der Piazza Indipendenza immer wieder in Zeitlupe vorführen, wie die Wölfin in Führung geht, Eule und Gans hinter sich läßt, abgeschmettert Drache, Adler und auch die unglückliche Raupe, wie schließlich drei Pferde reiterlos durchs Ziel stürzen, die Wölfin allen voran. Ein einmaliges Ereignis, das als «Palio scosso» Geschichte machen wird. «Lupe! Lupe! Lupe!» brüllen die Contradaioli der Wölfin, trommelnd und heiser ziehen sie noch die ganze Nacht durch alle Straßen Sienas.

Alabaster und Erdwärme

San Gimignano liegt etwas abseits der kurvigen Höhenstraße zum mittelalterlich-düsteren, windgezausten Volterra. Bei der Anfahrt von Colle di Val d'Elsa droht oben die Zwingburg, mit der die Medici ab 1475 Volterra kontrollierten, jetzt ein Männerzuchthaus. Das etruskische Velathri gehörte zum Zwölferbund der Städte Etruriens, hatte aber nicht die Bedeutung wie die Küstenorte Populonia und Vetulonia (Nekropolen in der Maremma). Über Volterra kommt man in das geologisch interessante Gebiet der Colline Metallifere, das toskanische Erzgebirge. Volterra war im Altertum durch seine Blei-, Silber- und Salzminen reich geworden. Die unter den Etruskern blühende Kunst der Alabastermodellierung, heute vorwiegend für Kitsch- und Pseudokunst, ist die neben dem Tourismus wichtigste Geldquelle für Volterra. Fährt man über Volterra ins Cecina-Tal, sieht man auf kahlen Höhen Gipsablagerungen aus dem Boden

leuchten. Alabaster ist ein Gipssulfat, das in der Umgebung von Volterra in besonders reiner Form vorkommt. Der reinste und teuerste, weil transparente «scaglione» wird in Bergwerken in 150 bis 200 Meter Tiefe abgebaut. Große weiße, eiförmige Ablagerungen, «ovuli», werden aus dem Berg gestemmt.

Volterra importiert heute Alabaster, zum Beispiel aus Spanien, weil die besten Vorkommen erschöpft sind. Hier, wo man sich einer «zweitausendjährigen Tradition» rühmt, sind die Handwerker in der Bearbeitung des weichen Materials besonders geschickt. Die alte Kunst der Etrusker ist erst im 18. Jahrhundert wiederentdeckt worden. Seit Mitte des vergangenen Jahrhunderts hat sich eine regelrechte Industrie etabliert, die zur Zeit mal wieder eine Krisenphase durchmacht. Giorgio Bruci von einer der größten Alabasterfirmen beklagt vor allem das nachlassende Interesse der jungen Leute: «Kein Interesse am Handwerk! Die Arbeit wirft auch zu wenig ab, und die Jungen wollen nicht stundenlang für wenig Lohn im Alabasterstaub stehen.» Mario Scalzelli, ein alter Alabasterarbeiter, zeigt stolz eine «Medici-Vase», die er selbst entworfen hat. Mit dem Schneideisen dreht er wieselflink exakte Ringe in ein Stück «agata», natürlich marmorierten Alabaster. Der Staub kümmert ihn nicht: «Ich bin 81 Jahre alt und arbeite seit meinem zehnten Lebensjahr ohne Beschwerden mit Alabaster, der Gipsstaub ist völlig unschädlich.»

Die nahen Colline Metallifere, das geologisch älteste Gebirge der Toskana, liegen südlich Volterra Richtung Massa Marittima. Man kommt durch eine der am spärlichsten besiedelten toskanischen Land-

Alabasterarbeiter in Volterra

schaften über fast alpin anmutende bewaldete Berge in die vielversprechende «Teufelsebene» um Larderello. Schwefliger Geruch liegt über dem Tal, das im Winter nebelverhangen ist. Ein Wirrwarr von Druckgas-Pipelines zieht sich von einem Hang zum anderen, Kühltürme ragen über den Bergkamm. Hier liegt das größte bisher ausgebeutete geothermische Gebiet der Welt.

Schlammige, dampfspuckende Tümpel, «lagoni», waren hier schon seit den Etruskern bekannt, die Römer badeten in den Thermalquellen Acqua Populoniae und Acquas Volterranas.

Ein Kölner Chemiker namens Hoefer, Chefapotheker der habsburgischen Toskana-Herzöge, entdeckte hier 1777 erstmals Borsalz. Ab 1818 hat der französische Industrielle Francesco de Larderel in der Teufelsebene eine immense Borsäurefabrikation hochgezogen. Im Geothermik-Museum hängt eine Betriebsordnung von 1849, die den ausländischen Padrone als patriarchalischen, aber auf soziale Gerechtigkeit pochenden Unternehmer ausweist. Die um die Chemiebetriebe entstandene Arbeiterstadt erhielt den Namen ihres Gründers: Larderello.

Larderel ließ 1827 erstmals die «lagoni» mit Kuppeln übermauern, denen er Dampf zur Energiegewinnung abzapfte. Heute bedient sich an Stelle der alten Società Boracifera di Larderello der staatliche Energiekonzern ENEL der – wie die Geologen sagen – «postvulkanischen Aktivität». Regenwasser versickert im urzeitlichen Erdboden und kommt in einem natürlichen Zyklus von vierzig Jahren zu Dampf erhitzt mit Druck aus den «soffioni», den angezapften Dampflöchern. Die silbernen Pipelines im Tal führen diesen Druck den Turbinengeneratoren des E-Werkes zu.

Die Technik der Stromerzeugung aus der Erdwärme ist in Italien wegen dieses alten geothermischen Feldes besonders entwickelt. Die ENEL hat mit ihrem Know-how einen Exportschlager auf dem Gebiet der alternativen Energie. Die Kraftwerke von Larderello und einigen kleineren Erdwärmegebieten (unter anderem am Monte Amiata) produzieren rund 500 Megawatt, 1,5 Prozent des gesamten italienischen Energieverbrauchs.

Neuerdings wird der Natur nachgeholfen: Wasser wird tausend Meter tief in die Erde gepumpt, um den natürlichen Wasser-Dampf-kreislauf zu beschleunigen. Die ENEL strebt nach mehr und mehr Megawatt. Mit der künstlichen Zirkulation soll die «Basisenergie moduliert» werden, wie es im Jargon heißt: der Bauch der Erde als regulierbares Kraftwerk.

MAREMMA

HERBE SCHÖNHEIT DES SÜDENS

Südlich Livorno legt sich ein breiter Felsstreifen ans Meer. An dieser Steilküste windet sich die Via Aurelia, die schon aus Roms Zeiten stammende Küstenstraße, vorbei an kleinen Badeorten und versteckten Badebuchten. Die Autobahn stoppt vor Livorno: Bis zur Hafenstadt reichte die Bauwut der sechziger und siebziger Jahre noch, südlich davon fängt die historische Problemzone der Toskana an, die Maremma, der toskanische Mezzogiorno. Die Maremma ist das Stiefkind der Toskana, der unterentwickelte

Süden, den die roten Regierungen in Florenz nach dem Krieg zu gern auf die Warteliste gesetzt haben. Nach jahrzehntelangem Streit, zuerst um den mangels Autobahn verpaßten Fortschritt, dann wegen Umweltprotesten, steckt der Ausbau der geplanten Verlängerung der Küstenstrecke bis Rom immer noch im Projektstadium.

Als Maremma – von lateinisch «maritima», am Meer gelegen – bezeichnet man gewöhnlich die Gegend von der Mündung des Cecina-Flusses eine halbe Stunde südlich Livorno bis ins nördliche Lazio, zum alten Etruskerort Tarquinia. Einst blühte in diesem Küstenland die Kultur der etruskischen Stadtstaaten Populonia, Vetulonia, Roselle, Vulci und Tarquinia. Aber die Maremma blieb, weil nach der etruskischen Blütezeit bis in unser Jahrhundert versumpft und malariaverseucht, ein unwichtiges, entvölkertes Randgebiet, das allenfalls zu strategischen Zwecken und als Landungsplatz nützlich war.

Als vorwiegend landwirtschaftlich genutztes, isoliertes Gebiet nahm die Maremma nicht am Boom des «Terza Italia» teil. Stattdessen kam der Tourismus in Massen. An der Küste mit ihren unzähligen schönen Sandstränden und Felsenbuchten schoß ein Urlaubsort nach dem anderen aus dem Boden. Pinienwälder ziehen sich immer wieder kilometerweit längs der Straße Richtung Strand, ganze Campingstädte bevölkern die winters einsamen Dünengegenden.

Tourismus-Planer und reiche Villen-Bürger haben sich bis Ende der siebziger Jahre manchen Exzeß geleistet und einige der schöneren Küstenecken zubetoniert: Teile der Halbinseln von Piombino, Punta

Ala und Monte Argentario. Aber dank «Unterentwicklung» und fehlender Autobahn ist der Maremma ein Betonburgen-Boom wie in Spanien erspart geblieben, was mittlerweile als Vorteil begriffen wird. Chance der Maremma soll nun sein, daß ihre von Tourismus und Industrie kaum nennenswert angekratzte Kulturlandschaft für den «sanften» Tourismus aufgeschlossen werden kann. Der große Naturpark der Uccellina-Berge nahe Grosseto wurde 1975 per Gesetz geschaffen, um eines der schönsten unzerstörten Naturgebiete der Toskana zu erhalten. Ganztägige Wanderungen oder kürzere Trips führen durch das Wild- und Vogelreservat, das allerdings im Hochsommer ziemlich überlaufen ist. Bei Capalbio im Süden der Maremma pflegt der in Italien sehr aktive World Wildlife Fund ein großes Naturschutzgebiet um den Burano-See. Unzählige Agritourismus-Projekte stehen im Zentrum einer Strategie, mit der die Massen vom Strand weggelockt und ins Hinterland umgeleitet werden sollen.

So jedenfalls klang das Zukunftsangebot für die neunziger Jahre auf einer mit großer Publicity aufgemachten «Regionalkonferenz» für die Provinz Grosseto, das Kerngebiet der toskanischen Maremma. Und da es auf der engen Lastwagenpiste der Via Aurelia täglich Tote gibt, soll nun doch noch die Autobahn gebaut werden, denn die Maremma ist eine aufsteigende Gegend.

Gräber unter Schlackenhalden

Die Bergbauern sind seit den fünfziger Jahren aus den ehemals dichter besiedelten Höhenzügen am Rand der Maremma in die fruchtbare Ebene mit ihrem entsumpften Schwemmland gezogen, wo sie von der Intensiv-Landwirtschaft besser leben konnten. Erst nach dem Ausverkauf des Chianti und der übrigen Lieblingsecken der Toskana kam der große Zustrom der Neusiedler aus den Städten in die abgelegene Maremma, wo die Häuser noch für Spottpreise zu kriegen waren. Jetzt kann es einem im hinterletzten Kaff beim Betreten einer «Bauernkneipe» passieren, daß man sich über die stolzen Preise, die stilvolle Einrichtung und mampfendes deutsches Künstlervolk wundert, bis man merkt, daß auch der Kneipenbesitzer aus München stammt. Hier oben in den Bergen bei Massa Marittima sitzen die Überlebenden vieler ehemaliger Landkommunen und Toskana-Projekte, die zum großen Teil scheiterten oder sich auflösten. Auf billig gekauften Bauernhöfen leben viele seit nunmehr zehn bis fünfzehn Jahren, sie haben sich einigermaßen arrangiert oder integriert.

Die Provinz Livorno zieht sich als schmaler Küstenstreifen bis südlich der Halbinsel Piombino. Hier heißt die Landschaft noch Maremma Pisana. Die Küste trägt wegen der vielen Etruskerfunde den vielversprechenden Namen «Riviera degli Etruschi». Im Hinterland liegen die Colline Metallifere, das toskanische Erzgebirge. Auf dem Weg nach Populonia und Piombino sollte man sich die großartigste Zypressenallee der Toskana nicht entgehen lassen: Italiens erster Nobelpreisträger für Literatur, der Nationaldichter Giousè Carducci, der 1836 bis 1848 im Städtchen Bolgheri wohnte, hat in seiner Ode «Davanti a San Guido» die knapp fünf Kilometer lange,

über gewellte Hügel laufende Baumschlucht gefeiert. Das nahe gelegene Castagneto Carducci ist nach dem Dichter benannt – einer von vielen schönen mittelalterlichen Bergorten, die hier im Hinterland warten. Weniger überlaufen als das wegen des Dichtermythos in jedem Touristikführer verzeichnete Castagneto ist beispielsweise Campiglia Marittima, eine der Burg-Städte der Grafen della Gherardesca. Die beherrschten im späten Mittelalter große Teile dieses Gebietes, bis es im gängigen Territorialkampf erst Pisa und (nach dessen Florentiner Vereinnahmung 1406) dann Florenz zufiel. Unterhalb des Städtchens, auf dem Grundstück eines Bauern, sind etruskische Schmelzöfen zu besichtigen, Relikte, nach denen man in der etruskischen Eisenhütten-Stadt bei Populonia am Golf von Baratti vergebens sucht. Hinter mächtigen Schirmpinien liegt da eine der schönsten Strandbuchten der Maremma, mit Blick auf die hoch oben thronende Etruskerfeste Populonia. Im Naturhafen von Baratti brachten die Etrusker das auf der nahen Insel Elba abgebaute Erz an Land.

«Von der Oberstadt aus, zu der ich eigens aufgebrochen war, sah ich in der Ferne Sardinien, Korsika und Elba. Ich habe auch die Schmiedewerkstätten gesehen, wo man das Eisen aus Elba verarbeitet.» So beschrieb der griechische Historiker Strabon kurz vor der Zeitenwende seinen Abstecher nach Populonia, dem Industriezentrum des von Rom unterworfenen Etrurien. Die Kupfer- und Eisenverarbeitung bei Pupluna (Populonia) und die Kupfergewinnung und Bronzearbeiten von Campiglia Marittima waren die Quelle des Reichtums der Etrusker.

Nekropole Populonia

Bevor Pupluna mit seiner Eisenerzproduktion unter römischer Herrschaft (ab dem 3. Jahrhundert vor Christus) zum Industriezentrum Römisch-Etruriens aufstieg, hatten die Etrusker schon (ab dem 7. Jahrhundert) in den nahen Colline Metallifere Kupfer, Zinn und silberhaltiges Blei abgebaut. In den konischen, aus Stein und Ton gebauten Schmelzöfen (forni fusori) von Campiglia Marittima und Baratti brachte Holzkohle das Erz zum Schmelzen, das durch eine Siebplatte in die Brennkammer fiel und dort seitlich durch einen Kanal auslief: «Durch die Hitze eines starken Feuers schmelzen sie das Metall und teilen es in Barren von handlicher Größe, die ihrer Form nach großen Schwämmen ähnlich sehen... Diese Ware kaufen Unternehmer und suchen sich eine Menge Schmiede und lassen sie von ihnen bearbeiten...

Sie verarbeiten einen Teil des Materials zu verschiedensten Arten von Waffen, einen anderen Teil zu Hauen, Sensen und anderen Werkzeugen von ausgezeichneter Qualität», überlieferte der griechische Geschichtsschreiber Diodor.

Unterhalb Populonias muß sich eine große Industriestadt entwickelt haben, wie der Etruskologe Jacques Heurgon schreibt: «Eine neue Werkstatt des Vulcanus, ein Pittsburgh der Antike, dessen Hochöfen mit ihrem Rauch die Mauern der Häuser schwärzten.» Bei der primitiven Verhüttung allerdings, die maximal fünfzig Prozent des Erzes ausnutzte, fielen große Mengen von Schlacke an. Schlackenhalden reichten bis an die Häuser, sie bedeckten auch das alte Gräberfeld, den etruskischen Friedhof. Zwischen dem Ersten und Zweiten Weltkrieg besann sich das rohstoffarme Italien dieses Erzvorrats und begann, den über sieben Meter hohen Schlackenberg abzutragen, bis die Erde von Baratti seit den sechziger Jahren gänzlich von den schwarzbraunen rostigen «scorie» befreit war.

Unter dem Abraum kamen Totenkammern aus dem 7. bis 5. vorchristlichen Jahrhundert zum Vorschein, deren flache Kuppeldächer unter der Eisenlast eingebrochen und auf kostbare Grabbeigaben gestürzt waren. Die Nekropole liegt auf dem Weg zum kleinen Jachthafen Baratti. Ein Wärter führt in Gruppen durch das abgezäunte Gelände und erklärt die Konstruktion der Gräber mit ihren Totenbetten, deren gedrechselte Beine die zweitausendjährige Verschüttung überstanden haben.

Weißes Meer und Öko-Säure

Die Maremma nördlich Populonia und um die Halbinsel von Piombino ist immer noch Industriezone. Massentourismus, Chemie und Eisenverhüttung leben hier in erstaunlicher Koexistenz. Nur knapp südlich Livorno liegt Rosignano Solvay, die Soda-Hauptstadt Italiens. Der belgische Solvay-Konzern nutzt seit Anfang des Jahrhunderts die Salzvorkommen der Berge um Volterra, um Soda und andere Natriumprodukte für die Wasserenthärtung, die Glas- und Eisenindustrie herzustellen. Das Steinsalz (im Volksmund «pietra bianca») kommt per Pipeline an die Küste. Gesundheitsbewußte italienische Hausfrauen waschen ihren Salat mit «bicarbonato» aus Rosignano Solvay. Der Konzern hat eine Arbeitersiedlung nach nordeuropäischem Vorbild hingestellt, deren Häuser seit einiger Zeit

für Vorzugspreise an Solvay-Angehörige verkauft werden. «Manchmal verfärbt sich das Meer kilometerweit weiß, es soll aber ungiftig sein», sagt ein Siedlungsbewohner, dessen Kinder vor der Fabrikkulisse Fußball spielen. «Aber eine geplante PVC-Produktion haben wir verhindert. Es gibt schon genug Gift in der Luft hier.»

Eine halbe Stunde weiter südlich liegt Piombino, das Sprungbrett nach Elba, wo heute das Erz der Insel verhüttet wird. Der Staatskonzern Italsider (Acciaierie di Piombino) produziert Stahl, beliefert die Röhrenfabrik Nuova Dalmine und das Walzwerk Magona d'Italia. Ein Teil des Stahlwerkes steht seit 1906, 1907 wurden die Arbeiterhäuser der Stahlstadt Pogetto Cotone direkt neben die Kokerei gesetzt: Dröhnen und Stampfen Tag und Nacht, Wäsche und Fensterbänke sind schwarz von Ruß wie im Ruhrgebiet. Alle zehn Minuten wird abwechselnd schwarzer oder weißer Rauch über das Viertel gestoßen. Ein pensionierter Stahlarbeiter ist als Rentner zum Künstler geworden. Die kilometerlange Fabrikszenerie vor seinem Fenster hat er in Federzeichnungen verewigt. «Von da oben ist die Sicht ‹più bella›», sagt er, «besonders wenn der Rauch kommt.» Piombino hat die höchste Krebsrate der Toskana – oben am Hang weist ein Schild zum Aussichtspunkt «Bellavista».

Letzter Industrieort auf dem Weg in die «bassa Maremma», den südlichen Maremma-Teil, ist Scarlino – Aluminium und Chemie gleich hinter der schönen Pineta bei Follonica. Am langen Sandstrand, bei den aus der Mussolini-Zeit stammenden «colonie», den Urlaubsburgen des organisierten Badesommers der

Stahlstadt Piombino

dreißiger Jahre, die heute in Sport-
zentren und Altenheime umfunktioniert werden, vergißt man leicht die
Hochhäuser der Arbeiterperipherie
und die Schlote der Tioxide Italia
und der Nuova Solmine. Die 700
Arbeiter des zum staatlichen Chemiekonzern Enichem gehörenden
Solmine-Komplexes verarbeiten
den Grundstoff Pyrit aus den Minen
des nahen Massa Marittima zu
Schwefelsäure. «L'Acido Solforico
Ecologico», die ökologische Schwefelsäure, steht auf den Tankwagen
vor dem Werk – Chemie-Publicity
auf der Öko-Welle.

Pyrit ist ein eisenhaltiges Mineral,
das in den ebenfalls der Enichem
gehörenden Minen von Bocchegia-
no und Niccioleta abgebaut wird.
Fährt man von Massa Marittima
Richtung Siena durchs Erzgebirge,
sieht man versteckte Fördertürme
aus dem Wald ragen. Massa Maritti-

ma, eine alte Etruskergründung, ist
bis heute Bergwerkstatt. Aus der
frühen Zeit des Kupfer- und Silber-
abbaus stammt das mittelalterliche
Zentrum am Dom, die Città Vecchia. Oben auf dem Berg, rechtwinklig angelegt für die Minenar-
beiter, die Città Nuova.

Wie sich Geschichte bis heute
niederschlägt, erkennt man an der
Telefonvorwahl: Massa Marittima
gehört zur Maremma und damit zur
Provinz Grosseto. Während mei-
stens in der gesamten Provinz die
Vorwahl der Hauptstadt gilt, wurde
in der größten toskanischen Provinz
Grosseto eine Zweiteilung vorge-
nommen, die auf die alten Bischofs-
Diözesen zurückgeht. Im 9. Jahr-
hundert kam mit dem Niedergang
Populonias der Bischofssitz nach
Massa Marittima, das damit zum
Machtzentrum der Maremma wur-
de. Erst mit der Entsumpfung der

Maremma wurde das landwirtschaftliche Zentrum Grosseto zur wichtigsten Maremma-Stadt. Massa Marittima wurde dem neuen Zentrum, der Provinz Grosseto, zugeteilt, aber die eigene Vorwahlnummer ist ein modernes Kennzeichen der alten Größe.

Die Erzminen von Massa Marittima verfielen ab dem 15. Jahrhundert, erst ab 1830 wurden neue Stollen eröffnet. Im Bergwerksmuseum kann man mit einer Schienenbahn durch eine alte Mine fahren. Die in den letzten Jahren reduzierte und dann von der staatlichen Enichem wieder aufgenommene Pyritgewinnung ist neben dem Tourismus noch immer Haupteinnahmequelle der Stadt. Auf dem Mineralienmarkt kann man das silbrig glänzende Pyrit und andere seltene Bodenschätze bewundern und kaufen.

Cowboys, Briganten und Hydrauliker

«Ein Blödsinn, dieses Klischee von der ‹bitteren Maremma›», knurrt mit Bittermiene der Lokalhistoriker Alfio Cavoli, «alles falsch verstandene Nostalgie!» Cavoli muß es wissen, denn er ist Autor einer ganzen Latte nostalgischer Maremma-Bücher.

Sein neuestes Anekdoten- und Historienwerk hat er, auf Verlegerwunsch, trotz allem «Maremma Amara» genannt – Geschichten von den Etruskern bis heute, von der Sanierung des «bitteren» Sumpflandes, von den Räubern im Dickicht der immergrünen Macchia, von den Maremma-Pferden und den Künsten der «butteri», der Cowboys, die beim Zusammentreiben der maremmanischen Ur-Rinder so kunstfertig wurden, daß sie selbst

die Cowboys Buffalo Bills im Schaureiten besiegten.

Die Küste der Maremma darf man sich zu Etruskerzeiten so vorstellen wie die Lagune von Orbetello: kilometerlange, vielleicht pinienbestandene Sanddünen vor flachen, vogelreichen Lagunenbecken. Die Etrusker, begabte Wasserbaumeister, hielten die im stagnierenden Gewässer brütenden Anopheles-Mücken fern – auf den Hügeln rings um Grosseto blühten Städte wie Roselle und Vetulonia. «Unter den Römern jedoch begann das ausgeklügelte Kanal- und Wasserregulierungssystem zu verfallen», schrieb der englische Schriftsteller D. H. Lawrence in «Etruskische Stätten», einem der schönsten Etrusker-Reisebücher, «und mit der Zeit warfen die Flüsse ihren Schlamm an die Küste und erstickten sich selbst, dann durchdrangen sie das Land und ließen Marschen entstehen, mit weiten, flachen Tümpeln, wo die Moskitos wie Dämonen herrschten, zu Millionen ausschlüpften an einem warmen Maitag.» Die Etruskersiedlungen gingen unter mit dem Verfall des römischen Reiches und dem Überhandnehmen der Malaria. Im Spätmittelalter in der Hand der Feudalherrscher Orsini und Aldobrandeschi, kam die grossetanische Maremma erst 1336 unter die Herrschaft Sienas. Ab 1559 gehörte Grosseto zum Großherzogtum der Medici und wurde zur befestigten Garnisonsstadt. Die Medici unternahmen erste, fruchtlose Dränagearbeiten. Aber das Militärlager Grosseto fiel wieder der Malaria anheim. Als 1723 der letzte Medici, Gian Gastone, starb, lagen zur Sommerzeit nur noch vierzig Soldaten in der Stadt.

Unter den Habsburgern kam die

Sumpfsanierung im 18. und 19. Jahrhundert erstmals vorwärts, als die Toskana-Herzöge ihre fähigen Wasserbauingenieure einsetzten. Aber erst in den dreißiger Jahren unter Mussolini war die «bonifica», die Trockenlegung, erfolgreich: Durch Aufschüttung von Land und ein System von Entwässerungskanälen wurde der Sumpf ausgetrocknet und landwirtschaftlich nutzbar gemacht – «Bonifica» heißt eine Landkneipe in einer der Neusiedlungen der Mussolini-Ära in der «Teufelsebene» beim etruskischen Vulci in Nord-Lazio.

«Jetzt hat die Maremma eine profitable Landwirtschaft und steigt langsam auf», sagt Alfio Cavoli. «Das Gerede von der ‹Maremma Amara›, der bitteren Maremma ist nur noch Folklore für die Touristen, die die herbe Schönheit der Maremma lieben. Und doch», besinnt sich seufzend der Lokalforscher, der als Lehrer und Kulturreferent in Manciano arbeitet, «wie viele Bitterkeiten gibt es noch: Die Flüsse sind mit Abwässern verdreckt, die Küste ist vom Massentourismus verschandelt. Wer am Wochenende zum Markt in Orbetello fährt, riecht schon von weitem die verwesenden Algen in der Lagune. Nirgendwo ein Parkplatz! Besser, du setzt einen Freund ab und drehst eine Runde um die Halbinsel des Monte Argentario. Wenn du wieder zurück bist, hat der endlich den Fisch ergattert. Das nennt sich dann Ausflug ans Meer!»

Im 19. Jahrhundert, als die Maremma sich zu erholen begann, lebten in der ganzen Provinz Grosseto nur 25 000 Menschen, heute hat die demographisch junge, ständig weiterwachsende Hauptstadt Grosseto allein über 70 000 Einwohner. Im Sommer wuchs die Zahl damals auf

30 000: Erntearbeiter, Köhler und Viehtreiber kamen aus anderen Regionen Italiens in die malariagefährdete Südtoskana. Um dem Sumpffieber zu entweichen, verlagerten die Beamten im Sommer die Büros der Provinzverwaltung von Grosseto in die kühleren, Moskito-freien Bergorte. Hauptort dieses Sommer-Exodus war Scansano nahe den Schwefelquellen von Saturnia.

Viele Wanderarbeiter jedoch fielen in der Bruthitze der Ebene der Fieberkrankheit zum Opfer. «Alle sagen Maremma! Maremma!» zitiert Cavoli ein Volkslied aus dem letzten Jahrhundert. «Aber für mich bist du eine bittere Maremma! Wenn du dorthin gehst, habe ich Angst, daß du nicht zurückkommst.» Das Lied «Maremma Amara», bekanntestes Stück der Maremma-Folklore, wird mit melancholischer Melodie langsam vorgetragen; am schönsten, traurigsten im poliphonen Gesang, wie ihn der «Coro degli Etruschi» vortrug. Eine rare Kassette («Festa di Maggio») kann man mit Glück beim Souvenirhändler in der Ruinenstadt Roselle bei Grosseto erstehen.

Seit dem 17. Jahrhundert setzten sich, geschützt durch das Dickicht der Macchia, Wegelagerer und Banditen in der Maremma fest. Auf den Fahrkarten der Postkutsche Siena–Grosseto war vermerkt: Keine Haftung für Gepäck und Personen. Briganten wie Enrico Stoppa und Domenico Tiburzi konnten mitunter jahrzehntelang ungestört morden und rauben, oft unterstützt von den unter ärmlichsten Bedingungen in Strohhütten hausenden, seit der italienischen Einigung ihrer angestammten Jagd- und Bodenrechte beraubten Bauern, die sich den Banditen anschlossen.

Tutti la chiamano Maremma Maremma,
ma a me mi pare una Maremma amara.
L'uccello che ci va perde la penna,
Io c'ho perduto una persona cara.
Sempre mi piange il cuor' quando ci vai,
Perche io ho paura che non torni mai.
Sia maledetta Maremma Maremma,
sia maledetta Maremma chi l'ama.

Alle sagen Maremma! Maremma!
Aber mir scheint es eine bittere Maremma.
Der Vogel, der dahin fliegt, verliert die Federn,
Ich habe dort einen lieben Menschen verloren.
Mir zittert das Herz, wenn du hingehst,
denn ich fürchte, du kommst nie zurück.
Sei verdammt, Maremma, Maremma,
Sei verdammt, wer sie liebt.

Maremmanisches Volkslied

Die Legende hat aus Tiburzi eine Art maremmanischen Robin Hood gemacht, der den armen Bauern gab und den reichen Landbesitzern nahm. Wie «Maremma Amara», so sind auch Tiburzi-Lieder im Umlauf. Als der gealterte, leicht besoffene Brigant in der Oktobernacht 1896 in der Nähe von Capalbio von Sondereinheiten der Polizei überrascht und erschossen wurde, hatte er unzählige Morde, Entführungen und Erpressungen auf dem Kerbholz. Die Großgrundbesitzer in der Maremma zahlten Schutzgelder an seine Bande. Tiburzis Leichnam wurde in voller Montur dem Fotografen präsentiert, aber da sich an den sozialen Bedingungen nichts änderte, blieben die Briganten am Werk.

Bis heute kann die Macchia Gangstern Schutz bieten: Die Bosse von Entführergruppen, die Ende der siebziger Jahre Italien unsicher machten, waren unter sardischen Schafhirten in der Macchia im Grenzland zwischen Toskana und Lazio zu finden. Und auch zehn Jahre später führte wieder eine Spur in die Maremma. Als 1989 der Florentiner Kaffeebaron Bardinelli entführt wurde, verfolgte die Polizei ausnahmsweise keine kalabresische Camorra-, sondern eine maremmanische Sarden-Connection und konnte den Entführten befreien.

Nuklearzentrale im Etruskerland

Der gekippte Atommeiler neben der etruskischen Totenstadt liegt knapp südlich der toskanischen Grenze, schon in Latium. Zwischen der Via Aurelia und dem Meer erheben sich die Kuppeln der Centrale Elettrica Montalto di Castro, eines Meilensteins der italienischen

Umweltbewegung. Im November 1987 wurden per Volksabstimmung eine Reihe atomfreundlicher Gesetze abgeschafft, was praktisch das Aus für Italiens Atomwirtschaft bedeutete. Der Doppelmeiler von Montalto di Castro, seit 1978 im Bau, war Italiens einziges zukunftsweisendes Großkraftwerk, ausgelegt auf 2000 Megawatt. Seit Baube-

Strand auf dem Rückzug – Maremmaküste

ginn tobte der Kampf um das Ma-
remma-AKW. In der struktur-
schwachen Region zog das Arbeits-
kräfte-Argument. Bis zu 10000
Arbeiter schufteten auf der Nukle-
ar-Baustätte, nahmen teilweise An-
fahrten bis zu hundert Kilometer
auf sich. An Montalto schieden sich
die Geister, wurden Freundschaften
zwiespältig: Der Arbeiter Giorgio

zum Beispiel, Kleinbauer und Produzent einer köstlichen Salami,
rückte jeden Tag aus der Nähe des
Bolsena-Sees mit seinem Fiat Cinquecento an. Als eingefleischter
Kommunist war er jederzeit für Sy-
stemkritik zu haben, überwarf sich
jedoch häufig mit seinen jüngeren
grünen, ebenfalls kommunistischen
Freunden wegen seiner Arbeitsstät-

215

Nur noch Modell – Ex-AKW Montalto

te. Aufgebrachte Arbeiter prügelten Anti-AKW-Demonstranten vor der Meiler-Baustelle. Nach der Volksabstimmung soll Montalto jetzt zu einem mit Heizöl und Erdgas befeuerbaren Kraftwerk umgebaut werden. Vor die Schrift «Centrale Nucleare Elettrica» hat der staatliche Elektrokonzern ENEL das Wort «Ex-» geklebt. Etwas zerknirscht erläutert ein Firmensprecher im Besuchszentrum, jetzt werde eine Leistung von knapp über 1000 Megawatt angesteuert, die Arbeitsplätze seien von 6000 auf 4000 reduziert worden.

Als ein Argument gegen den Standort Maremma zog – neben Unvereinbarkeit mit dem Tourismus – die Beschaffenheit der alten Sumpflandschaft. Im Herbst 1987 gingen Berichte durch die Presse, daß heftige Regenfälle die Anfahrt nach Montalto zur unpassierbaren Schlammstrecke werden ließen und Überschwemmungen den Reaktorbereich bedrohten. Aus den freigewaschenen Böden der Maremma-Ebene tauchten zweitausendjährige Gespenster auf. Wo die Wolkenbrüche das Schwemmland weggespült hatten, krümelten bemalte Tonscherben und seltsame, magische Steine aus dem Untergrund. Ein Phänomen, das in Rom, beim Ministerium für die «beni culturali» Angst um eben jene Kulturschätze hervorruft: Grabräuber! Immer wieder kommen im alten Etruskerland, auf den kilometerweiten Nekropolen-Stätten, den Totenstädten des an ein Leben nach dem Tode glaubenden Ur-Volkes, Grabbeigaben und ganze Gräber hoch. Jeder unschuldige Bauer, der hier beim Pflügen unter der Scholle ein Knirschen vernimmt, kann schon zum «tombarolo», zum Grabräuber werden – aus Not, als Hobby oder aus Geldgier.

Das Städtchen Canino unweit der ausgelöschten Etruskerstadt Vulci gilt als Zentrum der Tombaroli. In unscheinbaren Kneipen erzählen verschmitzte Bauerngesichter lachend von Etruskerfunden. Ein biederer Familienvater namens Quinto beispielsweise, Vater von drei hübschen Töchtern, Besitzer eines Einfamilienhauses und Produzent von Etrusker-Souvenirs. Er kam zu seiner Etruskerleidenschaft, als er, der ursprünglich Taxifahrer war, immer wieder Arbeiter vom Wasserkraftwerk auf dem Vulci-Gelände nachts mit unglaublichen Grabfunden nach Hause kutschierte. Erst scharrten sie nur an der Oberfläche, dann ging es immer tiefer, artete richtig in Arbeit aus – vier bis sechs Meter waren keine Seltenheit. Zwischenebenen mußten gebaut werden, die Erde mußte weggebracht und versteckt werden, Bagger wurden eingesetzt, aber morgens mußte alles verschwunden sein. Einmal erwischten sie Quinto, für fünf Tage wanderte er in den Knast. «Aber jetzt greifen die Carabinieri härter durch. Grabräuber werden als kriminelle Vereinigung angeklagt!» Das wurde dem Ex-Tombarolo zu riskant, er gab das Handwerk auf. Jetzt bietet er sich und seine ebenfalls etruskologisch gesinnten Töchter gelegentlich als Vulci-Führer an.

Vulci – überwucherte Totenstadt

Vulci war eine der reichsten und größten Städte Etruriens, lag aber untypischerweise nicht auf einem Berg, sondern in der Ebene, auf einer Seite durch die Schlucht des Flusses Fiora geschützt, auf der anderen von einer sechs Kilometer langen Stadtmauer umgeben. Auf der Karte ist an der Stelle «Ponte d'Abbadia» vermerkt.

Eine alte Etruskerbrücke, auch Ponte del Diavolo genannt, «krümmt sich wie ein Regenbogen» in hohem Schwung über den Fiora-Fluß (D. H. Lawrence): «Der Fahrweg war wie ein Rinnstein zwischen ihre zerborstenen Mauern eingeklemmt und führte schnurstracks zur schwarzen Lavafront der Ruine am gegenüberliegenden Ufer, einem früheren Grenzkastell. Der kleine Fluß in der Schlucht, die Fiora, bildete die Grenze zwischen dem Kirchenstaat und der Toskana; das Kastell diente daher dem Schutz der Brücke.»

Besitzer des Gebietes war Anfang des neunzehnten Jahrhunderts Lucien Bonaparte, Napoleons Bruder, der Fürst von Canino. Dieser ließ zwischen 1828 und 1840 das Feld um die Teufelsbrücke systematisch umgraben und förderte unzählige Grabbeigaben zutage. Ein Großteil der gefundenen Vasen aber wurde zerstört, «um einem Absinken der Marktpreise vorzubeugen. So vollzog sich die Arbeit auf barbarische Weise: Vasen und Körbe voll Scherben wurden gesammelt, doch die gewöhnliche rot-schwarze etruskische Töpferware wurde zerschlagen, sobald man sie entdeckte, während der Aufseher mit dem Gewehr auf den Knien die Arbeiter bewachte.» Das berühmteste Grab von Vulci entdeckte 1857 der französische Ingenieur François. Ein 27 Meter langer Schacht führt ins François-Grab. Die Fresken an den Wänden sind in die Torlonia-Sammlung in der Villa Albani in Rom gewandert. Die in Vulci verbliebenen Wandbemalungen werden zur Zeit restauriert. Sehr schön sind die Kastendecken des Grabes zu erken-

Teufelsbrücke in Vulci

nen, die, in den Tuff gehauen, den hölzernen Dächern der Häuser der Lebenden nachgebildet waren.

Was den Händen der Grabräuber abgenommen und in offiziellen Ausgrabungen gefunden wurde, ist zum Teil im sehr interessanten Museum im Grenzkastell, einem früheren Kloster, ausgestellt. An den Wänden des kleinen Burghofes hängen wie Trophäen die Werkzeuge erwischter Grabräuber. «Man nimmt die gehärteten Stahl-Forken aus alten Heuwendern, schweißt oben als T-Stück ein Rohr dran, und schon hat man einen langen Dorn mit Griff, mit dem sich der Boden sondieren läßt», erklärt der kundige Quinto. Auf seinem Kaminsims stehen einige der Fundstücke: Tonvasen (der schwarze «bucchero») aus etruskischer Frühphase, Amphoren, aretinische Teller aus römischer Zeit, Tonperlen,

bronzene Gegenstände. «Aber die schönsten Stücke habe ich für lächerliche Preise damals verkauft. Es war in der Nachkriegszeit. Eine Vase brachte dir so viel wie ein Monat Arbeit. Die meisten Käufer waren Schweizer. Mein schönstes Stück habe ich neulich in einem Katalog des Münchener Museums wiedergesehen: 53 Zentimeter hoch, eine Amphore mit zwei Gestalten, die hatte ich für vier Millionen Lire an einen römischen Händler verkauft.»

Das Stadtgebiet von Vulci ist immer noch großenteils unerforscht, Ausgrabungen der sechziger Jahre blieben liegen, der Staat hatte wie immer kein Geld. So wuchert die Natur wieder über die ausgebuddelten Teile der Totenstadt. Und die Grabräuber haben leichtes Spiel. Sie arbeiten heute im Auftrag der Hehler. Die Polizei bräuchte einen Aufklärungshubschrauber, um das

Tuffhöhlen in Canino

flache Riesengelände zu überwachen. Aber einen Helikopter haben nur die Tombaroli, die ihre Ware damit abtransportieren.

Ein erfolgreicher Grabschützer lebt in Grosseto: Aldo Mazzolai, Professor für Archäologie und ehemals Leiter des archäologischen Museums. Die Ausgrabungen in der Etrusker- und Römerstadt Roselle bei Grosseto sind auf seine Initiative zurückzuführen. Leider liegt Roselle, wie Vulci, noch großenteils unentdeckt, die Ausgrabungen kommen kleckerweise voran. Auch dort, in unwegsamem Gebüsch, sind Tombaroli am Werk. Mazzolai betätigte sich in seiner Freizeit als Jäger: Er beschattete unbemerkt verdächtige Gestalten bei Grabungen und ließ sie nach getaner Arbeit von den Carabinieri verhaften. Den wohl skurrilsten Fang tat Mazzolai zur Karnevalszeit. «Freunde» konn-

ten einen angeheiterten Grabräuber überreden, sich mit seinen Etruskerfunden am Umzug zu beteiligen. Helm, Schild und bronzenes Schwert klirrten ihm noch am Leib, als die auf der Lauer liegenden Carabinieri zuschlugen und den trunkenen Tombarolo einsackten.

Im nördlichen Lazio, aber auch in den Bergen der Maremma, bei Saturnia, Sovana, in Tarquinia, bei Norchia, wimmelt es von solchen Geschichten und von mysteriösen Gräbern. Tarquinia liegt auf dem Weg nach Rom – die Gemäldegalerie unter den etruskischen Nekropolen ist von der Toskana aus in einem kurzen Tagesabstecher bequem zu erreichen.

U m bloß nicht mit den Übeln des Lebens konfrontiert zu werden, nehmen sie lieber in Kauf, gleich das ganze Leben übel zu verbringen.» Diese Verspottung des alternativen Rückzugs in die Wildnis stammt von dem lateinischen Dichter Rutilio Namaziano und galt den römischen Aussteigern im 4. Jahrhundert. Diese Zivilisationsflüchtigen, Verfolgten und Seelenheilsucher hatten sich nämlich ausgerechnet die rauhen, steinigen Inseln des toskanischen Archipels als bevorzugte Zufluchtstätte ausgesucht.

Über die Entstehung der Inselgruppe weiß man wenig. Vor Millionen Jahren bildeten die Vulkanfelsen des Archipels noch einen einzigen Teil einer großen Halbinsel, die sich erst im Lauf der Jahrhunderte vom Festland ablöste und sich in einzelne Inseln aufteilte. Wo die Erklärung der geologischen Entwicklung eine Lücke läßt, springt die Legende ein: Aus der Halskette der Venus seien Edelsteine ins Meer gefallen, und diese bildeten den Ursprung der toskanischen Inseln. Daß der Reichtum an Mineralien, Erzen und Metallen hingegen nicht nur Legende, sondern eine real existierende Gewinnmöglichkeit war, entdeckten zunächst die Griechen. Sie waren die ersten, die Eisenerz aus dem Boden holten. Die Etrusker brachten den wertvollen Stoff nach Populonia, um es dort im Hafen von Baratti zu verarbeiten. Doch dann lag die Erzbearbeitung für viele Jahrhunderte brach. Erst die Pisaner setzten im 10. Jahrhundert die Bergwerke auf Elba wieder in Betrieb. Die Mineralienschätze,

TOSKANISCHER ARCHIPEL

PERLEN DER VENUS

vor allem auf Elba, blieben die einzige nennenswerte Ressource, ansonsten waren dem Ertrag auf den Inseln enge Grenzen gesetzt.

Der harte Boden, die für Landwirtschaft und Viehzucht schlecht geeigneten kargen und steilen Felshänge ermöglichten lediglich einen bescheidenen Weinanbau. Nur Elba war fruchtbarer. Auf den anderen Inseln gaben die Bewohner seit der Antike immer wieder auf und fuhren aufs Festland zurück. Denn außer Sonne, Meer und Einsamkeit hatten die sieben Inseln im tyrrhenischen Meer zwischen Livorno und Monte Argentario nicht viel zu bieten. Kam es mal zu einer Besiedlung, sorgten über Jahrhunderte hinweg Sarazenen und Piraten dafür, daß es sich auf keiner der Inseln lange in Ruhe leben ließ. Zwischen dem 10. und 16. Jahrhundert überfielen immer wieder moslemische Sarazenen die Inseln und räumten auf mit den dort lebenden Christen. Die von den Pisanern erbaute Festung Volterraio auf Elba steht heute noch als Symbol für die Unbeugsamkeit der Elbaner. Nicht einmal der berühmt-berüchtigte Türke Kair-ad-din, seines roten Bartes wegen Barbarossa genannt, schaffte es, die Festung zu stürmen.

Ganz anders erging es der kleinen Tuffsteininsel Pianosa. Piraten stürmten sie 1553, brachten die gesamte Bevölkerung von tausend Leuten um oder verschleppten sie als Sklaven. Seit dem Zeitpunkt hat es keiner mehr gewagt, sich auf Pianosa niederzulassen. Heute noch ist die Insel, ebenso wie Gorgona, lediglich Endstation für Gefangene.

Mönche und Einsiedler waren die einzigen, die den Inseln des Archipels über Jahrhunderte hinweg die Treue hielten. Sie störten sich wenig

an der geringen Produktivität des Inselbodens, für sie zählte die Weite des Himmels und die Unverdorbenheit ihrer Seele.

Neben Mystikern, Moralaposteln und Gottesmännern erschien aber auch manchem Herrscher die Inselgruppe attraktiv: als idealer Strafort für seine Untertanen. Der Name Giglio zum Beispiel – vom lateinischen igilium/exilium – erzählt von der Praxis der römischen Herrscher, unliebsame Zeitgenossen einfach auf einer dieser Inseln abzusetzen. Wenn sie Pech hatten, blieben sie dort – wie der von Augustus verbannte Postumo Marco Guilio Agrippa – bis zum Lebensende.

Die Gefängnisinseln Pianosa und Gorgona sind für den Tourismus immer noch gesperrt, während die kantige Vulkaninsel Capraia neben Gefangenen seit 1986 auch Touristen beherbergt. Sie dürfen im Gegensatz zu den Gefangenen in den reizvollen Buchten herumtauchen. Damit das Wasser sauber und die Natur vor weiteren Übergriffen geschützt bleibt, erklärten der italienische Umweltminister und der Präsident der Region Toskana die Inseln Capraia, Montecristo und Giannutri 1989 zum Naturpark. Eine für Italien einmalige Initiative, zu gleichen Teilen getragen von der Zentralregierung wie von der Region. Sollten die noch bestehenden Kompetenzstreitigkeiten der verschiedenen Ministerien eines Tages geklärt sein, wird daran gedacht, diesen Beschluß auch auf die beiden Touristeninseln Elba und Giglio auszuweiten.

Elba – Die Königin des Archipels

Elba ist die begehrteste der toskanischen Inseln. Wassersportler und

Taucher, Sonnenanbeter und Strandfanatiker, Wanderer und Naturbegeisterte, Kunstbeflissene und Kirchenliebhaber, Napoleonfans ebenso wie Mineralieninteressierte – alle kommen auf ihre Kosten. Wenn es nur nicht so viele wären. Über zwei Millionen Urlauber strömen alljährlich nach Elba, die meisten von Juli bis September. Der Preis: verstopfte Küstenstraßen, knallvolle Strände, wilde Müllkippen. Friedlicher geht es zu im Inneren von Elba. Bei Wanderungen durch üppige Kastanienwälder oder durch dichte Macchia kann man neue Kräfte sammeln für den Baderummel, und wer von der grünen Idylle genug hat, findet in über tausend Meter Höhe beim Monte Capanne wunderbar surreale Mondlandschaften.

Bekannt und beliebt war die «Insel des Feuers», wie die Griechen Elba einst getauft hatten, schon in der Antike. Nicht nur die Schönheit der Insel und ihre landschaftliche Vielfalt zog Römer, Griechen und Etrusker an, sondern vor allem ihre reichen Mineralienressourcen (Pyrit, Quarz, Hämatit und Serpentin). Bereits die Waffen des trojanischen Kriegs sollen aus dem Metall von Elba hergestellt worden sein.

Doch die Bergwerke sorgten im Lauf der Jahrhunderte nicht nur für wirtschaftlichen Aufschwung, sondern gaben immer wieder Anlaß zu Unruhen. Anfang des 20. Jahrhunderts ging Portoferraio in die italienische Streikgeschichte ein. Das Geschäft mit der Erzgewinnung lief auf vollen Touren, der jährliche Ertrag stieg von Jahr zu Jahr, und der 1900 in Genua gegründeten Gesellschaft «Elba» schwebte bereits ein bombastisches Industrialisierungsprogramm für die Inselhauptstadt vor. Doch sie hatte die Rechnung ohne die Bergleute gemacht, die gegen die extrem harten Arbeitsbedingungen, niedrige Löhne und eine miserable soziale Versorgung rebellierten. Mit Hilfe von heftigen Streiks – allen voran die Frauen – erzwangen die Bergarbeiter eine Verbesserung ihrer Lage. 1911 kam es dann zur Entlassung von 1400 Arbeitern, 1915 wurden Öfen und Gruben vorübergehend geschlossen, und erst im Zweiten Weltkrieg – ohne Eisen keine Kanonen – waren die Bergwerke wieder voll im Einsatz. Ein Bombenangriff der Deutschen am 16. September 1943 zerstörte die Hochöfen, und der Traum vom industrialisierten Elba war endgültig ausgeträumt. Nach dem Krieg verzichtete man wegen der zu hohen Transport- und Arbeitskosten auf einen Wiederaufbau. Das italienische Ministerium für wirtschaftliche Förderung investierte in Straßen und Hotels. Ein anderer Traum begann, in der Hauptrolle: der Tourist.

Ein Korse auf Elba

Doch der größte Star der Insel war und ist Napoleon. Nach dem verlorenen Rußlandfeldzug und den Befreiungskriegen hatte Napoleon in Europa nicht mehr viel zu sagen. Im April 1814 mußte der Korse endgültig abtreten, und als kleines Entgelt wiesen ihm die Verbündeten – als Souverän mit Kaisertitel – die Insel Elba zu. Ein goldenes Exil. Bei seiner Ankunft am 3. Mai 1814 in Portoferraio ließ der verbannte Franzosenkaiser dem französischen General die Botschaft überbringen, man möge ihm «ohne Verzögerung die Insel, ihre Magazine und das Eigen-

Hafen Marciana Marina

tum übergeben, das zu meiner Staatsdomäne gehört. Die Freundlichkeit der Sitten und das milde Klima haben mich Elba als meinen Aufenthaltsort wählen lassen. Bitte teilen Sie diesen neuen Stand der Dinge den Einwohnern mit. Sie seien meines lebhaftesten Interesses versichert. Gott behüte Sie.»

Elba, seit 1803 französisch, empfing seinen Souverän mit großer Begeisterung. Plötzlich kommt da einer, der nicht auf die Ausbeutung der Bodenschätze scharf ist, sondern auf deren Nutzung im Interesse der Bewohner, der nicht auf die günstige strategische Lage der Insel spekuliert, sondern als König von Elba den Inselbewohnern entgegentritt und sie zum erstenmal als Protagonisten ihrer Insel anspricht. Eine rot-weiße Fahne mit drei goldenen Bienen wurde gehißt, als Zeichen der neuen Ära, und die bis

dahin konkurrierenden Zentren der Insel schwärmten zum erstenmal gemeinsam von der Einheit. Napoleon stürzte sich, kaum daß er die Empfangsfeierlichkeiten hinter sich gebracht hatte, in die Organisation ziviler, administrativer und wirtschaftlicher Belange. Er ließ ein zentrales Straßennetz bauen, machte Pläne für Brücken und Staudämme, entwarf den Hafen von Porto Marina, begann mit der Vergrößerung der Bergwerke und mit dem Ausbau der Marmor- und Granitsteinbrüche. Napoleons Ziel war es, Elba von Importen ökonomisch unabhängig zu machen und den Export von Fisch und Wein zu steigern.

Nicht nur als Souverän war Napoleon rührig. Im Laufe der zehn Monate, die er auf Elba verbrachte, suchten ihn eine ganze Reihe Frauen auf. Seine von halb Europa

Bauernkate in der Macchia

umworbene Schwester Paolina Borghese ließ sich für zwei Monate auf Elba als Primadonna feiern und brachte Stil, Bälle und Feste auf die Insel. Im August 1814 nahm dann die Kaisermutter das Heft in die Hand und überwachte, ganz in der Nähe der Villa dei Mulini, Napoleons Residenz auf Elba, das Walten des Sohnemannes. Einzig der Gattin des Franzosen war die Reise zu anstrengend. Sie überließ ihren exilierten Mann seinem Schicksal, während die polnische Geliebte des Meisters, Maria Walewska, sich kräftig ins Zeug legte. Tagelang schipperte sie über das Meer, das Pfand ihrer Leidenschaft zu Napoleon, den gemeinsamen Sohn Alexander, mit im Gepäck. Die letzten fünfzig Stunden ihrer heißen Liebe mit Napoleon verbrachte die Gräfin auf Elba – in einem Zelt unterhalb der Wallfahrtskirche Madonna del Monte. Die Gerüchteküche der Geschichte weiß dann nur noch, daß die Romanze abrupt abgebrochen wurde, die Abfahrt der polnischen Gräfin überstürzt war, das Meer stürmisch, und Napoleon sechs Tage ungeduldig auf die Bestätigung ihrer Ankunft wartete.

Doch auch seine Tage auf Elba waren gezählt. Im März 1815 kehrte Napoleon nach Frankreich zurück. Nach der Niederlage bei Waterloo wurde er von Großbritannien auf Sankt Helena interniert, wo er im Mai 1815 starb.

Giglio – Das Aschenputtel des Archipels

Wie ein schlafender Wal liegt der Vulkanfelsen Giglio im Meer. Nur langsam erkennt man vom Schiff aus Weinberge und blühende Hänge. Richtig bunt wird es erst beim

225

Anlegen in Porto, dem Hafenort der Insel. Die in allen Farben angemalten Palazzi entlang der leicht geschwungenen Hafenpromenade machen sofort Lust aufs Aussteigen. Streß, Lärm und Hektik liegen viel weiter zurück als eine Schiffahrtsstunde. Auf Giglio gehen die Uhren langsamer.

Keine Hotelketten stören das einheitliche Bild der Hafenpromenade aus dem letzten Jahrhundert, keine schnell hochgezogenen Neubauten verschandeln die Landschaft, und lediglich auf der andern Seite der Insel, in Campese, triumphiert eine ziemlich scheußliche Feriensiedlung über gewachsene Dorfstrukturen.

Die steinige Insellandschaft setzte der Ausweitung des Fremdenverkehrs ganz natürliche Grenzen, und ein Baustopp tut sein übriges. Die für Italien ungewöhnlich vernünftige Maßnahme verbietet seit ein paar Jahren auf der gesamten Insel jede Form von Neubau. Und da Giglio – neben ihrer attraktiven Schwester Elba etwas unscheinbarer – erst sehr spät vom Tourismus entdeckt wurde, konnte nicht viel kaputtgemacht werden. Die Übernachtungsmöglichkeiten auf der 22 Quadratkilometer großen Vulkaninsel sind daher enorm eingeschränkt. Wenig Betten, wunderbare Strände und kristallklares Wasser führen zu einem blühenden Tagestourismus. Vor allem an den Sommerwochenenden stürmen ganze Invasionen morgens aus den Fähren, ziehen an die Strände Le Cannelle, nur zehn Minuten Fußmarsch von Porto entfernt, oder ein Stück weiter an den Traumstrand Le Caldane. Viele nehmen auch den Bus und fahren zu der über 500 Meter langen Sandbucht von Campese auf die Westseite der Insel. Hier liegt das einzig wirklich große Ferienzentrum der Insel mit vielen Hotels, Pensionen, schreienden Großfamilien und scheppernden Musikboxen. Abends dann, am schönsten zu verfolgen bei einem Aperitif in einer der Hafenbars in Porto, leeren sich die Strände und Straßen. Das Schiff zieht ab, die Masse geht, der Mond kommt, und zwischen den Gigliesen und den zurückgebliebenen Gästen entsteht fast so etwas wie eine Komplizenschaft.

Das Zentrum von Giglio ist das 440 Meter über dem Meer gelegene Bergdorf Castello, der alte Rivale des Hafenortes Porto. Durch das einzige Tor tritt man wie in einem Zeitsprung in ein unwirkliches Labyrinth von Gassen, Bögen und steil ansteigenden Treppen. Besonders nachts, wenn man sich im schwachen Laternenlicht an den Hauswänden entlangdrückt, kann man sich die Tücken des früheren Alltags in dieser ältesten Giglio-Siedlung vorstellen. Bis in unser Jahrhundert hinein gab es in Castello keine Kanalisation, und deshalb wurden die vollen Nachttöpfe kurzerhand aus dem Fenster gekippt.

Gegen die äußeren Feinde, wie Sarazenen und Piraten, konnten sich die Bewohner von Castello dank ihrer massiven Festungsanlage zielsicherer verteidigen. Am besten zu sehen ist die Ring-Anlage vom höchsten Punkt der Insel aus, von Poggio della Pagana, drei Kilometer Fußmarsch von Castello.

Wintergeschichten

Für alle Fälle, seien es äußerliche oder innerliche Widrigkeiten des Lebens, gab und gibt es auf Giglio den Inselheiligen San Mamiliano, der einspringt, wenn irdische Kräfte nicht ausreichen. San Mamiliano war im 5. Jahrhundert der Hit unter den Heiligen. Sämtliche Inseln des Archipels schlugen sich um seine Reliquien. Kaum daß sein Tod auf der Insel Montecristo bekannt wurde, stachen Gigliesen in See, um den Leichnam des Heiligen zu ergattern. Zwar gelang es ihnen, den Körper auf ein Boot zu laden, aber auch Genueser und Elbaner rissen sich – im wahrsten Sinne des Wortes – um den Leib des Heiligen. Doch die Giglieser ließen nicht los, sie zerrten und rissen, bis sich der Arm des Heiligen vom Körper ablöste. Mit diesem wertvollen Schatz ruderten sie in Richtung Giglio, wo sie von einer johlenden Menge gefeiert wurden. In der Kirche von Castello kann der silberne Arm des ehemaligen Erzbischofs von Palermo, San Mamiliano, nun bestaunt werden. Und jedes Jahr am 15. September wird die Relique aus dem Schrein geholt und durch die Straßen von Castello getragen.

Giglio ist voller Anekdoten und Geschichten. Doch die erfährt man nur im Winter, wenn die Gigliesen unter sich sind. Ein Kenner und Pfleger der Lokalhistorie, die Insel-Autorität «Dottore» Armando Schiaffino, lacht über Versuche, sich der Seele Giglios im Sommer zu nähern. «Wenn die Touristen hier sind, haben wir keine Zeit, unsere Geschichten zu erzählen und unserer Festlust zu frönen. Nur im Winter lebt das wahre Giglio, wenn man sich in den alten Weinkellern von Castello trifft, um Lieder zu singen.»

«Ansonico» heißt die Traube des schweren Giglio-Weins, Symbol für die herbeigeschworene alte Zeit. Heute wird der in den Giglio-Liedern immer wieder als Lebenselexier gepriesene Stimmungsheber fast nur noch als «digestivo» gereicht. «Wir trinken den Ansonico, um das Fest noch schöner zu machen und um noch besser singen zu können», heißt es in einer der Wein-Hymnen der Saufkeller von Castello. Anders als die Leute von Porto lebten die aus Castello, die «echten» Gigliesen, nicht vom Fischfang, sondern von Weinbau und Landwirtschaft. Die alte Feindschaft zwischen den verschlossenen Bergbauern und den weltoffenen Fischern gärt auch heute, wenn auch in gemilderter Form. «Natürlich kann ich einen Mann aus Castello heiraten», räsonniert eine junge Portolana, «aber mir und der Familie wäre es jedenfalls lieber, wenn er nicht ausgerechnet aus Castello kommt.»

Auf dem alten Weg, der früher die beiden Zentren verband, wandert man in gut eineinhalb Stunden von Porto nach Castello. Ein schöner Fußmarsch auf den Spuren verbotener Liebeshändel, die hier jahrhundertelang zwischen struppiger Macchia, wohlriechender Erika und Myrte ausgetragen wurden. Und nicht mal die biblische Verführerin fehlt in diesem Paradies: Die Coluber viridiflavus, die Giglio-Schlange, treibt sich heute noch bevorzugt in dem niedrigen Macchia-Gehölz herum, doch zum Glück für alle Paradiessucher ist sie ungiftig.

SÜDTOSKANA

Südlich Siena wird die Toskana plötzlich wild. Die Via Cassia schlängelt sich in Richtung des Vulkanbergs Monte Amiata über immer kahler werdende, baumlose Hügel. Diese tonhaltigen Lehmberge, die Crete, sind die karge, unwirkliche Öde, durch die man in den vielleicht unbekanntesten Teil der Toskana kommt, ins Tal des Orcia-Flusses, zum Vulkanberg Monte Amiata, schließlich zu den Tuff-Bergen der Etruskerstätten der Maremma und ins nördliche Latium.

Vor zwei bis sechs Millionen Jahren, während des Pliozäns, als sich auf der Erde Säugetiere und Schnecken zu entwickeln begannen, haben sich diese welligen Tonsedimente am Meeresgrund abgelagert. Der lehmige Boden duldet wenig Vegetation, Erosion zerfrißt ihn, reißt Spalten und Schluchten auf. Ein ewiges Übel für die Bauern, die hier pflügen, und für die Schäfer, vorwiegend sardische Hirten, die seit etwa 25 Jahren mit ihren Herden auf die Felder der durch die Landflucht verlassenen Poderi gezogen sind. Die rissige Erde der Crete-Hügel färbt sich im Frühling grün, wird im Sommer gelb vom Weizen. Im Herbst und Winter schillert sie besonders an den ausge-

trockneten Südhängen in weißlich-
bläulichen Schattierungen von den
Thenardit-Ausblühungen des Tons.
Diese Landschaft bildet den Hintergrund einiger Meisterwerke der Sieneser Malerei, zum Beispiel Ambrogio Lorenzettis «Buon Gover-
no» im Rathaus von Siena. Die ma-
gere Erde, auf der sich nur die zähe
Zypresse gut hält, liefert als Weide-
grund den durch wildwachsenden
Thymian und Bohnenkraut würzigen Cacio, wie der Pecorino
(Schafskäse) in der Toskana heißt.
   Die Erosion ist unaufhaltsam.
Die Tonerde saugt sich bei Regen
voll. An einigen Stellen, da wo die
Häuser dicht am Abgrund stehen,
kann man bei Unwettern das dump-
fe Grollen der Schlammstürze hören. Mit Steinmäuerchen an den
Abstürzen, mit Eindämmen des ab-
fließenden Tons und gezielten
Pflanzungen versucht die Forstbe-
hörde, diesen Prozeß zumindest so
zu lenken, daß die Endphase der
Erosion mit Überwucherung durch
Gräser und Gehölz schneller erreicht wird.
   Weil die Erde so wenig hergibt,
wird der Boden von den verbliebenen Großbauern bis in die letzten
Winkel ausgebeutet, und da, wo es
nicht mehr weitergeht, kommt neuerdings mit Hilfe von EG-Mitteln
die Planierraupe zum Einsatz, die
Crete werden plattgewalzt. Der Widerstand gegen die Zerstörung der
fragilen, einzigartigen Landschaft
wächst nicht nur bei den Umweltschutzgruppen. Auch in den Stadt-
ämtern der kleinen Kommunen
selbst – Pienza, Montepulciano,
Montalcino – findet ein Umdenken
statt. Allerdings ist, wie Vera Petre-
ni, die Bürgermeisterin von Pienza
sagt, die Überzeugungsarbeit bei
den Bauern «sehr mühsam», auch

wenn sie mehr verspricht als Re-
pression durch Schutzauflagen, die
selten greifen.
   Die fotogenen, im Herbst und
Frühling windgezausten Lehmhügel
begleiten einen weiten Teil der Via
Cassia, während der Doppelhöcker
des erloschenen Amiata-Vulkans
nie aus dem Sichtfeld verschwindet.

Die Mönche auf dem Ölberg

In den Crete südlich von Anciano,
in der «Wüste von Accona», auf
einem Lehmkamm reitend, sitzt das
große Stammkloster der Olivetaner.
Am Sonntag ist bei diesen Mönchen
der Teufel los. In züchtigem schwar-
zem Sonntagszwirn, hochhackigen
Schühchen, weißen Blüschen, schieben elegante Damen mit ihren Si-
gnori und erstaunlich gesitteten Ragazzi in ganzen Rudeln über den
gepflasterten Fahrweg. Durchs Pi-
nienwäldchen geht es bergab zum
einstigen Eremitenort Monte Oliveto Maggiore. Menschenmassen in
der Kirche, staunend. Andrang vor
den Fresken im Klosterhof; Über-
fall auf die Trattoria, wo die Kellne-
rin mit glasigem Blick Gelati balan-
ciert.
   Zwischen all den schwarzen Menschen wirken die Mönche, die Olivetaner mit ihren bodenlangen weißen Kutten, wie fehl am Platze.
Don Placido, der freundliche Glatz-
kopf, treibt die Horden um 19 Uhr
nur mühsam aus dem Kloster. Aber
der empfangende Padre «Foresterario», Don Renato, nimmt den Sonn-
tagsrummel im heiligen Ort gelassen. Auch daß in seiner Pilgerher-
berge manchmal bis zwölf Uhr
nachts eine gastierende Jugend-
gruppe Rambazamba macht, wird
toleriert. Dafür greift dann am
nächsten Morgen die Klosterord-

Buchrestaurator Don Placido

nung um so unerbittlicher: Heftiges Glockenläuten reißt die Störenfriede des Abends um sechs Uhr früh aus dem Schlaf, unterstützt vom Gekreisch der Dohlen, die um den Kirchturm flattern. Der ganze Tag wird nun – nicht nur für die 35 Mönche – vom Läuten der Glocke skandiert sein. «In der Stille und im Gebet kannst du die Gegenwart Gottes spüren», empfiehlt ein Flugblatt den Gästen, die nach Kapitel 53 der Benediktinerregel «wie Christus persönlich aufgenommen» werden sollen.

Gründer dieses erstaunlichen Klosters ist ein gewisser Giovanni Tolomei gewesen, gebürtig in Siena am 10. Mai 1272. Ein erfolgreicher Jurist, der sich im Alter von 41 Jahren dreißig Kilometer südlich Siena im unzugänglichsten Teil der Crete «aus der Welt verabschiedete» und ein Kloster gründete. In einer Vi-

sion sah Tolomei auf einer silbernen Leiter weiße Gestalten zum Himmel aufsteigen, so weiß wie heute die Mönche sind. Der Freskenzyklus im Klosterhof (an ihm malten Luca Signorelli, ein Schüler Piero della Francescas, und der Sodoma genannte Giovanni Antonio Bazzi von 1497 bis 1508) zeigen das Leben und Wirken des heiligen Benedikt von Norcia. Unter der Regel dieses Begründers der abendländischen Klostertradition lebt die Olivetaner-Kongregation bis heute: «Ora et labora», bete und arbeite.

Der freundliche Don Placido ist der heimliche Star des Klosters auf dem Ölberg. Denn berühmt sind die Olivetaner unter Don Placidos Führung als Restaurateure von kostbaren Inkunabeln, den ersten «Wiegendrucken»: mit Miniaturen geschmückten Handschriften und wertvollen alten Büchern. Als Florenz nach der großen Arno-Überschwemmung 1966 unter Wasser stand, rief man die Olivetaner als Retter für Tausende unersetzliche, in heizölgetränkter Schmutzbrühe schwimmende Bücher. Im Kloster selbst, in Don Placidos Labor, geht alles wissenschaftlich zu. Schwer schleppt der Mönch einen eisenbeschlagenen, frisch restaurierten «Codice miniato» herbei, eifersüchtig wacht er darüber, daß die Miniaturen nicht fotografiert werden. Zerfressenes Papier, ausgelaufene Tinte, zerfallende Buchdeckel – mit Skalpell, japanischem Seidenpapier, Spezialkleber und Zedernholz (Buchdeckel) wird kunstvoll wiederhergestellt, was die Zeit angenagt hat.

Aber die Mönche sind auch arbeitsame Bauern. Don Celso, Leiter der «azienda agricola», produziert mit Hilfe von Pächtern und Landarbeitern Olivenöl und Wein, in der «liquoreria» wird Schnaps gebrannt. Das Koster ist Grundbesitzer und damit Padrone wie alle Gutsinhaber. Zwei Dutzend Poderi, ehemalige Halbpacht-Höfe, zählt das Gebiet der Olivetaner. Nicht mehr alles ist wirtschaftlich, selbst unter den arbeitsamen Mönchen verfielen einige Bauernhäuser. Drei von ihnen wurden verkauft oder sind an junge Leute vermietet, die die zugigen Häuser gegen geringe Miete wieder in Schuß bringen.

Seit einigen Jahren sieht man hier vermehrt Wanderer durch die «calanche», die Lehmschluchten, in Richtung des südlich sichtbar auf einem Hügel gelegenen Weinortes Montalcino ziehen. Stützpunkt ist das Kloster, wo sich Don Renato freut, daß unter den Jugendlichen «eine gewisse Neugier» aufs Klosterleben festzustellen ist. Der Wandereffekt allerdings wurde 1983 von einem Artikel der Natur-Zeitschrift «Airone» ausgelöst, der den italienischen Lesern die Strecke über Monte Oliveto und Montalcino als Einfallsroute ins südliche Bergland vorschlug. Am zahlreichsten haben sich die Deutschen auf diese Strecke gewagt, ausgerüstet mit «Richtig Wandern» (DuMont), in dem die Airone-Tour abgekupfert und ausgebaut ist.

Wildsäue und edler Wein

Montalcino liegt auf einem windigen Oliven-Hügel zwischen den weiten Flußtälern von Ombrone und Asso. Im neunten Jahrhundert gehörte das Dorf als Schenkung dem Abt des nahen Klosters Sant' Antimo, einem der reichsten Grundbesitzer Mittelitaliens. Bewaffnet und bewehrt kontrollierte Sant' Antimo diesen Teil der Toskana. Vom 1492 aufgelösten Kloster blieb nur noch die romanische Kirche als zypressenumkränztes Kleinod.

Als im sechzehnten Jahrhundert die Medici das Großprojekt Toskana in Angriff nahmen und nach langen Kämpfen auch die bislang stolze, freie Republik Siena unterwarfen, zogen sich einige Sieneser Bürger in das als Festungsort ausgebaute Montalcino zurück. Mit französischer Hilfe überlebte die sienesische Exilregierung dort von 1555 bis 1559, bis Cosimo I. auch die letzte freie Bastion vereinnahmte. Von der stolzen Republik-Zeit blieben Montalcino der turmbewehrte Palazzo del Popolo und die Burg, die mittelalterlichen Winkel und Gassen.

Neueren Ruhm brachte der 1880 von den Weinbauern Biondi-Santi erstmalig gekelterte Brunello di

Montalcino, der teuerste italienische Wein, mit entsprechendem Snob-Appeal. Die steinige Erde («galestro» – danach benannt ist der Mode-Weißwein Galestro) der Hänge unterhalb des Städtchens gibt dem Wein aus Sangiovese-Trauben seine wertvollen Eigenschaften: lange Lagerfähigkeit, volles Bukett, würzige Schwere. Weinkenner können sich über die Charakteristiken des Brunello in langen Exkursen zu Körper, Abgang, Säure- und Tanningehalt verlieren. In den Kellern der Weinbauern hier bekommt man das gratis. «Wir werden nicht reich dabei», sagt Patrizio Cencioni vom Weingut Capanna, einem neunköpfigen Familienbetrieb, «aber die Arbeit mit dem Brunello schafft Befriedigung.» Wenig Regen ist wichtig; die bis zu zwei Meter langen Wurzeln holen das nötige Wasser herauf. Manchmal sind die niedrig hängenden, in mühevoller Arbeit beschnittenen Weinreben (durch Selektion und Ausdünnen der Reben wird die Qualität des Weins garantiert) auf langen Strecken abgerissen, geradezu umgepflügt. «Dann spannen wir Netze auf», erklärt der Weinbauer, «dann war ein cinghiale im Feld, und die Wildschweine lieben die aromatischen Trauben.» Wildsäue gibt es reichlich hier, auch in Form von Schinken, Würsten und Braten, die in den Örtchen von Montalcino südwärts allenthalben angeboten werden. Diejenigen, die noch den echten Wildschweinegeschmack kennen, vermissen jedoch den originalen Zubiß: Damit die Jäger genug vor die Flinte bekommen, ist die Wildsau zur Erhaltung des Bestandes mehrfach gekreuzt worden, die künstliche Vermehrung hat die «Wildheit» des Fleisches verwässert.

Der blumige, schwere, oft herbe, dunkle Brunello paßt zu den (immer noch) würzigen Olivensaucen der Arrosti di cinghiale der Osterien im Blickfeld des Amiata ebenso wie zur kargen Crete- und waldigen Berglandschaft. Leichter, weil jünger (der Brunello muß dreieinhalb Jahre in Eichenfässern lagern, ein Jahr mehr macht einen «riserva» draus) ist der Rosso di Montalcino, besonders wenn er im ersten Jahr als Vino da Tavola direkt vom Faß kommt.

Weil Montalcino sich mit seinem edlen Wein einen Ruf geschaffen und mit Wiederbelebung historischer Volksfeste und Theaterspektakeln den Tourismus angekurbelt hat, flackert hier an Wochenenden und zur Saison plötzlich Leben auf, als wäre das Städtchen ein Vorort von Siena, Florenz oder Mailand. Wenn Ruhe einkehrt, bleibt die Stadt eines jener Landnester, die erst neuerdings – nach langer Ausblutung und Verfall – gegen die Arroganz der Städte und die konsumistische Neugier der Touristen wieder als florierende Gemeinde auftreten können, wenn auch nur durch den neuen Zuzug von außen – durch die stadtmüden Neubesitzer von Weingütern, Restaurants und Boutiquen.

Kesselring und die ideale Stadt

Auch das dreißig Kilometer östlich liegende Pienza hat sich kräftig herausgeputzt, und das ist auch schon die Geschichte der Stadt: Als der reiche Enea Silvio Piccolomini 1458 als Pius II. den päpstlichen Stuhl bestieg, faßte er eine gewaltige Idee. Er beauftragte den Renaissance-Architekten Leon Battista Alberti, der schon in Florenz den mächtigen Pa-

trizierpalast der Rucellai gebaut
hatte, mit der Planung, dessen
Schüler Bernardo Rossellino mit
dem Bau einer neuen, modernen
Stadt. Aus seinem Geburtsdorf,
dem kleinen Corsignano, machte
«der ruhmgierige Humanist, in die
Fußstapfen der großen Städtegrün-
der der Antike tretend» (H. Keller),
eine «ideale Stadt». Und er gab ihr
seinen Namen – Pienza, Pius-Stadt.
Die Hauptstraße, künstlich ge-
krümmt, damit man nicht von
einem Stadttor zum anderen sehen
kann, täuscht Größe vor, der Pius-
Platz in umgekehrter Zentralper-
spektive erhöht mit optischem Trick
die Wirkung des Doms, des Bi-
schofspalastes und vor allem des Palazzo Piccolomini. Das Stadtprojekt
blieb jedoch stecken, obwohl Pius
etliche Kardinäle überreden konnte, ebenfalls in seiner Idealstadt zu
bauen. Denn der ehrgeizige Ur-
banist verstarb schon 1564, fünf
Jahre nach Baubeginn. So blieb die
Kerngruppe um den Pius-Platz nur
das Rudiment des hochfahrenden
Planes, ein zweites Florenz zu gestalten.

«Dieses Bauwerk mit seiner gesamten Ausstattung steht als Kunst-
denkmal unter deutschem Schutz!»
Die Order der Militärkommandatur
1003, Außenstelle Siena, unter-
zeichnete der Generalfeldmarschall
Kesselring 1943, als dieser Teil der
Toskana von deutschen Truppen besetzt war. Als Museumsstück hängt
die Anweisung in den weiten Räumen im ersten Stock des Palazzo
Piccolomini. Noch bis 1962 wohnten
hier die letzten Piccolomini, jetzt ist
der Familiensitz in Händen einer
Stiftung. Pius II. ließ die Loggien
auf der Rückseite des Palastes so
bauen, daß sie wie ein Bilderrah-
men die Landschaft vor dem Monte

Amiata einfassen. Der grandiose
Blick geht über die welligen Crete,
das fruchtbare Tal des Orcia-Flusses
und eine weite Einöde bis zur legendären Burgfeste von Radicofani.

Unter der Loggia des vergleichsweise kleinen, eben nicht von einer
freien Kommune selbst gebauten
Palazzo Comunale erinnert eine Inschrift indirekt ebenfalls an das Wir-

Blick vom Piccolomini-Palast

ken des Albert Kesselring, Oberbefehlshaber der deutschen Truppen in Mittel- und Süditalien nach dem Sturz Mussolinis 1943. «Beseelt von inbrünstiger Vaterlandsliebe und gestützt durch unumstößlichen Glauben an die Ideale der Freiheit», heißt es da, habe ein Häuflein Partisanen am 6. April 1944 in der Gemeinde Monticchiello dem Feind erhebliche Verluste beigebracht. Der Feind waren die Besatzungstruppen jenes deutschen Offiziers, die hier auf dem Rückzug vor den anmarschierenden alliierten Truppen vorübergehend Quartier bezogen hatten. Selbst Radio London berichtete vom Kampf der Partisanen in Monticchiello. Kesselring wollte daraufhin das Dörfchen aus-

Teatro Povero in Monticchiello

löschen. Nur dem deutschen Gutsbesitzer Franco Angeben, der bei Monticchiello ein Anwesen mit fünfzig Pachthöfen besaß und der gegen den Gewaltakt protestierte, sei die Rettung des Dorfes zu verdanken, so erinnern sich die Leute in Monticchiello.

Armes Theater, blühendes Dorf

«Über das Teatro povero kann dir hier jeder Bauer erzählen, den du auf den Feldern schwitzen siehst. Denn heute abend steht er selbst auf der Bühne!» Das Bergnest Monticchiello liegt am Rande der Crete südöstlich Pienza. Eine Stadtmauer, steile Sträßchen, eine winzige Piazza. Seit 1967 spielen die Einwohner des Dreihundert-Seelen-Dorfes jährlich im Juli auf der dreieckigen «piazzetta del teatro» hautnahe Stücke aus dem Alltag, der Ge-

schichte und der Problematik ihres Dorflebens: die Landflucht, die Situation der Frauen, das Leben der Bauern. «Das ganze Dorf ist daran beteiligt», sagt Mario Bassi, ein Rentner. «Und keiner, weder der Kartenabreißer, noch die Beleuchter, der Regisseur oder die Schauspieler, bekommt Geld dafür – qui si spende neanche un soldo!»

Eines der ersten Stücke der Bauerntruppe hatte eben jenes Ereignis zum Thema, an das in Pienza erinnert wird: den heldenhaften Partisanenkampf. Die Stücke des «armen Theaters» nennen sich «autodramma», weil die Schauspieler eben sich selbst auf die Bühne bringen. Eben noch verkaufte dir die Frau des Regisseurs Andrea Cresti selbstgemalte Aquarelle, jetzt steht sie schon im Rampenlicht, neben dem quirligen Zeitungshändler, der wie immer die Rolle des «capoccia», des Chefs

der Mezzadro-Familie spielt. Aber
daß für das mittlerweile zur Institution gewordene Theater kein Pfen-
nig ausgegeben wird, darf getrost
als enthusiastische Selbststilisie-
rung genommen werden. Zuerst
waren es die Bauern selbst, die unter Leitung des Lehrers Aldo Nisi
und des Journalisten Mario Guidot-
ti das Stück entwarfen und nach der
Feldarbeit spielten. Dann schloß
man sich zur Kooperative zusammen, um staatliche Zuschüsse zu erhalten. Das Theater hat das Dorf
zusammengeschweißt, hat eine dau-
erhafte Verbindung zwischen Intellektuellen und Bauern geschaffen
und mitgeholfen, die Abwanderung
zu stoppen. Monticchiello ist ein
blühendes Dorf, durch dessen mittelalterliches Tor im Sommer auch
römische Schickeria einfällt, um das
«authentische Bauerntheater» zu
bewundern. Das Theater selbst
nimmt nicht mehr nur die Piazza als
einzige Kulisse, ist nicht mehr ganz
so «arm». Kostüme, Technik, riesige Zuschauertribüne und auch Bezahlung für einige Mitarbeiter sind
die Kennzeichen des Aufstiegs.

1988 spielte Monticchiello das
Autodramma «Maldipodere»
(etwa: Bauernleiden), ein Stück,
das im selben Jahr im ganzen Orcia-
Tal fast Realität wurde. Auf dem
Theaterplatz kaufte eine fiktive Immobiliengesellschaft verlassene
Bauernhöfe auf und wollte im Tal
das dritte Jahrtausend ausrufen.
Gegen den Alptraum der «post-
post-modernen» Toskana revoltier-
ten die Bauern und riefen die «freie
Republik des Orcia-Tals» aus. Soweit das Schauspiel. Kurz drauf
wetterte der kommunistische
Schriftsteller Alberto Asor Rosa,
der seine Sommerferien in Monticchiello verbringt, in der Tageszei-

tung «La Repubblica» gegen die geplante Umwandlung des nahen
Thermalbades Bagno Vignoni in
eine ultramoderne Kurstation. Eine
mysteriöse Immobiliengesellschaft
namens «Val d'Orcia srl» (Orcia-Tal
GmbH) hatte – ähnlich wie im
Theaterstück – ihre Hände im Spiel.
Asor Rosa warnte vor dem «größten Umweltdesaster der letzten
vierzig Jahre in Mittelitalien». Damit entbrannte ein beispielhafter
Kampf zwischen Fortschrittswüti-
gen und Naturschützern zwischen
den extremen Polen: Toskana – Museum oder Kommerz?

Tarkowskis Dampfbecken

Die Heilkraft des Wassers von Bagno Vignoni kannten schon die Römer. Der Bademeister im kleinen
Kurhotel erklärt: 51 Grad heißes,
kalkhaltiges Wasser, gut gegen
Schmerzen aller Art, gegen Rheu-
ma und Arthritis. Aber bisher blieb
das mittelalterliche Dörfchen mit
seinen zwanzig Einwohnern vom
großen Strom des Tourismus ausge-
nommen. Verschont von Rummel
und Trubel rastet man in der winzige Osteria zum Löwen und schaut
auf das dampfende Becken mitten
im Dorf, das dem russischen Regisseur Tarkowski als Kulisse für den
Film «Nostalgia» diente. Um die
Jahreswende 1988/89 kochten jedoch auch die Gemüter, weil die
Stadtverwaltung des Ortes San Quirico d'Orcia, zu dem Bagno Vignoni gehört, mit Riesenhotels, Golf-
platz und Kurstation die Idylle zu-
bauen wollte. Gegen die Invasion
der Betonmaschinen wehrten sich
vor allem die Einwohner des Dorfes
selbst. Leonardo Marcucci zum Beispiel, Besitzer des Hotels zur Post,
war gegen das Projekt, obwohl er si-

Tarkowskis Dampfbecken

cher am Run auf Bagno Vignoni hätte profitieren können. «Und das hat nichts mit Nostalgie zu tun», erklärte er, «Bagno Vignoni wird geschätzt, eben weil es unverändert ist.»

Der Kampf um das kleine, unbekannte Thermalbad wurde zum nationalen Fall, exemplarisch für den wachsenden Widerstand gegen die Zementierung der Kulturschätze Italiens durch eine hemmungslos expandierende Tourismusindustrie. Asor Rosa schlug vor, das gesamte Orcial-Tal zwischen Pienza und Montalcino in einen Kultur- und Naturpark zu verwandeln. Er votierte für einen sinnvollen Ausbau, für einen «intelligenten Tourismus», der ebenso Arbeitsplätze erhalten könnte wie das Megaprojekt Bagno Vignoni.

Der kommunistische Bürgermeister von San Quirico, Danilo Mara-

mai («Wir sind die roteste Gemeinde in der rotesten Provinz der rotesten Region Italiens»), wurde zum Sündenbock gestempelt und schließlich von KP-Chef Achille Occhetto persönlich zurückgepfiffen. Daraufhin konnte man dem plötzlichen Ergrünen eines einst bauwütigen Kommunisten beiwohnen. Das Projekt wurde gestoppt, der historische Dorfkern mit Tarkowskis dampfendem Becken blieb erhalten. Der Plan des Natur- und Kulturparks Val d'Orcia nahm Gestalt an. Alle Gemeinden des Tales arbeiten nun für seine Verwirklichung. Aber es kamen schon neue Pläne hoch: Das nahe Bagni San Filippo, das mit drei verschiedenen Wasserquellen ein wesentlich größeres Kur-Potential hat und noch verschwunschener liegt als Bagno Vignoni, ist zum Spekulationsobjekt geworden. Und gegen dessen

Betonierung hätte auch Leonardo Marcucci nichts einzuwenden, schließlich «paßt das gut zu den vielen Skipisten um den Monte Amiata, da könnte ruhig noch was hin».

Am großen Vulkanberg

Zwischen dem vulkanischen Basaltzacken von Radicofani und dem Monte Amiata windet sich die ausgebaute Via Cassia durch ein im Frühling blühendes, im Sommer ausgedörrtes Flußtal. Wer im Mittelalter die Festung Radicofani beherrschte, kontrollierte auch diese wichtige Pilgerstraße. «Ghino di Tacco, ein durch seine Wildheit und seine Räubereien sehr berühmter Mann», im zwölften Jahrhundert Signore von Radicofani, ist in Giovanni di Boccaccios Decamerone verewigt: Mit seinen Mannen entführt der zum Straßenräuber gewordene, verarmte Adlige den Abt von Cluny, als dieser, nach päpstlichem Festschmaus überfressen aus Rom kommend, unter seiner Festung durchreist. Mit süßem Wein und trocken Brot kuriert der Brigant das vermeintliche Magenleiden des frommen Gefangenen. Zum Dank für die aufgezwungene ärztliche Hilfe erhält der «wackre Mann» schließlich vom Papste höchstpersönlich den lukrativen Posten eines Großpriors des Hospitalordens. Eine lustige Anekdote, in der «großmütig oder hochsinnig gehandelt wird», eine Legende auf dem Hintergrund des spätmittelalterlichen Machtkampfes zwischen Kirche, Adligen und frühbürgerlichen Kommunen.

In der Unwegsamkeit der Berge, weitab von den Machtzentren Siena, Florenz und Rom, haben sich einige Adelsgeschlechter länger als anderswo als Beherrscher des Landes gehalten. So wie der gefürchtete Ghino unterwarfen sie kleine, freiheitsstrebende Gemeinden und etablierten die despotische Herrschaftsform der Signoria. Der Name des legendären Ghino ist heute jedoch auch Symbol für mutiges, gegen etablierte Mächte kämpfendes Einzelgängertum. Eine beißende Kolumne im Provinzblättchen «Donchisciotte» in San Quirico d'Orcia wird von Ghino di Tacco unterzeichnet. Aber auch die nationale Tageszeitung der Sozialistischen Partei, «L'Avanti», trägt unter einer Kolumne das Siegel G.d.T. – jeder weiß, daß sich dahinter Bettino Craxi verbirgt, der sich gern als neuer Freischärler zwischen Kirche und Staat versteht, wie einst Ghino, allerdings mittlerweile mehr erbeutet hat als eine bescheidene Großpriorstelle.

Radicofani gegenüber, liegt am Hang der ehemalige Abtei-Ort Abbadia San Salvatore. Die Zisterzienser-Abtei, die eigentliche Abbazia di San Salvatore existieret nicht mehr. Übrig blieb die wegen ihrer vorromanischen Krypta interessante Klosterkirche, eingebettet in die Altstadt-Häuser.

Der Ort wurde ab 1846 als Zentrum des Quecksilberabbaus am Fuße des Monte Amiata zu einem der weltweit größten Produzenten des flüssigen Metalls. Aus großenteils unrentabel gewordenen Erzvorkommen wird, nach vorübergehender Schließung in den siebziger Jahren, seit 1981 wieder Quecksilber gewonnen. Zinnober (Quecksilbersulfid), das schon die Etrusker zum Färben benutzt hatten, wird dabei auf 750 Grad erhitzt. Der so entstehende Dampf kondensiert und fällt in kleinen, schweren Tröpfchen

Heißer Dampf aus dem Armiata

aus. Wer seine Hand in eines der eisernen Sammelbecken steckte, würde sich wundern: Durch das hohe spezifische Gewicht des Metalls muß man sich anstrengen, die Hand hineinzubekommen, als hätte man Lehm vor sich. Die scheinbare Flüssigkeit ist jedoch nicht nur hochgiftig, das Experiment ist besonders für Leute mit Goldschmuck unratsam. Einer der Arbeiter erzählt die Anekdote eines reichen Adligen, der das Experiment machte und seinen goldgefaßten Diamantring verlor. Das Quecksilber hatte ihm das Gold im Nu von der Hand gelöst. Auf dem Beckenboden fand man später nur noch den unversehrten Diamanten.

Die Fähigkeit des Quecksilbers (italienisch: mercurio), Gold zu lösen, könnte im Amiata-Bereich noch nützlich werden. Der felsige Boden um Abbadia San Salvatore,

Piancastagnaio und Santa Fiora hat geologische Ähnlichkeit mit den südamerikanischen Goldgebieten. Der Staatskonzern AGIP hat nach längeren Untersuchungen mit einer anglo-amerikanischen Gruppe eine Joint Venture zur Ausbeutung der wahrscheinlich minimalen Goldvorkommen gebildet.

Als der Weltmarktpreis des Thermometer-Metalls in den siebziger Jahren verfiel, fieberten die in halber Höhe um den Ex-Vulkan gruppierten kleinen Berggemeinden schon einmal in einer Art Goldrausch, angesteckt vom Geschäft mit dem Wintersport. Auf dem Wege zum Gipfel sieht man in dichten Kastanien- und Buchenwäldern die Zweitvillen, die Skilifte und Sporthotels. Der Berg wurde mit einem dichten Netz von Straßen überzogen, über die winters Autoschlangen mit Ski-Fans kurven. Außer-

Denkmal für Lazzaretti

halb der Saison kann man jedoch auf den angelegten Wanderpfaden hervorragende Touren unternehmen. Gegen die weitere Zerschandelung der Berglandschaft steht das Projekt eines Naturparks Monte Amiata, der zunächst eine Schutzzone um den nahen Monte Labbro legen und später in der ganzen Vulkangegend 10 000 Hektar umfassen soll.

Zum Monte Labbro

An den Nordflanken des Amiata-Massivs sieht man vielerorts weiße Dampffahnen ziehen. Aus dem Innern des Berges, der die Provinzen Siena und Grosseto mit Trinkwasser versorgt, strömt durch 500 bis 600 Meter tiefe Bohrungen 140 Grad heißer Dampf aus. Silberglänzende, schlangengleiche Rohre leiten den nach Schwefel stinkenden Dampf mit zwei Atü Druck in Generator-Turbinen der staatlichen Elektrizitätsgesellschaft ENEL. Die kostengünstige Alternativ-Energie, pro E-Werk zwischen 1,2 und 20 Megawatt Strom, fließt zum Teil direkt in die Bergdörfer, der Überschuß geht ins nationale Netz. Nach dem Volksentscheid gegen den Ausbau der italienischen Atomindustrie von 1987 ist die Erdwärme interessanter geworden: Jetzt wird tiefer gebohrt, die veralteten Werke sollen ausgebaut werden.

Auf dem Weg nach Süden, zu den unterirdischen, ebenfalls mit dem Amiata-Massiv verbundenen, heißen Schwefelquellen von Saturnia steigt der Monte Labbro kahl auf. Hier, an der Südostseite des Amiata, bei den Bergnestern Arcidosso und Santa Fiora, gründete im letzten Jahrhundert der messianische

241

Naturkaskaden in Saturnia

Davide Lazzaretti die sozial-religiöse Gemeinschaft der Giurisdavidici. Der Übergang von rein agrarischer zur industriellen Produktion des Quecksilberabbaus brachte für die armen Bauern Ausbeutung und Konkurrenzkampf. Unter Lazzarettis prophetischen Ideen organisierten sich um die Zeit der Gründung der italienischen Republik über 5000 Bauern mit ihren Familien, teilten ihr Eigentum gemeinsam auf und bildeten die erste Verbraucher-Kooperative Italiens. Die Bewegung fand jedoch mit dem Tod Lazzarettis ein frühzeitiges Ende: der religiöse Führer wurde am 18. August 1878 am Eingang von Arcidosso während einer Prozession von Carabinieri erschossen. Grundbesitzer und Provinzpotentaten hatten Angst, aus den Massen-Prozessionen könnte sich eine Revolte erheben. Lazzarettis Tod war kalt ge-

plant. «Schießt nicht auf sie, sondern auf mich», soll er an der Spitze des Aufzugs gerufen haben – die Carabinierei taten ihre Pflicht.

Von den Giurisdavidici, die noch immer in Arcidosso einige Anhänger haben, blieb vor allem der Davids-Tempel auf dem steinigen Monte Labbro. Eine spiralförmige, ohne Mörtel fünfzehn Meter hohe Turmkonstruktion hatten die Anhänger in jahrelanger Schlepperei ohne Mörtel gebaut. Jeder, der sonntags auf den Berg zur später zerstörten Kirche pilgerte, mußte einen Stein hochtragen. Übrig ist ein Stumpf des Turmes, seit 1986 endgültig von Zement zusammengehalten.

Etruskerstätten zwischen Tuffbergen

Von der windigen Labbro-Höhe aus schaut man über einsame, spärlich besiedelte Berglandschaft bis zur Küste der Maremma. Das Flußtal des Fiora, die weiten, oft bewaldeten Flächen laden zum Wandern ein. Saturnia, bei einer wenig besuchten Etruskerstätte auf einem Hügel gelegen, hat sich als Thermalbad einen Namen gemacht. Im schwefligen Wasser der Naturkaskaden mit ihren Terrassenbecken unterhalb der Stadt aalt man sich mit Blick auf die weite südtoskanische Landschaft. Als 1987 die Kommune Saturnia wegen Verschmutzung des Wassers Badeverbotsschilder aufstellte, antwortete die Leitung des nahen (teuren) Thermalbades mit einer Anzeigenkampagne in allen großen Zeitungen. In ihrem Bad, so der Protest gegen die geschäftsschädigenden Schilder, steige das Wasser (37,5 Grad Celsius) direkt aus dem Boden und sei deshalb naturrein. Nur das Wasser der unterhalb des Kur-Komplexes liegenden Kaskaden sei durch Abwässerzuflüsse verschmutzt. Wer es genau nimmt, sollte sich also besser erkunden, wie es zur Zeit um die Sauberkeit des Schwefelbaches bestellt ist.

Von Saturnia aus steigen die Straßen nach Osten steil auf in eine der Kernlandschaften der Etrusker. Sovana, Sorano und Pitigliano liegen wie verwunschene Märchenorte auf vielfach ausgehöhlten Tuffbergen. Diese hinterste, unzugänglichste Ecke der Toskana war im Mittelalter die Domäne der Adelsgeschlechter der Aldobrandeschi und Orsini. Ihre Burgen und Paläste krönen noch heute die auf Tuffzakken geklebten Städtchen. Sovana,

die Stadt des Papstes Gregor VII., der seinen Widersacher Kaiser Heinrich IV. den berühmten Gang nach Canossa antreten ließ, liegt oberhalb eines der ausgedehntesten etruskischen Nekropolen-Komplexe. Nach dem ursprünglichen Namen des päpstlichen Stadtherrn, Ildebrando, ist das größte etruskische Tempelgrab, die Tomba Ildebranda benannt. Ein tief in den Tuffstein geschnittener Weg führt vom Grabkomplex aufs Hochplateau. An den Schichten seiner Tuffwände sieht man, wie sich im Laufe der Zeit der Weg immer tiefer in den weichen Stein gegraben hat.

Während Sovana bereits für den in dieser abgeschiedenen Bergregion überlebenswichtigen Tourismus mit neuer Bepflasterung, Restaurierung und Andenkenläden hergerichtet ist (die nahen Etruskerstätten zerfallen leider weiterhin), liegt Sorano noch halb verfallen über einer abenteuerlichen Tuffschneise wie irgendein Zauberkaff im ärmsten italienischen Süden. Noch vor wenigen Jahren sind gottverlassene Flecken wie diese vom Aussterben bedroht gewesen. 1965: 1700 Einwohner, zwanzig Jahre später nur noch tausend. Ein Komitee zur «Rettung Soranos» organisierte Debatten, wie Soranos Spuren «antiker Zivilisationen» erhalten werden könnten und forderte den vierspurigen Ausbau der Via Cassia, sogar eine Schnellstraße zur Autostrada del Sole. Da in Italien solche Projekte dank gestiegenen Umweltbewußtseins schwer zu realisieren sind, wurde nichts daraus.

Läuft man jetzt durch das Dorf, hört man allenthalben Hämmern und Bauen. Der auf dem bröckelnden Stein abgestürzte Teil Soranos mit seinen Fassaden, hinter denen

Sorano: Häuser am Abgrund

ganze Gebäude in den Abgrund sausten, beginnt Interessenten zu locken. Die Häuser waren in den sechziger Jahren eingestürzt, worauf die Bevölkerung in ein seelenloses Neubauviertel am andern Ende des Kaffs umgesetzt wurde. Seit Mitte der achtziger Jahre sind viele Halbruinen aufgekauft worden: Römer waren am Werk, aber auch die unausbleiblichen Deutschen. Und die Dörfler kehren selbst in den verlassenen Ortskern zurück, wo das Leben humaneres Maß hat als im häßlichen Neu-Dorf.

Viele der alten Häuser sind, teilweise seit Etruskerzeiten, von Tuffhöhlen unterkellert. In das weiche, aber tragfähige Vulkangestein ließen sich mit simplen Werkzeugen tiefe Gänge graben. Links und rechts der Gänge liegen drei bis vier Meter tiefe Seitenhöhlen mit halbrunden Decken. Man kann alte, verstaubte Weinflaschen finden oder gewaltige, verschimmelte Holzfässer. In der großen Höhle am Ende eines dieser Gänge im hinteren Dorf sind Spuren von Feuerstellen: Die Dorfjugend feiert hier öfters fröhliche Geheim-Feten.

Gegen Sorano wirkt das nahe Pitigliano mit seinem von weitem sichtbaren, wie eine Theaterkulisse wirkenden Aquädukt am Tuffrand geradezu städtisch. Pitigliano erlebte Geschichtsphasen, die für die ganze Gegend typisch sind: vom 9. bis zum 12. Jahrhundert unter den Aldobrandeschi, dann den Orsini, immer im Spannungsfeld der Sieneser Republik, 1608 unter Cosimo I. ins mediceische Großherzogtum Toskana eingegliedert (der unter den Medici gebaute Aquä-

dukt liefert noch heute Wasser ins Dorf).

Lange Zeit war die aus dem päpstlichen Rom vertriebene, hier angesiedelte jüdische Gemeinde ein wichtiger Faktor in Pitigliano. Bis zum 19. Jahrhundert war sie so stark angewachsen, daß das Bergstädtchen den Beinamen «Klein-Jerusalem» bekam. Heute sind höchstens zehn jüdische Familien geblieben und Reste der Synagoge. Ein Rabbi aus Livorno, wohin ein Teil der Pitiglianer Juden ging, kommt jetzt jedes Jahr ins Dorf, um «koscheren» Wein zu machen, die geweihte Variante des lokalen Bianco di Pitigliano. Dazu kaufen ausgewanderte Juden örtlichen Weinbauern die Trauben ab, keltern den Wein in Pitigliano-Kellern und verkaufen ihn schließlich über einen Großhändler. Letzte Kuriosität dieses denkwürdigen Tropfens: Nachdem eine mit Pitigliano-Juden verwandte amerikanische Fernsehjournalistin den koscheren Wein in ihrem Küchenmagazin anpries, kauft man den jüdischen Bianco di Pitigliano auch in New York und Philadelphia.

Nur wenige Kilometer östlich von Pitigliano klettert man über einen Berg und findet sich bereits auf römischem Gebiet, nämlich in Latium. Bis nach Acquapendente schiebt sich ein dreieckiger Keil dieser Region zwischen die Toskana und Umbrien. Vom Bergrücken aus sieht man auf die weite Wasserfläche des Vulkansees Lago di Bolsena, im Sommer ein Wassersportparadies. Hier fängt der südliche Teil des alten Etrurien an, in der weiten, sonnengemarterten Ebene um Viterbo im «Alto Lazio».

GRENZLAND

Als ich... auf der Rückkehr von Rom durch Arezzo kam, da führten mich Nichtsahnenden einige vornehme Mitbürger... durch jene Gasse und zeigten mir, der ich nicht das Geringste davon wußte, zu meiner Verwunderung das Haus, in dem ich geboren sei.» 1370 kam der Stolz der Stadt Arezzo zufällig hier durch und schrieb diese Zeilen: Francesco Petrarca, Italiens großer Humanist. Der berühmteste Aretiner hat allerdings nur sechs Monate in Arezzo gelebt, als er (1304) «in seinen Mauern in dieses mühselige und elende Leben kam». Das Geburtshaus Petrarcas, schon zu seinen Lebzeiten ein Denkmal, nach Zerstörungen des Zweiten Weltkriegs wieder aufgebaut, ist jedoch nicht mehr als ein leerer Symbol-Ort. Arezzo wird vor allem angesteuert, weil es Piero della Francescas Hauptwerk enthält: die Legende des heiligen Kreuzes im Chor der Franziskaner-Kirche San Frances-co. Hier steht man mit Nackenschmerzen und starrt im Halbdunkel zum Freskenzyklus der «Legenda Aurea» hinauf. Von 1453 bis 1464 hat Piero della Francesca hier, im Auftrag des humanistischen Kaufmanns Giovanni Bacci, die Hauptkapelle mit zwölf Bildern der «Goldenen Legende» des heiligen Kreuzes ausgemalt. Piero wandelte die wundergläubige, volkstümliche Legende des Jacopo Varazze in eine epische Bildergeschichte um, die nicht nur zu einem der größten Meisterwerke der Renaissance, sondern der Kunstgeschichte überhaupt gezählt wird.

Ein Baum wächst nach dieser Wunderstory aus dem Mund von Adam, aus dessen Holz später das Leidenskreuz Christi wird. Wieder Jahrhunderte später wird die Reliquie entdeckt, dann geraubt, bis sie schließlich in einer gewaltigen Schlacht dem byzantinischen Räuber wieder entrissen und nach Jeru-

salem zurückgebracht wird. Die Episoden werden im Kircheneingang kurz erklärt, aber die Bilder Piero della Francescas wirken auch ohne Kenntnis der «Legenda Aurea». Hier nur ein Hinweis für vergleichende Studien der Kunst des Renaissance-Malers: Das Militärzelt im Fresko-Abschnitt «Traum Konstantins» erinnert an Pieros Mantelmotiv der Schutzmantelmadonna im Museo Civico von Sansepolcro. Auch die «Madonna del Parto» in Monterchi kurz vor der umbrischen Grenze steht unter einem ähnlichen Zelt, und Pieros Maria Magdalena im Dom von Arezzo trägt eine Ampulle mit einem ebenfalls zeltähnlichen Deckel. Und dieses «Dach» verleiht allen diesen Bildern ein gemeinsames Mysterium. In der linken oberen Bildhälfte des mittleren Freskos im linken Chorflügel (Auffindung und Prüfung des wahren Kreuzes) hat Piero übrigens eine stilisierte Stadtansicht von Arezzo gemalt. «Un progetto per Piero della Francesca» heißt ein gewaltiges Unterfangen, das Fresko bis zum 500jährigen Geburtstag Pieros 1992 zu restaurieren, gesponsort unter anderem von der Banca Popolare dell'Etruria e Lazio unter dem Motto: «Wenn eine Bank Kultur macht».

Goldrausch in der Etruskerstadt

Schon von weitem, bei der Anfahrt durchs Arno-Tal, sieht man die ersten Peripherie-Siedlungen der Boomstadt Arezzo aus der Ebene wachsen. In den letzten Jahren wurden hier weniger häßliche Satelliten-Orte gebaut als in den Sechzigern, während des ersten toskanischen Wirtschafts-«Wunders». Damals entvölkerte sich das Zentrum

der alten Etruskerhöhe Arezzo, und die Häusermasse für die von der Landflucht in die Stadt gedrückten Ex-Bauern ergoß sich neben neuen Industriebauten unkontrolliert ins flache Umland. Arezzo erlebte seit Anfang der siebziger Jahre einen wahren Goldrausch. Die Stadt auf den zwei Hügeln, einst eine der Schaltstellen des etruskischen Zwölferbundes, war bis in die fünfziger Jahre einzig ein landwirtschaftliches Zentrum gewesen. Die Textilfirma Lebole brachte ab Ende der fünfziger Jahre im raschen Aufschwung auch in Arezzo erste Industrialisierung. Ihr Personalchef wurde später ein Finsterling namens Licio Gelli, der von seiner Aretiner «Villa Wanda» aus Ende der siebziger Jahre die Geheimloge P2 dirigierte. Der endgültige Aufschwung kam dann mit der Firmengründung der Uno a Erre Italia (Gori & Zucchi), die bald zum größten Arbeitgeber der Provinz aufstieg: Massenproduktion von allen erdenklichen Gold- und Silberartikeln.

Arezzo wurde zum größten italienischen Goldverarbeitungszentrum. Gold aus Südafrika landete in Form von in Arezzo produzierten Armkettchen in amerikanischen Supermärkten, aretinischer Goldschmuck und schließlich Spezialmaschinen wurden zum Export-Hit. Arezzo boomte und wuchs. Seit 1384, als die Stadt endgültig an Florenz gefallen war, hatte die einst reiche Hügelstadt im Schatten des großen Rivalen gestanden. Jetzt zog sie an Florenz vorbei an die Spitze der toskanischen Wirtschaftsentwicklung. Und mit dem Gold machten nicht nur die Industriellen Gori und Zucchi Gewinne. Im anfänglich wenig kontrollierten, mit ungeheuren Profitspannen arbeitenden Goldsektor konnten sich viele Uno a Erre-Arbeiter selbständig machen. Bis heute sind rund 700 Kleinbetriebe entstanden – als Mini-Firmen des «mettersi in proprio»-Effekts, sich selbständig zu machen. «Schau dir die Autos an, die hier rumfahren», sagt ein Journalist eines örtlichen Radiosenders. «Arezzo ist reich geworden, hier liegt mehr Gold in den Safes der Kleinfirmen als in der Banca d'Italia. Und die Ex-Arbeiter mit ihrer niedrigen Kultur haben natürlich den schnellen Reichtum in Protz und Prunk gesteckt. Unzählig sind die Aretiner Wochenendhäuser im mondänen Badeort Punta Ala in der Maremma.»

Eine interessante Parallele zur Verbreitung der Kleinbetriebe bietet die römische Geschichte Arezzos: Die ersten industriell hergestellten Tonwaren der Antike kamen 50 vor Christus bis 70 nach Christus aus der römischen Kolonie Arretium. Als «Aretiner Töpferware» bezeichnet man die in Arezzo mit vorgefertigten Gußformen produzierten, korallenfarbigen und mit Ton-Emulsion lackierten Schüsseln, Schalen und Vasen, die im ganzen römischen Reich kursierten und so begehrt waren, daß sie mit Gütesiegeln gegen Nachahmung geschützt wurden. In den Werkstätten arbeiteten Sklaven, die sich häufig selbständig machten und auf diesem Weg zu freien «liberti» werden konnten. Die einzig lohnende Abteilung des archäologischen Museums gibt Aufschluß über die Produktionstechniken. Arezzos wichtigster Etrusker-Fund, die Chimäre, steht im Archäologischen Museum von Florenz, eine Kopie im Brunnen am Bahnhof von Arezzo.

Ein auch für Touristen erfahrbarer, beziehungsweise erlaufbarer

physischer Effekt hat die Entvölkerung des historischen Zentrums beschleunigt. Das alte Arezzo ist auf zwei Hügeln gebaut. Der Graben zwischen deren Kuppen wurde Anfang des 19. Jahrhunderts aufgefüllt, so daß der Stadtpark Prato oberhalb der Altstadt entstand, von dem aus man weit ins Arno-Tal schauen kann. Den höchsten Stadtpunkt markiert der Bischofs-Dom, interessant vor allem, weil er ein von den meisten Touristen unbeachtetes, völlig unscheinbares Fresko von Piero della Francesca enthält, die genannte Maria Magdalena: eine bäuerliche Grazie mit über die Schultern fallendem Haar, vielleicht Pieros schönste Frauenfigur. Vom Dom fällt die Stadt steil ab, jeder Weg wird vor allem im Sommer, wenn das schwarze Basaltpflaster vor Hitze kocht, mit Schweißausbrüchen erkauft. So kommt es, daß sich der Corso Italia, die schnurgerade, auf alter Etruskerpiste laufende Hauptgeschäftsstraße, erst im unteren, flacheren Bereich mit Boutiquen und Flaneuren füllt.

Die Piazza Grande, einer der eindrucksvollsten Plätze der Toskana, auf der jährlich im August das unter Mussolini 1931 wiederbelebte historische Reiterspiel «Giostra del Saracino» stattfindet, ist somit fast immer verwaist – bis auf die Touristen und die einmal im Monat stattfindende Antiquitätenmesse. Die Volkskirche Pieve Santa Maria dreht dem Platz ihren schönen runden Apsis-Rücken zu. Innen scheint sie nur von eisernen Bändern zusammengehalten, so schräg stehen die Säulen. Ihr Campanile, der Turm der «hundert Löcher», Arezzos Wahrzeichen, ist von achtzig Fensteröffnungen durchhöhlt, um sein Gewicht zu mindern. Ein Werk des Medici-Architekten Giorgio Vasari dominiert den Platz. Vasari, ein gebürtiger Aretiner (Vasari-Haus, manieristisch überladen mit Fresken), durfte sich unter den großherzoglichen Medici Cosimo I. 1573 an der Piazza Grande austoben und hat eine überdimensionierte Loggia hingestellt, unter der man heute Eis schleckt und Pizza konsumiert. Der einstige mittelalterliche Gemeindeplatz «platea comunis», entstanden um 1200, und nach Umbauten im 16. Jahrhundert zur Piazza Grande geworden, lebt aus diesen Kontrasten: frühe städtische Bürgerhäuser mit Holzbalkonen, die romanische Stadtkirche, das Gerichtsgebäude neben dem gotisch/post-gotischen Palazzo der «Laienbruderschaft» und schließlich Vasaris Fürsten-Monument. Einige Restaurierungen haben Zeichen hinterlassen, so 1929/30 am Palazzo Làppoli mit seinem charakteristischen Turm auf der Ostseite der Piazza: Das Fascio-Emblem (Rutenbündel) in der Lünette über dem höchsten Turmfenster verweist auf die Faschisten-Zeit.

Gegen Ende des Gold- und Textilien-Booms, als Mitte der siebziger Jahre die Wachstumskurve abflachte, machte Arezzo mit der Entwicklung seiner freien Psychiatrie von sich reden. Agostino Pirella, neben Franco Basaglia der führende Kopf der «demokratischen Psychiatrie», konnte in Arezzo schon vor dem 1978 verabschiedeten Gesetz zur Auflösung der Irrenhäuser (Legge 180) erste gemeindepsychiatrische Einrichtungen aufbauen. Bei der Verwirklichung der sogenannten «alternativen Strukturen» zum Irrenhaus, die seit 1978 theoretisch aufgelöst sind, liegt die Toskana neben den anderen roten Regionen

Emilia Romagna und Umbrien vor anderen, rückschrittlicheren Regionen. Aber auch hier landen noch viele Patienten im Betreuungsvakuum, das entstand, weil zu wenig Aufnahme- und Betreuungsstationen außerhalb des alten «manicomio» existieren. Bis heute hat die Provinz Arezzo mit ihren gut funktionierenden gemeindepsychiatri-

Piazza Grande in Arezzo

schen Centri di Salute Mentale Vor-
reiterstellung innerhalb der Toskana.

Flußtäler: Valdarno, Valdichiana

Arezzo erreicht man von Florenz
aus per Auto am bequemsten über
die Autostrada del Sole. Alternativ
dazu könnte man die alte Strecke

den Arno entlang nehmen, wo auch
die Eisenbahntrasse verläuft: durch
die Industrieansiedlungen des oberen Arno-Tals (Valdarno) in dessen
florentinischem Teil bis Incisa, dann
durch das engere aretinische Valdarno mit seinen Oliven- und Wein-
kulturen, das vor Arezzo zu einer
weiten Ebene wird.

Bei San Giovanni Valdarno, eine

Stunde Fahrt südöstlich Florenz, ist ein Abstecher ins toskanische Braunkohlegebiet möglich. Nach wenigen Kilometern öffnet sich die Mondlandschaft der staatlichen Gruben, die sich in die dahinterliegenden Chianti-Hügel gefressen haben. Gespenstisch, aber «bello», so die Anwohner des Örtchens Castelnuovo dei Sabbioni, sind nachts die Lichter der automatischen endlosen Förderbänder, die das ENEL-Kraftwerk Santa Barbara unterhalb der Gruben beliefern. Der alte Ortskern von Castelnuovo wurde aufgegeben, er hängt prekär am Abgrund des Tagebaus. Die Bevölkerung ist in der Neustadt Camonti weiter oben, unterhalb des Naturparks von Cavriglia umgesetzt worden. Zentrum des Dorfes ist nicht mehr die Piazza, sondern ein Sportplatz.

Eine Rundfahrt durch das Braunkohlegebiet könnte beim Industriestädtchen Montevarchi wieder auf die Arezzo-Strecke führen. Vor der Stadt kurvt der Arno von Norden kommend durchs weite Tal und schlängelt sich dann Richtung Florenz. Ein Kanal verbindet ihn mit der Ebene, dem bis nach Latium verlaufenden Chiana-Tal, das wegen seiner Entwässerungsgeschichte interessant ist.

Ein von den Römern Clanis genannter Fluß lief in der Antike, vom Casentino kommend, das ganze Tal südwärts bis zum Tiber und machte es zu einer fruchtbaren Ebene. Schon unter den Römern hatte sich allerdings soviel Schwemmboden angesammelt, daß die Strömung immer flacher wurde und sogar der – später verworfene – Plan bestand, den Fluß nordwärts in den Arno umzuleiten. Die Ebene versumpfte und wurde zum Malariaherd. 1341 begannen die Aretiner, das von

Dante als Pestsumpf bezeichnete Tal in Stadtnähe auszutrocknen. Ab 1551 begann der Bau des Canale Maestro, der alle Wasser, die sich nördlich Chiusi sammeln, in den Arno leitet (alle südlichen fließen in den Tiber, Trenndamm beim Bahnhof von Chiusi). Das Standbild des eigentlichen Chiana-Helden steht vor der Kirche San Francesco in Arezzo: Auf dem Weg zu den Piero-Fresken grüßt einen der «idraulico» Vittorio Fossombroni, kein Klempner, sondern Wasserbaumeister, der unter den Habsburgern die Chiana-Ebene im 18. Jahrhundert endgültig trockenlegte.

Die Etrusker-Siedlungen Chiusi, Cortona und Arezzo säumen den Rand des Tales, das Fleischfressern vor allem wegen seiner weißen Rinderrasse bekannt ist (bistecca-fiorentina). Bei Chiusi führt die Straße Richtung Siena zum großen Thermalbad Chianciano Terme, wegen seiner Leberkuren im Volksmund nur «Fegato Sano» (gesunde Leber) genannt. Über Montepulciano, die «Perle des 16. Jahrhunderts», schon im Bereich der Provinz Siena, kommt man ins Orcia-Tal. Städtchen wie Lucignano, Monte Savino und Castiglion Fiorentino hocken auf den Hügeln am Rand des Chiana-Tales, schon an ihren Positionen als alte Etruskerstädtchen erkennbar, die zum Teil unter Florenz als Festung zur Wegsicherung ausgebaut wurden (Castiglion Fiorentino). Die Etruskerhöhe Cortona, noch bis Mitte der siebziger Jahre verschlafen und sozusagen unentdeckt, jetzt im Sommer fest in der Hand amerikanischer Sprachstudenten, gibt den besten Blick auf die Theaterlandschaft rings um die dunstige Ebene. Die Grenze nach Umbrien läuft quer durchs Chiana-

Tagebau in Castelnuovo

Tal – von der Höhe in Cortona sieht man zum umbrischen Lago di Trasimeno und zum toskanischen Vulkanberg Monte Amiata.

Orvieto auf seinem irrealen Tuffberg neben der Autobahn liegt schon in Umbrien, das hier östlich der Autostrada in toskanisches Gebiet hinüberzüngelt. Oder sollte man sagen in Pontifikats-Gebiet? Denn Orvieto ist als letzte Etappenstadt auf dem Weg nach Rom immer im Einflußbereich der Päpste gewesen. Das Prachtwerk des Domes hat die Menschheit überzeugt, Orvieto vor allem als Papst-Stadt zu betrachten. Doch die Päpste haben sich an der freiheitsdurstigen Kommune des öfteren die Zähne ausgebissen, ähnlich wie an anderen umbrischen Städten, allen voran Perugia. Von dort nahm die Ketzerbewegung der Flagellanten ihren Ausgang. Orvieto zog andere Häretiker an: die Katharer. Der Kampf der Kirche gegen die Katharer füllt einige Seiten der Stadtgeschichte mit turbulenten, teils düsteren Ereignissen, die der Spürnase eines Umberto Eco alias William von Baskerville sicher teuflischen Spaß bereitet hätten.

Orvieto – Stadt der Häretiker

Aus dem Pagliá-Tal ragen drei Tuffsteinmassive: Rocca Ripesena, Rocca Sberna und der Fels von Orvieto. Diese drei Brocken, Reste eines Vulkangebirgs, haben Wind und Wasser standgehalten. Die Stadtbauwerke Orvietos sind aus dem rotgoldenen, leicht zu bearbeitenden Gestein ihres Untergrunds gemacht. Die Stadt ist buchstäblich aus dem Felsen herausgehoben worden. Die Höhlen, die diese Bautätigkeit hinterließ, wurden durch

Gänge miteinander verbunden und dienten in schweren Zeiten als Versteck für Mann und Weizen. Heute sind die vielen Weinkeller der Stadt in diesem unterirdischen Labyrinth untergebracht.

Fährt man von Sferracavallo aus hinauf zur Porta Maggiore, dem ältesten Tor der Siedlung, wirkt die Rupe, der Fels, wie eine natürliche Festung. Im Mittelalter muß der Eindruck von Uneinnehmbarkeit noch verstärkt worden sein durch eine Ansammlung von massigen Türmen, Machtsymbole orvietanischer Familien, die in den Himmel ragten. Man sagt, so unbeugsam wie ihre Rupe seien damals die Menschen gewesen. Und wenn sie fielen, dann eben wie Bäume, die gefällt werden, aufrecht, ohne in die Knie zu gehn.

Im zwölften und dreizehnten Jahrhundert war Orvieto eine stolze Stadt, man sieht das heute noch. Den Päpsten haben sich ihre Bewohner auch dann nicht gebeugt, als sie den Ort zum größten Herd des Feuers Häresie in Mittelitalien abstempelten, den Bannstrahl schleuderten und die Inquisition schickten. Erst in der Mitte des 15. Jahrhunderts, als die Stadt nach der Schreckensherrschaft des Gentile und Arrigo Moraldeschi in Agonie lag, hat sie sich endgültig und ganz in den Schutz von Papst und Kirche begeben. Ihr Niedergang geht weniger auf das Konto von Belagerungen und Eroberungen als auf Auseinandersetzungen zwischen Fraktionen, Sippschaften und Banden.

Ausgang des zwölften Jahrhunderts wirkten in Orvieto berühmte Katharer. Wer Umberto Ecos «Name der Rose» gelesen hat, wird sich an diese größte Sekte des Mittelalters erinnern, die besonders bei Laien großen Anhang fand, weil sie gegen das Gepränge der Kirche, die eindrucksvollen Zeremonien ihrer Würdenträger und gegen ihr blendendes Gefolge mit Askese und Armutspredigt zu Felde zog. Mit ihnen sympathisierten – aus politischen Gründen – viele Bürger des Stadtstaats Orvieto und adelige Papstgegner, kaisertreu und Gibellinen genannt. Als das Guelfentum der Papstanhänger sich auch bei den Bürgern der Stadt durchzusetzen begann, wurden Sympathie für die Lehre der Katharer und Kontaktaufnahme zu einer ihrer vielen Untergruppen gefährlich. Der Name der wohl populärsten Gruppe war alsbald Sammelbegriff für Abweicher von der gängigen Norm, für Irrgläubige, Vagabunden und andere Ausgeschlossene: «Patarener» wurde zum Synonym für Ketzer schlechthin und zum Stigma für unliebsame Gegner. Noch heute nennt sich das Feld vor den Toren der Stadt, in dem Ketzer ohne Sterbesakramente verscharrt worden sind, La Patarina – gleich, welcher politischen oder religiösen Gruppierung diese Verstoßenen einstmals angehört hatten.

Orvieto mit seinen blühenden Ländereien und Manufakturbetrieben suchte zu expandieren und vor allem einen Zugang zum Meer zu bekommen. Zu diesem Zweck brauchte die Stadt Verbündete, führte abwechselnd Krieg mit Siena, Perugia, Todi und anderen Städten. Papst Innozenz III. versuchte, diese Expansionspolitik zu durchkreuzen und nahm den Bund der Stadt mit Papstgegnern zum Anlaß, über Orvieto den Bann zu verhängen. Das war jedoch nur Wasser auf die Mühlen der «Erneuerer», die

mit Pietro Lombardo, einem großen Meister unter den Doktoren und Verbreiter der Armutslehre, die Orvietaner in den Strudel der Häresie rissen. Lombardo muß ein Mann von außerordentlicher Anziehungskraft gewesen sein, denn «wo er auftauchte, liefen Stadt-Landvolk und Adelige zusammen und ließen sich verzaubern von seinem Sirenengesang, der sie dazu verführte, das Schiffchen des Peter aus den Augen zu verlieren, um geradewegs in den Untergang zu fahren». Pietro Lombardo hat die Gemüter dermaßen erhitzt, daß die Neuerer fast den Sitz der Kommune gestürmt hätten.

Der sittenstrenge Papst Innozenz III., der später die Ausrottung der Katharer-Gruppe der Albigenser befürwortet hat, zwang dem widerspenstigen Orvieto einen Podestà auf, der die Stadt zügeln sollte. Der neue «Stadtvogt» Pietro di Parenzo, von der Geistlichkeit im Jahre 1199 mit Oliven- und Lorbeerzweigen empfangen, erging sich in Strafen und Verboten. Das Volk kochte, und als er die Karnevalspiele ausfallen ließ, griff es am ersten Tag der Fastenzeit zu den Waffen. Die ganze Stadt war in Aufruhr. Anhänger der gibellinischen Fraktion, meist Adelige, feuerten von den Türmen und Terrassen ihrer Paläste das Volk mit Zurufen an und warfen Steine gegen die Leute des Podestà. Pietro di Parenzo warf den Aufstand nieder und, klug, wie er doch war, vergab er dem mißgeleiteten Volk. Er ordnete an, die Paläste und Türme der Agitatoren zu schleifen. Der Keil saß. Das Volk beruhigte sich und empfand Schadenfreude gegenüber den reichen Herren. Die Gibellinen aber verteidigten ihre Paläste und drohten, den Podestà zu ermorden. Der floh an Ostern nach Rom. Doch der Papst schickte ihn umgehend zurück mit dem Verweis, die Orvietaner könnten zwar seinen Leib töten, nicht aber seine Seele. Kaum in Orvieto angekommen, wurde Parenzo entführt. Seine Entführer verlangten die Aufhebung sämtlicher von ihm verhängter Verbote und Strafen und seinen Rücktritt vom Amt des Podestà. Auf den Erlaß der Strafen und die Aufhebung der Verbote ist er eingegangen, doch auf sein Amt wollte er nicht verzichten. Da spalteten sie ihm den Schädel mit einem Hammer aus der Ölmühle.

Obwohl das Volk Parenzo gehaßt und seine Messer gegen ihn gewetzt hatte, verehrte es den Toten als Wundertäter. Tagelang stellten sie seinen Leichnam unter einem Seidentuch aus. Die Schuld an der Ermordung des Podestà aber wurde allein den Gibellinen und Patarenern, mit denen sie sympathisierten, in die Schuhe geschoben. Wenige Monate nach seinem Tod wurde er mit großem Pomp in der Kirche von Sant'Andrea heiliggesprochen. Als Märtyrer hat ihn später Luca Signorelli in einem der Medaillons dargestellt, die er als Beiwerk zu seinen Fresken in der Cappella Nuova des Doms gemalt hat.

Der Sarkophag des Pietro di Parenzo steht in der Krypta des Doms, und bunte Bildtafeln der Stadt erzählen die Geschichte des Unglücklichen.

Die Reichtümer der orvietanischen Gibellinen wurden im Namen des Volkes eingezogen und flossen hauptsächlich in die Taschen von zwei nichtadeligen Familien, der Filippeschi und Monaldeschi. Zu Macht und Ansehen gekommen, bekämpften sie sich gegenseitig mit wechselnder Fortüne. Die Monal-

deschi waren Anhänger des Guelfentums und bedienten sich des Verfolgungsapparats der Kirche zur Vernichtung der Filippeschi. Dies ist ihnen im Jahre 1313 schließlich gelungen. Rachsüchtig ließen sie verfolgen, enteignen und niederbrennen. Dante beklagte in der Göttlichen Komödie den unseligen Hang seiner Zeitgenossen, sich gegenseitig zu zerfleischen, und verweist im sechsten Gesang des Läuterungsbergs auf die beiden orvietanischen Familien, die mit ihren Kämpfen das Land zerstört und seine Bevölkerung ins Elend getrieben haben.

Trotz Heiligsprechung des Parenzo und Verfolgung der Häresie-Verdächtigen war es der Kirche nicht gelungen, den ketzerischen Sumpf in Orvieto auszutrocknen. Viele Häretiker und Sympathisanten hatten sich in den unterirdischen Gängen der Stadt verschanzt. Ihre Wut richtete sich nun gegen die Dominikaner, die mit Hilfe der Inquisition und doktrinärer Predigten der Häresie beizukommen versuchten. Im Jahre 1248 überstiegen eine Handvoll Männer die Mauer des Klosters San Domenico und verprügelten den Oberinquisitor Ruggero Calcagni.

Was Papst Innozenz, seine Nachfolger und die Dominikaner mit ihren Repressalien nicht schafften, versuchte Papst Urban IV. ohne. Als im Jahre 1263 ein unbekannter böhmischer Pilger in der Kirche der heiligen Christina im nahen Bolsena die Messe hielt und die Hostie brach, soll dabei Blut getropft und das weiße Linnen des Korporale getränkt haben. In einer Prozession wurde das befleckte Tuch nach Orvieto gebracht, weil dort just an diesem Tage der Papst war. Der ließ alle Glocken der Stadt läuten, ver-

Nichts entzündet der Mond
dort als Grau, wo azurblau
die Etrusker schlummern, hört, hängend

dort über den Pflastern von Pienza, Tarquinia,
nichts als Stimmen von Kindern…
Über den hallenden Hügeln, den kahlen,

findet inmitten des Apennin er
Orvieto, hoch auf den Felsen gedrängt,
zwischen Äckern,
gepflügt in Filigran, Miniatur,

und dem Himmel. Orvieto unversehrt
in Jahrhunderten, gemörsert aus Mauern und Dächern
über festgetretenen Gassen,

der Maultiere Auszug zwischen gemörserten Burschen,
geknetet im Tuff.

Pier Paolo Pasolini: Der Apennin (1957). Aus: Toskana, Ein literarisches Landschaftsbild. Insel Taschenbuch Verlag, Frankfurt/M. 1986

Die grünärschigen Folterknechte
des Lucca Signorelli

faßte die Bulle Transiturus und initiierte damit das Fest des Corpus Domini (Fronleichnamsfest).

Da das Hostientuch sofort Gegenstand der Verehrung wurde, sollte ein Gotteshaus dafür errichtet werden. Aber nicht in Bolsena, dem Ort des Wunders, sondern in Orvieto, wo im Jahre 1290 der Grundstein zu einem der mächtigsten Bollwerke gegen die Häresie gelegt worden ist – dem gotischen Dom, dessen vergoldete Fassade von der Plattform des Tuffbergs weit übers Land strahlt. Oberhalb dieses Grundsteins kämpfen heute noch die Verdammten mit den grauenhaften Teufeln der Hölle auf einem der Reliefs an der Domfassade, die dem Lorenzo Maitani zugeschrieben werden.

Als Luca Signorelli 1499 mit der Ausmalung der Cappella Nuova begann, hat er sicherlich diese Ausgeburten mittelalterlicher Fantasie draußen an der Fassade studiert. In seiner Version des Inferno hat er die Schrecklichkeit der Dämonen gesteigert, indem er ihnen menschliche Körper gab: kraftstrotzende, grünärschige und blaufleischige Folterknechte, die ihre Opfer lustvoll quälen.

Obwohl Orvieto mit dem Schwefelgeruch der Häresie behaftet war, haben die Päpste die Stadt immer wieder zu ihrer Residenz erkoren. Nach der berühmten Papstwahl von Viterbo, aus der Martin IV. als Papst hervorging, ohne je einen Fuß nach Rom setzen zu können, beherbergte Orvieto diese Marionette Karls von Anjou, des Königs von Sizilien. Die Stadt wimmelte von dessen Höflingen, alles Franzosen, die sich als Eroberer aufspielten. Im Jahre 1282 gab es deswegen Tumulte, angeführt vom Capitano del Popolo Ranieri della Greca. Wieder zeigte sich der Widerspruchsgeist der Orvietaner: Obwohl die papstfreundlichen Guelfen die Kommune fest in der Hand hatten, wurde der Gibelline della Greca noch zweimal zum Capitano gewählt. Er ließ Häuser abreißen, darunter sein eigenes, um den Volksplatz anzulegen, die Piazza del Popolo. Einen Palazzo, den die Kirche der Kommune geschenkt hatte, baute er zum Amtssitz des Capitano del Popolo um. Rund um dieses strenge und würdige Gebäude drängt sich jeden Donnerstag- und Sonntagmorgen das heutige Popolo von Orvieto, kauft und verkauft die Produkte, die draußen vor den Toren der Stadt angebaut werden.

Die Marionette Martin IV. aber wurde 1284 mitsamt dem französischen Hof aus Orvieto verjagt. Man erzählt, der unglückliche Papst sei am übermäßigen Genuß der eigens für ihn mit Milch ernährten Aale, die er mit großen Mengen von Vernaccia-Wein hinunterzuspülen pflegte, in Perugia gestorben.

DURCHS NÖRDLICHE UMBRIEN

VOM TIBER ZUM APENNIN

Ö stlich von Arezzo riecht man schon bald umbrische Atmosphäre: Die Landschaft wird weiter, welliger, das Tibertal öffnet sich. Man gleitet unmerklich über die Toskana-Grenze nach Nordumbrien. Der Tiber, in Urzeiten Lebensquell und Verkehrsweg für ganz Mittelitalien, war an seinem oberen und mittleren Lauf Siedlungsgebiet der Umbrer, gleichzeitig Trennlinie zwischen dem westlich liegenden Etrurien und dem östlichen, rauheren, unzugänglichen Rückzugsgebiet des umbrischen Volksstamms. Stellt man sich «das grüne Herz Italiens» als rhombusförmigen Flecken auf der Landkarte vor, so ragt die obere, nördliche Spitze in toskanisches Gebiet. Die erste umbrische Stadt ist Città di Castello, alte Umbrer-Siedlung und römische Stadt mit dem

Namen Tifernum Tiberinum – die Leute aus der Stadt werden bis heute «tifernati» genannt. Ein abgelegener Posten, im Mittelalter neu entstanden als «Civitas Castello», ein Marktstädtchen am Ostufer des Tibers, Verkehrsknotenpunkt und Umschlagplatz für alle Produkte des oberen Tibertals.

Im Gegensatz zu den meisten umbrischen Städten, die auf Bergrükken sitzen wie Perugia und Todi oder seitwärts an steilen Berghängen hochzuwachsen scheinen wie Assisi, Gubbio und Spoleto, liegt Città di Castello mitten in der flachen, fruchtbaren Ebene. Zur Renaissance-Zeit, etwa seit Mitte des 15. Jahrhunderts, hat hier die Adelsfamilie der Vitelli geherrscht, bis die Tiberstadt – wie das übrige Umbrien – endgültig unter die Do-

Museum der civiltà contadina in Città di Castello

mäne der Kirche geriet. In ihren Palästen und ihren Kunstprojekten
richteten sich die Vitelli nach Florenz aus (in der Pinakothek sind
einige Werke von Raffael und Luca
Signorelli aus der Zeit; Raffaels
wichtigstes Werk aus Città di Castello hängt in der Mailänder Pinakothek Brera; viele Gebäude wurden von Florentiner Baumeistern
wie Giorgio Vasari entworfen).
Wenn man durch die seit der Römerzeit rechtwinklig angelegten
Straßen des Stadtzentrums läuft,
könnte man am eigenen Eindruck
vergleichen, ob die Einschätzung
des Kunsthistorikers Harald Keller
(«Die Kunstlandschaften Italiens»)
nachvollziehbar ist: «. . . so befindet
man sich hier kunstgeographisch
eher in einem südlichen Ausläufer
des florentinischen Contado, als in
dem Nordzipfel von Umbrien. Über
dem Stadtbild liegt ein rationalisti-

scher, beherrschter und etwas trok-
kener Zug, der den übrigen umbrischen Städten ganz fremd ist.»
    Daß Città di Castello sich aus der
abgelegenen Position zum aufstrebenden Zentrum des Alta Valle del
Tevere, wie das obere Tibertal hier
auch genannt wird, entwickelt hat,
wird schon auf der Fahrt von Sansepolcro klar, sofern man die Landstraße nimmt. Da schiebt sich eine
«zona industriale» an die andere,
unzählige Firmenschilder, frisch
aufgestellt, zeigen in das ständig
wachsende Industriegebiet rechts
des Tiber. Città di Castello kann
man als exemplarisches Beispiel für
den Aufschwung im nördlichen
Umbrien nennen, der rückständi-
gen Region mit den überdurch-
schnittlichen Zuwachsraten, die seit
den achtziger Jahren den Anschluß
an die Toskana und die anderen Regionen des «Terza Italia» sucht.

Laser-Scanner im Bauernland

Città di Castello, eigentlich ein Ort, den die meisten Reiseführer durch Umbrien nur beiläufig erwähnen, während das große Interesse auf Perugia, Gubbio, Assisi und Spoleto zielt, sucht seit einigen Jahren auch den Anschluß ans Tourismus-Geschäft. Dazu gehören unzählige kleine und große Festivals, Ausstellungen und Theater-Aufführungen. Promotion ist alles. So kann es einem selbst im Herbst passieren, daß die netten kleinen Pensionen im Zentrum ausgebucht sind. Viele Reisegruppen wählen die Stadt als Ausgangspunkt für Exkursionen in die Wälder und einsamen Strecken des oberen Tibertals.

Ein Abstecher ins umbrische Museum der «civiltà contadina» empfiehlt sich: Kleidung, Handwerkszeug, Ackergeräte, Webstühle, eine doppelte, aus Assisi stammende Ölpresse mit wuchtigen Eichenbalken – Modell 17. Jahrhundert – und eine noch von Eseln oder Ochsen bewegte Ölmühle. «Für hundert Kilo gepreßtes Olivenöl bekam der Müller fünf Kilo von der Ölmenge des Bauern», erklärt Livio Dalla Ragione, der das Museum aufgebaut hat. «Wenn der Müller sein eigenes Tier einspannen mußte, um den Mühlstein zu bewegen, nahm er als ‹molenda› (Mahlgeld) ein Kilo Öl mehr.»

Während die Bauern seit den fünfziger Jahren in die Tabak-Ebene zogen und sich langsam das Ferment für den späteren Industriezuwachs bildete, belebte sich auch das seit dem 16. Jahrhundert in Città di Castello ansässige Druckereigewerbe: ‹In der Stadt arbeiten allein 73 Druckereien mit modernsten Maschinen für ganz Italien. Nicht einmal in Mailand soll es einen so raffinierten Laser-Scanner geben, wie ihn eine Druckerei hier einsetzt. Der Reichtum ist an allen Ecken sichtbar: in den Boutiquen, den auf Hochglanz gebrachten Bars.

Als Reflex auf die Wegwerfgesellschaft darf man das Florieren der Antikmöbel-Werkstätten betrachten, von denen es im oberen Tibertal rund dreihundert gibt. Dort kommt die Kunst der Wiederverwertung zu neuer Blüte. Die Handwerker arbeiten so wie vordem die Bauern und stellen aus alten Dachbalken, aus Bodendielen und Türpfosten «antike» Möbel her. Auch dieses neue Geschäft zielt mittlerweile auf den gesamten italienischen und auch den ausländischen Markt. Jedoch verkaufen die Handwerker die alt-neuen Stücke nicht mit dem irreführenden Stempel «restauriert», sondern voller (neuem) Handwerkerstolz: «Das habe ich selbst gebaut.»

Konkrete Utopien

Seit 1988 zieht die grüne Umweltmesse «Fiera delle Utopie Concrete» Interesse auf sich, ein in Città di Castello eher umstrittenes Projekt. Die Idee einer Ausstellung internationaler grüner Ideen und Technologien wurde von einem Journalisten lanciert, der fand, daß in anderen Städten internationale Festivals renommiertes Volk anlockten – warum nicht auch in Città di Castello? Der Bürgermeister Giuseppe Pannacci, PCI, hielt die Idee für zugkräftig, und die Sache wurde mit Unterstützung der Creme italienischer und europäischer Grüner im September 1988 erstmalig gestartet. «Acqua: Cloaca, risorsa, meraviglia» hieß der Titel der ersten Fiera

– Wasser: Kloake, Ressource, Wunder. Geplant ist vorerst, die vier Elemente des Empedokles (Wasser, Feuer, Erde, Luft) als Grundlage eines vierjährigen Messezyklus zu nehmen. Als Star der Wassermesse trat 1988 einer der Päpste der Öko-bewegung auf, der Wanderphilosoph Ivan Illich. Wassersoziologen aus Frankfurt sprachen profund über die Geschichte von H_2O; im ehemaligen Irrenhaus von Città di Castello wurden deutsche Wirbelbrunnen und revolutionäre Solarpumpen gezeigt; die italienische Öko-Industrie stellte ihre Produkte vor; alle Gruppen von Greenpeace bis Lega per l'Ambiente waren vertreten.

Unterdessen protestierten auf dem Hauptplatz vor der Bar Italia die zu Umweltverteidigern konvertierten Ex-Linken der Splitterpartei Democrazia Proletaria, Herausgeber der linksgrünen Wochenzeitung «L'Altrapagina» gegen den Bürgermeister: Dies alles sei reine Publicity-Show. Während hier über Wasser und seine bessere Verwendung diskutiert werde, stecke Sindaco Pannacci mit den Tabakbaronen unter einer Decke, die in der Ebene kostbares Tiberwasser für aufwendiges Wässern verschwendeten und zudem das Grundwasser mit Chemikalien ihrer hochgezüchteten Landwirtschaft verseuchten.

Die in jeder Hinsicht erfolgreiche und mit viel Presse-Echo bedachte Messe endete mit einem von seiten der internationalen Gäste vorgetragenen und von Pannacci begrüßten Vorschlag, demnächst als Symbol eines grünen Anfangs auch im gastgebenden Città di Castello eine Reihe zubetonierter Bachläufe wieder zu öffnen. Sogar die konkrete Utopie einer Trennung von Trink- und Brauchwasser sollte ins Auge gefaßt werden. Ein Jahr später, als die neue, noch größere Messe stieg, diesmal rund ums Element Erde, hatten sich die Versprechungen als reine Luftblasen erwiesen. Die Stadtverwaltung hatte nicht mal ein Komitee eingesetzt, das langsam mit dem Diskutieren über die Verwirklichung der Pläne hätte beginnen können, wie das in Italien in solchen Fällen üblich ist. «Geschweige denn tatsächliche Realisierung!» ereifert sich der sonst so gemäßigte Livio Dalla Ragione. «Das ist typisch für den zynischen Unternehmergeist hier: Der Sindaco nimmt das Ganze als gute Publicity für seine Stadt, macht aber genauso weiter wie bisher, keine Einschränkungen für die Industrie, keine für die Landwirtschaft – denn da kommt das Geld rein. Wahrscheinlich denkt er sich: Laß die utopischen Kinder nur spielen, wir geben ihnen die Spielzimmer, es bleibt ohnehin alles beim alten!»

Und doch ändert sich was: Città di Castello wird modernisiert. Als der rührige Sindaco vor Jahren erstmals die Rolltreppen in Perugia sah, die von den Parkplätzen ins steil oben gelegene Stadtzentrum führen, ließ er begeistert auch in seiner Stadt ein paar Rolltreppen, «scala mobile nel centro storico», anlegen. Allerdings liegt das alte Tifernum in der platten Ebene, und die Treppen haben höchstens zehn Meter Höhenunterschied zu überwinden – aber es war ein gelungener Schachzug, touristisch gesehen. Nach einem Besuch in Frankfurt ließ Pannacci überall leuchtende Schilder aufstellen, die jedoch nach kurzer Zeit ihr Licht aushauchten. «Was wird er wohl mitbringen, wenn er mal nach New York fährt?» witzeln die Tifernati.

Konkrete Utopien im Tibertal

Zeitzeichen des Mittelalters

Città di Castello eignet sich als Ausgangspunkt für Abstecher ins noch unverbrauchtere umbrische Hinterland des Nordens. Schon nach wenigen Kilometern Richtung Pietralunga wird die Landschaft einsamer und rauher, bis sich die Straße schließlich fernab jeder Behausungen zwischen grünen, bewaldeten Bergkuppen durch scheinbares Niemandsland windet. Bis auf die Ebene um Gubbio und die Keramik-Stadt Gualdo Tadino nahe der Ostgrenze kommt hier nicht mehr viel Besiedlung. Die Spuren der Landflucht sind an den verlassen stehenden Höfen im Hügelland zwischen den großen Durchgangsstraßen ablesbar.

Touristenkarawanen findet man nur noch in Gubbio, einer hauptsächlich von Tagesausflüglern heimgesuchten Bergstadt unweit des Apenninbogens. Das antike umbrische Iguvium war ähnlich bedeutsam wie die etruskischen Städte Orvieto und Perugia. Von Süden kommend, sieht man schon von weitem, wie sich die Stadt terrassenartig am Fuß des Monte Ingino hochzieht. Abgesehen von den unzähligen Souvenirbuden im Zentrum und dem Parkplatz-Zirkus bei der Unterstadt atmet hier reinstes Mittelalter, wenn auch im Vorzeige-Gestus. Im vierzehnten Jahrhundert lebten fünfzigtausend Menschen in der Stadt, die günstig an der Wegstrecke von Rom zur Adria lag. Heute zählt Gubbio nur knapp über dreißigtausend Einwohner. So zehrt es von seiner großen Vergangenheit, als der unglaubliche Stadtpalast, Palazzo dei Consoli, gebaut wurde, mit dem das Städtchen auch architektonisch einen der ersten Plätze

unter den freien toskanischen und umbrischen Kommunen errang.

Daß Gubbio jährlich am 15. Mai Umbriens berühmtestes historisches Kostümfest – die Corsa dei Ceri – veranstaltet, ist kein Zufall. Im Gegensatz zu anderen folkloristischen Spielen wie der Giostra della Quintana in Foligno ist der Wettlauf mit den «Kerzen» keine pseudo-traditionelle Neuschöpfung dieses Jahrhunderts, sondern wirklich in der Geschichte verwurzelt. Unter riesigem Getrommel und Gerassel und begleitet von Fahnenschwingen auf dem Platz vor dem Stadtpalast werden den ganzen Tag drei sieben Meter hohe Holzrhomben durch die Stadt geschleppt und schließlich in irrem Lauf auf den Monte Ingino geastet, wo sie in der Kirche der Stadtheiligen Sant' Ubaldo bis zum nächsten Mai überwintern. Der ganze Zauber ist dem Heiligen gewidmet, der 1151 die Stadt vor der Einnahme durch die Soldaten von elf befeindeten Städten bewahrte, die sich gegen Gubbio verbündet hatten. Angeblich trug man früher echte Wachskerzen als Dankesgabe zur Basilika auf den Berg, wo Ubaldos Leichnam aufbewahrt wird. Später baute man hölzerne Behälter für das Wachs (cera), die heutigen Riesen-Ceri wären also die gigantisierte Version dieser Cera-Kästchen.

Den Leuten der Stadt ist das Spektakel, das nur als Dreingabe auch Touristen-Show ist, bis heute ähnlich wichtig wie der Palio in Siena den Sienesen. «Das ganze Jahr leben wir für die Ceri», meint ein ernster Jüngling im Ufficio Turistico. «Allerdings wird dir hier jeder was anderes erzählen, was die Ceri für ihn bedeuten. Jedenfalls ist der 15. Mai der große Festtag, auf den

Gubbio – heimgesuchte Bergstadt

das ganze Jahr ausgerichtet ist. Der Tag, an dem wir einfach alle unsere Sorgen oder Probleme sausenlassen und richtig auf den Putz hauen!» Und damit auch der Nachwuchs gefördert wird, dürfen die 15- bis 20jährigen einen Sonntag nach dem Fest für die «ceri mezzani» rennen. Sogar achtjährige Knirpse laufen schon mit Mini-Nachbauten zu den «ceri piccoli» beim Drill auf das ferne Zeitzeichen aus den besten Jahren des florierenden mittelalterlichen Gubbio.

Heute lebt die Stadt hauptsächlich von Keramik, Landwirtschaft und Tourismus. Um den zu fördern, hat man kürzlich sogar den steilen Aufgang zur Piazza vor dem Palazzo dei Consoli neu gepflastert. Denn alles strebt zu diesem Palast, der wie sein Gegenüber, der Palazzo Pretorio, und die dazwischenliegende Piazza vom Unterbau im-

menser Bogenstützen am Berg gehalten wird. Im Innern wartet ein reichlich verwahrlostes Stadtmuseum, das Gubbios wichtigste Antiquität hütet. Die sieben in Holzrahmen hinter Glas verwahrten bronzenen Eugubinischen Tafeln sind das einzige längere schriftliche Zeugnis der Umbrer. Sie werden eigens von einem Wärter bewacht. Eine Erklärung, was es mit diesem Stolz Gubbios auf sich hat, fehlt allerdings. Und auch der Wärter kann nicht weiterhelfen.

Diese Tabulae Iguvinae aus dem 2. Jahrhundert vor Christus tragen lateinische und etruskische Schriftzeichen und haben religiösen Inhalt. Die in die Bronze geritzten Worte in umbrischer Sprache sind hauptsächlich Vorschriften für Opferzeremonien, aus denen man entnommen hat, daß Gubbio mit seinen Nachbarn schon damals auf Kriegsfuß

267

stand. Als feindlich genannt werden die Etrusker, aber auch umbrische Städte wie das nahe Gualdo Tadino. Einmal im Jahr wurde den Göttern ein großes Opfer gebracht, das alle Vergehen des vergangenen Jahres auslöschen sollte. Von einer Felsnase oberhalb der Stadt beobachteten die Priester – peinlich die liturgischen Regeln der Bronzetafeln beachtend – die Flugbahnen der Vögel über der Stadt. Daraus lasen sie ab, ob das Opfer die Götter auch wohlstimmen würde.

Viele der folkloristischen Feste Umbriens wie die Corsa dei Ceri haben zwar irgendein historisches Ereignis als Anlaß, ihre Vorläufer stammen aber aus heidnischer Zeit. Gut möglich also, daß auch zwischen der Wachsspende und dem Sühneopfer der umbrischen Gubbier ein Verbindungsfaden besteht.

Als der Palazzo dei Consoli 1337 fertiggestellt wurde, regierten nicht mehr Konsuln, sondern Vertreter der Stadtzünfte Gubbio. Für das Volk wurde ein großer, nur von einem Kamin in der Ecke beheizbarer karger Versammlungssaal vorgesehen. Oben drüber, vor dem Zorn des Volkes geschützt durch eine geschlossene Treppenbalustrade, tagten die Stadtherren. Von der Loggia im Obergeschoß, die das ganze Tal vor Gubbio und die Ziegeldächer der Stadt überblickt, verkündeten sie ihre Beschlüsse nach unten in den Volkssaal – durch einen jetzt mit Fliegendraht gesicherten Schacht.

Von den Bergen oberhalb der Stadt nahmen im Mai 1944 die zurückweichenden deutschen Truppen die durchs Tal anrückenden Alliierten unter Artilleriebeschuß. Wie überall in Umbrien waren italienische Partisanen, die meisten davon

einfache Bauern, auch hier im Hinterland aktiv. Ein Denkmal unten am Parkplatz in Gubbio, zwischen der großen Kirche San Francesco und dem merkwürdigen Dach-Haus Loggia dei Tiratori (Trockenhalle der Wollweber, 1603), erinnert an ein Massaker unter der Bevölkerung. Einige Partisanen erschossen vor einer Bar mitten im Stadtzentrum aus dem Hinterhalt zwei deutsche Soldaten. «Eigentlich ein unsinniger Anschlag», meint einer im Fremdenverkehrsamt und zeigt auf die Bar direkt gegenüber dem Ufficio Turistico. «Denn die Deutschen zogen ja schon ab! Ich glaube, es war bloß eine ‹bravata›.» Heldentat oder nicht – zur Vergeltung massakrierten die Deutschen vierzig Einwohner von Gubbio, Männer und Frauen, denen das Denkmal auf der Piazza dei Martiri gewidmet ist.

Drachenflieger und Heilwasser

Auch hinter Gubbio, Richtung Scheggia-Paß, wird die Landschaft wieder verlassener. Wie eine große Wand schieben sich die Berge des Apennin heran, an deren Fuß die Via Flaminia verläuft. Diese Strecke ist schon immer die Verbindung von Rom zur Adria gewesen, auch jetzt sieht man viele nichtumbrische Nummernschilder. Sonntags abends zum Beispiel, nach dem «weekend» im grünen Umbrien, hetzen die gestreßten Städter hupend und mit riskanten Überholmanövern im Schatten der karstigen Bergrücken zurück nach Rom, Ancona oder Rimini.

Der Apennin steigt hinter Scheggia bis in die südlichste Ecke Umbriens steiler auf als anderswo, die Täler schlingen sich wie Schluchten zwischen den Bergzügen hindurch.

Hier beginnen die Kalksteinhöhen des Umbrisch-Märkischen Apennins, von deren schroffen Wänden – beispielsweise am Monte Cucco zwischen Costacciaro und Gualdo Tadino – sich Drachenflieger in die Luft über dem Tal stürzen. Die neblige, mystische Hinterecke Nordumbriens ist im Winter beliebtes Skigebiet für Abfahrt und Langlauf. Höhlenforscher kommen im zackigen Karstgestein auf ihre Kosten. Am Monte Cucco ist eine «grotta» ausgeschildert, die allerdings nur mit viel Mut und guter Ausrüstung zu erforschen ist: Um in die eigentliche Hallen-Höhle zu kommen, muß man in schwindelnder Höhe eine ungesicherte, dreißig Meter lange Eisenleiter ins Dunkel hinabklettern. Einfacher ist die Tropfsteinhöhle bei Pale in der Nähe von Foligno zu erkunden. Unweit davon, kurz vor der Marken-Grenze, liegt die 140 Hektar große Hochebene von Colfiorito, ein blühender Sumpf, umgeben von rauhen Kalkgipfeln. Die Palude di Colfiorito ist bereits Naturschutzgebiet. Aber auch das Massiv des Monte Cucco und die gesamte Bergregion um Colfiorito sollen laut regionaler Planung demnächst zu Naturparks werden.

Der Name des Örtchens Nocera Umbra, einige Kilometer südlich Gualdo Tadino auf dem Weg nach Foligno, dürfte Mineralwassertrinkern bekannt sein. Am Berg hinter den auf einer Hügelkuppe zusammengekringelten Häusern des Ortes entspringen die Quellen Flaminia, Cacciatore und Angelica. Das nur leicht mineralhaltige Wasser soll heilsam auf Verdauung und Nieren einwirken. Aber nur bei der Sorgente Angelica ist in den fünfziger Jahren der Versuch gemacht worden, ein Heilbad für Trinkkuren aufzubauen. Die Quelle dort ist abgeschlossen, der Großteil des Wassers fließt über lange Rohrleitungen zum tieferliegenden Bahnhof Nocera Stazione, wo es in Flaschen abgefüllt wird.

Am Brunnen neben einem trüben Thermalbecken im Kurzentrum schlürfen Rentner das kühle Naß. Der Hotelmanager lamentiert, es sei ein Jammer, daß dieses segensreiche Wasser nur so wenig therapeutisch genutzt werde. «Seit Jahren verspricht man uns, das Kurbad weiter auszubauen, aber es ist alles leeres Gerede geblieben.» Statt dessen landet das Wasser von Nocera Umbra in den Supermärkten und auf den Kneipentischen von ganz Umbrien, wird aber auch in Lazio, den Marken und der Toskana getrunken. So kann man sich vielleicht mit dem Acqua aus der Sorgente Flaminia trösten, wenn man dem umbrischen Wein, der leider nie die Qualität des toskanischen erreicht, zuviel zugesprochen hat. Die Italiener, die eine wahre Besessenheit entfalten, wenn es um die Gesundheit ihrer Leber, des gehätschelten «fegato», und ihre Nieren geht, konsumieren Unmengen an Mineralwasser, zumal solches mit therapeutischen Qualitäten – kein Tischwein ohne die Flasche Mineralwasser daneben.

Unheilige Franz-Stadt

Von Gualdo Tadino führt eine endlos gewundene Kammstrecke zum Monte Subasio, der wie ein schlafender Igel am Nordrand des Valle Umbra hockt. Nach dem 1290 Meter hohen Berg hat sich Umbriens größte private Radiostation benannt: «Radio Subasio» schallt es aus den Lautsprechern der Bars und Autoradios zwischen Spoleto und Perugia. An diesem Berg hat sich Umbriens berühmtester Sprößling, der heilige Franziskus von Assisi, in die Einsamkeit einer Felshöhle zurückgezogen. Der Eremo delle Carceri, die Einsiedelei des Francesco, die später in ein kleines Kloster integriert worden ist, hält dem Ansturm der Pilger nur mit größter Mühe stand. Blitzschnell werden die Neugierigen durch die Felsnische des Francesco geschleust. Durch eine Schlucht rauscht ein Sturzbach, dahinter zieht sich ein Wanderweg in den Steineichenwald.

Assisi liegt an den Subasio gekauert. Schon von Perugia aus kann man, wenn mal der Umbrien-typische Dunst über der Ebene abzieht, die gewaltigen Unterbauten erkennen, die das Kloster und die doppelt übereinandergetürmte Franz-Kirche in Assisi an den Berg stützen. Unten im Tal rollen sonntags Busladungen aus ganz Italien an. Eilige Pilger schreiten an den bettelnden Zigeunermädchen vorbei in die übermächtige Basilika Santa Maria degli Angeli, zentraler Ort im Leben des Assisi-Heiligen. Aber vergeblich sucht man nach dem Rosenstrauch, der seine Dornen verlor, als der bußfertige Francesco sich hineinwarf. Lediglich einige hundert Setzlinge einer dornenlosen Rosenart kümmern hinter dem Schild «Roseto» dahin.

Der heilige Franz, das vielleicht kurz zur Erinnerung, war als junger Mann alles andere als heilig, wie die Verfilmung des «Francesco» von Liliana Cavani mit Mickey Rourke in der Hauptrolle (1989) wieder mal zeigte. Der Sohn eines reichen Tuchhändlers entflammte sich in seiner Jugend für Ritterspiele und Saufgelage, wurde gar im Kampf gegen Perugia gefangengenommen und in den Kerker der Rivalen-Stadt geworfen. Er trug aber in sich «eine Sehnsucht, als müßte er etwas Absonderliches und Gewaltiges tun» (Hermann Hesse), und so erhielt er eines Tages ein Zeichen, sich zur Armut zu bekehren und «das Haus Gottes» neu aufzubauen. Franz war nicht so töricht, sich mit den Päpsten anzulegen. So erhielt sein Orden, der eine Erneuerung der Kirche erstrebte, 1120 die Anerkennung der Regeln. Die mystischen Orte seiner Lebensgeschichte liegen zwischen Umbrien und der Osttoskana: hier in Assisi und am Felsort La Verna im Casentino.

Schon zu seinen Lebzeiten fingen die Heiligenverehrung und der Run auf Reliquien an. Die Leiche des «poverello», wie das Volk den Armut predigenden Francesco genannt hat, war jahrhundertelang unter der Franz-Basilika in den Fels vergraben, damit das neidische Perugia nicht die prestigeträchtigen Heiligen-Reste entwenden konnte. Schon zwei Jahre nach seinem Tod (1226), Francesco war soeben heiliggesprochen worden, begann man mit dem Bau der höhlenartigen, dunklen Kathedrale, der Grabeskirche, der schießlich rittlings eine hochstrebende gotische Basilika mit sternchenblauem Himmel aufgesetzt wurde. Und um die wie ein Schokoladenhäuschen schimmernde Kapelle Porziunkola, Franz' erstes Kirchlein, zog man mächtige Mauern hoch, die sich schließlich zur Basilika Santa Maria degli Angeli wölbten.

So geschah die sofortige Vereinnahmung des armen Bettlerheiligen durch die reiche Kirche. Der Prunk

Assisi hat viele Gesichter: ein umbrisches, römisches, kaiserliches, mittelalterliches und modernes; den Minervatempel und das Forum, die Espressobar und das Kino, aus dem wildes Indianergeheul in die abendliche Straße hinausschallt, laut genug, daß die jungen Nonnen, die in der Kapelle der ewigen Anbetung ihr Abendgebet halten, neugierig die Ohren spitzen, sich sogar kichernd hinter dem Rücken der Novizenmeisterin mit den Ellenbogen anstoßen – laut genug, daß ein Mönch, der gegenüber in der Bibliothek arbeitet, das Fenster aufreißt, empört und bereit, sich temperamentvoll zu beschweren; aber die Indianer heulen schon nicht mehr, und das Cowboylied, das jetzt ertönt, scheint den Mönch nicht zu stören. Außerhalb Italiens erschiene dies wohl nur «neckisch», hier ist es Natur geworden – wie die Stationen des heiligen Franz rings um die Stadt: Rivotorto, der Fingerhut Porziuncola, San Damiano und die Carceri: nach siebenhundert Jahren Pilgertum noch nicht verschlissen, noch immer von seinem Geist.

Heinrich Böll: Assisi (1959). Aus: Ciao, Italien! Rowohlt
Taschenbuch Verlag, Reinbek 1988

Rummel um Francesco

und die bombastischen Bauten über seinem Grab stehen zur Lehre von Armut und Demut in unversöhnlichem Kontrast. Das stört aber den Francesco-Zirkus kaum, sondern fördert ihn nur. Die Fresken von Giotto im Hauptschiff der Oberkirche San Francesco erzählen die Lebensgeschichte des Heiligen, so wie sie aus den Fioretti di San Francesco, der mit päpstlichem Auftrag bald nach dem Tode aufgezeichneten Biographie, überliefert ist. Nur die wenigsten Pilger bleiben stehen, um sich die schönen Bildergeschichten anzuschauen, aber in der Unterkirche staut sich der Pilgerhaufen aus allen Ländern vor dem Eingang in die Grabhöhle. Walisische Rentner starren ehrfurchtsvoll ins Halbdunkel mit den Gebeinen von Holy Franz, gleich beim Altar kratzt eine elegante Spanierin unter den Augen der Vorbeigehenden mit rotlackier-

ten Fingernägeln einige Krümel des bemalten Wandputzes ab – mit Tränen in den Augen ob des Wunders, selbst ein Stückchen Reliquie ins heimische Goldkästchen legen zu können. Derweil summen im Klostershop die elektronischen Registrierkassen. Auf den Gassen von Assisi aber stapeln sich die vulgärsten Produkte der Devotionalienhändler: Porzellanfigürchen mit zechenden Franziskanermönchen, zockenden Nonnen und Motorradfahrern mit Bettlerkutte, wie als Beweis, daß auch die Nachfahren des Poverello nur Menschen sind. Man wird wohl an einem kalten Herbsttag durch Assisi streifen müssen, um den mystischen Geist des Ortes wahrnehmen zu können.

Francesco ist der Nationalheilige Italiens. Assisi, die Heimat des Poverello, beansprucht, die moralische Hauptstadt Umbriens zu sein.

Ruhe mit Francesco – Eremitage am Subasio

Man kann auch mit anderen Augen nach Assisi reisen, etwa dem Interesse an der mittelalterlichen Stadt, die bis zu ihrer Vereinnahmung durch den Papst so wie das benachbarte Foligno ghibellinisch, also kaisertreu war und deshalb in Rivalität zum guelfischen Perugia. Dann ist Assisi wie die anderen umbrischen Bergstädtchen: winklige Durchstiege, Bögen zwischen engen Häusern, auf und ab tanzende Gassen, parallel zueinander am Hang entlang laufende Straßen. Nur die Unterstadt ist 1927 zum siebenhundertsten Sterbetag Franzens «saniert» und künstlich auf Mittelalter getrimmt worden. San Rufino, Franzens Taufkirche, hat wohl eine der schönsten romanischen Fassaden Italiens. Und wenn man vom Pilgerstrom absieht, wird man die Basilika San Francesco als ein vorzügliches Exemplar der Gotik entdek-ken, die im 12. und 13. Jahrhundert erst mit langer Verspätung nach Italien kam.

Goethe, der Klassik-Sucher, wandelte vollends auf alternativen Pfaden. Den Dichter auf seinem hastigen Weg nach Rom interessierte nur der römische Minerva-Tempel im Stadtzentrum. Um ein Haar hätten ihn bei dieser Besichtigung allerdings die Schergen Assisis erfaßt, die einen Schmuggler in ihm vermuteten. Man nahm ihm sehr übel, daß er «dem Heiligen (s)eine Aufwartung nicht gemacht» hatte, und ließ ihn erst nach einer großzügigen Bestechung laufen – nicht ohne ihm die schönste Hure Assisis angeboten zu haben. Kein Wunder, daß Goethe mit Siebenmeilenschritten auf Foligno zustapfte, nur noch einen scheelen Blick werfend auf «den tristen Dom des heiligen Franziskus».

273

PERUGIA

STADT DER PÄPSTE UND STRANIERI

Vom nördlichen Città di Castello
Richtung Perugia schnürt sich das
Tibertal südwärts enger. Die Fahrt
auf der verlassenen alten Landstraße zur Hauptstadt von Umbrien
wird immer einsamer, während
oben auf der erhöhten Superstrada
die Lastwagen dahindonnern. Die
Straße überquert vor Umbertide
den Tiber auf einer langen, schwin-
genden Betonstahlbrücke, deren
Weite zeigt, wie hoch das Wasser
ansteigen kann. Eine alte Bäuerin
überquert die Brücke und schaut
vom einsamen Fußgängerstreifen
hoch oben über dem Tevere ins trübe, schmale Flußwasser. «In meiner
Jugend habe ich hier gebadet»,
bricht es aus ihr heraus, «der Tiber
war tief und breit, das Wasser glas-
klar! Heute ist es nur noch schwarz
und trüb... traurig!»

Das Lamento über das zerstörte
Ambiente ist allgegenwärtig, selbst
in den letzten Hintergassen. Gleichzeitig das Gefühl, machtlos zu sein,
resigniert einem tristen Abschied
von gestern beizuwohnen, der gar
nicht so weiten Vergangenheit, die
pathetisch als verlorene Unschuld
beschworen wird. Religiöse Unter-
töne mischen sich in Umbrien, der
Heimat des heiligen Franz von Assisi, leicht in solche Betrachtungen.
Schuld zum Beispiel. Nähert man
sich Perugia, dann wird fast schlag-
artig deutlich, wo in den letzten

275

Jahrzehnten im Spätstarter Umbrien am heftigsten gesündigt wurde. «Park Hotel» nennt sich ein Betonbunker auf Betonflächen kurz vor Perugia, der von zwei Autobahnen umschlungen wird: Wenigstens im Namen soll an das grüne Umbrien appelliert werden, das im Umkreis der Hauptstadt endgültig zertreten wurde. Den stärksten Eindruck vom wuchernden Perugia hat man auf der Anfahrt vom Lago Trasimeno. Endlose Vorstädte ziehen sich über die Hügel, herzlos in den Lehm gesetzte Betonsiedlungen, Symbole von Stadtboom und Spekulantentum.

«Perguia sitzt auf seinem Berg wie die Arche auf dem Ararat.» Als sich der englische Reiseschriftsteller H. V. Morton Anfang der sechziger Jahre Perugia näherte, versperrten offenbar noch keine grauen Vorstädte den Blick auf die graue Arche. Damals war nur der südliche Gegenpol Perugias, die Stahlstadt Terni, ein kräftig atmendes Industriezentrum, dessen Bewohner etwas mitleidig auf die im verarmten Bauernland ausharrende Hauptstadt herabschauten. Viele Peruginer zogen auf Arbeitsplatzsuche nach Süden – heute, nachdem die Stahlkrise Terni gepackt hat, ist das florierende Perugia wieder wirtschaftliches und politisches Zentrum. Es hat damit seine alte Rolle als dominierende umbrische Stadt behaupten können – und es wird weiter gebaut.

Die Straße schraubt sich, sobald man das Gewirr der Autobahnschlingen hinter sich hat, in großen Schleifen den Berg hoch zur Altstadt, dem eigentlichen Perugia. Die Hauptstraße des Centro Storico, der Corso Vannucci, liegt runde dreihundert Meter höher als der

Lauf des Tiber. Morton sah den Fluß von dort oben noch «weite, silbrige Bogen auf seinem Weg nach Rom» schlängeln. Mittlerweile mußte sich Italiens zweiter Strom armselig hinter Autobahnrampen, Industriezonen und Satellitenstädten verkriechen. Um zu zeigen, daß die traditionsbeladene, ehrwürdige Stadt Perugia nach den wilden Jahren des Baubooms anders kann – besser, gediegener –, ist hier in den achtziger Jahren, nach dem ersten, gehetzten Fortschrittsgalopp, auf gehobene urbanistische Qualität gesetzt worden. Heraus kamen einige quadratische Bank- und Verwaltungsgebäude, sowie das postmoderne «centro direzionale» Fontivegge, 1988 fertiggestellt unter Federführung des Mailänder Renommier-Architekten Aldo Rossi – bei uns bekannt wegen seines Entwurfes für Kanzler Kohls deutsches Historisches Museum in Berlin. Der wollte in Perugia großartigen städtischen Lebensraum schaffen, der es mit dem mittelalterlichen Wunder der Altstadt aufnehmen sollte: historisch zitierende Giebeldächer, Säulen als Akzente, gepflasterter, weiter Bürgerplatz, Perspektiven. Großes Tönen, großes Scheitern: Um die Säulen auf dem Bürgerplatz weht der Hochhauswind, verloren krauchen einige Gestalten durchs Block-Haus der Shopping-Riesen Upim und Coop, unter den Perspektivsäulen verschwinden menschliche Ameisen im neuen Hauptquartier der Regionalverwaltung von Umbrien.

Perugias Tortentrick

Zum Glück sind diese modernen Untaten schon kurz nach dem endgültigen Auftauchen in der Altstadt vergessen. Denn Perugia ist oben das beeindruckende Beispiel einer Mittelalterstadt, die ohne große Blessuren die Symbiose mit der Neuzeit geschafft hat – vielleicht weil hier fast gar nichts angetastet (oder im Zweiten Weltkrieg zerstört) worden ist. Nirgendwo sonst in der Toskana oder in Umbrien, allenfalls abgesehen von Siena, türmen sich Mauern und Bogengänge zu einem so dichten, düster-belebten Stadtbild zusammen wie in Perugia, wo aus jedem Stein und jeder Tür Geschichte zu springen scheint. Steile, oft überbaute Gassen führen mit Treppen und verwinkelten Stiegen zur seit dreitausend Jahren bewohnten Stadt, die noch immer von den Zyklopenmauern aus der reichen Etruskerzeit des antiken Perusia umgürtet ist.

Im Netzwerk der labyrinthischen Straßen verbeißt sich der Verkehr seit langem hoffnungslos. So ist das Zentrum dichtgemacht worden. Wer die Stadt nicht kennt, aber – wie Touristen, die zu ihrem Hotel im Stadtzentrum wollen – sich trotzdem zwischen die Mauern wagt, wird leicht von den Irrwegen verschluckt und schließlich am falschen Ende aus einem etruskischen Stadttor wieder ausgespuckt.

Um dem abzuhelfen, gibt es die berühmte «scala mobile». Diese Strecke von Rolltreppen ins Centro Storico ist seit einigen Jahren Perugias großer Coup. Andere Städte Umbriens haben nachgezogen: In Narni (Südumbrien) klettert man per Aufzug die Steilwand neben dem Stadtkern hoch, in Città di Castello und selbst im Wallfahrtsort Assisi rollen die Pilger vom Parkplatz nach oben – aber Perugias Tortentrick blieb unerreicht. Wie bei allen Modernisierungsprojekten

währt der Streit pro oder contra Scala Mobile ewig, und Ästhetiker dürfen getrost über die Vergewaltigung gewachsener historischer Baumasse räsonieren – für das Verständnis eines wichtigen Teils der Stadtgeschichte Perugias ist die Tunnelauffahrt unbezahlbar. Denn wie durch den Bauch der Geschichte rollt man nach Perugia ein, seitwärts durch die tortenartig übereinandergeschichteten Ebenen von über fünfhundert Jahren Stadtentwicklung hoch ins Zentrum, zur Einkaufs- und Flanierstrecke, dem Stadt-Salon Corso Vannucci.

Die Hauptstraße verläuft wie ein Steg über dem zwischen den zwei Hügeln aufgeschütteten und im Mittelalter zugebauten Gelände. Vom Corso Vannucci (benannt nach dem berühmtesten Maler Perugias, Pietro Vannucci alias Perugino) und den Rücken der benachbarten Hügel fallen die Straßen steil abwärts. Man kommt vom Bahnhof über die Serpentinen ans südliche, hoch über der Ebene aufragende Ende dieses Aufbaus. Ein Sportplatz, ein Parkhaus, die Scala Mobile. Hier drüber thronte seit dem 16. Jahrhundert eine überdimensionierte Festung, die Zwingburg der Päpste, nach ihrem Erbauer Paul III. Rocca Paolina genannt. Die Treppe rollt durch den Unterbau dieser Burg, die die Einwohner Perugias im 19. Jahrhundert triumphierend Stein für Stein wieder abgetragen haben.

Perugia hat, seitdem die Etruskerfeste im 3. Jahrhundert dem römischen Imperium einverleibt wurde, immer im Gravitationszentrum des nahen Rom gestanden. Zur Zeit der frühbürgerlichen Stadtrepubliken, in Perugia ab 11. Jahrhundert, reichte das Einflußgebiet der unabhängigen Hügelstadt vom östlichen

Apenninrand bei Gualdo Tadino bis zum Trasimeno-See und dem angrenzenden Chiana-Tal im Westen. Wie der Handelspartner Florenz war auch Perugia guelfisch, also papsttreu, wenn auch auf widerborstige Art. Die Päpste, die das unsichere, im Sommer malariaverseuchte Rom öfters verließen, residierten gern in Perugia. Fünf Päpste wurden zwischen dem 12. und 14. Jahrhundert im hiesigen Domkloster gewählt.

Aber weltlichen Einfluß konnte das Pontifikat nur kurzzeitig etablieren, päpstliche Legaten mußten im gewalttätigen Perugia um ihr Leben fürchten. Nach der Volksherrschaft geriet die Stadt abwechselnd in die Fänge adliger Signoren, des Kaisers und des Papstes. Nach blutigen Konkurrenzkämpfen gegen die Familie Oddi herrschten die siegreichen Baglioni in stetigem Hahnenkampf mit den päpstlichen Schergen bis 1531. Sieben Jahre später, nach der Rebellion der Stadt gegen eine neue, von Rom aus erlassene Salzsteuer, bezwang Papst Paul III. Perugia endgültig. Er ließ die Häuser der verhaßten Baglioni abreißen und mit einer überdimensionierten Festung überbauen, die in Italien ihresgleichen suchte.

Im heutigen Perugia gibt es zwei Baglioni-Straßen, eine davon unterirdisch. Die Rolltreppenstrecke spuckt die Fußgänger mitten ins mittelalterliche Gemäuer der Via Baglioni, zwischen die Häuser und Türme, die vom Erbauer der Rocca Paolina plattgemacht und überbaut wurden. Erst 1965 ist hier der letzte Schutt des päpstlichen Bollwerks weggeschafft worden, das von den rebellierenden Peruginern 1849 und 1860 niedergemacht worden war. Erst damit kam dieser, über alten

Etruskerwegen erbaute mittelalterliche Unterbau der Rocca wieder zum Vorschein. Man kann in den Häusern der Baglioni herumspazieren und den von der Geschichte mumifizierten Aufbau des jetzt Halogen-bestrahlten versunkenen Stadtteils erkunden. Zwischen diesen Mauern haben sich die Bewohner im Sommer 1500 gegenseitig gemeuchelt. Bei der sogenannten «Bluthochzeit» der Baglioni landeten die Leichen der Ermordeten auf diesen Straßen. «Der Dom, der das meiste von dieser Tragödie aus der Nähe gesehen, wurde mit Wein abgewaschen und neu geweiht», schreibt Jacob Burckhardt.

Perugias Salotto

Vom schaurigen Burgkeller rollt man weiter nach oben zum neuesten Teil Perugias. An Stelle der Rocca Paolina stehen da die Errungenschaften des 19. Jahrhunderts rings um die Piazza Italia: ein neoklassizistischer Präfekturspalast, ein nobelnostalgisches Grand Hotel, Großbürgerhäuser und natürlich das Denkmal für den König der neuen Nation, Vittorio Emmanuele II.

Von hier spannt sich der Corso Vannucci bis zum spirituellen Zentrum der Mittelalter-Stadt, dem weingenetzten Dom San Lorenzo. Die größten Bauwerke, die den langen Flaniersteig umrahmen, stammen aus Perugias Zeit als florierendes Handelszentrum zwischen dem 12. und 15. Jahrhundert. Vor allem der Palazzo dei Priori, der sich in mehreren Bauetappen zu dem bauchigen, grandiosen Ungetüm auswuchs, das den oberen Teil des Corso Vannucci abschließt. Für den weiteren Ausbau ihres schon 1297 prachtvoll fertiggestellten Stadtpa-

Wohnzimmer Corso Vannuci

lastes ließen die damaligen Stadt-
bonzen ganze Häuserreihen und
eine Pfarrkirche abreißen. Das
Symbol der Macht Perugias über-
dachte forthin eine Querstraße und
zog sich kurvig an der Hauptstraße
entlang. An seiner Stirnseite, gehalten vom Wappentier Perugias, dem
Greifen, und dem Guelfen-Löwen,
baumeln Ketten und Stangen, Trophäen von den Stadttoren Sienas,
die 1358 nach einem Sieg über Siena
hier aufgehängt wurden. Obendrauf
hocken jetzt die allgegenwärtigen
Tauben. Anders als auf den eisernen Bändern, die die wacklige Loggia Fortebraccio (benannt nach dem
«guten» Tyrannen Braccio Fortebraccio, Stadtherr Perugias von
1416 bis 1424) gegenüber festhalten,
sind hier keine abweisenden Metall-
stacheln angebracht worden. So
können die grauen Biester gezielt
die Touristen unter Beschuß neh-

men, die durchs drunterliegende
Tor in den alten Versammlungs-
raum der Stadträte, die Sala dei No-
tari, spazieren.

Das dritte Schmuckstück am Ende des Corso ist die Fontana Maggiore, ein von den Brüdern Nicola
und Giovanni Pisano Ende des
13. Jahrhunderts gemeißeltes stei-
nernes Kunstwerk, das mit seinen
Relief-Geschichten den Reichtum
des damaligen Perugia erkennen
läßt. Viele umbrische Städte haben
sich ähnliche Prachtbrunnen ins
Stadtzentrum gestellt, Narni zum
Beispiel gleich zwei Exemplare.
Früher wurde der Brunnen tatsächlich benutzt, ein drei Kilometer langer Aquädukt brachte das Wasser
zur Fontana Maggiore. Aus Schutz
vor Vandalen ist jetzt ein hohes ei-
sernes Gitter angebracht worden.

Abends ist der Laufsteg zwischen
diesen Traumstücken aus dem Mit-

telalter prall gefüllt. Der Corso wird
zum langen Wohnzimmer Perugias,
wo die Leute aus den Vorstädten
sich mit den Einwohnern des Zentrums treffen, ständig grüßend auf
und ab marschieren, in Gruppen an
Brunnen und Häuserwänden stehen. Für die Ragazzi ist das der
sinnvollste Treffpunkt. «Ich brau-
che hier nur zweimal rauf- und run-
terzulaufen», sagt eine Zwanzigjäh-
rige aus einer Clique vorm Stadtpalast, «und ich habe alle getroffen,
die ich kenne. Für mich ist der Corso wirklich der ‹salotto› (Wohnzimmer) von Perugia.»

Küßchen und Mode

«Mai e poi mai», schreibt die in Perugia herausgegebene Zeitung
«Corriere dell' Umbria», «würden
die Peruginer auf ihre tägliche Passeggiata im Salotto verzichten» –
niemals, niemals! Erst mit der
Schließung des Zentrums für den
Verkehr, so klagen die Händler der
Edel-Boutiquen am Corso, sei diese
liebe Gewohnheit vielen so schwer
geworden, daß es in den Geschäfts-
kassen immer spärlicher klingelt.
1988 verhängte die Gemeinde Perugia einen Numerus clausus über die
Geschäfte und Kneipen im Zentrum. Keine weiteren Jeans-Läden,
Fast-food-Stuben und Diskotheken
sollen mehr zugelassen werden,
statt dessen wird schwer für die
Wiederbelebung der traditionellen
Handwerkerklitschen getrommelt –
bisher mit wenig Effekt.
In den Schaufenstern am Corso
blitzen schwindelerregende Preis-
schilder, die Mode orientiert sich an
Mailänder Avantgarde und jenem
altenglischen Stutzertum, das in allen italienischen Bourgeoisie-Krei-
sen so beliebt ist: Reitjacken, schot-

tische Plaids und Cashmere-Joppen
für eine halbe Lire-Million. Die
Kohle scheint locker zu sitzen in Perugia, aber der Schein kann auch
täuschen. «Die Jugendlichen kommen nur auf den Corso, um hier die
neuesten Trends zu erspähen»,
mault ein Ladenbesitzer, «dann fahren sie in die Peripherie-Boutiquen
und kaufen da, viel billiger natürlich, weil die Ladenmieten nicht so
hoch sind.» Tatsächlich herrschen
im Zentrum Mailänder Preise,
sprich astronomische Quadratme-
ter-Summen für die stilvoll reno-
vierten Läden, oft frühere Lager-
räume oder Werkstätten.
Die Provinz Perugia ist der Motor
im umbrischen Wettlauf zum Wirtschaftswunder, in Perugia wird gut
verdient. Der Höhepunkt von Perugias Reichtum der Vergangenheit
lag im 13. Jahrhundert, als dreihundert Handelshäuser und mehr als
vierzig Gilden in der Stadt ansässig
waren. Das Collegio della Merca-
zia, sozusagen der Vereinssitz der
Handelshäuser, fand, ebenso wie
die Korporation der Bankhäuser
(Collegio del Cambio), natürlich im
Palazzo del Pretorio Platz. Noch
heute sind rund sechzig der alten,
aus dem 13. und 14. Jahrhundert
stammenden Handelsfirmen aktiv.
«Sie halten noch immer hier ihre
Versammlungen ab. Das Collegio
ist allerdings heute hauptsächlich
eine Stiftung – sie spenden für
Krankenhäuser und andere gemein-
nützige Einrichtungen», erklärt
nicht ohne Stolz der Wärter im Collegio della Mercanzia.
Die für Perugia zugkräftigsten
Namen arbeiten mittlerweile auf anderen Gebieten: Dolci und Textilien
vor allem. Die «Baci» aus dem Haus
Perugina sind heute so begehrt wie
zur Zeit des Malers Perugino dessen

zart gemalte Bilder mit umbrischen Landschaften, allerdings auch so unmäßig «dolce» wie dessen süßliche Bilder von pausbäckigen Madonnen (wie sie in der Galleria Nazionale dell'Umbria im Palazzo Pretorio zu sehen sind). Die Industria Dolciaria Perugina, mittlerweile integriert in den Konzern Buitoni, ging 1985 in die Hände des Mehrheitsaktionärs Carlo de Benedetti, genannt «l'ingegnere», der für seine Künste als Sanierer von Olivetti und internationaler Finanzjongleur bekannt ist. Es dauerte denn auch nicht lange, und «der Ingenieur» aus dem Norden verkaufte das Pasta- und Panettone-Paket mit Riesengewinn an Nestlè. Deren erste Aktion war, die Buitoni-Direktion aus dem Verkehrs- und Betonknäuel Fontivegge unten am Bahnhof von Perugia nach Mailand zu verlagern. Rationalisierungen und Produktionsverlagerungen wurden anvisiert: So sollen im Buitoni-Werk in Castiglione del Lago am Trasimenischen See künftig nur noch Panettoni, die rosinengespickten, ursprünglich Mailänder Weihnachtskuchen mit dem Markenzeichen «Perugina» fabriziert werden – die Produktion für andere Marken wird eingestellt.

Im Textilsektor hat sich neuerdings vor allem ein Mann namens Umberto Ginocchietti hervorgetan. Ginocchietti-Pullover sind bis 1987 eigentlich kaum bekannt gewesen. Die Firma produziert Massenware vor allem fürs Ausland, die auch unter anderen Namen in den Kaufhäusern hängt. Erst als sich der Pullover-Millionär, gestärkt durch den internationalen Erfolg seiner «pronta moda», mit Häme über seine Mailänder Kollegen hermachte, kam der Name ins öffentliche Bewußtsein. Ginocchietti, stolz auf das in Perugia Geleistete (zugkräftig unter anderem auch die Sportartikel-Firma Ellesse), kritisierte die Mailänder «stilisti»: Diese ruhten sich auf ihren seit den siebziger Jahren vergoldeten Lorbeeren aus, produzierten nur noch für die Elite und hätten verkalkte Ideen. Zugkräftige junge Mode werde jetzt längst woanders gemacht – in Perugia zum Beispiel. Seitdem erst fällt italienischen Pullover-Käufern, wenn sie das Label Ginocchietti lesen, die umbrische Hauptstadt ein.

Perugias Draht zur Welt

Vorher assoziierten die meisten beim Wort Perugia nur die «Küßchen» von Perugina, wenn es hochkam auch noch die Università Italiana per Stranieri, die Ausländeruniversität. Umbrien hat 800 000 Einwohner, 500 000 davon leben in Perugia; 15 000 Studenten hat die Università degli Studi, etwas weniger als die Hälfte davon die Ausländer-Uni im Palazzo Gallenga an der Piazza Fortebraccio, direkt bei der Rampe zum zyklopischen Etrusker-Tor, dem Arco Etrusco oder Augustus-Bogen. Ausländer haben in Perugia lange Tradition. Schon im fernen Jahre 1500, jenem Blutsommer, wird die Präsenz von «stranieri» vermerkt: Als die Leiche des achtzehnjährigen, wegen seines Wagemuts bekannten Baglioni-Sohnes Simonetto auf die Gasse geschleppt wurde, «verglichen ihn die Zuschauer ‹und besonders die fremden Studenten› mit einem alten Römer» (Jacob Burckhardt).

Die Universität wurde schon im 13. Jahrhundert als «Studio Generale» gegründet, sie zog damals die Fremden nach Perugia. Die Auslän-

Alltäglicher Laufsteg

der-Uni ist erst 1926, unter Mussolini, als nationalistische Einrichtung zur Verbreitung der italienischen Kultur in der renommierten Universitätsstadt eingerichtet worden. Im Barock-Palast der Gallenga (ehemals Besitz des toskanischen Wein-Adels Antinori) überkreuzen sich schwülstige Tradition und surrende Modernität. Man windet sich durch enge Tapetentüren in die Büros der Professoren. Auf den antiken Schreibtischen der Sekretärinnen, im Schatten von Brokatvorhängen und unter freskengeschmückten Decken blitzen kleine Olivetti-Zauberer. Ein Supercomputer ist angeschafft worden. Er soll künftig alle Daten der Università per Stranieri an die über hundert an diese Institution angeschlossenen italienischen Kulturinstitute im Ausland übermitteln können – der elektronische Draht Perugias in die Welt. Der Bit-Prozessor überwacht alle Schwankungen im Barock-Haus. Täglich wird die Zahl der wegen der Schnellkurse häufig wechselnden Studenten statistisch erfaßt: An einem Septembertag sind es genau 5804, unterer Durchschnitt also.

Die Italien-Studenten kommen aus der ganzen Welt, das Interesse an der italienischen Sprache und Kultur ist groß. «Das Phänomen ist fast planetarisch», schwärmt der Rektor, richtig angeredet mit «magnifico». «In den siebziger Jahren überschwemmten Wellen von Studenten aus dem Nahen Osten und aus Afrika Perugia, heute sind diese Länder nur noch mit einigen hundert Studierenden vertreten. Jetzt stellen Japaner, Australier und Amerikaner das Hauptkontingent.»

Die Qualität der Studien in Perugia ist unbestritten, auch wenn den jedem Italienisch-Studenten bekannten Standardwerken zur «Lingua Italiana» eine etwas trockene, veraltete Grammatik-Lastigkeit anhaftet. Problematisch finden die ausländischen Studenten eher das Leben in der Gastgeberstadt Perugia: zu wenig Kontakte mit den Einheimischen, die zumal fürs Sprachstudium so wichtig wären, Abgeschlossenheit im Studenten-Getto und vor allem die Zimmerpreise.

Afrikaner sieht man heute auf dem Corso kaum mehr mit den charakteristischen «Lingua»-Büchern unterm Arm, sondern mit schäbiger Bauchladenware: die als «vu cumpra – wollen kaufen» diskriminierten fliegenden Händler. In der Provinz Perugia sind es etwa 4000, viele davon leben wie die 5000 ausländischen Studenten in überteuerten winzigen Zimmern im Stadtzentrum. Bisher sind die Stadtbehörden gegen die Miethaie noch nicht eingeschritten. «Meine drei Freunde und ich zahlen für vier Betten in einem kleinen Zimmer eine halbe Million Lire pro Monat», beklagt sich der Marokkaner Hassan, «und das ohne Heizung!» Dreihunderttausend Lire für ein heruntergekommenes Studentenzimmer sind die Norm. Die Proteste der Studenten gegen die Haie sind zahlreich, aber vorerst bleibt ihnen nichts, als resignierend hinzublättern. «Die Peruginer sind historisch bedingt eher verschlossen und skeptisch gegenüber Fremden», erklärt eine Sekretärin der Ausländer-Uni. «Fünfhundert Jahre lang haben die Päpste, Fremde also, die Stadt regiert, und sie haben uns bis aufs letzte ausgepreßt. Kein Wunder also, daß die Ausländer es nicht leicht haben. Es wird lange brauchen, diese Distanz abzubauen.»

ZWISCHEN TERNI UND NORCIA

INS WILDE HINTERLAND

Perugia sitzt im Knotenpunkt der Straßen, Flüsse und Durchgangstäler Umbriens. Bis 1927 bestand die Region nur aus einer Provinz. Dann bekam der Süden seine eigene Verwaltung mit Sitz in der Stahlstadt Terni, die sich seit dem letzten Jahrhundert zum zweiten Pol Umbriens entwickelt hatte. Ringförmig legen sich die Straßen zwischen den Provinzen Terni und Perugia um das unwegsame Hügelland zwischen dem umbrischen Becken, der Valle Umbra, und dem Tibertal. Die antike Via Flaminia verlief ursprünglich quer über diese wie ein großes Ei auf der Landkarte sitzende Bergzone im Herzen Umbriens, vom römischen Carsulae aus über Massa Martana und Bevagna nach Foligno. Erst später wurde die Straße in das einfacher zu durchfahrende

Flußtal verlegt. Die Strecke ging über die Kolonie Spoletium, eine alte Umbrer-Stadt, die ab dem 6. Jahrhundert nach Christus Hauptstadt des langobardischen Herzogtums Spoleto und damit Gegengewicht zur Macht des Papstes über Umbrien wurde.

Von Perugia führt die Schnellstraße SS75 (Centrale Umbra) Richtung Südosten durch das Zentrum der Intensiv-Landwirtschaft und Kleinindustrie Umbriens zum flach in der Ebene liegenden Foligno, vorbei an Bastia und Assisi. Abseits der Autostrecke liegt das Kleinod Spello, mit römischen Toren und guterhaltenen Römer-Mauern, noch unberührt von den großen Touristenströmen.

Zu Goethes Zeiten war hier wohl noch gemütliches Wandern möglich, jedenfalls war der Fußmarsch von Assisi nach Foligno «einer der schönsten und anmutigsten Spaziergänge, die ich jemals zurückgelegt. Vier volle Stunden an einem Berge hin, rechts ein reich bebautes Tal.» Von Montefalco aus, das zu Recht den Beinamen «Balkon Umbriens» trägt, kann man mit den Augen diesen Weg verfolgen. In der Museums-Kirche San Francesco hat der umbrische Renaissance-Maler Benozzo Gozzoli die Szene so gemalt, wie sie wohl auch noch im 19. Jahrhundert zu sehen war: weiß als Flecken am Berghang Assisi und Spello, darunter die Olivenhaine der Ebene.

Heute sind die Industriegebiete der Ebene auszumachen, aber je weiter südlich man kommt, desto weiter werden wieder die bebauten Flächen der Plantagen-Landwirtschaft. Die Strecke zwischen Assisi und Spoleto gilt als beste Olivenöl-Zone Umbriens. Hier säumen große Oleificio-Anlagen, flache Zweckbauten, die Straße.

Kurz vor Spoleto, an einer kleinen Raststätte bei Campello sul Clitunno, bricht seitwärts unter der Straße an vielen Stellen kristallklares Wasser aus dem Gestein. Es ist eine alte Kultstätte der Römer, wo die Orakel des Wassergottes Clitumnus befragt wurden. Einige hundert Meter davor am Straßenrand steht ein kleiner frühchristlicher Tempel, dessen Säulen und Giebel vielleicht aus dem Orakeltempel stammen. Ein alter Wächter mit Riesenschlüssel öffnet die Tür zur heidnisch-christlichen Kultstätte und beginnt, von den legendären Qualitäten der Clitumnus-Quelle zu schwärmen. Nach der Überlieferung tauchten die Römer die Opferstiere in das heilige Naß, um ihr Fell vor dem Opfern schneeweiß zu färben. Damals sprudelten die Quellen so stark, daß Kaiser Caligula sich auf einem Ruderboot gegen den Strom des Flusses heranschiffen ließ. Um das fünfte Jahrhundert herum soll ein Erdbeben die Quellflut geschmälert haben, so daß der Clitunno jetzt nur noch ein unbedeutendes Flüßchen ist. Im 19. Jahrhundert ließ der Grundbesitzer Graf Paolo Campello den damals «flachen Brunnen» zum Teich erweitern und pflanzte Trauerweiden und Pappeln. Dazwischen sprudeln nun aus lapislazuliblauem Grund die Fonti del Clitunno hoch. Aus dem Gestein direkt unter der alten Flaminia ergießen sich weitere Bäche in den flachen Teich, der nur an den blauen Quell-Stellen bis zu sechzehn Meter tief ist. Durch die romantische Teichgestaltung des Grafen, aber mehr noch durch die unzähligen sprudelnden Stellen hat der Ort trotz des vorbeirauschenden Verkehrsstromes immer noch etwas Magisches. Man kann sich leicht vorstellen, daß römische Patrizier hier in der Nähe ihre Villen ans Flußufer bauten, um den Orakel-Quellen so nah wie möglich zu sein. Der Flußrand war von Tempeln gesäumt, in denen die Pilger Inschriften hinterließen. Der römische Dichter Plinius hat diese antiken Graffiti gelesen, «unzählige Inschriften jeder Art, die den Fluß und das Walten der Götter loben. Viele muß man loben, über manche wirst du lachen.»

Wellblech für den Steinwald

Jenseits der Berge des mittleren Umbrien, 25 Kilometer Luftlinie weiter südöstlich, liegt ein anderes vorzeitliches Wunder. Knapp südlich der Provinzgrenze zwischen Perugia und Terni hockt ein verlassenes Nest namens Dunarobba in windgezauster bergiger Einöde. Unweit davon, in einer Talsenke bei einem kleinen, pappelgesäumten Teich, schabten 1979 die Eisenzähne eines Baggers der nahen Ziegelei Briziarelli mitten im lehmigen Boden unerwartet an einem massiven Stein. Der zerklüftete, aus dem Lehm gepellte Fels erwies sich als urzeitlicher Baumstamm. Bei weiteren Grabungen kam ein kompletter Wald zum Vorschein, der hier vor ein bis zwei Millionen Jahren vermutlich bei einem Erdrutsch verschüttet worden ist.

Seitdem ist der steinerne Ur-Wald zu einer heimlichen Attraktion Umbriens geworden. Schilder mit «Foresta Fossile» führen von den Mineralquellen von Acquasparta bis zur provisorischen Absperrung um das Fundgebiet. Schon nach kurzem Regenfall versinken die Füße knöchelhoch in der Tonerde, die den Wald wie unter Vakuum über Millionen Jahre konserviert haben. Die Baumstämme sind bis zu zwei Meter dicke, in einer Höhe von sieben bis zehn Metern gekappte Stümpfe, alle in die gleiche Richtung geneigt. Man weiß mittlerweile, daß es Abkömmlinge von urzeitlichen Vettern der Sequoia-Bäume sind, die ähnlich wie diese nordamerikanischen Riesen am Anfang der Eiszeit bis zu hundert Meter Höhe erreichten. Damals, im Pleistozän, als der Mensch noch nicht auf der Erde erschienen war, bedeckte eine große, vom Wasser des Tiber gespeiste Lagune diese Region zwischen Todi und Amelia. Daraus erhob sich ein Inselchen mit diesem Wald, dessen Stümpfe und Wurzelwerk im Ton überdauert haben.

Professor Pierluigi Ambrosetti von der Universität Perugia, der die Foresta Fossile erforscht, hält diese Reste gar für einzigartig auf der Welt: «Es ist kein weiteres Beispiel von versteinerten pflanzlichen Resten bekannt, die in dieser – wie lebendigen – Position und so zahlreich überdauert haben.» Tatsächlich sind in einigen Stämmen sogar noch unversteinerte, harzhaltige Holzreste gefunden worden, lebendige, voreiszeitliche Substanz.

Leider ist der Umgang mit diesem wissenschaftlich bedeutsamen Fund nicht gerade vorbildlich gewesen. Schilder mahnen zwar vor dem Betreten des Wald-Tals, aber es fehlt das Geld für weitere Ausgrabungen und einen zuverlässigen Schutz der Stämme. Der von der Zeit geschwärzte Baum-Stein droht zu verwittern, nachdem die schützende Lehmhülle entfernt ist. Vorerst sind provisorische Wellblechdächer über die schiefen Strünke gebaut worden, aber der Stein müßte mit Spezialmitteln konserviert werden, und weitere Ausgrabungen stünden an. Die nahe Gemeinde von Avigliano und die Region Umbrien sind bisher umsonst Sturm gelaufen gegen die Politik des Kultusministeriums, mit tröpfchenweisen Geldgaben und einem Ausgrabungsverbot den Wald quasi seinem Schicksal zu überlassen. Aber zumindest die Arbeit der Ziegelbagger im nahen Umkreis ist gestoppt worden. Die kostbaren Lebenszeichen aus der Urzeit allerdings drohen verlorenzugehen.

Wasserspiele für Terni

Schon bald hinter dem wegen seines Mineralwassers berühmten San Gemini tut sich das große südliche umbrische Becken auf, die Ebene von Terni und Narni. Regelmäßig zur Rush-hour stauen sich Autokolonnen rings um die Autonbahnauffahrt bei Terni. Zwischen Narni und Terni liegt das Industriezentrum Umbriens, eines der wichtigsten Mittelitaliens. Schon seit 1794 verarbeitete die Eisenhütte Ferriera in Terni Erz aus den Minen von Monteleone bei Spoleto. Ab 1875 hat sich hier ein Stahlwerk nach dem andern angesiedelt, außerdem Chemie- und Textilfabriken. Die frühe Industrialisierung verdankt ihre Bedeutung einer heute «alternativ» genannten Energiequelle: der Wasserkraft. Der Fluß Nera, aus den Sibylinischen Bergen im Apennin kommend, vereinigt sich am Ostrand des Beckens mit dem Velino-Fluß, der über Europas größten Wasserfall, die Cascate delle Marmore, ins Tal stürzt. Fährt man von Terni Richtung Nera-Tal (Valnerina), Norcia und Cascia, kann man das größte Wasserkraftwerk Ternis, die Centrale di Galletto, kurz vor den Marmore-Fällen rechts liegen sehen. Als das mit klassizistischen Fassaden umhüllte E-Werk von der «Terni-Gesellschaft für Industrie und Elektrizität» 1924 fertiggestellt wurde, war es die größte europäische Anlage dieser Art.

Um der Centrale genug Wasserdruck zu verschaffen, wurde kurzerhand der Velino-Fluß umgeleitet, die Wasserfälle von Marmore versiegten. Was keinen entscheidenden Eingriff in die Natur bedeutete, denn die schönen Cascate waren ohnehin Schöpfungen von Menschenhand. Dem Velino scheint seit römischen Zeiten ein Schicksal als Wanderfluß bestimmt gewesen zu sein. Ursprünglich füllte er einen See südlich der umbrischen Grenze,

wurde aber 271 vor Christus erstmalig mit einem langen Kanal zur Felswand bei Marmore geleitet, um dort über drei Stufen 165 Meter tief herabzustürzen. Die künstlichen Wasserfälle riefen allerdings öfters Überschwemmungen hervor, die über den Zufluß in den Tiber bis nach Rom Auswirkungen hatten. So wanderte der Fluß durch verschiedenste Systeme und Kanäle, um Anrainer und Talbewohner zufriedenzustellen. Mit der Ausbeutung für die Wasserkraft sind die Fälle nun bis auf ein mageres Flüßchen versiegt. Dem lauschigen, kalten Piediluco-See in den Bergen oberhalb der Fälle ist seit dem Bau des E-Werks von Galletto ebenfalls eine neue Rolle zugefallen: Die Wasser des Velino und anderer Zuflüsse wurden durch den See geleitet, der damit als natürliches Auffang- und Regulierbecken dient, damit die Fallrohre von Galletto auch bei Trockenzeiten versorgt sind. Zur Freude der Touristen und Naturfans werden zu festen Zeiten, vor allem sonntags, die Schleusen der Cascate delle Marmore geöffnet, und die Wasser stürzen schäumend zu Tal.

Ternis Stahlindustrie arbeitete seit 1875 vor allem für Kriegsproduktion. Die alte Römer-Kolonie Interamna, im Mittelalter Spielball verschiedener Potentaten, hatte bis zum Zweiten Weltkrieg eine intakte Altstadt bewahrt. Aber nach dem 10. August 1943, als eine Formation «fliegender Festungen» der South Air Force die ersten Bomben auf Terni warf, ist die Baumasse bis Kriegsende zu 96 Prozent zerstört worden. Die Bombenangriffe glichen wahrem Terror: Ihr Ziel waren nicht so sehr die kriegswichtigen Stahlwerke der mittlerweile ver-

Marmore – angestellte Kaskaden

staatlichten «Terni», sondern die Stadt selbst. Nächtliche Einzelflieger hielten die Bevölkerung in Angst und Schrecken; als Kinderspielzeuge getarnte Granaten regneten über die Stadt. Die abziehenden deutschen Truppen taten das Ihre: Sie zerstörten oder demontierten einen großen Teil der Stahlwerke und Wasseranlagen.

Nach den Jahren des Wiederaufbaus und Aufschwungs, die für Terni eine große Zukunft versprachen, ist die gesamte Industriezone im Becken Terni-Narni heute von der Stahlkrise gepackt. 1988 konnten die verbliebenen Arbeiter der Stahlblech-Werke der staatlichen Holding ILVA (52 000 Beschäftigte in ganz Italien) nur mit Streikandrohungen die Schließung ihrer Arbeitsstätte verhindern. Einem zweiten ILVA-Werk bei Neapel dagegen hat die EG über die Finanz-Zange ausbleibender Zuschüsse die Schließung diktiert. Terni hängt derweil weiterhin am Tropf staatlicher und europäischer Finanzierung. Die Infrastruktur des gesamten Industriegebietes ist zu sehr auf Stahl ausgerichtet gewesen, als daß auf diese zentrale Erwerbsquelle (siebzig Prozent der Beschäftigten) vollends verzichtet werden könnte. Für die EG gehört Terni zu den Krisenregionen, die Zuschüsse für eine Re-Industrialisierung erhalten.

Die von der Depression gebeutelte Stadt hat eine der höchsten Selbstmordquoten Italiens. Enrico, ein 23jähriger Chemie-Arbeiter im Werk der Moplefan (Teil des Agro-Chemie-Imperiums Ferruzzi, Inhaber der Desaster-Fabrik Farmoplant bei Massa, Toskana), verlor seinen Posten in der Plastikfolien-Produktion, weil er sein Maul zu weit aufgerissen hatte. Seine Proteste gegen unzumutbare Schadstoffbelastung in den Fabrikräumen fanden bei der Gewerkschaft keine Unterstützung: «Die sind so auf die Erhaltung von Arbeitsplätzen fixiert, daß sie sich keine Nebengefechte leisten wollen. Jetzt bin ich seit einem halben Jahr arbeitslos und lebe von gelegentlicher Schwarzarbeit auf dem Bau.» Für ihn wie andere Mitglieder in der kommunistischen Jugendorganisation FGCI ist «Terni ein schwarzes Loch, auch kulturell, aus dem du nur abhauen kannst. Manchmal leisten wir uns am Wochenende einen Trip nach Perugia in die Diskothek. Früher waren die Bauern da neidisch auf unsere Industrie und kamen hierher, um Arbeit zu suchen. Jetzt schauen sie nur mitleidig auf uns herab.»

Ähnlich im nahen Narni. Narni Scalo heißt die Industriezone unten am Bahnhof. Narni war zu römischen Zeiten erster umbrischer Stützpunkt an der Via Flaminia, die hier nur drei Meter breit durchs Buschwerk am Nera-Fluß entlang führte. Unten im Tal schlingt sich die Nera um den Felsabhang, auf den Narni gebaut ist. Von oben konnte man diesen Weg über die Augustus-Brücke (als Ruine erhalten) notfalls mit zehn Soldaten kontrollieren. Aus dieser dominierenden Position hat Narni noch im Mittelalter seine Stärke bezogen. Neben dem Eingang zum Fremdenverkehrsamt (Pro Loco) im Palazzo del Podestà sind die in die Wand eingeritzten Maße zu sehen, die die freie Kommune ihrem großen umliegenden Bauernland diktierte. Im kleinen Hof des aus drei Turmhäusern zusammengesetzten Palazzo stehen hinter Gerümpel und antiken Steinfragmenten die narnischen Hohlmaße, nach denen im ganzen

Industrieruine in Terni

Narni-Gebiet Wein, Weizen und Öl gemessen wurden.

Mit seiner unten bei Narni Scalo angesiedelten Chemie ist die Stadt, als Zulieferer der ILVA-Werke Ternis, in den Strudel der Stahlkrise geraten. Der Gemeindeschreiber Marcello, ein schwatzhafter Narni-Führer im Palazzo del Podestà, klagt über die chronische Luftverschmutzung über dem Tal, über den Chemie-Schaum auf dem Nera-Fluß und das plötzliche Vakuum in der Stadt: «Hier hat es in diesem Jahrhundert nichts als Arbeiterkultur gegeben, alle arbeiteten in der Industrie. Jetzt soll angeblich die postindustrielle Zeit anbrechen. Wir in Narni sind schon immer auf dem Scheideweg gewesen, noch nicht ganz in Latium, nur noch halb in Umbrien. Auch unser Dialekt ist ein Mischmasch. Jetzt sind wir nicht mehr industriell und noch nicht touristisch – weder Fisch noch Fleisch.»

Tote Bahntrasse ins Valnerina

Kurz hinter den Marmore-Fällen öffnet sich das Valnerina, das Tor zur geheimnisvollsten und unberührtesten Ecke Umbriens. Die Provinz Terni endet bald nach dem Eintritt in das Flußtal der Nera. Diese hinterste Bergregion um Norcia und den Pilgerort Cascia ist historisches Einflußgebiet von Spoleto. Die alte Langobarden-Hauptstadt hat sich seit Jahren zur touristischen Hauptattraktion Südumbriens gemausert. Antrieb für den Zulauf gibt das 1958 ins Leben gerufene Festival dei Due Mondi von Spoleto, ursprünglich gedacht als Treffpunkt der Kulturen Amerikas und Europas, mittlerweile ein grenzenlos internationales Unterfangen, das

291

Spoleto außerhalb des Festivals

wichtigste Kulturfest Umbriens.
Zur Festivalzeit wimmelt es in den
winklig-dunklen Gassen Spoletos
von internationalem Volk. Vor allem römische Kulturschickeria
drängt heran, die im Empfangssalon
der Mailänder Möbelfirma «Poltrona Frau» Cocktails schlürft und
Schauspielern wie Opernsängern im
Stadttheater entzückte Bravo-Rufe
schenkt. Abseits der Festivalzeit
enthüllt sich Spoleto als irgendwie
alpin anmutendes, halb industrielles, halb bäuerliches Provinznest, in
dessen Gassen sich unerklärlicherweise teuerste Boutiquen, Kunstgalerien und Schnickschnackläden
verirrt haben: Geschäfte für gutbetuchte römische Festival-Kundschaft, die sich längst in den bewaldeten Bergen in Villen niedergelassen hat.

Sieben Kilometer hinter Spoleto
Richtung Norcia führt die Serpenti-

nenstraße unter merkwürdigen Viadukten hindurch. Es sind verlassene
bautechnische Wunder des Schweizer Eisenbahningenieurs Erwin
Thomann, fertiggestellt 1926 und
aufgegeben 1968. Man kann einen
Viadukt betreten, ein überwachsener Bahndamm führt an einer verlassenen Bahnstation vorbei in
einen langen Tunnel. Der alte, mit
Dampfmaschinen betriebene Postbus-Verkehr von Spoleto nach Norcia hatte sich schon um die Jahrhundertwende als zu unzuverlässig erwiesen, besonders im Winter, wenn
die steilen Serpentinenstrecken ins
gottverlassene Hinterland vereist
oder zugeschneit waren. Die eingleisige, elektrifizierte Bahnstrecke
Spoleto–Norcia schraubte sich mit
unzähligen Tunnels und Spiralen
52 Kilometer weit nach Norcia, dem
letzten Vorposten Umbriens.

Trotz vieler Proteste gegen die

Streckenschließung ist diese schönste umbrische Eisenbahnstrecke in einem kurzsichtigen Akt demontiert worden: Gleise, Weichen, Signalanlagen, alles ist verschwunden. Ein alter Bahnwärter bei der Station oben am Viadukt durfte für eine geringe Miete im kleinen Bahnhof wohnen bleiben. Er zeigt auf den Tunnel: «Da fahren wir jeden Tag mit dem Traktor durch, um die Schafe zu hüten. Hier kommen manchmal Wanderer vorbei, die bis nach Norcia laufen – fast überall ist die Strecke begehbar.» Die Passage durch die zwei Kilometer lange schwarze Röhre ist allerdings nicht jedermanns Sache. Schaudern kommt in der Tunnelmitte auf, wenn weder der Lichtfleck des vorderen noch des hinteren Eingangs zu sehen ist: Im Dunkel tastet der Scheinwerfer nur fallende Wassertropfen. Dahinter breitet sich das Panorama des Valnerina aus, unten liegt ein Bergnest namens San Anatolia di Narco.

Mittlerweile hat man wohl begriffen, daß mit der Demontage dieser Eisenbahnstrecke eine unschätzbare Chance vertan worden ist, die für den Alltag unrentabel gewordene Schienenbahn zumindest als touristische Attraktion zu behalten. Es wird sogar von einem Wiederaufbau der Gleise für den Freizeitverkehr gemunkelt, ein Projekt, das wohl wenig Chancen haben wird. Derweil haben Naturfreunde die alte Eisenbahntrasse erobert. Vielleicht könnte die durch unbesiedelte Bergregionen führende Schienenstrecke irgendwann mal als Wanderroute nach Norcia ausgebaut werden.

Norcia: Ärzte, Hexen, Würste

Das Nera-Tal und die angrenzende Bergregion um Cascia und Norcia sind die Krisenzone Umbriens, eine von Erdbeben geschüttelte, von den Bauern verlassene, unrentable Gegend, deren Lebenselixier der Tourismus ist. An vielen Gebäuden in Norcia, das noch zwischen seinen mittelalterlichen Stadtwällen liegt, sind die Grundmauern zur Erdbebensicherung unten verdickt. Seit einem schweren Beben von 1859 dürfen die Häuser nicht höher als 12,50 Meter gebaut werden. Im September 1979 erschütterte das letzte große Beben die am tektonisch jungen Appenninrand liegende Norcia-Gegend und zerstörte Dörfer, Städtchen, Kirchen, Klöster und Museen. Das hat die Abwanderung weiter gefördert. In vielen Orten sieht man noch die Ruinen. Längst nicht alle Kunstwerke sind wieder zugängig gemacht, Norcias wichtigstes Museum ist immer noch geschlossen.

Das in einer fruchtbaren Hochebene gelegene Norcia ist der Geburtsort des heiligen Benedikt, der im 6. Jahrhundert mit dem Stammkloster der Benediktiner in Montecassino das abendländische Mönchtum begründete. Im Mittelalter waren die Ärzte aus der Gegend um die unter den Römern «Nursia» genannte Bergstadt wegen ihrer Kunstfertigkeit an den Höfen ganz Italiens gesucht. Die Sezierkünstler des nahen Preci zogen als Spezialisten für Gallenstein-Entfernung und Augenheilkunde durch Europa, «nursino» war lange Zeit das italienische Synonym für Chirurg. Wer heute auf dem Hauptplatz vor der Kirche des heiligen Benedikt steht, wird jedoch vor allem einen

Bebengeschädigtes Norcia

Exportartikel Norcias entdecken, der immer noch zugkräftig ist: «norcineria». Die speziellen Tricks der Metzger aus Norcia beim Salzen, Würzen und Abhängen ihrer Würste und Schinken gelten als das Höchste an italienischer Metzgerkunst. Auf den Speisekarten in ganz Umbrien liest man immer wieder von Nudeln mit Norcia-Würsten oder von Norcia-Aufschnitt; selbst in Latium, aber auch in der Toskana hängt über vielen Metzgerläden das Schild «Norcineria», Roms beste Metzger kommen traditionell aus Norcia.

Hoch über der Stadt liegt die Ebene von Castelluccio vor der Kulisse der legendenumwobenen Sybillinischen Berge. Die Gegend um Norcia hat immer als Ort von Eremiten und Gottessuchern, aber als auch Hexen- und Zauberernest gegolten. Fährt man über den Kranz der Berge auf die Hochebene Piano Grande, wird man diesen dunklen Ruf vielleicht verstehen können. Eine achtzehn Kilometer weite, schottisch anmutende Ebene liegt hier in 1300 Meter Höhe, Italiens zweitgrößtes Karst-Hochtal. Oft hängen Nebelschwaden um das verlassene Nest Castelluccio auf einem Kegel inmitten der Ebene, dunkle Wolken schweben um den runden Gipfel des Monte Vettore.

Die Sybillinischen Berge, deren Hauptmassiv in der Nachbarregion Marken liegt, haben ihren Namen von einer Felsengrotte, in der angeblich weissagende Frauen, die Sybillen, orakelt haben. Die Hexen von Norcia hatten demgemäß einen ausgezeichneten Ruf, sogar die Bauern sollen kundige Zaubergehilfen gewesen sein. Der Florentiner Bildhauer Benvenuto Cellini geriet laut seiner Autobiographie eines

Tages in die Hände eines sizilianischen Zauberpriesters. Um ein Haar wäre der neugierige Künstler mit diesem Nekromanten in die Berge von Norcia gereist, «dem geschicktesten Ort», aber dann nahm er doch Abstand von dem gefährlichen Experiment mit der Schwarzen Magie. Im 17. Jahrhundert ließ die Gemeinde Norcia schließlich den Eingang zur Grotta della Sibilla zumauern und zerstören, um den ewigen Zigeuner- und Hexenverkehr zu stoppen.

Drachenflieger über der Linsen-Ebene

Im Winter ziehen die Berge Skiläufer an, die Hochebene selbst ist erstklassiges Langlaufgebiet. Im Frühsommer, wenn die Blütenpracht einen bunten Teppich über das Tal legt, schwingen sich die ersten Drachenflieger in die Luft. Ein ehemaliger eiszeitlicher See soll bis ins 18. Jahrhundert den Piano Grande bedeckt haben, bis er endgültig durch Gesteinsspalten und Schlucklöcher (inghiottitoi) versickerte. Das Schmelz- und Regenwasser fließt durch diese Karst-Ritzen in den Berg und tritt im Hochtal bei Norcia seitwärts aus, wo es die blühenden Sumpfwiesen der Marcite bewässert.

Auf der Ebene von Castelluccio dagegen wachsen vor allem Linsen, die im Juli blühen und im Hochsommer geerntet werden. Eine spezielle Linsenart, diese «lenticchie di Castelluccio». Sie müssen vor dem Kochen nicht eingeweicht werden und garen in zwanzig Minuten. Garniert mit Norcia-Würsten, gewürzt mit Sellerie, Öl und Knoblauch ergeben sie einen herzhaften, schnell zubereiteten Eintopf. Über die Preise al-

Linsenblüte auf dem Piano Grande

lerdings darf man sich nicht wundern: Die Linsen werden bis heute ohne Hilfe von Chemie angebaut, angeblich sind sie resistent gegen Schädlinge. Die winzigen Bio-Linsen werden von Hand gepflückt, daher kostet ein Pfund «lenticchie» satte achttausend Lire.

Castelluccio, «kleine Burg», war im hohen Mittelalter als letzte Bastion Norcias und damit Spoletos gegen die benachbarten Marken errichtet worden, auf seinem Kegelchen über dem Tal thronend als Hüterin über einen wichtigen Reiseweg, der die Hochebene durchquerte. 1971 wohnten hier noch 370 Leute, vorwiegend Schafhirten, heute dürften es etwa 200 sein. Im Frühsommer kurven schwere Lastwagen ins Piano Grande, beladen mit blökenden Schafen von Herdenbesitzern aus Latium, die ihre Tiere in die Sommerfrische schicken. Aber

die Schafzucht ist ein aussterbendes Gewerbe.

Die Leute von Castelluccio gelten als sonderbare, verschlossene Käuze. Die Fahrt bis Norcia dauert gut vierzig Minuten; im Winter ist das auf seinem Kegel zusammengekringelte Dorf oft von der Außenwelt abgeschnitten. In diesem mystischen Adlernest in den Wolken hat sich eine seltsame Sitte in den siebziger Jahren auf sämtlichen Hauswänden niedergeschlagen. Überall sieht man weiße Inschriften in unverständlichem Dialekt: an der Bushaltestelle, auf den Straßenschildern, an Hütten und Ställen. Ein alter Mann, um Auskunft gebeten, knurrt nur: «Ah, i giovani – diese Jugend! Sie wissen nicht wohin mit ihrer Zeit.» In der Bar, über der Lektüre der Yuppie-Zeitschrift «Max», erklärt ein junger Bursche mit punkigem Bürstenschnitt den

Poetische Klatschzeitung in Castelluccio

Sachverhalt. In seiner Schulzeit tobte der Kampf dieser Graffiti, nachts zog die Dorfjugend mit Leitern und Kalkfarbe aus, die originellsten Liebessprüche oder satirischen Seitenhiebe auf die Dorfwände zu malen. Es ist eine Abwandlung der Tradition der sogenannten «scampanate», des «Glockenläutens», einer im Bereich von Norcia noch üblichen Sitte, nachts Hohnworte auf denjenigen durchs Dorf zu brüllen, der die ungeschriebenen moralischen Regeln verletzt hat: ein Alter, der sich ein zu junges Weib nimmt, eine Witwe, die sich zu früh wieder verheiratet.

Gewissermaßen schuld am Konkurrenzkampf der Jugendlichen um den witzigsten Spruch war der Schullehrer, der den Schülern das Schreiben beibrachte. «Wir waren die erste Generation hier, die

schreiben konnte», sagt der Bursche an der Bar, «deshalb haben wir uns an den Wänden ausgetobt, um uns zu beweisen.» Später erlahmte der Graffiti-Eifer, als die meisten Jugendlichen ihr Nest Richtung moderne Welt verließen. Geblieben ist diese poetische Klatschzeitung, deren verblassende Dialektsprüche von längst vergangenen Liebesbändeleien und Seitensprüngen berichten.

Hier mischt sich bereits der Einfluß der Marken in die Sprache: Gleich hinter dem Monte Vettore verläuft die Grenze. Über eine zweite, kleinere Linsen-Ebene hinter dem Wolkendorf kommt man in eine ähnlich unwirkliche Bergwelt auf märkischem Gebiet, begrüßt von einem Schild: «Ristorante dal Mago» – Speisen und magische Kräuter «beim Zauberer».

SERVICE

PRAKTISCHES FÜR UNTERWEGS

VORBEREITEN

Infoquellen

Info-Material über die Toskana und Umbrien kann man über das Staatliche Italienische Fremdenverkehrsamt beziehen:
ENIT, Staatliches Italienisches Fremdenverkehrsamt
Kaiserstraße 65, 6000 Frankfurt 1, Tel. 0 69/23 12 13
Berliner Allee 26, 4000 Düsseldorf 1, Tel. 02 11/13 22 31
Goethestraße 20, 8000 München 2, Tel. 0 89/53 03 69
Österreich:
Kärntnerring 4, A-1010 Wien, Tel. 02 22/65 43 74
Schweiz:
Uraniastraße 32, CH-8001 Zürich, Tel. 01/2 11 36 33
3, Rue du Marché, CH-1204 Genève, Tel. 022/28 29 22
  Zuverlässiger als die nationale Institution arbeiten die regionalen Ämter der Tourismus-Behörden.

Für die Toskana das *Dipartimento Turismo*, Regione Toscana, Via di Novoli 26, 50127 Firenze. Für Umbrien das *Ufficio Promozione Turistica*, Regione dell' Umbria, Corso Vannucci 30, 06100 Perugia.

Die italienischen Kulturinstitute in der BRD können zusätzliche Informationen geben:
Italienisches Kulturinstitut
Hansastraße 6, 2000 Hamburg 13, Tel. 0 40/44 04 41
Universitätsstraße 81, 5000 Köln 41, Tel. 02 21/40 29 23
Hermann-Schmidt-Straße 8, 8000 München, Tel. 0 89/76 45 63
Kolbstraße 6, 7000 Stuttgart, Tel. 07 11/60 59 80

Reisegeld

Der Wechselkurs ist in Italien meistens günstiger als in der BRD. Wer dennoch schon zu Hause einen Teil seines Geldes tauschen möchte, darf mittlerweile auch unbegrenzt Lire nach Italien einführen. Die Ausfuhr ist offiziell auf 1 Million Lire beschränkt.
  Euro- oder Reisecheques kann man in fast allen Banken tauschen. Eurocheques müssen auf den gewünschten Lire-Betrag ausgestellt werden; der Höchstbetrag beträgt zur Zeit 300 000 Lire pro Scheck. Die Wechselkurse in den großen Banken weichen nur wenig voneinander ab. Beim Bargeldtausch wird aber manchmal eine Umtauschgebühr verlangt, die besonders in den Wechselstuben, die auch außerhalb der üblichen Geschäftszeit geöffnet sind, unverschämt hoch sein kann. Gängige Kreditkarten wie Visa oder

Diners-Club werden zwar von fast allen Banken, aber als Zahlungsmittel nur in großen Hotels, feinen Restaurants und Geschäften akzeptiert.

Reisezeit

Man sagt zwar, daß in Mittelitalien ein mildes Mittelmeerklima herrscht. im Winter und Frühjahr kann es aber trotzdem sehr kalt und vor allem sehr regnerisch sein. Besonders im März/April muß man mit anhaltendem Regen rechnen, und im Bergland ist das Klima dann noch sehr rauh. Die besten Zeiten zum Wandern und Herumreisen bei angenehmen Temperaturen und wenigen Touristen sind Mai/Juni und September/Oktober. Den Sprung ins Meer wagen vor Juni aber nur ganz Mutige. Nach dem heißen Sommer kann man meist noch bis Mitte Oktober baden.

Die ungünstigste Reisezeit ist der Hochsommer. Von Mitte Juli bis Ende August wimmelt es in allen Ferienzielen von italienischen und ausländischen Touristen. Im August, wenn die Italiener Urlaub machen, sind außerdem viele Restaurants, Geschäfte und auch einige Museen geschlossen. Wer seine Reise trotzdem für diese Zeit plant, sollte Hotel und Campingplätze vorher reservieren. Absolut zu vermeiden ist eine Zugfahrt und die Autobahn am nationalen Urlaubstag, «Ferragosto», dem zweiten Wochenende im August. Stundenlange Staus oder der Kampf um einen Stehplatz im Zug gehören zum festen Programm für dieses Wochenende.

Karten

Empfehlenswerte Straßenkarten sind die des Touring Club Italiano (TCI) (1:200 000), des Verlags Kümmerli und Frey (1:200 000) sowie die an Ort und Stelle erhältlichen Provinzkarten (Provincia di Firenze, di Perugia etc.). Sie werden in Buchläden, aber auch an vielen Kiosken verkauft. Die Fremdenverkehrsämter in Umbrien verteilen kostenlos eine gute Straßenkarte von Umbrien, die auch allgemeine Umbrien-Infos und touristische Hinweise enthält.

Als Frau alleine

Es gehört schon etwas Mut dazu, als Frau alleine durch Mittelitalien zu reisen. Obwohl nicht jedes «Ciao bella» ein schlüpfriger Annäherungsversuch ist, müssen alleinreisende Frauen doch ständig mit Belästigungen rechnen.

Entschiedenes, sicheres Auftreten schreckt Aufdringliche häufig ab, doch Vorsicht mit italienischen Schimpfwörtern: dann wird aus «bella» oft «putana» (Hure), und die Ragazzi werden in ihrem gekränkten Stolz aggressiv. Am besten ist es, das Balzverhalten der Italiener so gelassen wie möglich zu ignorieren, denn eine ständige Abwehrhaltung trübt nicht nur die Freude am alleine Reisen, sondern erschwert auch den Kontakt zu Leuten.

Einige Vorsichtsmaßnahmen sollten allein reisende Frauen aber beachten: nicht allein trampen, nicht in leere Zugabteile setzen, billige Unterkünfte außerhalb des

Stadtzentrums meiden, nicht wild zelten, immer einen Gettone zum Telefonieren und genügend Bargeld für ein Taxi dabei haben.

Viele kirchliche Organisationen betreiben Unterkünfte nur für Frauen. Die *Associazione Cattolica Internazionale Al Servizio Della Giovane* führt zum Beispiel in ganz Italien Herbergen für Frauen (siehe Unterkunft).

Eine andere Möglichkeit ist, sich an Ferienorganisationen für Frauen zu wenden. In Umbrien organisiert *Casa Balena*, C.P. 12, 06044 Castel Ritaldi (PG) Kurse für Frauen in Handwerk, Kultur etc.; Frauen können dort aber auch einfach nur Ferien machen.

Camping für Frauen organisiert von Juni bis August *Terradilei*, 04010 Fabro Scalo (Terni), Tel. 0736/85241.

ANFAHRT

Straße

Autobahnen sind in Italien gebührenpflichtig. Hauptstrecke Richtung Florenz/Toskana ist die Autobahn Innsbruck, Brenner, Verona, Bologna (A 1, Autostrada del Sole). Die A 1 ist ab Bologna kurvig, voller Tunnel und oft verstopft und zumindest an Werktagen ein Nadelöhr.

Die zweite Möglichkeit: Gotthard-Tunnel (Schweiz) und danach die Strecke über Mailand und Bologna, oder ab Parma Richtung La Spezia und Versilia-Küste. Eine empfehlenswerte Alternative zum Stau und Streß auf der Autobahn ist die sehr schöne Fahrt auf der parallel zur A 1 verlaufenden S.S. 65, der Landstraße von Bologna nach Florenz über den Passo di Raticosa und den Passo di Futa. Man gelangt so über das Mugello nach Florenz.

Bahn

Von vielen deutschen Städten gibt es Direktzüge nach Florenz und Pisa. Nach Perugia muß man im Bahnhof-Ort Terontola zwischen Rom und Florenz umsteigen. Direktzüge Florenz-Perugia verkehren abends. Als westlicher Aussteige-Bahnhof in Umbrien bietet sich Orvieto an.

Bahnfahrer unter 26 Jahren können die günstigen Tarife der Transalpino-Reisen mit einer Ermäßigung von bis zu 50 Prozent nutzen. Die Inter-Rail-Karte erlaubt kostenlose Fahrt auf fast allen europäischen Eisenbahnstrecken sowie für einige Fährverbindungen. Da Bahnfahren in Italien immer noch sehr günstig ist und man im Heimatland die Hälfte des Fahrpreises zahlen muß, lohnt sich die Karte nur, wenn man noch in andere Länder fahren will. Außerdem bietet der TUI-Ferienexpreß in den Sommermonaten uneingeschränkt für alle Reisenden Ermäßigungen bis zu 30 Prozent. Er fährt vom Ruhrgebiet bis zur Riviera beziehungsweise von Hamburg über Würzburg oder Frankfurt und München an die Adria. Bei der Bundesbahn gibt es die Rail Europ F, die Europäische Familienkarte, mit der Familien auf vielen europäischen Bahnstrecken eine Familienermäßigung erhalten. Eine normale Rückfahrkarte kostet von Frankfurt nach Florenz rund 350,– DM.

Autoreisezüge fahren von Juni bis September. Züge ab Düsseldorf/Köln/Neu-Isenburg fahren nach Mailand, Bozen und Rimini; ab Hamburg/Hannover nach Verona; ab Köln auch nach Genua. Die Huckepack-Fahrt ist allerdings teuer erkaufte Bequemlichkeit. Wesentlich billiger ist es, sein Fahrrad mitzunehmen. Es kostet etwa 20,– DM und muß drei Tage vor Abfahrt aufgegeben werden.

Fliegen

Von Frankfurt fliegt täglich eine Alitalia-Maschine zum Flughafen *Galileo Galilei* in Pisa. Von hier aus kann man mit der Bahn oder dem Bus weiter nach Florenz oder Siena fahren. Die zweite Möglichkeit ist ein Flug nach Rom (direkt von verschiedenen deutschen Städten), von dort aus Weiterfahrt mit der Bahn beispielsweise zum nahen Orvieto. Der Flughafen S. Egidio bei

Perugia wird von Mailand aus angeflogen.

Mitfahren

Die Fahrt per Mitfahrgelegenheit von Frankfurt bis Florenz kostet etwa 110,– DM. Ein ständig aktualisiertes Anschriftenverzeichnis der Mitfahrzentralen erscheint beim *Verband deutscher Mitfahrzentralen e. V.*, Bergheimer Straße 139–151, 6900 Heidelberg, Tel. 06221/161112.

Mitfahrzentralen in Mittelitalien: *Agenzia Auto Stop*, Via Guelfa 64r, 50123 Firenze, Tel. 055/283395, oder Corso Tintori 39, Tel. 055/2478626. Hier sind auch verbilligte Bahnkarten für Leute unter 26 erhältlich.
Gulliver, Via Scorzici 4, 06100 Perugia, Tel. 075/66791.
Aldebaran, Via di Città 101, 53100 Siena, Tel. 0577/280495.

FORTBEWEGEN

Eisenbahn

Bahnfahren ist in Italien sehr günstig. Jugendliche unter 26 Jahren können außerdem verbilligte Rückfahrkarten (Ermäßigung etwa 15 Prozent) kaufen, sie gelten allerdings nur bis zu einer Entfernung bis zu 250 Kilometer und haben nur 1 bis 3 Tage Gültigkeit. Daneben gibt es noch andere Ermäßigungen auf eine Familienkarte, FS-Tourist-Karte (auch auf großen deutschen Bahnhöfen erhältlich), Rundreisekarte etc. Genaue Auskünfte geben die Informationsbüros der staatlichen Eisenbahn oder die vom Fremdenverkehrsamt (ENIT) herausgegebene Broschüre *Italien von A bis Z*.

Leider sind die Ferrovie dello Stato (FS) nicht zu Unrecht für ihre Unpünktlichkeit und zahlreichen Streiks berüchtigt. Die Intercity-Züge (TEE und Rapido) auf der Hauptlinie Mailand – Bologna – Florenz sind am zuverlässigsten, auf den Nebenstrecken und bei Bummelzügen muß man aber immer mit Verspätungen rechnen. Falls ein Streik angekündigt wurde, heißt das nicht, daß überhaupt kein Zug mehr fährt. Man kann sich dann direkt am Bahnhof erkundigen, ob der gewünschte Zug fährt oder nicht. Bei einem Streik setzt die Bahn auch manchmal ersatzweise Busse ein.

Wichtig zu wissen ist, daß es in Italien fünf Arten von Zügen gibt. Der «locale» hält an jedem Bahnhof und auch öfter zwischendurch, um schnellere Züge vorbeizulassen. Er braucht oft doppelt so lange wie ein «rapido». In der Rangordnung der Schnelligkeit folgt der «diretto», der zwar nicht an jedem Bahnwärterhäuschen hält, aber trotzdem ziemlich oft. Der «espresso» hält an allen größeren Bahnhöfen. Der Rapido hält nur in den wichtigsten Städten und ist zuschlagspflichtig. Er ist mit dem TEE vergleichbar, aber nicht ganz so luxuriös. Der TEE führt nur Wagen erster Klasse, während es im Rapido auch oft Zweiter-Klasse-Abteile gibt. Auf dem Fahrplan findet man beim TEE den Vermerk «prenotazione obbligatoria», das heißt, man sollte vorher eine Platzkarte kaufen.

Bus

Wo das Eisenbahnnetz Lücken aufweist, gibt es Busverbindungen. Besonders in bergigen Gebieten und auf dem Land sind Busse das wichtigste öffentliche Verkehrsmittel. Die Fahrpreise sind etwa mit denen der Eisenbahn vergleichbar. Da es sich meistens um Privatunternehmen handelt, die keinen gemeinsamen Fahrplan herausgeben, ist es nicht ganz einfach, Auskünfte über Routen und Abfahrtszeiten zu erhalten. Auch fahren die Busse der einzelnen Unternehmen von verschiedenen Plätzen ab, die oft nicht ausgeschildert sind. Beim Fremdenverkehrsamt oder in Reisebüros kann man aber nach den Verbindungen mit dem «pullman» fragen und oft auch die Fahrkarten kaufen. In kleinen Dörfern erhält man meist in der örtlichen Bar Auskünfte und Fahrkarten. Ein Verzeichnis der privaten Buslinien findet sich in der ENIT-Broschüre *Italien von A bis Z*.

Auto

Autofahren ist in Italien wegen des hohen Benzinpreises und der Autobahngebühren teurer als in der Bundesrepublik. Verbilligtes Benzin erhalten Italienfahrer mit Benzingutscheinen, die man einmal pro Jahr bei den Automobilclubs und an Grenzübergängen kaufen kann. Diese «coupons» werden zwar von den meisten Tankstellen akzeptiert, trotzdem sollte man sich vor dem Tanken erkundigen, um keine böse Überraschung zu erleben. Normalbenzin gibt es nur an ganz wenigen Tankstellen. Da die Oktanzahl des italienischen Normalbenzins niedriger ist als bei uns, empfiehlt es sich, Super zu tanken. Immer mehr Tankstellen führen inzwischen auch bleifreies Benzin, «senza piombo», aber längst nicht alle. Auskünfte geben die Automobilclubs. Diesel ist in Italien am billigsten. Er kostet ungefähr soviel wie in der BRD. Übrigens darf man in Italien offiziell keinen Reservekanister im Auto haben. Das Tankstellennetz ist außerhalb der Hauptrouten nicht sehr dicht, und die Tankstellen (außer auf den Autobahnen) sind mittags von 12.30 bis 15.30 Uhr geschlossen. Auch sonntags kann es schwierig sein, eine geöffnete Zapfsäule zu finden.

Geschwindigkeitsbegrenzung: Gegenwärtig auf Autobahnen 140 km/h; für Pkw unter 1100 ccm 110 km/h. Für alle 90 km/h auf den Staatsstraßen. Das Bußgeld wegen Geschwindigkeitsüberschreitung kann bis zu 300,– DM kosten, Kontrollen sind jedoch selten.

Die «superstrade» sind in ihrer Qualität mit den Autobahnen vergleichbar, aber gebührenfrei. (Florenz–Siena, Sinalunga–Perugia, Terni–Perugia–Cesena).

Viele Innenstädte sind heute verkehrsberuhigt. Häufig muß das Auto also außerhalb des «centro storico» geparkt werden, am besten auf den öffentlichen Parkplätzen. Manche Hotels bieten reservierte Parkplätze nahebei.

Wagen mit ausländischen Nummernschildern sind bei Autoknackern besonders begehrt, denn da findet sich ja vielleicht ein Radio oder eine Fotoausrüstung. Nicht umsonst sieht man in Italien überall Leute, die ihr Autoradio am praktischen Henkel spazierentragen. Sicherer ist, das Radio auszubauen und die Klappe des leeren Handschuhfachs demonstrativ offenzulassen. Auch Jacken und Taschen sollte man nicht im Auto liegenlassen. Zusätzliche Sicherheit gegen Autoknacker bietet eine spezielle Stange, die man zwischen Kupplung und Lenkrad befestigt. Trotz der vielen Autodiebstähle in Italien besteht kein Grund zur Paranoia. Auf dem Land ist wenig Gefahr, und in Touristenzentren läßt sich durch die genannten Sicherheitsmaßnahmen das Risiko wesentlich verringern.

Wer daran denkt, ein Auto zu leihen, muß mit saftigen Tarifen rechnen. Ein Kleinwagen kostet mehr als 500,– DM pro Woche. Wenn man einen Leihwagen für länger als drei Wochen möchte, ist Leasing meistens billiger.

Fahrrad

Die Hügellandschaft Mittelitaliens
mit den hohen Bergen des Apennin
verlangt gut trainierte Radfahrer,
am besten mit einem Fünf- oder
Zehn-Gang-Rad. Wegen eventuel-
ler Reparaturen eignen sich am besten Räder italienischer oder französischer Hersteller.

Die angenehmste Jahreszeit für
Radtouren sind Frühjahr und
Herbst. Im Sommer sollte man mor-
gens früh losfahren, denn in der
Mittagshitze ist eine Siesta von etwa
12 bis 17 Uhr unumgänglich.

Für Radfahrer eignen sich am besten die Landkarten des Touring
Club Italiano im Maßstab 1:200000.
Wenn man eine längere Strecke zurücklegen will, sind mehrspurige
Straßen mit Seitenstreifen empfehlenswert. Die Nebenstraßen haben
zwar oft mehr Steigungen und
Schlaglöcher, sind aber dafür weniger befahren und landschaftlich
reizvoller.

Falls man einen Teil der Strecke
mit dem Zug zurücklegen will, kann
man sein Fahrrad, versehen mit Namen, Adresse und Bestimmungsort,
bei der Gepäckannahme (ufficio ba-
gagli) im Bahnhof aufgeben. Unter
Umständen wird es aber erst drei
Tage später am Zielbahnhof an-
kommen. Falls der Zug einen Ge-
päckwagen (bagagliaio) hat, kann
man mit dem Fahrrad im selben
Zug fahren und sich die Wartezeit
ersparen.

In vielen verkehrsberuhigten In-
nenstädten sind günstige Fahrrad-
verleihe eingerichtet worden.

Der Fahrrad-Reiseführer *Mittelitalien per Rad*, von Jürgen Rieck und
Uwe Schäfer, Verlag Wolfgang
Kettler, Berlin 1989, schlägt Routen
durch die Toskana und Umbrien
vor.

Trampen

Auf den Autobahnen ist Autostop
verboten, und an den Auffahrten
können die Autos sehr schlecht halten. Da es auf den Autobahnen
aber überall Zahlstellen gibt, an denen die Autos oft Schlange stehen,
kann man diese Gelegenheit nutzen, um Autofahrer direkt anzu-
sprechen. Offiziell ist aber auch das
verboten. Die Kassierer dulden
Tramper zwar im allgemeinen, doch
von der Polizei werden sie oft verjagt. Wenn die Zeit nicht drängt,
eignen sich die Landstraßen besser
zum Trampen. Hier gibt es außerdem im Sommer weniger Konkurrenz und nicht nur vollbepackte Ur-
lauberautos, die für Tramper keinen
Platz haben.

Das Risiko, belästigt zu werden,
ist besonders für allein trampende
Frauen groß. Eine Möglichkeit,
einen Tramppartner/in zu finden,
sind Anschläge auf dem Schwarzen
Brett in Jugendherbergen und Universitäten.

Wandern

In der Toskana gibt es viele schöne
und abwechslungsreiche Wanderwege, die durch den Club Alpino
Italiano (CAI) gut erschlossen sind.
Der Schwierigkeitsgrad reicht von
leichten, kurzen Wanderungen bis
zu tagelangen Hochgebirgskletter-

touren. Viele Gegenden kann man von Städten wie Florenz und Siena aus auch in Tageswanderungen erkunden, entsprechende Busverbindungen sind vorhanden. Selbst im Sommer ist das Wandern in den frischen, erholsamen Waldgebieten Mittelitaliens angenehm. Im Frühling muß man hier besonders mit starken Regenfällen und kalten Winden rechnen. Besonders bei Gebirgswanderungen ist es von Vorteil, wenn man nur wenig Gepäck mit sich führt und eventuell abends wieder in seine Unterkunft zurückkehren kann. Der CAI besitzt einige Hütten, vor allem in den Apuanischen Alpen; andere Regionen statten zunehmend die Wanderrouten mit solchen «rifugi» aus. Wer eine mehrtägige Wandertour plant, sollte sich vorher genau über die Übernachtungsmöglichkeiten erkundigen. Im Sommer sind viele Unterkünfte ausgebucht und von Oktober bis April oft noch geschlossen (siehe auch: Übernachten).

Wanderbücher

Informativ und verläßlich ist *Richtig Wandern; Toscana und Latium*, von Christoph Henning, DuMont Verlag. Einziger Nachteil: Zu Stoßzeiten zu viele «richtige» Wanderer auf denselben Routen.

Auch einige Hinweise für Umbrien, aber einen für Wander-Interessen zu ausführlichen Florenz-Teil enthält der *Wander- und Kulturführer Toskana*, von D. Joachim Deumling, Nelles Verlag München.

Da in der Toskana und Umbrien seit kurzem das Wanderfieber auch die bisher fußfaulen Italiener gepackt hat, kommen immer mehr italienische Führer auf den Markt.

Sehr ausführliche Routenbeschreibungen und Hinweise zu historischen und ökologischen Aspekten in der gesamten Toskana enthalten die zwei Bände *A Piedi in Toscana* von Roberto Pratesi und Antonio Arrighi, Edizioni Iter, 1987/1989. Band II ist der interessantere: Wanderungen rund um Florenz, im Chianti, im Apenninbogen vom Mugello bis zur Umbriengrenze.

Die Region Toskana hat besonders das Apenningebiet mit Wanderbüchern und Kartenmaterial hervorragend erschlossen. In der Reihe *Trekking* des Tamari Montagna Verlags, Bologna, sind bisher sechs Toskana-Führer erschienen:

GEA Grande Escursione Apenninica, über den großen Apenninwanderweg, der die Toskana von Umbrien bis Ligurien in 25 Etappen auf dem Apenninkamm durchquert.

Garfagnana Trekking: Wandern im Nordwestzipfel der Toskana und den Apuanischen Alpen.

Trekking Crinali del Mugello – nördlich von Florenz.

Arcipelago Toscano, Wandern auf den toskanischen Inseln.

Montagna Pistoiese Trekking, Wandern in den Apenninhängen der Provinz Pistoia nordwestlich Florenz.

Trekking Riviera degli Etruschi an der Küste südlich Livorno.

In allen diesen Führern sind Übernachtungsmöglichkeiten, Busverbindungen, Hinweise auf Museen und dergleichen enthalten. Leider bisher nur auf italienisch.

Ein preisgekrönter Wanderführer

für das obere Tibertal ist *Dove nasce il Tevere*, Guideverdi Maggioli 1988, von Scipio Covan, 20000 Lire.

Wanderkarten

Für Wandertouren eignen sich die Karten des *Istituto Geografico Militare*. Leider sind sie zwischen zwanzig und fünfzig Jahre alt, daher nicht mehr aktuell. Die Karten des IGM sind an folgenden Orten erhältlich:

In Florenz bei *Istituto Geografico Militare*, Viale Strozzi 14, 50129 Firenze (Nähe Hauptbahnhof; montags bis samstag 8 bis 12 Uhr). Oder Buchhandlung *Geographica*, Via dei Cimatori 16r.

In Siena hat die *Libreria Ticci*, Via delle Terme 5/7, IGM-Karten der Provinz Siena.

Empfehlenswert sind ebenfalls die Karten des *Club Alpino Italiano*. Der CAI hat Büros in Florenz, Lucca, Castelnuovo Garfagnana und Pistoia. In der Geschäftsstelle von Florenz sind fast alle Wanderkarten erhältlich. *Club Alpino Italiano*, Via del Proconsolo 10, werktags von 18 bis 19.30 Uhr.

Wanderkarten in Florenz findet man außerdem bei:
Libreria Stella Alpina, Via delle Panche 35r.
Libreria Il Viaggio, Via Ghibellina 117r.

Wandern in Umbrien

Mit seinen bewaldeten Hügeln und weiten Flächen ist das «grüne Herz» Italiens ebenfalls sehr gut für Wanderungen geeignet. Allerdings gibt es hier bisher wenige markierte Wege. Die Region hat 1989 erstmals eine Reihe Wanderwege in der Umgebung des Trasimenischen Sees eröffnet. Geplant sind außerdem Etappen längs des Apenninkamms im Zuge des Großen Apenninwanderweges des CAI.

Ratschläge für andere Wandervorhaben gibt die Sektion des Club Alpino in Perugia. Er organisiert auch Wanderungen, denen man sich anschließen kann. *Club Alpino*, Piazza Cesarei 4, Tel. 075/21314, werktags von 18 bis 20 Uhr.

Ein Wanderbuch des World Wildlife Fund hat erstmals 26 Wanderwege, besonders im Hinblick auf Fauna und Flora, beschrieben: *Il Cammina Umbria* Arcadia Edizioni, Milano 1989.

Fähren

Für eine Reise zu den toskanischen Inseln während der Sommermonate mit dem Wagen ist eine Vorausbuchung unbedingt erforderlich, am besten schon von zu Hause. Von Piombino fahren in der Hauptsaison achtzehnmal pro Tag Fährschiffe der beiden Fährgesellschaften *Toremar* und *Navarma* in beiden Richtungen nach Portoferraio/Elba. Außerhalb der Hauptsaison fünf- bis achtmal in beiden Richtungen (im Winter samstags nur zweimal und sonntags nicht). Die Züge der Strecke Genua–Rom halten in Campiglia Marittima, und von hier aus fährt ein kleiner Bummelzug direkt zum Fährhafen Piombino Marittima. Am Wochenende gibt es von vielen größeren Städten der

Toskana auch Sonderzüge, die mit den Fähren synchronisiert sind: In Florenz zum Beispiel den Freccia d'Elba. Er fährt gegen 6.30 Uhr früh ab, und vier Stunden später ist man in Portoferraio.

Die Überfahrt dauert etwa 1 Stunde (über Cavo 20 Minuten länger) und kostet rund 4000 Lire pro Person ohne Auto; die Strecke Piombino-Rio Marina–Porto Azzuro-Pianosa dauert etwa 3 Stunden; nur zwischen Porto Azzuro/Elba und der Insel Pianosa rund 90 Minuten. Fahrräder fahren kostenlos mit. Autofahrer müssen sich zwei Stunden vor Abfahrt einschiffen.

Ein *Tragflügelboot* fährt viermal pro Tag die Strecke Piombino-Portoferraio, Fahrtzeit 30 Minuten, Fahrpreis 7900 Lire. Einschiffung mindestens 30 Minuten vor Abfahrt. Beide Fährlinien haben ihr Büro in:
Piazzale Premuda 13, Piombino. Tel. *Toremar*: 0565/31100, *Navarma*: 0565/33031.

Von Livorno gibt es eine Fährverbindung mit den Inseln: Gorgona (1½ Stunden Fahrzeit), Capraia (2½ Stunden, über Gorgona 3 Stunden 20 Minuten), Elba (Portoferraio, direkt 3 Stunden, über die kleinen Inseln rund 5 Stunden). Im Einsatz sind sechs Fähren und ein Tragflügelboot.

Im Sommer kann man auch von Pisa täglich direkt nach Elba fliegen (eine halbe Stunde Flugzeit).

Zur Insel Giglio gelangt man von Porto Santo Stefano. Die Fahrtzeit beträgt etwa 1 Stunde, im Sommer acht Schiffe in beide Richtungen.

ÜBERNACHTEN

Hotel

Es gibt sie zwar noch, die preiswerten, zentral gelegenen Hotels, selbst in Städten wie Florenz und Siena. Während der Hauptreisezeit (Ostern, Sommer) sind sie aber fast immer ausgebucht. Wenn man in Touristenorten in der Hauptsaison keine Vorausbuchung gemacht hat, ist es ratsam, sich gleich frühmorgens beim Touristenbüro eine Liste mit Pensionen und Hotels zu besorgen, um sich für den Abend ein Bett zu sichern. Oft sind die Büros bei der Zimmersuche behilflich und telefonieren auch herum. Auf dem Land gibt es sehr schöne, in Hotels umfunktionierte alte Landhäuser und Villen in jeder Preisklasse.

Größtenteils werden Hotels oder Alberghi mit 1 bis 4 Sternen ausgewiesen. Pensionen haben 1 Stern. Die billigsten Unterkünfte sind in der Regel die «locande», die manchmal nur für längere Zeiträume Zimmer vermieten und oft nicht in den offiziellen Verzeichnissen aufgeführt sind.

Ein Einzelzimmer kostet je nach Ort und Saison in der billigsten Kategorie etwa 12 000 bis 23 000 Lire, Doppelzimmer rund 17 000 bis 36 000 Lire. Die wenigsten dieser Zimmer haben eine eigene Dusche. Die Hotels dürfen nicht mehr als die für ihre Kategorie festgelegten Preise verlangen, die in jedem Zimmer angeschlagen sind. Feilschen ist also zwecklos, aber man wird auch nicht übers Ohr gehauen. Dusche und Frühstück kosten oft extra. Das Frühstück, im Hotel oft ein Gummi-Hörnchen mit schlechtem Kaffee, nimmt man meist besser in der nächsten Bar ein.

Die Tageshotels (alberghi diurni), die man in größeren Städten meist in der Nähe des Bahnhofs findet, sind empfehlenswert, wenn man Dusche, Bad oder ein Ruhezimmer braucht und noch keine Bleibe gefunden hat.

Camping

Bei den ENIT-Büros ist für die Regionen Toskana und Umbrien jeweils ein Verzeichnis mit sämtlichen Campingplätzen erhältlich. Alle umbrischen Campingplätze sind im Faltblatt *Umbria* der Fremdenverkehrsämter aufgelistet. Viele Campingplätze sind sehr schön gelegen und gut ausgestattet, manchmal sogar mit Schwimmbad und Tennisplätzen. Besonders im August wird es auf Zeltplätzen meist laut und eng, viele sind auch ausgebucht. Es

empfiehlt sich also, vorher anzurufen oder frühmorgens anzukommen, um sich einen Platz zu sichern.

Wildes Zelten wird besonders an Stränden nicht gern gesehen, denn diese Art von Touristen, so die allgemeine Auffassung, läßt nur ihren Abfall zurück und bringt kein Geld. Auf dem Land ist es etwas einfacher. Wenn man sich auf einem Privatgrundstück befindet, sollte man aber auf jeden Fall den Bauern um Erlaubnis fragen. Allerdings ist wildes Zelten auch nicht ungefährlich. Überfälle auf wilde Camper gibt es immer wieder, und in der Umgebung von Florenz wurden während der letzten Jahre mehrere Liebespaare im Zelt, Auto oder Campingbus von dem sogenannten «Liebespaarmörder» brutal umgebracht. Für Paare ist es ratsam, in dieser Gegend ihr Zelt nicht gerade in absoluter Einsamkeit aufzuschlagen.

Herbergen

Das Netz der Jugendherbergen (ostello per la gioventù) ist in den letzten Jahren etwas dichter geworden. In einigen Jugendherbergen muß man einen Jugendherbergsausweis des Heimatlandes vorzeigen.

Die größten Nachteile der Jugendherbergen sind die Schließzeiten, getrennte Räume für Frauen und Männer und eine meist dezentrale Lage. Da die Jugendherbergen tagsüber geschlossen sind, werden Gäste normalerweise nur zwischen 18 und 23.30 Uhr beziehungsweise 22.30 Uhr (von Oktober bis März) aufgenommen. Spätestens um 9 Uhr muß man seine Sachen gepackt haben oder für eine weitere Nacht bezahlen. Nachts werden Jugendherbergen offiziell im Sommer um Mitternacht geschlossen, im Winter um 23 Uhr. Ob diese Zeiten eingehalten werden, ist aber vom Herbergsvater abhängig. Eine Übernachtung kostet je nach Ort rund 16000 Lire, inklusive Frühstück. Auch die Jugendherbergen sind in der Hochsaison oft ausgebucht. Bei voller Belegung kann man nicht länger als drei Nächte bleiben.

Frauen haben zusätzlich die Möglichkeit, in den «casa famigli» unterzukommen, die von kirchlichen Organisationen unterstützt werden. Ein Verzeichnis ist erhältlich bei: *Protezione della Giovane*, Via Urbana 158, 00184 Roma, Tel. 06/460056.

Während der Semesterferien können ausländische Studenten theoretisch in Italiens Studentenwohnheimen unterkommen. Es ist allerdings sehr schwierig, aufgenommen zu werden. Anfragen müssen an das *Casa dello Studente* gerichtet werden, das es in allen Universitätsstädten gibt (Florenz, Perugia, Pisa, Siena). Auch die Fremdenverkehrsämter dieser Städte geben über Unterkunftsmöglichkeiten in Studentenwohnheimen Auskunft. Die *Associazione Italiana per il Turismo e gli Scambi Universitarie, Relazioni Universitarie* führt ein Zimmervermittlungsbüro für ausländische Studenten in den wichtigsten Universitätsstädten. Das Hauptbüro ist in Via Palestro 11, 00185 Roma, Tel. 06/4755265.

Eine attraktive Alternative zu den gängigen Unterkünften ist die Übernachtung in einem Hospiz der zahlreichen Klöster Mittelitaliens. Die Gäste müssen weder mit Sonnenaufgang aufstehen, noch an den Messen teilnehmen. Es wird lediglich erwartet, daß jeder selbst sein Bett macht und man die Ruhe respektiert. Übernachtung und Verpflegung sind preiswert. Ein weiteres Plus ist, daß die Klöster meistens in abgelegenen, besonders reizvollen Landstrichen liegen. Die Zimmer für Männer und Frauen sind manchmal getrennt, einige Klöster nehmen auch nur Besucher eines Geschlechts auf. Die regionalen Fremdenverkehrsbüros haben oft Listen der Klosterhospize.

Agriturismo

Kaum eine Region kann es mit der Toskana aufnehmen, wenn es um «Ferien auf dem Bauernhof» geht. Die Angebote reichen von luxuriösen Landvillen bis zu Zeltplätzen, die der Bauer auf seinem Feld vermietet. Weniger reichhaltig ist das Angebot in Umbrien. Informationen bekommt man hier über die örtlichen Fremdenverkehrsbüros.

Häufig werden Ferienwohnungen mit Selbstverpflegung angeboten, viele Bauernhöfe vermieten aber auch Zimmer, auf Wunsch mit Vollpension. Die Verpflegung ist in der Regel sehr gut und relativ preiswert, denn auf dem Speiseplan stehen hauptsächlich lokale Spezialitäten mit hausgemachten Zutaten.

Vorsicht ist bei den Preisen geboten. Landferien können sehr kostspielig werden. Einige Bauernhöfe verlangen mehr als 60000 Lire für ein Doppelzimmer pro Nacht und bis zu 1 000 000 für eine Ferienwohnung pro Woche. Das hängt unter anderem auch von den vorhandenen Freizeitangeboten ab. Manchmal gibt es ein Schwimmbad, Tennisplätze, Reitmöglichkeiten, Töpfer- oder Kochkurse undundund.

Toskanische Agriturismo-Verbände:
Agriturist Toscana, Piazza San Firenze 3
50122 Firenze, Tel. 055/287838
Terra Nostra Toscana, Via dei Magazzini 2
50122 Firenze, Tel. 214430, 284697
Turismo Verde Toscana, Piazza Indipendenza 10
50129 Firenze, Tel. 470087

Es gibt auch viele alternative Projekte auf dem Land, die günstigere Übernachtungsmöglichkeiten bieten. Informationen und Adressen finden sich häufig in Kleinanzeigen der Öko-Zeitschriften, zum Beispiel in «Nuova Ecologia» oder «A. A. M. Terra Nuova» (mit Schwerpunkt Toskana).

Ein Verzeichnis über Bio-Bauernhöfe und Campingplätze mit akzeptablen Preisen, Zentren und Ferienkursen in ganz Italien ist der *Guida al Turismo Ecologico – ECOLANDA*, zu beziehen bei *Tao-Center Macrolibri*, Lungarno Soderini 27, 50124 Firenze, Tel. 055/2181.

Ferienwohnungen

Es gibt organisierte und private Anbieter mit Häusern in allen Lagen, modern oder in alten Bauernhäusern oder Villen. Für die Sommermonate ist eine Vorausbuchung un-

bedingt erforderlich. Am billigsten wird es, wenn man direkt beim Vermieter buchen kann. In der TAZ zum Beispiel findet man oft entsprechende Kleinanzeigen oder in der italienischen Tageszeitung «Corriere della Sera».

Auch in verschiedenen Reisebüros kann man Ferienwohnungen und -häuser mieten. Allerdings liegen die Preise hier wesentlich höher als bei privaten Vermietern. (Siehe auch unter: Agriturismo).

Improvisieren

Touristen, die sich im Schlafsack einfach auf öffentliche Plätze in Parks oder an Strände legen, sind nicht gerne gesehen. Das kann sehr unangenehm werden, nicht nur weil Polizei und Carabinieri «Rucksacktouristen» verjagen, sondern auch, weil es immer wieder Überfälle auf die ungeliebten, finanzschwachen Besucher gibt, die höchstens Abfall, aber kein Geld bringen. In Bahnhöfen wird das Übernachten zwar im allgemeinen toleriert, ist aber weder bequem noch sicher.

315

ESSEN UND TRINKEN

Wo und wann

Essengehen ist leider angesichts der ständig steigenden Preise fast zum Luxus geworden. Echte Osterien und Trattorien mit akzeptablen Preisen sind kaum noch zu finden. Viele Lokale nennen sich zwar noch so, dahinter kann sich aber durchaus ein Luxus-Restaurant verstekken. Kleine Trattorien und Landkneipen bieten meist die echteste und preiswerteste Küche.

In den meisten Lokalen hängt am Eingang die Speisekarte aus. Beim Preisvergleich ist darauf zu achten, ob Bedienung (servizio, 10 bis 15 Prozent) inklusive ist und wieviel das Gedeck (coperto) kostet. Der Grundpreis für «pane e coperto» (1000 bis 3000 Lire) wird meist auch in den einfachsten Speiselokalen für Brot und frische Tischdecke angerechnet, unabhängig davon, ob die Decke auch tatsächlich gewechselt wurde. Der Preis für das Coperto verrät oft schon die Preisklasse des Lokals.

Für den Hunger zwischendurch gibt es die Tavola Calda mit verschiedenen warmen Speisen zum Sofortessen oder Mitnehmen; die Rosticceria mit Braten, Hähnchen, Gemüsebeilagen; die Bars, die «panini» – belegte Brötchen – und andere Snacks anbieten, und schließlich beim Bäcker die Pizza am Stück.

In Italien ißt man im allgemeinen später als bei uns. Viele Restaurants öffnen nicht vor 19.30 Uhr, die Küche schließt meist gegen 22 Uhr. Mittagessen kann man in Speiselokalen meist zwischen 12 und 14 Uhr.

Einige Kellner versuchen, besonders Touristen ein ganzes Menü von Antipasto bis Caffè aufzuschwatzen. Keiner ist jedoch gezwungen, mehrere Gänge zu bestellen, und man braucht kein schlechtes Gewissen zu haben, wenn man nach dem «primo» genug hat. Nur in den Nepp-Schuppen im touristischen Brennpunkt verlangt der Wirt: alles oder nichts!

Bezahlen

Mit «Il conto, per favore (die Rechnung, bitte)» fordert man die Rechnung an, die, wenn man vorher nicht aufgepaßt hat, höher als vermutet ausfallen kann. Einige Restaurants berechnen die Bedienung getrennt, gesondert aufgeführt wird immer das «pane e coperto» (Gedeck), dafür ist aber der Verzehr von Brot abgedeckt.

Eine getrennte Rechnung für jeden Gast ist in Italien unbekannt. Jeder Teilnehmer der Tafelrunde steuert den Anteil bei, den er für angemessen hält, oder man teilt einfach «alla romana» den Betrag gleichmäßig auf. Das Trinkgeld läßt man einfach auf dem Tisch liegen, wenn man zufrieden war (etwa 5 Prozent). In Familienrestaurants gibt man kein Trinkgeld.

Trinken

In italienischen Bars ist es üblich, zuerst an der Kasse zu zahlen und dann mit dem «scontrino» (Kassenzettel) an der Bar seinen Caffè zu bestellen. Überraschungen erleben viele Touristen, wenn sie sich mit ihrem Getränk an einen Tisch setzen und der «barista» dann plötzlich einen Aufpreis verlangt. Manchmal kostet das Getränk am Tisch doppelt soviel wie am Tresen, auch wenn es keine Bedienung gibt. Das ist keine Touristenfalle, sondern in vielen Bars die Regel. Es gibt aber auch Bars, die keinen Unterschied machen, ob man seinen Caffè im Stehen oder im Sitzen trinkt. Die Preise für Caffè und Cappuccino am Tresen sind gesetzlich festgeschrieben, Ausnahmen sind einige Edelbars.

Der italienische Caffè wird mit weniger Wasser gemacht als der bei uns Espresso genannte Abklatsch. Wem der knappe schwarze Sud zu stark ist und wer den Cappuccino nicht mag, kann es mit einem «caffè lungo» probieren, der mit heißem Wasser verlängert ist. Oder auch mit dem «macchiato», mit ein paar Spritzern Milch. Der «corretto» ist mit Alkohol korrigiert und der «caffè stretto» (eng) besonders stark. Im Sommer gibt es außerdem den kalten «caffè freddo» und auf Wunsch auch lauwarmen (tiepido) Cappuccino. Koffeinfreien Caffè nennt man «caffè Hag».

In den meisten Restaurants und Trattorien kann man nicht einfach nur ein Glas Wein trinken, ohne zumindest eine Kleinigkeit zu essen, Ausnahmen gibt es aber auch hier. In Osterien dagegen ist normalerweise keiner gezwungen, etwas zu essen. Man bekommt hier meistens auch preiswerten, offenen Wein. Übrigens ist es in Lokalen – mit Ausnahme der Bars – nicht üblich, Wein glasweise zu bestellen. Bei offenem Wein (vino sfuso) ist die kleinste Menge ein Viertel Liter, ansonsten eine halbe Flasche.

LÄNGER BLEIBEN

Aufenthaltsgenehmigung

Eine Aufenthaltsgenehmigung (permesso di soggiorno) muß beim Polizeipräsidium (questura) im «ufficio stranieri», der Ausländerabteilung, beantragt werden. Touristen können, wenn sie zwei Paßbilder vorlegen, eine Aufenthaltsgenehmigung von drei Monaten bekommen. Wer studieren will, muß diese Genehmigung bei der Universität vorzeigen. Will man länger bleiben, wird eine Studienbescheinigung einer italienischen Universität oder ein Arbeitsvertrag verlangt. Damit kann man

Viele italienische Universitäten bieten auch während der Sommermonate Sprachkurse für Ausländer mit Schwerpunkten zu Kunstgeschichte, Geschichte und Literatur an. Informationen gibt es über die italienischen Kulturinstitute in der BRD (siehe: Vorbereiten).

Das Europäische Hochschulinstitut in Fiesole bietet Arbeitsmöglichkeiten mit Stipendium für Dissertationsvorhaben (siehe Florenz).

Arbeiten

Um in Italien eine temporäre oder feste Arbeit anzunehmen, braucht man keine Arbeitserlaubnis. Die Chancen, Arbeit zu finden, sind aber angesichts der hohen Arbeitslosigkeit nicht die besten. Als Ausländer hat man immerhin eine Chance, wenn man Sprachunterricht geben kann. An den privaten Sprachschulen haben Deutsche mit Studienabschluß gute Aussichten auf einen zeitlich begrenzten Honorarjob. Die Bezahlung ist jedoch niedrig und reicht kaum zum Leben. Die Sprachlehrer der Goethe-Institute werden besser bezahlt, Jobs sind aber nur schwer zu bekommen. Schließlich kann man sich noch bei privaten Gymnasien als Konversationslehrer bewerben. Auch hier ist die Bezahlung eher dürftig, aber man hat immerhin Anspruch auf Urlaub und ist im Krankheitsfall abgesichert. Die Adressen der Privatschulen findet man im Branchenfernsprechbuch.

einen Permesso di soggiorno für ein Jahr beantragen. Für Touristen gelten die Meldezettel der Hotels, Herbergen oder Campingplätze als Aufenthaltsgenehmigung. Wie lange man sich unangemeldet in Italien aufhalten kann, liegt im Ermessen der örtlichen Polizei.

Studieren

Da es an italienischen Universitäten keinen Numerus clausus gibt, erscheint ein Studium in Italien vielen deutschen Studienbewerbern als mögliche Alternative. Die meisten Studientitel sind in der BRD anerkannt.

Bis zum 31. März jeden Jahres muß die Bewerbung bei einem der italienischen Konsulate in der BRD vorliegen, Anfragen für Bewerbungsformalitäten dort.

Eine andere Möglichkeit ist, an einer Universität mit einer Fakultät für ausländische Studenten zu studieren. Die bekannteste ist die *Università Italiana per Stranieri* in Perugia (siehe dort).

Jobs in der Landwirtschaft findet man manchmal im Öko-Magazin *AAM Terra Nuova*, C. P. 2, 50038 Scarperia, Tel. 055/8430436.

Sprachkurse

Ein regelrechtes Sprachstudium bietet die *Università per Stranieri* in Perugia (siehe Perugia).
Die älteste italienische Sprachschule Italiens ist die *Scuola di Lingua e Cultura per Stranieri* in Siena (siehe Siena).

Ferienkurse in Italienisch, die oft ein Programm von Ausflügen und Kultur-Aktivitäten zum Kennenlernen des Landes bieten, haben in den letzten Jahren einen ungeheuren Aufschwung erlebt. Wir können nicht alle aufzählen, schon gar nicht bewerten, zumal die Qualität der Kurse auch innerhalb einzelner Schulen variiert.
Hier einige bekanntere Schulen, deren Anzeigen öfters in der TAZ und anderen einschlägigen Blättern auftauchen: *CCIC Piero della Francesca*, Kurse im Bergstädtchen Poppi. *Senza Parole*, Kurse in Bolsena und Hamburg. Die Lehrer sind Autoren des *Sprachbuch Italien* der Reihe Anders Reisen, und des zweibändigen Grundkurses *Partire per l'Italia* (mit Kassette) und *Finalmente in Italia*, alle im Rowohlt Taschenbuch Verlag.
Koinè, Kurse in Frankfurt, Florenz, Lucca und Cortona.
Pier Paolo Pasolini, Kurse in Castigioncello.
Il Sasso, italienische Kooperative in Montepulciano.

NOTFÄLLE

Notdienste

Apotheken: An jeder Apotheke ist ausgeschrieben, welche Notdienst hat.
Notruf: Polizei und Rettungsdienst: 112 und 113
Autohilfsdienst des italienischen Automobilclubs ACI: 116
Deutschsprachiger Notrufdienst in Rom: Tel. 06/4954730.
Pronto Soccorso (Erste-Hilfe-Stationen) gibt es in Bahnhöfen, Häfen und Flughäfen.

Arzt und Krankenhaus

Mit dem von der deutschen Krankenkasse ausgestellten internationalen Krankenschein E 111 kann man sich in Italien bei Kassenärzten und in Krankenhäusern behandeln lassen. Dazu muß man sich allerdings beim örtlichen Gesundheitsdienst

(U.S.L.) beziehungsweise direkt bei der italienischen Krankenkasse (S.A.U.B.) einen Berechtigungsschein ausstellen lassen. In Italien ist bei vielen Untersuchungen und bei Arzneimitteln eine Eigenbeteiligung vorgesehen. Man sollte also immer eine Quittung verlangen, die man der deutschen Krankenkasse vorlegen kann. Adressen von deutsch sprechenden Ärzten sind bei den deutschen Konsulaten erhältlich, in Touristenorten auch bei den Fremdenverkehrsämtern. Die Kosten für einen Privatarzt werden von einigen deutschen Kassen aber nicht zurückerstattet.

Für eine stationäre Behandlung im Krankenhaus wird ebenfalls eine Eigenbeteiligung verlangt, man sollte also um eine detaillierte Rechnung bitten.

Schlangenbisse durch die in allen Hügelregionen vorkommenden Vipern sind selten, da diese im allgemeinen weghuschen, wenn man sich nähert. Schlangenangst ist also bei einiger Vorsicht unangebracht. Bei hohem Gras oder Gesträuch sind feste Schuhe ratsam. Vipern unterscheiden sich von ungefährlichen Schlangen durch dreieckigen Kopf mit senkrechten Schlitzpupillen, kräftigen Leib und kurzen, spitz zulaufenden Schwanz. Ihr Biß zeigt zwei deutliche, 1 bis 1,5 cm auseinanderstehende Löcher. Gift wirkt langsam (3 bis 6 Stunden), Symptome: Bißschmerz, Durst, Schweiß, schließlich Schockzustand. Arzt oder Krankenhaus aufsuchen, Ruhe bewahren. Serum nur verabreichen, wenn unumgänglich, da mitunter Allergiereaktionen auftreten.

Polizei

In Italien ist die Polizei in mehrere Sparten aufgeteilt. Für die Verkehrsregelung in den Städten sind die «vigili urbani» zuständig, auf Autobahnen und Landstraßen ist es die «polizia stradale». Alles andere betrifft die «polizia» beziehungsweise die «carabinieri». Polizeinotruf ist in ganz Italien 113. Die Polizei ist im allgemeinen recht umgänglich und hilfsbereit.

Es ist Pflicht, stets einen Personalausweis oder Paß mit sich zu führen. Bußgelder wegen Verkehrsdelikten müssen in der Regel nicht an Ort und Stelle bezahlt werden, falls doch, hilft Protest recht wenig. Generell empfiehlt es sich im Umgang mit der Polizei nicht, auf Konfrontationskurs zu gehen. Mit Freundlichkeit und Einsicht kommt man meistens weiter. Falls es größere Probleme gibt, eventuell Kontakt mit dem Konsulat aufnehmen.

Nacktbaden ist übrigens an italienischen Stränden verboten. Es drohen kurzfristige Haftstrafen und Geldbußen. Das Oben-ohne-Bad ist inzwischen aber offiziell erlaubt.

Konsulate

Florenz

Honorarkonsulat der Bundesrepublik Deutschland
Borgo SS. Apostoli 22, Tel. 055/ 294722

Konsulat der Republik Österreich
Via dei Servi 9, Tel. 055/215352

Livorno

Honorarkonsulat der Bundesrepublik Deutschland
Via San Francesco 17, Tel. 0586/
38008

Diebstahl

Wer das Pech hat, bestohlen zu werden, wendet sich am besten umgehend an die nächste Polizeidienststelle (questura), in größeren Städten an die Fremdenpolizei. Dort wird ein Protokoll über den genauen Tathergang mit einer Liste der gestohlenen Gegenstände aufgenommen. Das ist vor allem für eventuelle Ansprüche an eine Versicherung wichtig, denn die Chancen, das Diebesgut wiederzubekommen, sind ziemlich gering. Die Diebstahlmeldung ist eine längere Prozedur – man kann mit zwei bis drei Stunden rechnen. Wenn die gesamte Reisekasse oder der Ausweis weg ist, sollte man sich an ein deutsches Konsulat wenden, das das Geld für die Heimreise vorstreckt und für Ersatzpapiere sorgt.

Drogen

Zwar ist der Besitz von «kleinen Mengen» Drogen zum persönlichen Gebrauch in Italien bis jetzt straffrei, jedoch wurde nirgends festgelegt, wie groß diese Menge sein darf. Zur Zeit ist außerdem eine Änderung des Drogengesetzes vorgesehen, nach der jeglicher Besitz von Drogen bestraft werden soll. Besteht Verdacht auf Drogenhandel, drohen Haftstrafen bis zu 15 Jahren und hohe Geldbußen. Vorsicht ist auf jeden Fall geboten, denn Touristen wurden auch schon wegen Besitz von nur wenigen Gramm Marihuana eingesperrt.

POST UND SHOPPING

Post

Die italienische Post ist nicht zu Unrecht wegen ihrer Unzuverlässigkeit berüchtigt. Ein Brief von oder nach Deutschland braucht fünf Tage bis drei Wochen. Wenn es sich um wichtige Post handelt, schickt man Briefe am besten per Einschreiben (raccomandata) und per Eilpost (espresso). Im Hauptpostamt der jeweiligen Stadt werden Briefe auch postlagernd (ferma posta) aufbewahrt. Standardbriefe und Ansichtskarten in die BRD kosten zur

Zeit 650 Lire. Außer beim Postamt kann man auch bei den Tabacchi, den mit «T» gekennzeichneten Tabakläden, Briefmarken kaufen.

Von einem deutschen Postsparbuch kann man in Italien bis zu 400 000 Lire abheben. Die dazu erforderliche Rückzahlungskarte muß allerdings beim deutschen Postamt vorher angefordert werden.

Auf den Postämtern gibt es normalerweise keine Telefonzellen, außer auf einigen Hauptpostämtern.

Telefonieren

Außer den Telefonzellen gibt es öffentliche Telefone auch in vielen Bars, die ein Telefonzeichen tragen. Die Telefone funktionieren je nach Modell entweder mit speziellen Telefonmünzen, «gettoni» (Wert 200 Lire) beziehungsweise 100-, 200- oder 500-Lire-Stücken. Gettoni kann man in den Telefonbars kaufen, sie werden auch überall als 200-Lire-Münze akzeptiert. Für Ferngespräche sind mindestens sechs Gettoni erforderlich. Auslandsgespräche kann man von diesen Telefonen nur mühsam mit einem Sack voller Kleingeld führen. Fernsprecher mit Zähler gibt es bei den Zentralen der staatlichen Telefongesellschaft SIP (nur in größeren Städten, meistens in der Nähe des Hauptpostamts oder des Bahnhofs). Hier kann man sich auch zurückrufen lassen, denn Auslandsgespräche sind von Italien aus wesentlich teurer als von der BRD. In den meisten Orten gibt es zumindest in einer Bar ein «telefono a scatti» (Telefon mit Zähler), wenn nicht, kann man sich in einer Bar anrufen lassen, wenn der Barista

einverstanden ist. Immer zahlreicher werden öffentliche Telefone, die mit Magnetkarte funktionieren. Diese Telefonkarten sind in einigen Bars, den Zentralen der SIP und manchmal auch auf Hauptbahnhöfen im Wert von 3000, 6000 und 9000 Lire erhältlich.

Für Telefonate nach Deutschland wählt man 00 49 und dann die Nummer (ohne die 0 der Vorwahl), für die Schweiz 00 41 und Österreich 00 43. Die Vorwahl nach Italien ist von der BRD und der Schweiz 00 39, von Österreich aus 04. Verbilligte Tarife für Auslandsgespräche gelten montags bis samstags von 22 bis 8 Uhr sowie sonn- und feiertags.

Die Inlandsauskunft hat die Nummer 12, die Auslandsauskunft 15. Bei ausländischen Namen kommt es oft zu Verständigungsschwierigkeiten. Nützlich ist hier das italienische Buchstabierungsalphabet:

Ancona / **B**ologna / **C**omo / **D**omodossola / **E**mpoli / **F**irenze / **G**enova / **H**otel / **I**mola / **J**ersey / **K**appa / **L**ivorno / **M**ilano / **N**apoli / **O**tranto / **P**adova / **Q**uarto / **R**oma / **S**avona / **T**orino / **U**dine / **V**enezia / **W**ashington / **X**eres / **Y**ork / **Z**ara.

In den SIP-Zentralen liegen neben den italienischen Telefonbüchern auch die der meisten westeuropäischen Städte aus.

Öffnungszeiten

Banken: Montag bis Freitag von 8.30 bis 13.30 Uhr und von 14.45 bis 15.45 Uhr.

Postämter: Montag bis Freitag von 8.30 bis 13.30 Uhr, Samstag bis

12 Uhr, Hauptpostämter teilweise ganztags.

Apotheken: Normalerweise von 8.30 bis 12.30 Uhr und von 15.30 bis 19.30 Uhr, montags ist oft nur vormittags oder nachmittags geöffnet, Samstag nachmittags und sonntags geschlossen. Die Notdienstapotheken sind an jeder Apotheke ausgeschrieben.

Geschäfte: Montag bis Samstag meistens von 8.30 bis 12.30 Uhr und von 15.30 bis 19.30 Uhr. Lebensmittelläden haben an einem halben Tag in der Woche (je nach Stadt verschieden) geschlossen. Die Bäcker und Metzger sind Montag nachmittags geschlossen. Je nach Region schließen die Geschäfte im Sommer auch am Samstagnachmittag.

BÜCHER, FILME, MEDIEN

Zum Schmökern

Leben des Benvenuto Cellini, spannende Autobiographie des florentinischen Goldschmieds und Bildhauers, bekannt für seine Perseus-Statue unter der Loggia dei Lanzi in Florenz. Beschönigend übersetzt und mit Nachwort versehen von Goethe. Insel Taschenbuch.

Etruskische Stätten, von D. H. Lawrence. Anschaulicher Bericht des englischen Schriftstellers, Rom-Hassers und Etrusker-Liebhabers über eine Reise 1927, mit Einblicken in die Welt der Etrusker und des Landlebens während der Faschistenzeit. Preiswert als Diogenes Taschenbuch. Teurer, aber schön bebildert und erläutert beim Beck & Glückler Verlag (die gleiche Ausgabe als *Etruscan Places* im englischen Original bei Olive Press, London; in Italienisch *Luoghi Etruschi* bei Nuova Immagine Editrice, Siena).

H. V. Morton, *Toskana Umbrien*. Wanderungen durch Vergangenheit und Gegenwart des Mittelitalien der frühen sechziger Jahre, gut beobachtet und gekonnt geschrieben. Knaur Reisen, Taschenbuch.

Hermann Hesse, *Franz von Assisi*. Schöne Lebensbeschreibung des umbrischen Heiligen, mit Reproduktionen der Giotto-Fresken in der Franz-Basilika von Assisi. Insel Taschenbuch.

Die *Fioretti di San Francesco*, eine seit Ende des 14. Jahrhunderts verbreitete Sammlung von Legenden in toskanischer Mundart, beschreiben das Leben und Wirken des heiligen Franziskus von Assisi. Die «Blümlein» sind in einer Sammlung des Diogenes Verlages als Taschenbuch zu haben: *Franz von Assisi, Fioretti*.

Iris Origo, *Im Namen Gottes und des Geschäfts*. Lebensbeschreibung des «Kaufmanns von Prato», Francesco di Marco Datini, anhand der Aufzeichnungen dieses Geschäftsmanns der Frührenaissance. Beck-Verlag.

Toskana, ein literarisches Landschaftsbild. Kleine Literatursammlung von Pasolini bis Rilke, mit schönen Toskana-Fotos. Insel Taschenbuch.

Giovanni di Boccaccio, *Das Dekameron*. Novellensammlung des florentinischen Dichters des 15. Jahrhunderts, mit Dante und Petrarca einer der Väter der italienischen Literatur. Insel Taschenbuch.

Dante Alighieri, *Die Göttliche Komödie*. Hauptwerk des italienischen Groß-Dichters, geschrieben ab 1311 in toskanischer Mundart. Allegorisch-lehrhaftes Gedicht mit unzähligen Anspielungen auf tatsächliche Personen und Ereignisse der Dante-Zeit. Als Auswahl oder Gesamtwerk handlich bei Reclam.

Vasco Pratolini, *Chronik armer Liebesleute*. Roman des sozial engagierten florentinischen Schriftstellers über Leben und Lieben im Florenz zur Zeit des Faschismus. *Das Quartier*, ebenfalls aus Pratolinis Florenz-Zyklus, ein gut verdaulicher sozialistischer Lehr-Roman

über Jugendliche und ihr Aufwachsen im Viertel Santa Croce, das von den faschistischen Sanierungsplänen bedroht ist. Beide beim Verlag Beck & Glückler.

Carlo Fruttero/Franco Lucentini, *Der Palio der toten Reiter*. Roman des bekannten Schriftstellerduos rund um den Reiterwettkampf in Siena. Hanser Verlag.

Leonhard Reinirkens, *Die kulinarischen Abenteuer des Fra Bartolo*, Hädecke Verlag. Schmunzel-Stories über einen falschen Mönch, der als lukullisch-sexueller Lüstling durch die Toskana streift und jedes Abenteuer mit einem von Olivenöl gekrönten Festmahl übersteht; mit Rezepten.

Reisebücher

Florenz, Ein Reisebuch. Sehr anschaulicher, hauptsächlich an der Geschichte des republikanischen Florenz interessierter Stadtführer, ausgearbeitet von einem Kollektiv Kunst-Studenten, erschienen im linken Syndikat Verlag.

Toskana, Umbrien, Marken, Schnellführer des Verlages Kümmerli und Frey, deutsche Version des *Guida rapida d'Italia* des Touring Club Italiano. Handlich und gut zum Orientieren und Nachschlagen für unterwegs.

Eckart Peterich, *Italien*, Band 1. Vorwiegend kunsthistorisch orientierter Führer eines Autors, der lange in Florenz lebte. Mit gut gemachten und informativen Kapiteln über

Florenz und Umbrien. Prestel Verlag.

Klaus Zimmermanns, *Toscana* und *Umbrien*, DuMont Verlag. Die klassischen, katalogartigen Kunstreiseführer. Im selben Verlag erscheint der Archäologie-Führer *Das etruskische Italien*, von Hess / Paschinger – «Entdeckungsfahrten zu den Kunststätten und Nekropolen der Etrusker».

Ein anderer, sehr profunder Etrusker-Führer zu Geschichte, Kultur und Kunst der Ur-Toskaner ist *Etruskerland*, von Friedhelm Gröteke. Kohlhammer Verlag.

Roland Günter, *Toskana*. Vorwiegend mit der Volks-Toskana und sozialgeschichtlicher Kunsttheorie befaßter Führer. Anabas-Verlag.

Touring Club Italiano, *Toscana* und *Umbria*. Die profunden Baedeker der «collana rossa», der historisch-kunsthistorischen Klassiker-Reihe des TCI (nur auf italienisch).

Anders Reisen Italien, von Jürgen Humburg, Conrad Lay, Michaela Wunderle. Stark politisch und gesellschaftlich orientierter Führer durch den Stiefel. Rowohlt Taschenbuch Verlag.

Reisebuch Italien, 2 Bände, von Peter Kammerer und Ekkehardt Krippendorf. Politisch-sozialgeschichtliche Essays «über das Lesen von Landschaften und Städten». Rotbuch Verlag.

(Siehe auch: Wandern und Fahrrad)

Sachbücher

Jacob Burckhardt, *Die Kultur der Renaissance in Italien*. Klassiker von 1860: umfassendes Werk zu Geisteshaltung, Lebensart und Kunst der Zeit der «Wiedererweckung des Altertums». Handlich beim Reclam Verlag.

Peter Burke, *Die Renaissance in Italien*. «Sozialgeschichte einer Kultur zwischen Tradition und Erfindung». Burke zieht die Summe der Renaissance-Forschung und geht damit über Burckhardt hinaus auf eine Sozialgeschichte der nicht länger statisch, sondern dynamisch begriffenen Welt zwischen Mittelalter und Neuzeit. Dtv Geschichte, Taschenbuch.

Harald Keller, *Die Kunstlandschaften Italiens*. Insel Taschenbuch in 2 Bänden. Band 1 enthält Aufsätze über Toskana und Umbrien. Der Kunsthistoriker, der Italien jahrzehntelang durchwandert hat, versucht, anhand von ethnographischen Bezügen und Kunst-Typologien künstlerische Charakteristiken einzelner Regionen herauszuarbeiten.

Giorgio Vasari, *Lebensgeschichten* der berühmtesten Maler, Bildhauer und Architekten der Renaissance. Ursprung der Künstler-Biographien, vom Medici-Architekten Vasari verfaßt und mit Anekdoten versehen, mit gewissen Beschönigungen und zeitopportunen Verzerrungen, aber interessanten Einblikken in die Welt der Künstler und deren Beziehungen zu mächtigen

Auftraggebern und kunstliebendem Volk. Handlich im Diogenes Verlag als Taschenbuch.

Jacques Heurgon, *Die Etrusker*. Umfassende Beschreibung des Alltagslebens der Etrusker, anschaulich und spannend. Als Paperback im Reclam Verlag.

Empfehlenswerte Kunstführer unterwegs sind die vielen auch auf deutsch erschienenen bebilderten Kurzbeschreibungen einzelner Künstler oder Orte (meist in DIN-A4-Format, in Museen, an Souvenirständen und in lokalen Buchhandlungen), besonders die des Florentiner Verlages Scala. Beispielsweise *Piero della Francesca* oder *Pietro und Ambrogio Lorenzetti*: gute Übersetzungen und Darstellungen mit Überblick über die diversen Interpretationen und Theorien.

Sprachbuch Italien, vom italienischen Sprachkollektiv Senzaparole in Hamburg in der Reihe Anders Reisen gemachtes Handbuch für alle, die Italienisch alltagsbezogen und nicht zu verbissen lernen wollen. Rowohlt Taschenbuch Verlag.

Filme

Die Toskana und Umbrien haben keine eigene Filmindustrie, abgesehen von Filmstudios in Tirrenia an der Küste bei Livorno. Aber speziell die Toskana ist Schauplatz vieler, zum Teil auch in deutschen Programmkinos öfters gezeigter Filme.

Paisà von Roberto Rossellini, 1946. Sechs Episoden schildern die Ankunft der Amerikaner in Italien und die Befreiung vom Faschismus. Episode 4 spielt in Florenz: die Überschreitung des Arno, eingewoben in Partisanengeschichten im Arbeiterviertel San Frediano.

Ebenfalls von Rossellini ist der 1948 gedrehte Film über die «Fioretti», die Lebensgeschichte des heiligen Franz von Assisi: *Francesco, giullare di Dio*.
  Eine poetische, mit aktuellen Anspielungen versehene Franz-Verfilmung ist Pier Paolo Pasolinis *Uccellini, uccellacci* (1965) mit dem berühmten Komiker Toto als Franziskus. Der neueste Franz-Film stammt von Liliana Cavani: *Francesco* (1989), mit Mickey Rourke als Franziskus, zum Teil gedreht an der Teufelsbrücke beim Etruskerort Vulci in der Maremma.

La notte di San Lorenzo (1982), von den Brüdern Taviani, schildert den Kampf der Partisanen während der Resistenza-Zeit bei San Gimignano – die Nacht des 10. August 1944.
  Die Florenz-Romane von Vasco Patrolini sind von verschiedenen Regisseuren verfilmt worden: *Cronaca familiare* und *Le Ragazze di San Frediano* von Valerio Zulini; *Metello* von Mauro Bolognini; *Cronache di poveri amanti* von Carlo Lizzani.

Il sorpasso, 1962 von Dino Risi mit Jean Louis Trintignant und Vittorio Gassmann in der Maremma verfilmte dramatische Komödie – Strand, heiße Nächte, schnelle Autos.

Ebenfalls in der Maremma spielt *Speriamo che sia femmina* (1986), von Mario Monicelli, mit Liv Ullman, Catherine Deneuve und Giuliano Gemma.

Der georgische Regisseur Otar Ioseliani hat 1987 im Kloster von Sant' Antimo südlich Siena eine Mönchs-Geschichte verfilmt: *Un petit monastère en Toscana.*

Room with a view ist die Verfilmung des gleichnamigen E. M.-Forster-Romans in Florenz, 1985 von James Ivory.

In ihren ersten Filmen spielte Nastassja Kinski 1979 eine amerikanische Studentin in Florenz in *Cosi come sei*, von Alberto Lattuada.

Typisch toskanischen Humor verbreiten die Filme mit Roberto Benigni. Sein erster, eine Komödie mit Anspielungen auf die kommunistische Partei, ist von 1977: *Berlinguer ti voglio bene*. Einen Sprung in die Zeit Leonardo da Vincis unternimmt Benigni mit seinem Partner Massimo Troisi in *Non ci resta che piangere*: der verzweifelte Versuch, Kolumbus von seiner Amerikafahrt abzuhalten. Benigni live und unübertrefflich zeigt *Tuttobenigni*.

Medien

Italiens größte Tageszeitung, die römische *La Repubblica*, erscheint in Florenz mit eigenem Lokalteil. Zweitgrößte nationale Zeitung ist der *Corriere della Sera*. Die Zeitung der Kommunistischen Partei ist die neuerdings durchaus parteikritische *L'Unità*.

In Florenz erscheint *La Nazione*, die größte toskanische Zeitung, konservativer als der von Livorno aus vor allem die toskanische Küste abdeckende *Il Tirreno*. La Nazione erscheint auch mit umbrischen Lokalteilen. Die einzige rein umbrische Tageszeitung ist der in Perugia erscheinende *Corriere dell' Umbria*, mit Lokalteilen aller wichtigen umbrischen Städte. Ebenfalls umbrische Lokalteile hat der römische *Il Messaggero*.

Die Pressekonzentration nimmt in Italien ständig zu, wobei die Großindustrie die Macht hat: La Repubblica gehört zur Mailänder Großverlags-Gruppe Mondadori, die in der Zwickmühle zwischen den Aktienanteilen des Finanzjongleurs Carlo de Benedetti (Olivetti) und des Fernsehmoguls Berlusconi steckt. Der Corriere della Sera hängt indirekt mit dem Imperium des Fiat-Padrone Gianni Agnelli zusammen; den Messaggero hat 1988 der Agrarindustrielle Raoul Gardini als Anhängsel des Chemiekonzerns Montedison eingeheimst – mit im Paket waren auch Anteile am Corriere della Sera. Die einzige unabhängige nationale Wirtschaftszeitung, *Italia Oggi*, gehört seit 1989 ebenfalls Gardini; das rosafarbene Finanzblatt *Il Sole 24 Ore* ist das Organ des Arbeitgeberverbandes Confindustria.

Im Radio hat der Staatssender RAI drei Programme, die jedoch im allgemeinen Wellensalat des seit Ende der siebziger Jahre «befreiten», von Privatsendern überfüllten Äthers oft untergehen. Nur wenige freie Radios aus der Anfangszeit haben mit einem linken Anspruch überlebt, darunter in Florenz der gute Musiksender *Controradio*; ein anspruchvolles Programm macht *Radio Italia*, der nationale Sender der kommunistischen Partei.

Die drei staatlichen Fernsehkanäle RAI teilen sich die christdemokratische DC (*RAI Uno*), die sozialistische Partei PSI (*RAI Due*) und die kommunistische PCI (*RAI Tre*) mit Machtschiebereien in politischen Domänen. Interessant daher die unterschiedliche Gewichtung und Präsentation der Nachrichtensendungen TG 1 (20 Uhr), TG 2 (19.45 Uhr), TG 3 (19 Uhr), letztere mit den einzigen regionalen Nachrichten um 19.30 Uhr.

Gegengewicht zum alten Staatskoloß sind die drei mit Werbung vollgepfropften Kanäle des Mailänder Baulöwen Silvio Berlusconi: *Retequattro, Italia 1* und *Canale Cinque*. Den Rest der oft um die zwanzig an einem Ort zu empfangenden Kanäle belegen diverse kleinere Privatstationen. In der Toskana bringen *Teleetruria* und *Telemaremma* auch lokal orientierte Sendungen.

Damals, als man anders reiste

«Im Handel sind die florentinischen Adeligen...

... nicht so zimperlich wie die unseren. Sie betreiben Groß- und Kleinhandel. Denn das sicherste Mittel für die Erhaltung von Glanz und Einfluß einer Familie ist der Erwerb von Reichtümern. Und man begegnet allerorten sichtbaren Zeichen des Wohlstandes dieses Kaufmannsadels. Herzog Cosimo dei Medici gab ein leuchtendes Beispiel; er galt als der erste Kaufmann und Bankier seiner Zeit, unterhielt 25 Banken in den verschiedensten Teilen der Welt, und so konnte es nicht ausbleiben, daß er sehr reich wurde.

Florenz, den 20. Mai 1740»

Es ist Johann Caspar Goethe, der Vater des Dichters, der sich hier so anerkennend über die Geschäftstüchtigkeit des florentinischen Adels äußert.

Nicht jedem ist es gegeben, ein Bankier wie Cosimo Medici zu werden. Aber Banken gibt es überall, und mit ihrer Hilfe kann ein jeder etwas wohlhabender werden.

Pfandbrief und Kommunalobligation

Meistgekaufte deutsche Wertpapiere - hoher Zinsertrag - bei allen Banken und Sparkassen

Verbriefte Sicherheit

REGIONALE TIPS

Provinz Arezzo

AREZZO

Vorwahl: 0575

Info

Ufficio Turistico, Piazza della Repubblica 22 (Bahnhofsvorplatz), Tel. 307678

Übernachten

Ostello della Gioventù, Via F. Redi 13, Villa Severi, Tel. 29047, mit Autobus Nr. 4 ab Bahnhof. Private, relativ teure Jugendherberge.

Locanda San Remo, Piazza San Michele 2, Tel. 28347. Altstadt-Pension, preiswert.

Hotel Milano, Via M. Del Prato 83, Tel. 26836. Im unteren Stadtteil.

Essen und Trinken

Ristorante Pizzeria Logge Vasari, Via G. Vasari 19, Tel. 25894. Unter der Vasari-Loggia, Piazza Grande, beliebt bei Einheimischen und Touristen, preiswert.

Spiedino d'Oro, Via F. Crispi 12, Tel. 22873. Casentino-Spezialitäten in der Neustadt, preiswerte Fleischfresser-Stube.

Ristorante Il Torrino, Località il Torrino, Tel. 360264. Großes Landrasthaus mit Blick auf die Wälder einige Kilometer außerhalb an der N. 73 Richtung Sansepolcro, gerühmt wegen seiner Pilzgerichte.

ANGHIARI

Vorwahl: 0575

Übernachten

Hotel Restaurant La Meridiana, Piazza IV Novembre 8, Tel. 788102. Am Theaterplatz.

Essen und Trinken

Locanda al Castello di Sorci, Tel. 789066. Im Schlößchen von Sorci einige Kilometer südlich, exquisite und preiswerte umbrisch-toskanische Landkost. Auch Agriturismo und Kulturaktivitäten.

BIBBIENA

Vorwahl: 0575

Übernachten

Hotel Giardino, Via Dovizi 18, Tel. 593194.

Albergo Verdi Colli, Piazza Garibaldi 8, Tel. 560033. Im Ortsteil Soci, 4 km entfernt.

Camping Michelangelo, Caprese Michelangelo, Tel. 793886.

Essen und Trinken

Hotel Brogi, Piazza Mazzoni 5, Tel. 593102. Gehobene Klasse.

Il Bivio, Ortsteil Bivio di Banzena, Tel. 593242. Auf dem Weg nach La Verna.

CAMALDOLI

Vorwahl: 0575

Übernachten

Albergo Camaldoli, Tel. 556019. Hotel mit Restaurant gegenüber vom Kloster.

Foresteria di Camaldoli, Tel. 556013. Das Klosterhospiz, mit 200 Schlafplätzen.

Camping Fonte del Menchino, Camaldoli, Tel. 556075.

CHIUSI DELLA VERNA

Übernachten

Hotel Restaurant La Beccia, Ortsteil La Beccia, Tel. 0575/599002.

Pastor Angelicus, Tel. 599025. Am Ortseingang von Chiusi della Verna, das preiswerte Hospiz (mit Restaurant) des Klosters. Im *Klosterhospiz* auf dem Berg nur Einlaß für angemeldete religiöse Gruppen: Tel. 599356.

CORTONA

Vorwahl: 0575

Info

Ufficio Informazioni Dell' Azienda Turismo, Via Nazionale 72, Tel. 603056.

Übernachten

Ostello per La Gioventù S. Marco, Via Maffei 57, Tel. 601392. Gut geführte Jugendherberge.

Albergo Italia, Via Ghibellina 5, Tel. 603264. Pension im Stadtzentrum.

Albergo Firenze, Ortsteil Camucia, Tel. 603210. Gegenüber Bahnstation Cortona-Camucia.

Essen und Trinken

Eine Reihe einfacher, lokaler Trattorien sind in Via Dardano, zum Beispiel die *Trattoria Dardano*, Via Dardano 19, Tel. 601944.

Festivals

Cortonas größtes Freßfest ist die «Sagra della bistecca», ein Markt der besten landwirtschaftlichen Produkte der Provinz Arezzo.

Sprachkurs

Die Sprachschule *Koinè*, Sitz in Florenz, organisiert in Cortona Italienisch-Kurse.

Weitere Tips zum *Chiana-Tal* siehe Provinz Siena: *Chiusi, Montepulciano, Sinalunga*.

POPPI

Vorwahl: 0575

Übernachten

Hotel Casentino, Piazza Repubblica 6, Tel. 529090.

Pension Francioni, Via Falterona 54, Tel. 550138. Im Ortsteil Porrena.

Essen und Trinken

Restaurant Casentino, Piazza Soldani 1, Tel. 52197. Vorplatz des Guidi-Schlosses, mit Garten.

Restaurant La Loggia, Tel. 556065. Im Ortsteil Lierna.

SANSEPOLCRO

Vorwahl: 0575

Info

Ufficio Turistico, Via della Fonte, Tel. 730231. Neben dem Geburtshaus von Piero della Francesca, hat eine Fülle von gutem Material.

Übernachten

Hotel Fiorentino, Via L. Pacioli 60, Tel. 76033. Mit Restaurant in schönem Speisesaal.

Taverna, Via Anconetana 27, Tel. 76575.

Lisina, Via Piero della Francesca 64, Tel. 735139.

Essen und Trinken

Osteria Piero della Francesca, Via B. Buitoni 59, Tel. 75761. Schöne alte Osteria, vielfältige Speisekarte, mittlere Preise.

331

Il Caminetto, Via Aggiunti 35. Originelle Kneipe mit anrüchigem Ruf, billige Proletenkost.

Museum

Museo Civico, Via Aggiunti 65, Tel. 76465. Täglich 9.30–13, 14.30–18h. Hauptwerke: Pieros Flügelaltar der Barmherzigkeit und die Auferstehung Christi.

Chianti

Das Chianti liegt im Dreieck Florenz–Siena–Arezzo und ist von allen drei Städten leicht mit Bussen zu erreichen. Für Chianti-Exkursionen per Auto ist die *Superstrada* Florenz–Siena sehr praktisch, man sollte allerdings eher die *Chiantigiana* (SS 222) nehmen. die über den Marktort Greve und Castellina in Chianti nach Siena führt. Stärker befahren ist die alte *Via Cassia*, die sich entlang der Superstrada schlängelt.
Reise-Infos sollte man im bestbestückten Ufficio Turistico des Chianti im Rathaus von Greve einpacken, darunter eine Wanderkarte für das Gebiet zwischen San Casciano Val di Pesa und Greve («Wandern im Chianti»). Einige Rundstrecken zu den vielen Schlössern und Burgen des Chianti empfiehlt das Heft *Strada*

dei Castelli del Chianti, mit einigem Glück im Rathaus von Gaiole zu erhalten.
Die Parzellierung des Chianti macht Wandern mitunter mühsam. Hilfreich sind die Wanderkarten *Firenze–Chianti* und *Siena–Chianti* des deutschen Kompaß-Verlages.

BARBERINO VAL D'ELSA

Vorwahl: 055
Zwei Tips für Urlaub auf den Höfen von italienischen Land-Kooperativen:

La Spinosa, Via le Masse 8, 50021 Barberino Val d'Elsa, Tel. 8075413. Gepflegte Casa Colonica mit guter Bio-Küche und hervorragendem Wein. Sehr ruhig gelegen, mit Schwimmbad und Öko-Luxus.

La Chiara di Prumiano, Ortsteil Prumiano, Tel. 8075330/8075583. In ehemaliger Patriziervilla, mit Pferden und organisierten Ausflügen. Empfehlenswert für Familien.

CASTELLINA IN CHIANTI

Vorwahl: 0577

Übernachten

Campeggio Luxor, Ortsteil Trasqua, Tel. 743047. Camping mit Schwimmbad in Waldnähe.

Essen und Trinken

Antica Trattoria La Torre, Piazza del Comune, Tel. 740236. Typische Chianti-Kneipe.

GAIOLE

Badia a Coltibuono, Tel. 0577/749424. Ausgezeichnetes Landgasthaus mit hauseigenem Wein und edlem Öl.

GREVE

Vorwahl: 055

Info

Fremdenverkehrsamt im Rathaus am Dorfplatz (Piazza Matteotti), gut bestückt mit Karten und sonstigem Material zum Chianti, unter anderem auch Adressen von Weingütern und Agriturismo-Höfen sowie Wandertips.

Übernachten

Ostello Villa S. Michele, Ortsteil Lucolena, Tel. 851034. Für Einzelpersonen und Gruppen, auch mit relativ preiswerten Mehrbettzimmern.

Albergo del Chianti, Piazza Matteotti, Tel. 853763. Kleines Hotel mit Schwimmbad.

Essen und Trinken

Pizzeria Tavola Calda, Via Luca Cino, Tel. 853284. Preiswert in der leicht zu findenden Casa del Popolo. In Greve finden sich mehrere Enotheken, die vor allem Chianti-Weine auch ausgefallenerer Jahrgänge anbieten, zum Beispiel die *Enoteca del Chianti Classico*, Piazza S. Croce, Tel. 853297.

In der ersten Septemberwoche werden jedes Jahr auf der *Mostra Mercato Vino Chianti Classico* die Produkte der Gallo Nero-Region feilgeboten.

PANZANO

Vorwahl: 055

Essen und Trinken

Circolo XX Luglio, Via Luglio 1 (an der Chiantigiana), Panzano in Chianti, Tel. 852123. Kleine Pizzeria.

Il Vescovino, Via Ciampolo da Panzano 9, Tel. 8544573. Gehobenes Landgasthaus außerhalb Panzano, Hinweisschilder führen hin.

Trattoria La Cantinetta di Rignana, Ortsteil Rignana, Tel. 8544439. Essen für Kenner.

In der Gegend um Greve und Panzano haben sich viele kleine Handwerker niedergelassen, die zum Teil ausgesprochen originelle Töpfer- oder Lederwaren herstellen, zum Beispiel der Ledermacher Carlo Fagiani, *Cantaride*, Via G. da Verrazzano, Tel. 852239, Panzano.

RADDA

Vorwahl: 055

Übernachten

Zimmervermietung bei *Marino Pistolesi*, Infos im Zeitungsladen Via Roma 40, Tel. 738556.

Zimmervermietung in Haus oberhalb Radda, Via Roma 6–8, Tel. 738056.

Essen und Trinken

Girrarosto und Pizzeria da Michele, Viale 11 Febraio, Tel. 738491. Gutes Gasthaus am südlichen Dorfausgang.

SAN CASCIANO VAL DI PESA

Vorwahl: 055
Im Ortsteil San Pancrazio bietet eine italienische Land-Kooperative Agriturismo in einer alten Casa Colonica: *Cooperativa La Ginestra*, Via Pergolato 3, 50020 S. Pancrazio, Tel. 8249245.

Zwei Tips im nahen Ortsteil Mercatale:

Hotel Paradise, Piazza V. Veneto, Tel. 055–82 13 57.

Trattoria La Biscondola, Ortsteil Pian del Melograno, Tel. 82 13 61. Gehobenes Landgasthaus.

TAVERNELLE VAL DI PESA

Vorwahl: 055

Übernachten

Ostello del Chianti, Via Roma 137, Tel. 80 70 09. Die Jugendherberge des Chianti organisiert Ausflüge zu Weingütern und «Grüne Wochen»: Kulturferien und Italienischkurse für Ausländer.

Campeggio del Chianti, Via Cassia 265, Tel. 80 70 09.

Eine Wanderkarte und einen Prospekt mit interessanten Agriturismo-Höfen kann man anfordern bei: *Comune di Tavarnelle*, Ufficio Sviluppo, Piazza Matteotti 39, 50028 Tavarnelle Val di Pesa.

Provinz Florenz

Vorwahl: 055

FLORENZ

Info

Ente Provinciale per il Turismo di Firenze (EPT), Via Manzoni 16, Tel. 24 78 141, Mo–Sa 8.30–13.30 h, am östlichen Rand des Stadtkerns bei Piazzale Beccaria.

Azienda Autonoma di Turismo di Firenze, Via Tornabuoni 15, Tel. 21 64 59, Mo–Sa 9–13 h. Im Stadtkern unweit des Doms.

Informazione Turistica, am Hauptbahnhof bei Gleis 16. Schalter im Sommer geöffnet von 9–21 h.

Reisezeit

Florenz sollte in den Monaten Juli und August eigentlich gemieden werden: Weil die Stadt noch stärker als üblich von Touristen verstopft ist, zudem im August, weil die Florentiner ausgeflogen und die meisten Geschäfte, auch viele Kneipen und Restaurants geschlossen sind. Dann wird Florenz vollends zum Museum. Beste Reisezeit: November bis Februar.

Orientierung

Mit der Eisenbahn kommt man im *Hauptbahnhof* Florenz Santa Maria Novella an (*Firenze S.M.N.*), nur zehn Minuten zu Fuß bis zum Stadtzentrum am Dom (Zuginformationen Tel. 27 87 85, geöffnet 7–21.30 h). Der *Busbahnhof* befindet sich direkt neben dem Hauptbahnhof. Erste Informationen lassen sich im Bahnhofsgebäude sammeln, auch Hotelbuchungen sind dort möglich. Wer mit dem Auto von Norden kommt, verläßt die Strecke Bologna– Rom Ausfahrt *Firenze Nord* und kommt über einen Zubringer (A 11) zum nordwestlichen Stadtrand. Bei der Agip-Raststätte *Peretola Sud* findet man erste Information und Möglichkeit zur Hotelbuchung. Vom Süden kommend, fährt man *Firenze Certosa* raus. Die Streckenführung ins Stadtzentrum ist gut ausgeschildert: *Fortezza da Basso* ist der größte Auffangparkplatz. Stadtpläne gibt es kostenlos bei den Fremdenverkehrsämtern. Besser ist der *Falk-Plan Florenz* (in Deutschland besorgen) oder *Firenze, Nuova Pianta della Città*, De Maria Editore, bei Zeitungshändlern.

Stadtverkehr

Parkplatzsorgen gehören seit der Schließung des Stadtzentrums für den allgemeinen Privatverkehr zum Alltagsstreß der Florentiner. Längs des Stadtrings (auf Straßenschildern *viali*) findet man bewachte Parkplätze (6000 bis 10000 Lire pro Tag), entweder am Straßenrand oder bei den Stadttoren, Hauptplätzen und der Stadt-Burg Fortezza da Basso mit dem großen Touristenparkplatz. An einigen Parkplätzen Fahrradverleih. Wer eine Hotelbuchung nachweisen kann, darf ins Zentrum einfahren. Der

Innenstadtbereich ist zu Fuß gut in einer halben Stunde zu durchqueren. Busse helfen weiter auf den großen Achsen, Fahrkarten sind bei Zigarettengeschäften (Tabacchi) oder Bars mit entsprechender Aufschrift (Biglietti ATAF) zu erhalten. Pläne der Buslinien erhält man beim *ATAF-Büro*, Piazza del Duomo 57r, Tel. 580528.

Fahrradverleih

Günstiger Park-und-Pedal-Service der Stadt Florenz: Wer sein Auto auf einem der folgenden Parkplätze parkt, kann für zwei Stunden kostenlos eines der Fahrräder des Verleihs *Ciao & Basta* benutzen (günstig für erste Orientierung oder Hotelsuche): Porta Romana (von Süden kommend, Nähe Palazzo Pitti); Piazza Vittorio Veneto (westlich, in Arno-Nähe); Piazza della Libertà (Nordring, Nähe Piazza S. Marco); Piazza Stazione (Bahnhof, zentral); Piazza Cavalleggeri (östlich am Arno, nahe S. Croce). Informationen: 2342726. Der Verleih Ciao & Basta hat seinen Sitz in Via Alamanni/Ecke Piazza Stazione, unter dem Bahnhof, Tel. 213307/ 263985 (geöffnet von 8–20h, während die

dezentralen Stellen von 13–15.30h schließen). Leihgebühren: 1 Stunde 3000, 4 Stunden 9000, 1 Tag 15000 Lire.

Mopedverleih

Free Motor, Via Santa Monaca 6/8r, Tel. 295102 vermietet Mopeds, Vespas und Fahrräder zwar nicht «free», aber zu erschwinglichen Preisen.

Medien

Die Tageszeitung *La Nazione* wird in Florenz herausgegeben und hat einen großen Lokalteil. Seit kurzem wird dieser übertroffen von der Berichterstattung im Florentiner Lokalteil von *La Repubblica*. Veranstaltungshinweise findet man in den Monatszeitschriften *Firenze Spettacolo* und *Firenza la Sera*. Gute Musik- und Informationssendungen mit Veranstaltungshinweisen im Rockmusikbereich bringt der linke Sender *Controradio*, UKW 93.7, Tel. 717168.

Post, Telefon

Die Postämter sind von 8.15–13.40h geöffnet. Im *Palazzo delle Poste*, Via Pellicceria (Hauptpost), Postdienst von 8.15–19h, samstags 8.15–12h;

Telefondienst durchgehend geöffnet. *SIP*, (Telefon) im Hauptbahnhof täglich 7.30–21.30 h, oder in Via Cavour 21r täglich 8–20 h.

Übernachten

Hotelbuchungen kann man im Hauptbahnhof vornehmen: Beim Schalter von *ACISJF* (Gleis 16) liegt eine Liste mit billigen Unterkünften, Zimmervermittlung kostenlos. Die *Informazioni Turistiche Alberghiere*, ebenfalls im Hauptbahnhof (bei Gleis 10), verlangen eine geringe Vermittlungsgebühr, ebenfalls zu finden am Autobahnzubringer A 11 Raststätte Peretola Sud (siehe oben). Bei diesem Service wird eine Anzahlung verlangt, die dann von der Rechnung abgezogen wird. Schriftliche Hotelbuchungen über *Consorzio Regionale Aziende Turistiche della Toscana*, c/o FIAVET, Via Martelli 5, Tel. 294900. Telefonisch über *Florence Promhotels*, Viale Volta 72, Tel. 570481.

Herbergen

Ostello Santa Monaca, «Centro turistico sociale», Via S. Monaca 6, Tel. 268338. Im Zentrum jenseits des Arno im Viertel San Frediano sehr günstig gelegen, zehn Minuten Fußweg vom Bahnhof. Freundlich, sauber, immer überfüllt, weil der beste Tip für Reisende mit wenig Geld. Nach Geschlechtern getrennte Schlafsäle, Übernachtung 13000 Lire. Wer frühmorgens kommt, hat gute Chancen auf einen Platz.

Ostello della Gioventù Europa Villa Camerata, Viale A. Righi 2/4, Tel. 601451. Jugendherberge am östlichen Stadtrand Richtung Fiesole, schönes Gebäude in großem Park. Übernachtung 13000 Lire, Jugendherbergsausweis nötig. Zu erreichen mit dem Bus Nr. 17B vom Hauptbahnhof oder Piazza del Duomo.

Suore Oblate dello Spirito Santo, Via Nazionale 8, Tel. 298202. Nur für Frauen, in der Nähe des Bahnhofs, unter der Obhut von Nonnen. Preise wie im Ein-Sterne-Hotel: ca. 25000 Lire pro Person.

Pensionato Pio X. Artigianelli, Via dei Serragli 106, Tel. 225044. Jenseits des Arno im Viertel S. Spirito. Kleine Schlafräume, nette Gastgeber. 10000 Lire Übernachtung.

Umsonst & draußen

In der Umgebung von Florenz sollte man besser nicht wild zelten oder draußen schlafen, wegen des «Monsters von Florenz», eines seit Jahren Schrecken verbreitenden Liebespaar-Mörders. Plakate mit Aufschrift «Occhio Ragazzi» – An Alle Pärchen, Vorsicht Überfallgefahr! – warnen vor diesem Unbekannten und geben Auskünfte über Campingplätze in der Umgebung. Für die gefürchteten «saccopelisti», die Schlafsack-Jugendlichen, die im Sommer die Plätze der Stadt für Bürger-Augen verunstalten, gibt es seit einigen Jahren eine bessere Lösung: die Schlafsack-Villa *Area di sosta Villa Favard*, Via Rocca Tedalda 14, Tel. 650396. Nur im Hochsommer geöffnet, nur mit Schlafsack. Übernachtung und Benutzung der sanitären Anlagen gratis. In Rovezzano am östlichen Stadtrand den Arno entlang Richtung Bagno a Ripoli, Bus 14 A.

Campingplätze

Parco Comunale, Viale Michelangelo 80, Tel. 681977. Seitlich unterhalb von Piazzale Michelangelo gelegen in einem Park mit Blick auf

die Stadt, geöffnet März
bis Oktober.
Verkehrszeichen Piazzale
Michelangelo folgen oder
Bus Nr. 13 nehmen.

Camping Panoramico,
Fiesole, Ortsteil Prato ai
Pini, Via Peramonda 1,
Tel. 599069. Nordöstlich
von Florenz in Fiesole
oberhalb der Stadt, mit
Blick. Auch Bungalows
zu vermieten. Schilder
Richtung Fiesole folgen
oder Bus Nr. 7 nehmen.

Villa Camerata, Viale
Righi 2, Tel. 610300. Im
Park der Jugendherberge
(siehe oben).

Hotels

Florenz ist von Hotels
sämtlicher Klassen
überfüllt. So findet sich
selbst für den schmalen
Geldbeutel ein Haufen
billiger Pensionen, meist
mit wenigen Zimmern.
Im Umkreis des
Hauptbahnhofs, in der
Nähe von Piazza Santa
Maria Novella und im
Umkreis des Doms findet
man diese «Ein-Sterne-
Hotels», manchmal
mehrere in einem Haus,
oder ganze Straßenzeilen
voller Pensionen. So in
Via Faenza, Via Panzani,
Borgo Ognissanti,
Via Nazionale,
Via Montebello,
Via Calzaiuoli.
Preisklassen: * ab 20000
Lire Einzelzimmer ohne
Bad, Doppelzimmer
33000, mit Bad ab

40000. **: 28000, 40000,
50000. ***: DZ mit
Bad ab 65000. ****: DZ
mit Bad ab 110000
Lire.
In Domnähe liegen:
Colore (*), Via Calzaiuoli
13, Tel. 210301.
Aldini (*), Via Calzaiuoli
13, Tel. 214752.
Esplanade (*),
Via Tornabuoni 13,
Tel. 287078.
L'Orologio (*), Via dell'
Oriuolo 17, Tel. 2340706.
Sant' Egidio (*), Via S.
Egidio 6, Tel. 2480330.
Brunetta (*), Borgo Pinti
5, Tel. 2478134.
Chiazza (*), Borgo Pinti
5, Tel. 4280363.
Canada (*), Borgo San
Lorenzo 14, Tel. 210074.
Costantini (**),
Via Calzaiuoli 13,
Tel. 215128.
De Lanzi (**), Via delle
Oche 11, Tel. 296377.
Giotto (**), Via del
Giglio 13, Tel. 263864.
Nizza (**), Via del Giglio
5, Tel. 296897.

Für Film-Nostalgiker:
Hotel Quisiana (***),
Lungarno Archibusieri 4,
Tel. 216692. Seit der
E. M. Forster-Verfilmung
«Room with a view»
geradezu mythisch, mit
jener «Aussicht» auf
Florenz, auch wenn der
«Blick» selbst auf dem
anderen Arnoufer
gedreht wurde.

Ein Tip für ein Luxus-
Weekend: *Hotel Bernini
Palace* (****), Piazza S.
Firenze 29, Tel. 278621.
Mit großem Frühstück im

geschichtsträchtigen Sala
del Parlamento. Sehr
zentral direkt hinter dem
Palazzo Vecchio.

Eßlokale

Können in Florenz sehr
teuer sein. Es gibt jedoch
in den Vierteln abseits
des Touristenrummels
einfache Trattorien, die –
obwohl nicht eigentlich
touristisch – doch häufig
ein billiges Tagesmenü
haben. Selbst im
Zentrum lassen sich
solche meist
unscheinbaren
Einheimischen-Lokale
finden. Auch einige
Pizzerien sind
erschwinglich, und man
ißt gut. Für den
schnellen, billigen Imbiß
sind die Märkte
empfehlenswert: zum
Beispiel der *Mercato
Ambrogio* auf der Piazza
Ghiberti im Stadtteil
Santa Croce (Rosticceria
in der Markthalle).

Pizzeria I Ghibellini,
Piazza S. Pier Maggiore
8–10, Tel. 214424.
Immer überlaufen, weil
billig und gut. In
Domnähe.

Trattoria da Nello, Via
Borgo Pinti 48, Tel.
2478410. Kleine,
preiswerte
Familienkneipe.

Il Cantinone, Via S.
Spirito 6r, Tel. 218898.
Einfache original

337

toskanische Küche:
Ribollita, Pappa al
pomodoro, Crostoni,
guter Chianti-Wein und
gutbestückte Enoteca.

Trattoria Benvenuto, Via
della Mosca 16r, Tel.
214833. Gut für schnelles
Essen mittags, billig,
nahe Palazzo Vecchio.

Latini, Via Palchetti 6r,
Tel. 210916. Immer
überlaufene, von
Florentinern wie
Touristen gleichermaßen
geschätzte typisch
florentinische Freß-
Kneipe: laut, eng, lange
Tische, mächtige
«Bistecca Fiorentina»,
erschwinglich.

Trattoria La Beppa, Erta
Canina 6r, Tel. 2342742.
Ebenfalls typisch
florentinisch: Crostini di
polenta, Ribollita,
Gemüse. Eines der
meistgelobten Florentiner
Lokale, oberhalb
Piazzale Michelangelo
auf einem Hügel, Tische
im Sommer draußen.

*Associazione Rionale S.
Croce*, Piazza de' Ciompi
23. Rentner- und
Fußballerkneipe des
Circolo Azzurri «Calcio
Storico» (historischer
Fußball) am
geschichtsträchtigen Platz
der Wollweber. Gut für
einen schnellen, «echt
proletarischen» Imbiß.

L'Antico Fattore, Via
Lambertesca 1r, Tel.
261215. Erschwingliches

Restaurant im Zentrum
unweit der Uffizien mit
guter traditioneller
Küche. Hier wird all-
jährlich der Literaturpreis
«Premio Antico Fattore –
Ruffino Montale» an
Autoren verliehen, die
literarisch dem Wein zu
Ehren verhelfen.

Le Cave di Maiano, Via
delle Cave 16, Tel.
59133. In Fiesole.
Exzellente Küche,
toskanische Spezia-
litäten zu gehobenen,
aber angemessenen
Preisen.

Garga, Via del Moro
48–52, Tel. 298898.
Obwohl gehobener Preis
und exzellente Küche
(gut die hausgemachte
Pasta), Restaurant mit
volkstümlicher
Atmosphäre.

Vegetarisch essen

La Stazione di Zima, Via
Ghibellina 80r, Tel.
2345318. Ehemalige
linke Kneipe, jetzt Club
(2000 Lire
Mitgliedsbeitrag) mit
Café (nachmittags ab
16.30 h) und gutem
vegetarischen Restaurant
im Viertel Santa Croce.

Apriti Sesamo, Via de
Serragli 4, erster Stock.
Tel. 298804.
Makrobiotische Küche im
gleichen Haus wie der
Bio-Laden *Pianeta Terra*,
geöffnet 12.30–14.30,
samstags auch 22–22.30.

Centro Vegetariano, Via
delle Ruote 30r, Tel.
475030. Vegetarisches
Restaurant mit Garten.

Mensen

Die Mensa der *Università
degli Studi* in der Via San
Gallo (Eingang über
Piazza S. Lorenzo/Via S.
Ginori) ist Mo–Sa mittags
von 12–14 h und abends
von 19–21 h geöffnet.
Nicht-Studenten zahlen
ca. 6000 Lire pro
Mahlzeit.

Casa di San Francesco,
Piazza Santissima
Annunziata.
Mittagsimbiß für wenig
Geld.

Cafés, Kneipen, Discos

Caffè Voltaire, Via della
Scala 9r, Tel. 217185.
Typisch für die
Wandlungen der linken
Szene in Florenz:
Ehemals verräucherte
Kneipe, «der» Szene-
Treff, jetzt Club mit
Eintritt, Ausstellungen,
Live-Jazz und dem
kosmopolitischen
Restaurant *Look & Cook*
(indische Currys,
Couscous, Kebab).
Mittags Self-Service,
billig.

Dolce Vita, Piazza del
Carmine. Modische Bar
mit Snacks am Platz der
Kirche S. Maria del
Carmine–trendy und gut
besucht, vor allem abends.

Caffelatte, Via degli Alfani 39r, Tel. 2478878. Für ausgedehnte Frühstücksgelüste, Lokal im Stil einer alten «latteria», Treffpunkt für Brunch.

Riflessi d' Epoca, Via dei Renai 13r, Tel. 284577. Birreria, Jazz-Club im «Off-Broadway»-Stil mit brasilianischer Musik und Live-Auftritten von Jazz-Gruppen. Eines der interessantesten Musiklokale von Florenz.

Bible Blu, Piazza Ognissanti 32/34, Tel. 219493. Typisch für die Florentiner Yuppie-Jugend – Live-Musik, immer voll, laut und mit viel Bierkonsum und Cocktails.

Caffè Stella Polare, Via del Romito 1, Tel 474948. Cabaret, Konzerte, Ausstellungen und Performance bei Cocktails und Dolci.

Chiodo Fisso, Via Dante Alighieri 16r, Tel. 261290. Traditionsreiche Kneipe der «Cantautori», Live-Musik in Osteria-Atmosphäre. Jeden Abend Musikmacher vorwiegend aus Florenz.

Florence After Club, Giardini di Bellariva, Lungarno Aldo Moro. Sommerkneipe mit Musik in einem Autobus mit Bar im Garten. Tanzfläche, Live-Musik (Rock).

Sotto le Stelle, Tropical Bar, Piazza Francesco Ferrucci. Sommerkneipe «unter den Sternen» am Kiosk in der Piazza Ferrucci bei der Brücke San Nicolo. Mit Samba und Salsa-Klängen, Cocktails und Fruchtsalat.

Tenax, Via Pratese 46, Tel. 373050. Avantgarde-Disco am westlichen Stadtrand, einst Nabel der Florentiner New-Wave-Scene. Jetzt stark kommerzialisiert, aber noch immer mit interessanten Rock-Konzerten. Mit Bussen 29 und 30 zu erreichen.

Central Park, Via del Fosso Macinante 2/4, Tel. 356723. Disco mit Tanzfläche im riesigen Parco delle Cascine am Arnoufer, die «Königin» des Florentiner Sommers. Zu erreichen mit Bus Nr. 17 vom Domplatz.

Manila, Campi Bisenzio, Piazza Matteucci, Tel. 894121. Noch aus der linken Gründungszeit dieser jetzt kommerzialisierten Disco bestehen Verbindungen zum linken Stadtsender Controradio, der hier öfter mitmischt. Diskothek auch im Garten. Zu erreichen (etwas außerhalb) mit Bus Nr. 30.

Andromeda, Via Cimatori 13, Tel. 292002. Im historischen

Stadtkern. Zwei Tanzflächen, Laser, «Floor shows» und Abende unter einem speziellen musikalischen Thema.

Tabasco Gay Club, Piazza S. Cecilia 3r, Tel. 213000. Beliebte Schwulendisco im Stadtkern.

Gelati

Vivoli, Via delle Stinche 7. Tel. 292334. Als beste Gelateria von Florenz gerühmt, bekannt die «crema». Zentral in der Nähe des Bargello, hinter Teatro Verdi.

Perché No? Via Tavolini 19r. Tel. 298969. Ebenfalls zentral und exquisit, mit Riesenauswahl.

Pomposi, Via Calzaiuoli 9r, Tel. 216651. In der Bar Fiorenza, mit gutem Tiramisù und Zuppa Inglese.

Gelateria Veneta, Piazza Beccaria 7r, Tel. 2343370. Nicht nur bei den Journalisten von La Nazione (Zeitungspalast nebenan) beliebte Eisdiele am Rand des historischen Stadtkerns.

Kinos

Astro, Piazza San Simone, gegenüber Gelateria Vivoli. Gutes Programmkino mit

Filmen in Originalsprache.

Cooperativa Atelier Alfieri, Via dell' Ulivo 6. Tel. 240720. Ebenfalls «Cinema d'Essai» mit ausgesuchtem Programm. Im *Forte Belvedere* in den Boboli-Gärten zeigen die Alfieri-Leute im Sommer einen Zyklus von Filmen in zwei großen Freilichtkinos, die sommerliche Kino-Attraktion!

Spazio Uno, Via del Sole 10. Tel. 215634. Im Freizeit-Café der staatlichen Eisenbahner (auch Szene-Treff) Programmkino mit seltenen, auch experimentellen Filmen.

Theater

Besonders im Sommer schwappt eine Welle von Theateraufführungen über Florenz, die in Parks, Villen und Plätzen stattfinden. Die bekanntesten «regulären» Theater sind:
Teatro Comunale, Corso Italia 16, Tel. 2779236.

Teatro Regionale Toscana, Volta dei Mercanti, Tel. 219851.

Im *Teatro Verdi*, Via Ghibellina 101, Tel. 296242, finden auch Jazz-Konzerte und klassische Konzerte statt.

Teatro dell' Oriuolo, Via dell' Oriuolo 31, Tel. 2340507. Aufführungen in toskanischem Dialekt («vernacolo»), Experimentalshows der Schauspielschüler «Giovani dell' Oriuolo», literarische Lesungen und Diskussionen («sabati letterari»).

Teatro Romano di Fiesole, Via Portigiani 1. Informationen über Ente Teatro Romano, Tel. 599983. Interessante Aufführungen vor allem während des Festivals «Estate Fiesolana».

Festivals

Festival dei popoli nennt sich ein zweimal jährlich stattfindendes Filmfest mit ethnologisch / anthropologischen oder soziologisch orientierten Dokumentarfilmen. Im März findet das Frauenfilm-Fest *Festival del Cinema delle Donne* statt. Im Dezember zeigt das *Florence Film Festival* vorwiegend neue Streifen von jungen Filmemachern: neben hauptsächlich amerikanischen auch italienische Filme. *Rock Contest*, eine Konzertreihe junger neuer (vorwiegend toskanischer) Rockgruppen, findet Ende Mai statt. *Independent Music Meeting* ist eine internationale

Verkaufsausstellung von kleinen Schallplattenfirmen (independent labels), mit Rock-Konzerten, jeweils im Oktober.

An kleinen und größeren Kultur-Festen gibt es im florentinischen Sommer keinen Mangel. Informationen bekommt man bei den Fremdenverkehrsämtern oder auf den Plakaten, die überall aushängen. Die beiden größten regelmäßig stattfindenden Kultur-Festivals sind der Maggio Musicale Fiorentino (April bis Juli) mit hauptsächlich klassischer Musik, und der Estate Fiesolana (von Juni bis September):
Maggio Musicale Fiorentino, Informationen bei Biglietteria del Teatro Comunale, Corso Italia 12, Tel. 2779236.
Estate Fiesolana, Azienda Autonoma di Soggiorno e Turismo, Piazza Mino da Fiesole 45, 50014 Fiesole, Tel. (055) 598720 oder 599983.

Der *Calcio Storico Fiorentino*, auch «Calcio in Costume», der historische Fußball, findet jedes Jahr am 21., 24. und 28. Juni auf der Piazza della Signoria statt (die Daten werden manchmal verschoben, bis 1990 außerdem wegen Ausgrabungen auf Piazza Santa Croce verlegt).

Tickets besorgt man sich rechtzeitig über die Fremdenverkehrsämter oder direkt beim Sitz der Organisation des Calcio Storico, Piazza di Parte Guelfa 1 r, Tel. 29 54 09 oder 29 88 28.

Buchläden

Feltrinelli, Via Cavour 12, Tel. 29 21 96. Großes Sortiment, gute Auswahl an Florenz-Büchern und Zeitschriften.

Marzocco, Via de Martelli 21 r, Tel. 28 28 73. Größte Buchladenkette in Florenz.

Libreria delle Donne, Via Fiesolana 2 b. Tel. 24 03 84. Frauenbuchladen.

Il Giardino delle ciliege, Piazza de' Ciompi 11, Tel. 24 36 49. Frauenbuchladen mit Café im Viertel Santa Croce.

Auf Wanderkarten spezialisiert sind:
Geographica, Via dei Cimatori 16.
Stella alpina, Via delle Pance 35 r.

Shopping

Haupteinkaufsstraßen sind die *Via de' Calzaiuoli* mit vielen Boutiquen und die *Via Tornabuoni* mit Edel-Geschäften. Das Einkaufsviertel liegt zwischen diesen Straßen und an ihren Rändern.
Via della Vigna Nuova hat einige der interessanteren Avantgarde-Boutiquen, in *Borgo San Lorenzo* gibt es ausgefallene, kleine Modegeschäfte. Ein ständiger Antiquitäten- und Flohmarkt findet auf der *Piazza dei Ciompi* statt. Die besten Schnäppchen macht man auf dem großen Leder-, Klamotten- und Souvenir-Markt auf der Piazza rund um *San Lorenzo*, täglich von 8–19 h. Großer Wochenmarkt jeden Dienstagmorgen am *Arnoufer* zwischen Ponte della Vittoria und Isolotto-Steg. Der große *Lebensmittelmarkt* im Zentrum hinter San Lorenzo ist von 7.30 bis 13 h geöffnet; ruhiger geht es zu auf dem *Mercato Ambrogio* auf der Piazza Ghiberti, Stadtteil Santa Croce.

Universitäten

Università degli Studi di Firenze, Piazza San Marco 4, Tel. 27 5 71.
Istituto Universitario Europeo, Badia Fiesolana, Via dei Roccettini 5, 50016 San Domenico di Fiesole, Tel. 5 09 21. Seit 1976 ist das von der EG geschaffene Europäische Hochschulinstitut in der Badia von Fiesole. Studierende aus allen EG-Ländern können hier für ihre Dissertationsvorhaben Stipendien bis zu drei Jahren erhalten.

Bibliotheken

Biblioteca Nazionale Centrale, Piazza Cavallegeri 1. Seit 1885 Italienische Nationalbibliothek, die von allen in Italien gedruckten Büchern ein Exemplar erhält. Mit vier Millionen Bänden Italiens bedeutendste Bibliothek. Mo–Fr 9–19, Sa 9–13 h. Ostern und im August geschlossen.

Biblioteca dell' Istituto Germanico di Storia dell'Arte, Via Giusti 44. Sammlung des renommierten Deutschen Kunsthistorischen Instituts. Mo–Fr 9–19 h.

Archivio di Stato, Viale Giovine Italia, Tel. 24 15 49, Staatsarchiv in den Uffizien. Mo–Fr 9–14 und Mo, Di, Fr 15.30–19, Sa 9–13 h.

Il Sessantotto. Centro Studi Politici e Sociali, Archivio Storico. Via dei Pepi 58 r, Tel. 2 34 22 92. Archiv, das seit dem mythischen Jahr '68 alle linken Zeitschriften Italiens sowie einige ausländische Publikationen (unter anderem die TAZ)

sammelt. Täglich
17.30–19.30 h.

Sehenswertes

Neben den in allen
Florenz-Prospekten zu
findenden bekannteren
Orten sind einige weniger
besuchte Museen und
Kunstwerke interessant,
weil sie abseits des
Karussells liegen.

*Cenacolo di Andrea del
Sarto.* Via di San Salvi 16,
Tel. 67 75 70. Di–Sa
9–14 h, So 9–13 h. Dieses
Abendmahl von Andrea
del Sarto im ehemaligen
Irrenhaus San Salvi liegt
15 Minuten Busfahrt (Nr.
6) vom Zentrum entfernt
im Ostteil der Stadt, so
gut wie unbehelligt von
Touristen, doch so
sehenswert wie die
Michelangelo-Figuren in
der überlaufenen *Galleria
dell' Accademia* im
Stadtzentrum.

*Istituto e Museo di Storia
della Scienza.* Piazza dei
Giudici 1, Tel. 29 34 93.
Mo–Sa 9.30–13 und Mo,
Mi, Do 14–17 h.
Wissenschaftsmuseum
mit vielen wertvollen
Instrumenten und einer
Darstellung der
Entwicklung der
Wissenschaften seit den
Medici, darunter viele
Galilei-Erfindungen.

*Museo dell'Antica Casa
Fiorentina*, Palazzo
Davanzati, Via Porta
Rossa 13, Tel. 21 65 18.

Di–Sa 9–14, So 9–13 h.
Dieser frühe
Bürgerpalast der Familie
Davizzi (14. Jahrhun-
dert), ab 1578 der Familie
Davanzati, steht zwischen
einem mittelalterlichen
Turm und einem
Renaissance-Palazzo.
Sehr anschauliches
Museum der
florentinischen
Wohnkultur vom 14. bis
17. Jahrhundert.

*Museo di Storia della
Fotografia Fratelli
Alinari*, Via della Vigna
Nuova 16, Tel. 21 33 70,
täglich 10–19.30, Sa bis
23 h. Museum zur
Entwicklung der
Fotografie im Palazzo
Rucellai mit über 300000
alten Fotos, die
Florentiner
Stadtgeschichte
dokumentieren.

Firenze com'era, Via dell'
Oriolo 24, Tel. 29 84 83.
Werktags 9–14, So
8–13 h, Do geschlossen.
Alte Stadtansichten von
Florenz, interessant für
das Nachvollziehen der
Florentiner
Stadtentwicklung.

Ein Rundgang jenseits
des Arno könnte zur
Kirche Santa Maria del
Carmine führen. In der
dortigen *Brancacci-
Kapelle* sind Fresken von
Masaccio zu bestaunen,
Meisterwerke der
Frührenaissance, die ab
1990 restauriert sein
sollen.

Die Kirche *Santo Spirito*
auf dem gleichnamigen
Platz, der einst der
Treffpunkt der
Florentiner Szene war, ist
das letzte Werk von
Brunelleschi – eine
schlichte, stille
Renaissance-Harmonie.

Ein Spaziergang zur
Piazzale Michelangelo
führt oberhalb des
Aussichtsplatzes zur in
weißem und grünem
Marmor verkleideten
Benediktiner-Kirche *San
Miniato al Monte*, dem
wichtigsten Beispiel
romanisch-florentinischer
Baukunst. Auch mit Bus
Nr. 13.

Mitten im Karussell liegt
die *Loggia di Mercato
Nuovo*, Via Calimala und
Porta Rossa. Ehemaliger
Seiden- und Goldmarkt,
jetzt Leder- und
Souvenirmarkt. Die
Schnauze des Bronze-
Ebers (Porcellino) zu
streicheln, soll Glück
bringen. Wenig beachtet
im alltäglichen Rummel
auf dem Markt ist die
runde Platte in der Mitte
der Loggia, Dokument
einer harten Sitte: Wenn
einer der Markthändler
bankrott machte, wurde
er mit nacktem Hintern in
aller Öffentlichkeit hier
draufgestoßen, zur
Warnung an alle, mit ihm
je wieder Geschäfte zu
machen.

Ausflüge

Hinweise kann man den Broschüren des Fremdenverkehrsamtes entnehmen: *Florenz und seine Provinz* sowie *Oltre Firenze*, mit vielen Anzeigen von Weinhäusern, Handwerksbetrieben, Restaurants und Ölproduzenten. Der nächstgelegene Trip für eine Exkursion raus aus dem im Sommer oft unerträglichen Florenz ist ein Abstecher auf die kühleren Hügel der Etrusker-Gründung *Fiesole*, des Vororts der Gutbetuchten von Florenz. Ausblicke, Villen, das römische Amphitheater, die Etruskermauern. Bus Nr. 7 vom Bahnhof aus. *Prato* und *Pistoia* sind für Kultur-Ausflüge und Besuche der dortigen Sommerfestivals interessant (Pistoia Blues zum Beispiel). CAP-Busse vom Busbahnhof aus für Prato sowie Bahnverbindungen zu beiden Orten. Ausflüge ins südliche *Chianti* und ins nördliche *Mugello* mit SITA-Bussen vom Busbahnhof aus. Die *Medici-Villen*: La Petraia in Sesto Fiorentino (Bus Nr. 28 vom Bahnhof aus); in Poggio a Caiano die Villa von Lorenzo «Il Magnifico», geöffnet von 9–13.30 h außer Mo (COPIT-Bus, Busbahnhof), Gärten

9–18.30 h, im Winter 16.30 h.

Nach *Vinci*, dem Geburtsort des Allround-Genies Leonardo. Nachbildungen der Erfindungen und Entwürfe Leonardos sind in der Stadt aufgestellt oder im *Museo Leonardiano*, Via della Torre 2, Tel. 0571–56055, täglich 9.30–12/14.30–18 h.

BORGO SAN LORENZO

Vorwahl: 055

Info

Ufficio Turistico, Via P. Togliatti 4, Borgo San Lorenzo, Tel. 8458045

Übernachten

Hotel Marrani, Via Faentina 105a/Ronta, Tel. 8403005.

Villa Ebe, Ortsteil Ferracciano, Tel. 8457507.

Essen und Trinken

Restaurant Feriolo, Via Faentina, 32 Polcanto, Tel. 8409928. In einem alten Kloster, gehobene Preisklasse.

La Bottega, Ortsteil Grezzano 24, Tel.

8401006. Familien-Trattoria.

Trattoria Valeri, Via Traveni 47, Ortsteil Luco Mugello, Tel. 8401013.

Gli Artisti, Piazza Romagnoli 1, Tel. 8457707. Restaurant (teuer), Pizzeria, Birrerira, Treffpunkt der Jugend.

Ausflüge

Gruppenausflüge und Aufenthalte sowie Wanderungen ins Mugello für kleine und große Gruppen organisiert die grüne Kooperative *Progetto Ambiente*, 50032 Borgo San Lorenzo, Piazza Dante 29, Tel. 8459037. Diese Gruppe hat in Zusammenarbeit mit der Comunita Montana den Wanderführer «Trekking Crinali del Mugello» erarbeitet: 21 Ringwanderungen und eine große Ringstrecke, die mit Etappen-Unterkünften versorgt ist.

PRATOMAGNO

Das Kloster von *Vallombrosa* selbst hat keine Übernachtungs-möglichkeit. Direkt nebenan liegt das Zwei-Sterne-Hotel *Villino Medici*, Tel. 055/862017, auch mit Restaurant.

VICCHIO

Vorwahl: 055

Übernachten

Soggiorno al Lago Montelleri, Tel. 8448638. Unweit des Dorfkerns von Vicchio an einem See, mit Restaurant. Von jungen Kooperative-Leuten aufgebaut, die auch den Campingplatz und das Schwimmbad von Vicchio führen.

Möglichkeit von Pferde-Touren, Wandern, Kanufahrten.

Camping Vecchio Ponte, Tel. 8448306.

Essen und Trinken

La Costa, Ortsteil Villore, Tel. 8404078. Etwas abgelegene Bergkneipe, gut für Pilzgerichte und Pizza.

Ausflüge

Zum *Theater der mechanischen Automaten*, Sant'Agata (Scarperia). Mechanisch bewegte Figuren des originellen Handwerkers Faliero Lepri, die das Milieu und die Gewerbe des Mugello 1920 bis 1950 darstellen. Tel. 8406750.

Kloster Bosco ai Frati, schönes Kloster mit Kruzifix von Donatello, täglich 12–15 und 15–19h, Tel. 848111.

Latium

ACQUAPENDENTE

Vorwahl: 0763

Diese nördlichste Stadt Latiums liegt auf altem toskanischem Gebiet an der Via Cassia zwischen Monte Rufeno und Volsinii-Bergen, beim Naturschutzgebiet Monte Rufeno.

Info

Pro Loco, Via Rugarella 25.
Infos zum Naturpark im *Ufficio Tecnico*, Tel. 0763/733442, oder den *Uffici della Riserva Naturale*, Tel. 74008. In diesem Park gibt es gut ausgeschilderte Wanderwege.

Übernachten

Die von jungen Leuten aus Acquapendente gegründete Kooperative Elce hat seit einigen Jahren verfallene Bauernhäuser wieder aufgebaut und bietet sie als Ferienhäuser an. Außerdem Wanderungen und Touren durch die Umgebung: *Cooperativa Elce*, Acquapendente, Tel. 733620.

BOLSENA

Vorwahl: 0763

Bolsena leitet seinen Namen her vom etruskischen Velzna, das die Römer 264 vor

Christus zerstörten. Das römische Volsinii entstand an der neuen Konsuln-Straße, der Via Cassia. Vom mittelalterlichen Bolsena hat sich die Burg und das Stadtzentrum gut erhalten.
Das heutige Ferienzentrum am großen Vulkansee Lago di Bolsena ist im Sommer stark überlaufen: Camper und Windsurfer hauptsächlich. Der tiefe, am Ufer flache Vulkan-See, nach dem Lago Trasimeno der zweitgrößte See der italienischen Halbinsel, ist von Umbrien wie von der Toskana aus sehr gut zu erreichen. 1990 wurde der See als

drittschmutzigster Binnensee Italiens eingestuft. Eine Ringkläranlage ist im Bau, man sollte aber die Mündungen von Flüßchen meiden, die oft reine Abwässerkanäle sind.

Info

Im *Fremdenverkehrsbüro* am Marktplatz, Tel. 79923.

Übernachten

Pensione Italia, Corso Cavour 53, Tel. 98193. Nette Pension mitten im Zentrum.

La Colonia, Viale Diaz 30, Tel 98001. Eine dem PCI-Kulturverband angeschlossene Herberge, die preiswerteste Unterkunft in Bolsena, auch für Gruppenreisen (aber zeitig anmelden). Mehr- und Zweibettzimmer, Bar, Gelateria, Restaurant und großer Garten. Tagungsort der Hamburger Sprachschule *Senzaparole*.

Campingplätze gibt es entlang des See-Ufers massenhaft. Abseits der Straße liegt *Camping Valdisole*, 4,8 km nördlich von Bolsena bei der Via Cassia.

Ebenfalls abseits, zwischen Bolsena und S. Lorenzo Nuovo, liegt *Camping Patrizia*, Tel. 77483.

«Agricamping» beim Bauernhof *Paola Vallati*, Via Cassia, Tel. 98195.

Essen und Trinken

Trattoria da Picchietto, Via Porta Fiorentina 15, Tel. 799158. Gutes Fisch-Restaurant mit kleiner Terrasse, Spezialität Seefische und Spaghetti Etrusca.

La Tavernetta, Corso Cavour 54, Tel. 799884. Kleine, immer überfüllte Trattoria mit guter Küche im Zentrum.

Antro di Cagliostro, Trattoria mit Terrasse. Im Aufstieg zum historischen Stadtkern, Via delle Piagge 12.

Circolo Marina, Via Cavour 5. Billige Fischerkneipe mit Terrasse im Hinterhof.

Die *Birreria Tanaquilla* ist der örtliche Nacht-Treff mit Video-Bar und Snacks auch noch um Mitternacht. Auf der Straße zur Oberstadt, Via Marconi 100.

Sehenswertes

Das *Blutwunder* von Bolsena, bei dem im 13. Jahrhundert eine blutende Hostie einen ungläubigen Priester von der Existenz Christi überzeugte, wird jedes Jahr am 19. Juni mit der Ausstellung der Reliquien (Blut-Hostie, rotgefärbter Stein) in den Straßen Bolsenas gefeiert.

Noch im Aufbau befindlich ist das Archäologie- und Heimatmuseum *Museo territoriale del Lago di Bolsena* in Bolsena mit Fundstücken aus der Etruskerstadt Volsinii und anderen interessanten Details der Ortsgeschichte.

Ausflüge

Zum nahen *Montefiascone*, wo der mehr seines Namens, weniger der Qualität halber bekannte Weißwein «Est Est Est» hergestellt wird. Bolsena ist günstiger Ausgangspunkt für Ausflüge zu den Etruskerstätten in Nord-Latium (zum Beispiel die Grabstätten von *Norchia* südwestlich von Viterbo) und Trips um den Bolsena-See. Ein Wahnsinns-Spektakel ist der Umzug der «macchina» von Viterbo, der Stadtheiligen *Santa*

Rosa Anfang September. Der «Monsterpark», das manieristische Natur-Kultur-Schauspiel *Parco dei Mostri* mit steinernen, moosbehangenen Fabelwesen und Grotten des verrückten Grafen Orsini in Bomarzo, liegt eine halbe Stunde Autofahrt entfernt östlich Viterbo Richtung Orte.

VULCI

Vorwahl: 0761

Essen

Casale dell' Osteria, Vulci, Montalto di Castro, Tel. 898247. Gute Landgaststätte direkt bei der Nekropole «der Osteria».

Ristorante «da Isolina», 8 km von Vulci, Località Roggi, Largo Bonaparte 37, Tel. 437162. Einfache Landkneipe.

Übernachten

Hotel Ristorante «Il Giardino», Canino, Località Roggi – S. P. di Castro, Tel. 438415. Auf dem flachen Land 8 km von Vulci, schön gelegenes Landgasthaus.

Albergo Guglielmi, Piazza L. Bonaparte 26, Tel. 437177, Canino. Im Zentrum von Canino.

Provinz Livorno

LIVORNO

Vorwahl: 0586

Info

Ufficio Turistico ENIT-EPT, Barriera del Porto, Tel. 895320, im Zollhaus am Eingang zum Hafen (Fähren nach Elba).

Fähren

Toremar, Via Calafati 4, Tel. 24113. Fahrkartenschalter im Porto Medicео, Tel. 896113. Fähren zu den toskanischen Inseln Gorgona, Capraia und Portoferraio auf Elba.

Corsica Ferries, Via Calafati 4, Tel. 24273/26130. Fähren nach Bastia auf Corsica.

Sardinia Ferries, Via Calafati 4, Tel 38068. Fährenbuchung im Mediceerhafen, wo die meisten Fähren ablegen. Einige starten jedoch vom Industriehafen (Bus Nr. 18 von Piazza Grande).

Übernachten

Eine Jugendherberge liegt wenige Kilometer nördlich des Industriehafens in Calambrone (siehe unter Pisa).

Ein-Sterne-Hotels (Pensionen) sind in der Hafenstadt Livorno reichlich zu finden. Das billigste liegt am lauten Hauptplatz: *Ariston*, Piazza della Repubblica 11, Tel. 888582.

Wenig teurer sind: *Corsica*, Corso Mazzini 148, Tel. 882880. *Cremona*, Corso Mazzini 24, Tel. 899681. *Goldoni*, Via E. Meyer 42, Tel. 898705. *Italia*, Corso Mazzini 120, Tel. 882020. *Milano*, Via degli Asili 48, Tel. 882271.

Campingplatz Miramare, Via Aurelia, Tel. 580402. Einige Kilometer südlich entlang der Küstenstraße hinter Antignano.

Essen und Trinken

Trattoria da Galileo, Via della Campana 20, Tel. 889009. Einige Schritte jenseits Piazza Repubblica. Trotz Fotos von Galileo-Gästen aus TV und Film preislich günstig und unverdorbene Atmosphäre. Ausgezeichnete Küche, Spezialität: Fisch aller Art, besonders die Livorner Bouillabaisse «Cacciucco».

Il Sottomarino, Via dei Terrazzini, Tel. 887025. Ehemaliger Studententreff, der seine gute, preiswerte Küche (Fisch) beibehalten hat.

Il Portone, Piazza Magenta 9, Tel. 897890. Preiswertes, von Einheimischen besuchtes Lokal.

L'Antico Moro, Via di Franco 59, Tel. 884659. Schneller, freundlicher Service, etwas gehobeneres Fischlokal (vorbestellen).

Für die Livorner Trink-Spezialität «Ponce» sucht man am besten eine Bar in der Nähe des Bahnhofs auf, die im Garten die Geheimformel «Torpedine» (auch al mandarino) kredenzt: *Bar Civili*, Via della Vigna 62.

Museum

Museo e Pinacoteca Civica Giovanni Fattori, Piazza Matteotti 19, Tel. 808001, Di–Sa 10–13, Do und Sa 16.30–19.30 h. Interessant wegen der Fattori-Abteilung, einer Sammlung mit Gemälden des Livorner Impressionisten und anderer italienischer Vertreter der «Macchioioli»-Malerei

(macchia – der Flecken) des ausgehenden letzten Jahrhunderts.

Bilder des Livorner Malers Amedeo Modigliani sind im *Museo Progressivo d'Arte Contemporanea* zu sehen, in Villa Maria, Via Redi 22, Tel. 39463.

Wandern

Due Passi nel Verde heißt ein Faltblatt mit Karte, das Wandervorschläge in den Hügeln im Livorner Hinterland bietet. *Trekking Riviera degli Etruschi* ist ein Wanderführer mit Karte zwischen den Hügeln und dem Meer südlich Livorno, Tamari Montagna Edizioni. Beide erhältlich im Ufficio Turistico.

Provinz Lucca

LUCCA

Vorwahl: 0583

Info

Ufficio Turistico, Piazzale Verdi, Vecchia Porta S. Donato, Tel 53592.

Fahrradverleih

Beim Ufficio Turistico in Piazzale Verdi werden als Service der Stadt Lucca zur Verkehrsberuhigung der Innenstadt Fahrräder billig verliehen: 1 Stunde 1500 Lire, Tandem 4000. Ganzer Tag 9000/20000 Lire. Täglich

durchgehend geöffnet 10–19 h.

Übernachten

Ostello per la Gioventù, Via del Brennero, Vorort Salicchi, Tel. 953686. Mit Restaurant und Bar für die Herbergsgäste.

Geöffnet vom 1. März bis 15. Oktober. Übrige Zeit nur für Gruppen nach Anmeldung.

Pensione La Margherita, Via S. Andrea 8, Tel. 44146. Mit kleiner Trattoria unweit der Fußgänger-Straße Via Fillungo, riesige, uralte Zimmer.

Albergo La Pace, Corte Portici 2, Tel. 44981. Kleine, zentrale, ruhige Pension.

Albergo Diana, Via del Molinetto 11, Tel. 42202. Nettes kleines Hotel.

Essen und Trinken

Trattoria Da Leo, Via Tegrimi 1, Tel. 42236. Zwei Schritte von der Piazza San Michele, billige, traditionelle Familientrattoria.

Trattoria da Giulio, Via S. Tommaso 29, Tel. 55948. Nordöstliche Ecke der Stadt, unweit der Mauer, Luccheser Spezialitäten, preiswert.

Ristorante da Francesco, Corte Portici 13, Tel. 588049. Gegenüber Pensione La Pace, mit kleiner Terrasse auf der Piazza, Familientrattoria, gute Küche.

Ristorante da Sergio, Piazza Bernardini 7, Tel. 49944. Mit kleiner Terrasse, Restaurant mit

Rosticceria, wo man auch im Stehen etwas essen kann.

Ausflüge

Lucca ist geeigneter Standort für Trips in die nahen Berge, nach Pisa, zur Küste der Versilia, zum schönen Belle-Epoque- und Rummel-Ort *Viareggio* oder zum Naturpark *Migliarino* und *Massaciuccoli*. Am Westrand des Massaciuccoli-Sees (Baden nicht ratsam, See ist umgekippt) sind Puccini-Stätten zu besichtigen (*Torre del Lago Puccini*). Sehenswert sind die vielen Villen mit ihren luxuriösen Parks in den Luccheser Hügeln. Mit Wandern sieht es in der näheren Umgebung Lucca weniger gut aus, weil engparzelliert. Besser sind die Wandermöglichkeiten in der Garfagnana und in der Umgebung von Pescia, dort auch der *Pinocchio-Park von Collodi* und *Villa Garzonti*.

BAGNI DI LUCCA

Vorwahl: 0583

Info

Azienda di Soggiorno e Cura, Tel. 87946. Auf der Hauptstraße neben Piazza Jean Varraud.

Übernachten

Hotel Bernabo, Via delle Terme, Tel. 87164. Neben dem Bernabo-Bad.

Hotel Bridge, Piazza Ponte a Serraglio 5/A, Tel. 87147.

Hotel Simonini, Piazza S. Marino 5, Tel. 87260. Ruhige Lage auf dem Hügel bei den Thermen.

Hotel Savoia, Piazza S. Martino 5, Tel. 87260. Billigstes Hotel am Platz, ruhig.

Essen und Trinken

Circolo dei Forestieri, Piazza Jean Varraud 10, Tel. 86038. Eleganter «Ausländerklub» auf der Hauptpiazza, livrierte Kellner mit Fliege. Der Name stammt aus der Belle-Epoque-Zeit von Bagni di Lucca, ebenso die Säulen der Loggia, unter denen man draußen speist. Bei Wahl des ausgezeichneten Menu Turistico preiswertester und bester Laden am Platz.

La Ruota, Via Papa Giovanni, Tel. 86071. Fünf Kilometer auf der Straße Richtung Barga in Fòrnoli, regionale Küche, hohe Bewertung im «Guida rapida» des Touring Club Italiano.

Baden

Ein schönes
Thermalfreibad ist in der
Villa Ada im Kern von
Bagni di Lucca, Tel.
872 23. Badesaison der
Thermalbäder,
(Schlammbäder,
Massagen etc.) vom
1.4.–30.11. Im Stadtbad
Bernabo, Via delle
Terme, kann man für
4000 Lire in alten
Marmorwannen baden.
Di und Fr–So 8–12, Fr
und Sa auch 15–18 h.
Ganzjährig geöffnet.

Ausflüge

Zu den Apennin-
Wanderwegen oberhalb
Pistoia fährt man durch
das Tal des Lima nach
San Marcello. Über
Benabbio und Boveglio
fährt man südlich durch
die «Luccheser Schweiz»
zum 25 km entfernten
Pinocchio-Park von
Collodi. Schön vor allem
für Kinder.

BARGA

Vorwahl: 0583

Info

Pro Loco, Piazza
Angelico, Tel. 734 99.

Übernachten

Villa Libano, Via del
Sasso 6, Tel. 730 59.
Schönes altes Hotel im

Villen-Stil in einem Park
gelegen, preiswert. Mit
Restaurant.

Albergo Alpino, Via
Mordini 16, Tel. 733 36.
In der Neustadt gelegen,
mit Restaurant und
Pizzeria.

Der Campingplatz *La
Piella* liegt bei
Castelnuovo Garfagnana
im Örtchen La Piella,
Tel. 629 16. Ganzjährig
geöffnet, auch
Bungalows, Caravans
und Chalets zu mieten.
Mit Agritourismus:
Wandertrips und Ausritte
zu Pferd.

Essen

Ristorante Luana, Via
Morosini 6, Tel. 733 15.
Beim Parkplatz am
oberen Stadttor. Gute
regionale Küche,
Spezialität im Ofen
gebackener
Schweineschinken.
Kleine Terrasse mit Blick
über das Serchio-Tal.

Ristorante il Ponte, Via
Cesare Biondi 4, Tel.
730 68. Im unteren
(neueren) Stadtteil,
«cucina casalinga», mit
Terrasse.

Ausflüge

Die Apennin-Hänge
oberhalb Barga sind vom
Club Alpino gut mit
Wanderwegen
erschlossen, Karte bei

Pro Loco. Über
Castelnuovo Garfagnana
erreicht man die
Apennin-Wälder
oberhalb des nördlichen
Serchio-Tals und über
Corfino oder S. Romano
in Garfagnana den
Naturpark Orecchiella.
Information in der Burg
von Castelnuovo bei Pro
Loco, Tel. 622 68.
Über Gallicano und
Fornovolasca erreicht
man die in den
Apuanischen Alpen
gelegene *Grotta del
Vento*, die mit 3500
Metern Länge die längste
Tropfsteinhöhlen-Tour
Europas bietet (3
Stunden). Vier
verschiedene
Besichtigungsrouten,
Länge ab 1 Stunde. Feste
tägliche Abmarschzeiten
für die Kurzroute von
10–18 h. Für größere
Gruppen Anmeldung
ratsam: Tel. 763084/
763068.

Wandern in der Garfagnana

Die Apenninhänge sind
entlang des großen
Wanderweges GEA
(Grande Escursione
Apenninica) auf dem
Höhengrad im Abstand
von Tagesetappen mit
Herbergen (Rifugi) gut
versorgt. *Garfagnana
Trekking*, Wanderbuch
mit zehn Etappen,
Ausgangs- und Endpunkt
Castelnuovo Garfagnana;
Tamari Montagna
Edizioni 1986, Bologna.

Zu Fuß und per Rad in der Versilia

Pedaliamoci le Vacanze, Heftchen mit sieben Fahrrad-Exkursionen in die Olivenhänge und Küsten-Haine der Versilia. Erhältlich bei: *Informazione Turistica Marina di Pietrasanta*, Via Donizetti 14, Tel. 20331, 24555, sowie bei *AA Riviera della Versilia*, Piazza Marconi, Forte dei Marmi, Tel. 80091.
Versilia Alpi Apuane enthält 17 Ausflüge in die Berge. Erhältlich bei *Touristik-Information AASRV*, Lido di Camaiore, Viareggio, Tel. 64397.

Badetips an der Riviera della Versilia

Die drei Sommermonate sind meistens voll ausgebucht, besonders im August. Zwischen den Sonnenstuhl-Bagni findet sich immer wieder öffentlicher Badestrand. In vielen Bagni muß man schon beim bloßen Betreten Eintritt zahlen, in manchen nur beim Benutzen der Einrichtungen. Dafür sind die Strände sauber, während die öffentlichen Flächen oft ungepflegt und verdreckt sind. Es gilt der generelle Tip: Flußmündungen meiden, ebenso Hafengebiete. Zwischendrin gibt es immer wieder Stellen, wo das Wasser relativ rein sein kann. Abduschen trotzdem dringend empfohlen.

Maremma

Vorwahl: 0564

Info

Ufficio Turistico EPT, Via Monterosa 20/b, Tel. 22534.

Übernachten

Albergo Maremma, Via F. P. de Calboli 11, Tel. 22293. Zentral gelegen, 2-Sterne-Hotel.

Pension Duomo, Via D'Azeglio 3, Tel. 29093. Zentral.

Essen und Trinken

Trattoria Ghepa, Via Vinzaglio 11, Tel. 22239. Preiswert, von Grossetanern frequentiert, gute Maremma-Spezialitäten.

Ristorante La Grotta, Via Aldobrandeschi 9, Im Zentrum, preiswert, freundlich.

Museum

Museo Archeologico e d'Arte della Maremma, Piazza Baccarini 3, Tel. 27290. Unbedingt sehenswertes Etruskermuseum, didaktisch nicht so katastrophal wie sonst üblich (nach Volterra das zweitschönste der Toskana), besonders mit Funden aus dem nahen Roselle. Werktags 9–13 und 16–19.30h, sonntags 9–13h.

Ausflüge

Zum Naturpark der Maremma, dem *Parco dell' Uccellina*. Von Oktober bis Juni sind Mittwoch, Samstag, Sonntag und feiertags zwischen 9 Uhr morgens und 1 Stunde vor

Sonnenuntergang sieben verschiedene Routen zu begehen, einige davon führen durch die Monti dell' Ucellina bis zum Meer (bis zu zwölf Kilometer/sechs Stunden lang). In den übrigen Tagen nur drei Wanderrouten, reserviert für Gruppen. Vom 15. Juni bis 30. September reduziert auf zwei Routen, maximale Teilnehmerzahl 140/360 Personen, Aufbruch um 7 beziehungsweise 16 h.
Das Auto bleibt in Alberese, Autobusse bringen nach Pratini am Park-Eingang, neun Kilometer entfernt. Informationen und Eintrittskarten im Besuchszentrum von Alberese, Tel. 0564–407098.
In Alberese kann man bei der *Azienda agricola regionale* Pferde für Ausritte in den Naturpark mieten, Tel. 0564–407180.

Die Etruskerstätte *Roselle*, Vorläufer von Grosseto, liegt einige Kilometer nordöstlich an der Straße nach Siena. Interessant die Überbauung der etruskischen Stadt durch das römische Roselle, Patriziervillen mit Blick auf die Maremma-Küste. An vielen Stellen sichtbar der etruskische Mauerring mit Zyklopen-Steinen.

Badetips

Die gesamte Maremma-Küste soll laut offiziellen Meldungen sauber sein. Zu meiden sind die Flußmündungen, besonders die des Ombrone. Ein schöner, kilometerlanger Sandstrand ist an der Pineta des *Tombolo di Feniglia* am Südrand der Lagune von Orbetello, erreichbar über die Abfahrt Cosa von der Via Aurelia. Der Sandstrand südlich von Ansedonia (die dortige Fels-Schleuse «Tagliata Etrusca» ist interessant, auch wenn sie nach neuesten Erkenntnissen aus römischer Zeit stammen soll) ist flach und zieht sich bis zum *Naturpark beim Lago di Burano* (Eisenbahnstation Capalbio).

MASSA MARITTIMA

Vorwahl: 0566

Info

Ufficio Turistico, Palazzo del Podestà, Piazza Garibaldi (Domplatz), Tel. 902289.

Übernachten

Affittacamere Massa Vecchia, 500 Meter außerhalb der Stadt Richtung Meer, Località Massa Vecchia, Tel. 90385.

Albergo Ristorante Il Girifalco, Via Massetana Nord 25, Tel. 902177, an der Straße nach Norden.

Albergo Ristorante Duca del Mare, Via Massetana Sud 25, Tel. 902284, an der Ausfahrtstraße Richtung Follònica.

Einfache Zeltgelegenheit auf kleinem Bauernhof bietet die (deutsche) Familie Massury, *Podere Onorate*, 58028, Roccatederighi (kein Telefon).

Essen und Trinken

Pizzeria La Torre, Piazza Matteotti 6, Tel. 902224. Unter der Loggia des Palazzetto delle Armi am Hauptplatz zwischen Altstadt und «Neustadt». Einfache, gute Küche.

Trattoria Roma, Via Parenti 17/19, Tel. 902644. Mit Garten.

In den Bergen zwischen Prata und Roccatederighi liegt die Locanda *Il Gabellino*, Via Senese, Boccheggiano, Montieri, Tel. 0566–998004. Gutes Restaurant und preiswerte Pizzeria mit Albergo.

Museum

Museo della Miniera, Via Corridoni, Tel. 902289. Ein 1 Kilometer langer, als Bergwerksmuseum hergerichteter Stollen. Oktober bis März täglich 11–13 und 15–17 h, April bis September täglich 10–12.30 und 16–19 h. Montags geschlossen.

Museo di Storia e Arte della Miniera, Palazzetto delle Armi, Tel. 90 22 89. Bergwerksgeschichte seit den Etruskern.

Mostra della Civiltà Contadina, Ex Castello di Monteregio, Piazza Becucci, Tel. 90 22 89. Dauerausstellung mit Gegenständen aus dem bäuerlichen Leben der Gegend, im Altenheim des Ex-Castello.

Ausflüge

In die *Colline Metallifere* oder zum Erdwärmegebiet von *Larderello*. Die etruskische Nekropole von *Vetulonia* liegt auf dem Weg nach Grosseto. Nordöstlich der Halbinsel Piombino und der Gräber von *Populonia* liegt *Campiglia Marittima* mit interessanten etruskischen Schmelzöfen.

Badetips

Ein kleiner Badesee ist der *Lago d'Accesa*. Unweit davon das Thermalbad von *Caldana* (bei Campiglia Marittima). Der *Golf von Baratti* ist eine der

schönsten Badebuchten dieses Maremma-Teils. Follonica und Castiglione della Pescaia sind überlaufene Strandorte. Punta Ala, eigentlich eine schöne Küstenspitze, ist die mit Mailänder Kapital hochgezogene Traumwelt der Bade-Schicki-Mickis. Aber zwischen den größeren Orten sind immer wieder kleine Badebuchten zu entdecken.

PITIGLIANO

Vorwahl: 05 64

Übernachten

Albergo Valle Orientina, in Valle Orientina-Pitigliano, Tel. 61 66 11.

Albergo Guastini, Piazza Petruccioli 4, Tel. 61 60 65.

Hotel Corano, zwei Kilometer Richtung Manciano, empfehlenswert nur wegen des Schwimmbads, Tel. 61 61 12.

Essen und Trinken

Chalet Il Noce, Piazza Garibaldi 5, Tel. 61 51 25. Im alten Burgbrunnen, gute Antipasti, Terrasse mit Blick. Treffpunkt (da auch Birreria) der Jugendlichen. Links neben Rathaus und

Teatro Savini am zweiten Platz nach Dorfeingang.

Trattoria Il Grillo, Via Cavour.

Trattoria La Vie en Rose, Via Roma.

Live-Musik gibt's in der *Birreria-Spaghetteria Dell Orso*, Piazza San Gregorio VII, Tel. 61 52 07.

SATURNIA

Vorwahl: 05 64

Bekannt wegen seiner heißen *Thermalquellen*. Die Kaskaden des Gorello, die dampfenden Wasserfälle, liegen etwa zwei Kilometer südlich Saturnia, flußabwärts vom eigentlichen Kurzentrum des (teuren) Hotels *Terme di Saturnia*, T. 60 10 61. Im Schwimmbad des Hotels (Eintritt) steigt das Quellwasser auf, das dann durch die Felder zu den natürlichen Wasserfällen fließt. Der Hotel-Bademeister empfiehlt, nicht länger als zwanzig Minuten im heißen Wasser zu bleiben. In den (nur wenig kühleren) Kaskaden-Becken gibt es weder Bademeister noch Vorschriften.

Übernachten

Locanda Laudomia, Tel.
620062, 620013.
Preiswerte Pension mit
gutem Restaurant, edel
und lustig. Einige
Kilometer südlich
Saturnia in Poderi di
Montemerano.

In Saturnia
Zimmervermietung bei
Familie *Cherubini*, Tel.
0564/601034, oder in der
Bar Centrale, Tel. 601001.

Albergo Saturnia, Via
Mazzini 4, Tel. 601007.
Neubau-Hotel im
Zentrum von Saturnia,
preiswert in der
«dipendenza»
(Nebengebäude).

Albergo La Cascata, bei
den Wasserfällen, Piana
delle Terme, Tel. 602978
und 607924.

Essen und Trinken

*Pizzeria-Trattoria Nuova
Aurinia*, Via Mazzini 4,
Tel. 0564/601053.
Ausgezeichnete lokale
Küche und beste Dolci.

La Valle della Luna, Via
Mazzini 18, Tel. 601230.
Ebenfalls lokale Küche,
einfach und gut.

Ein Beispiel der
anspruchsvolleren
«kreativen» Landküche
(sprich teuer und
exquisit) ist *Michele ai
due Cippi*, Piazza Vittorio
Veneto, Tel. 601074.

Als Nachtbar mit
Mondblick fühlt sich das
Tango Caffè in Poderi di
Montemerano, Tel.
620062 (gehört zur
Locanda Laudomia, s.
Übernachten).

In Manciano: *Ristorante 3
Scalini*, Via del Mattatoio
5, Tel. 0564–629163.
Trotz vieler Preise für die
gute Küche nicht zu
teures Restaurant in der
Altstadt, Spezialität
Fettuccine in
Wildschweinsoße.

Ausflüge

Zur Etruskerstätte des
Pian di Palma zwanzig
Minuten Fußmarsch
nördlich Saturnia.
Nach Manciano zum
prähistorischen *Museo
della Valle del Fiora*, Via
Corsini 5, Tel. 629222.
10–13 h, 16–19 h.

SOVANA

Vorwahl: 0564

Übernachten

Albergo Scilla, Via del
Duomo 5, Tel. 61531.
Kneipe, Hotel und
Restaurant, Zentrum des
Dorflebens bei
freundlichen Wirten.

Taverna Etrusca, Piazza
del Pretorio 16, Tel.
616183, 615539.
Terrassen-Restaurant
und Hotel neben dem
Palazzo del Pretorio.

Essen und Trinken

Pizzeria La Tavernetta,
Tel. 616227.

Pizzeria Rosticceria, Via
Duomo, Tel. 616307.

Ausflüge

Zu den Etruskergräbern
in den nahen Hügeln mit
dem größten
Tempelgrab, der *Tomba
Ildebranda*. Gut zu
verbinden mit
Wanderungen in den
umliegenden *Colline del
Fiora*, in Flußtälern und
auf Tuffbergen. Die
Tuffstadt *Sorana* liegt
nicht weit (im Ort selbst
kein Hotel), auch dort in
der Umgebung findet
man Tuffhöhlen und gute
Wandermöglichkeiten
mit Klettertouren.

Festival

Im nahen Sorano findet
Anfang Juli das *Festival
del Teatro e Tradizioni
Popolari* statt.
Informationen über
Teatro Arcoiris, Tel.
0564–63346, oder
Comune di Sorana, Tel.
633023.

Provinz Massa-Carrara

CARRARA

Vorwahl: 0585

Info

Fremdenverkehrsamt in Marina di Carrara, Piazza G. Menconi 6/b, Tel. 632218.

Übernachten

Hotel Da Roberto, Via Apuana 5, Tel. 70634.

Campingplatz Carrara, Viale Litoraneo, Tel. 635260. An der Küstenstraße.

Essen und Trinken

Ristorante Roma, Piazza C. Battisti 1, Tel. 70632. Gute regionale Küche, frequentiert von Schauspielern des danebenliegenden *Teatro Animosi*, nach einem Aperitif in der *Bar Garibaldi* nebenan.

Ristorante La Capineria, Via G. Ulivi 8, Tel. 74294. Familiäre Trattoria direkt neben der Anarchisten-Bibliothek *Circolo Culturale Anarchico*.

Ausflüge

Zu den Marmorbrüchen folgt man den Wegweisern zu den «cave» von *Colonnata* und *Fantiscritti*. Mit der nötigen Vorsicht sind die Brüche ohne besondere Erlaubnis zu besichtigen. Der größte Bruch ist die *Cava Gioia* im Colonnata-Komplex, nur über steile Serpentinen zu erreichen. Achtung Sattelschlepper!
Bei den Fantiscritti-Brüchen ist ein kleines Museum des Marmorabbaus entstanden, das vor allem die traditionellen Arbeitsweisen dokumentiert.

Das *Museo Civico del Marmo*, Viale XX Settembre, Località Stadio, Tel. 71889-72269, auf dem Weg von Marina nach Carrara, ist ein in Italien einzigartiges Museum zum Thema Marmorabbau, von römischen Marmorgrabungen bis Fotodokumentation der Marmor-Arbeit in Carrara. Geöffnet 20.4. bis 31.10., Mo–Sa 10–13 und 15–19 h.

MASSA

Vorwahl: 0585

Info

Fremdenverkehrsamt in Marina di Massa, Lungomare A. Vespucci 244, Tel. 240063.

Übernachten

In Massa Marina sind die Straßen entlang der Küste von Campingplätzen gesäumt. Hotels aller Kategorien jede Menge. Außerhalb der Hauptsaison sind Zimmer leicht zu finden. Ab Ende September sind die meisten Hotels geschlossen.

Hotel Bel Sit, Via Pellegrini 15, Tel. 42384.

Ostello della Gioventù, Via delle Pinete, Tel. 780034.

Es gibt zwei Berghütten auf der Meerseite der Alpi Apuane:
Rifugio C.A.I, Campocecina, Carrara, Tel. 841972.
Rifugio Citta di Massa, Pian della Fioba, Massa, Tel. 319923.

Essen und Trinken

Il Passeggero, Via Alberica 1, Tel. 489651.

Restaurant im Gewölbe unter dem Palazzo Ducale am «Orangen-Platz». Gute hausgemachte Pasta und Torta di Fagioli, Fischgerichte. Trotz preisgekrönter Küche annehmbare Preise.

Trattoria La Lanterina, Via Alberica 10, Tel. 4 53 85. Gute hausgemachte Küche, «Penne alla Lanterna» sind das Geheimnis der Köchin. Auch Pizza, Foccacia und Fischgerichte. Kleine Keller-Trattoria.

Sehenswertes

Das *Museo Etnologico delle Apuane* mit mehr als 10 000 Gegenständen zu Leben und Brauchtum in der Provinz Massa Carrara bis hin zur Garfagnana, auch Bilder und Fotografien. Via Uliveto 85, Tel. 25 13 30. Geöffnet 1. 10. bis 31. 3. täglich 9–12 und 16–18 h; 1. 4. bis 30. 9. täglich 9–12 und 16–19 h. Montags geschlossen.

Ausflüge

Zu den *Marmorbrüchen* oberhalb Massa, die hier sehr hoch in den Bergen liegen (bequemer erreichbar sind die von Carrara). Bei der Überquerung der Apuanischen Alpen sind zwei Streckenführungen möglich: Eine geht von Massa direkt über den Pian della Fioba. Die zweite führt südlich von Massa über Serravezza und dann durch den langen Cipollaio-Tunnel. Auf dem Pian della Fioba ist im *Orto Botanico Pietro Pellegrini* ein diesem Naturforscher gewidmetes zehn Hektar großes Pflanzenparadies zu bewundern, mit Meer- und Alpenpanorama.

VILLAFRANCA

Vorwahl: 01 87

Interessant ist das *Ethnographische Museum der Lunigiana*, Via dei Mulini 1, Tel. 49 34 17, täglich 9–13 und 16–19 h, im Winter nachmittags von 15–18 h. In einem alten Mühlengebäude am Rand des alten

Städchens, mit Arbeitsgeräten, Bannsprüchen und Devotionalien, Volksmedizin, Produktionstechniken vom 18. Jahrhundert bis zum Zweiten Weltkrieg.

Wandern in den Apuanischen Alpen

Das Wanderbuch *A Piedi in Toscana* enthält Exkursionen für erfahrene Bergwanderer sowie kürzere, weniger anspruchsvolle Trips und eine Fünf-Tages-Tour entlang der Kette der Rifugi (Berghütten und Herbergen). Das Wanderbuch *Garfagnana Trekking* enthält auch Wanderungen im Gebiet des Naturparks der Apuanischen Alpen sowie eine gute Karte 1:30 000.

Kartenmaterial von *Multigraphic Editore*, Florenz, ist für die gesamten nördlichen Apennin- und Apuanen-Berge im Maßstab 1:25 000 erhältlich, in Buchläden und Souvenirgeschäften des Berglandes.

Orvieto

ORVIETO

Vorwahl: 0763

Orvieto ist die typische
Etruskerstadt
schlechthin, das antike
Volsinii. Der Tuffberg,
La Rupe, erhebt sich
über einer fruchtbaren
Ebene, die einst von
einem Golf des
Tyrrhenischen Meeres
bedeckt war. Rings um
die Rupe erstreckte sich
die etruskische
Totenstadt. Heute ist nur
das *Grab des Crocefisso
del Tufo* noch zu
besichtigen, auf dem Weg
vom Bahnhof zur Stadt.
Reste der Fresken der
Velii- und Bighe-Gräber
sind im Archäologischen
Museum zu sehen. Der
Tuffstein selbst ist
mittlerweile brüchig und
gefährdet.
«Progettorvieto», ein
großes Projekt zur
Stabilisierung des
Felsens. zur
Verkehrsstillegung und
zum Bau von Rolltreppen
und Aufzügen zum
150 Meter hoch
gelegenen Stadtzentrum,
ist seit 1980 in Gang.

Info

AA del Orvietano, Piazza
del Duomo 24,
Tel. 41772.

Übernachten

Virgilio Dipendenza, Via
delle Scalette 2
(Treppenstiege am
Domplatz), Tel. 41882.

Hotel Duomo, Via di
Maurizio 7, Tel. 41887.

Antico Zoppo, Via
Marabottini 2,
Tel. 40370.

Billiger im *Hotel Picchio*,
Via Salvatori 17,
Tel. 90246 (im Bahnhofs-
Ort Orvieto Scalo, vier
Kilometer Serpentinen-
straße entfernt).

Agriturismo im
Orvietanischen bietet die
Kooperative *Fattoria di
Titignano*, Titignano,
Orvieto, Tel. 0763/24122
oder 055/599600.

Ebenso *Borgo Spante*,
Ortsteil Spante,
Ospedaletto, Tel. 06/
866408, 075/8709134

Camping Orvieto, am
Corbara-See, Tel. 0744/
950240, rund zwölf
Kilometer entfernt.

Essen und Trinken

Al San Francesco, Via L.
Maitani 15, Tel. 43302.
Große «soziale und
touristische» Trattoria,
preiswert und gut, von
der Kooperative

CRAMST geführt, die
auch fremdsprachige
Führungen und Ausflüge
in die Umgebung
organisiert.

Cucina Monaldo, Via
Angelo Da Orvieto 7,
Tel. 41634. «Cucina
Tipica Monaldo» –
traditionelle
orvietanische Küche.

Giglio d'Oro, Piazza
Duomo 8, Tel. 41903.
Exzellentes teures
Restaurant.

Sehenswertes

*Museo Archeologico
Nazionale*, Piazza
Duomo, Palazzo Papale,
Tel. 41772, geöffnet
9–13.30, Di–Fr auch
15–19 h, So und feiertags
9–13 h.
Interessant wegen der
raren Etrusker-Fresken,
die ein Festbankett im
Reich der Toten
darstellen. Es tafeln
Mitglieder der Familie
Velii und Götter der
Unterwelt.

Museo Civico e Faina,
Piazza Duomo, Palazzo
Faina, Tel. 41772,
geöffnet 9–13 und
15–18.30 h.
Außergewöhnlich reiche
Sammlung von Etrusker-
Objekten aus den
orvietanischen
Nekropolen, gesammelt

vom Orvieto-Clan der Faina.

Pozza di San Patrizzio, am östlichen Ortseingang am RAnd des Tuffberges bei Porta Rocca gelegener Brunnen. Wurde 1527/28 62 Meter tief in den Tuff gegraben, als Trinkwasserversorgung für eventuelle Belagerung auf Geheiß des in Orvieto exilierten Papstes Klemens VII.

Interessant wegen der doppelten Spiraltreppe, Veranschaulichung der Unterhöhlung des orvietanischen Tuffberges. Nahebei ein Gedenkstein für die *Martiri del Fascismo*, meist junge Leute, die von den Faschisten gezwungen worden waren, sich auf einem Lastwagen auf ihre eigenen Särge zu setzen, bevor sie draußen vor der Stadt erschossen wurden.

Ausflüge

Schöne Seen und Erholungsgebiete im nahen Umkreis von Orvieto sind der Tiber-Stausee *Lago di Corbara*, der *Lago di Bolsena* (siehe Latium), und die *Oasi di Alviano* (siehe Provinz Terni, Amelia).

Provinz Perugia

PERUGIA

Vorwahl: 075

Info

Ufficio Informazioni Turistiche, Corso Vannucci 94/A, Tel. 2 33 27. Für Übernachtungsmöglichkeiten in ganz Umbrien fragen nach «Umbria Informazioni» (Hotels, Jugendherbergen) und «Umbria all' Aria Aperta» (Camping).

Übernachten

Albergo Etruria, Via della Luna 21, Tel. 2 37 30. Freundliche Mini-Pension im Stadtzentrum.

Albergo Anna, Via dei Priori 48, Tel. 6 63 04. Zentrale, familiäre Pension.

Palace Hotel Bellavista, Piazza Italia 12, Tel. 2 07 41. Schönes Drei-Sterne-Hotel mit Umbrien-Blick, zentral.

Pensione Lory, Corso Vannucci 10, Tel. 2 42 66. Zentralissimo.

Pensione Paola, Via della Canapina 5, Tel. 2 38 16. Laut, aber mit freundlicher Wirtin, nahe Parkplatz und neuer Rolltreppe zum Centro Storico.

Hotel Priori, Via Vermiglioli 3, Tel. 2 33 78. Schöne Lage im Stadtzentrum, Frühstücksterrasse mit Ausblick.

Jugendherberge *Centro di Accoglienza della Gioventù*, Via Bontempi 13, Tel. 2 28 80. Unterkunft vieler Studenten der Università Italiana per Stranieri.

Camping Paradise D'Etè, Ortsteil Colle della Trinità, Tel. 7 96 17. Schattiger Campingplatz auf Terrassen, eine halbe Stunde Autofahrt vom Stadtzentrum.

Essen und Trinken

Ristorante Altro Mondo, Via Ca. Caporali 9, Tel. 2 61 57. Gute umbrische Küche, mittlere Preisklasse.

Aladino. Via Santa Elisabetta 16a, Tel. 20983. Preiswerter «alternativer» Schlemmerladen.

Trattorie La Botte, Via Volte della Pace 31, Tel. 22679. Billig und gut, beim etruskischen Brunnen.

Da Giancarlo, Via dei Priori 36, Tel. 24314. Gute umbrische Küche, mittlere Preise.

Ristorante La Gratella, Viale Roma 12–14, Tel. 21750. Trattoria an der Stadtmauer, gute Küche, von Einheimischen besucht.

Poco a Poco, Via del Forno 19, Tel. 22708. Mit Birreria.

La Rosetta, Via del Sette 2, Tel. 20841. Luxuriös, erlauchtes Publikum.

Ristorante Taverna, Via delle Streghe 6, Tel. 61028. Eine Preisklasse tiefer, exquisit.

Nahe beim Corso Vannucci sind einige billige und gute Rosticcerien, zum Beispiel *Rosticceria Pepino*, Via Danzetta 9, Tel. 61570.

Kneipen

Beliebtester sommerlicher (auch Studenten-)Treff ist *La Terrazza*, Piazza Matteotti 19. Birrerie und Cocktailbars sprießen jedoch überall in den Seitengassen hervor, frequentiert von jugendlichen Perugini, zum Beispiel *Papaia*, Enoteca, Paninoteca, Via dei Priori 7, Tel. 24825.

Festival

Umbria Jazz, das größte italienische Jazzfestival, findet im Juli in Perugia statt. Karten sollte man sich rechtzeitig über die Azienda Promozione Turistica besorgen.

Studieren

Die Università Italiana per Stranieri bietet Sprachstudium, Intensivkurse Italienisch und Studium italienischer Kultur und Geschichte. Katalog anfordern bei *Università Italiana per Stranieri*, Palazzo Gallenga, Piazza Fortebraccio 4, 06100 Perugia, Tel. 64344.

Sehenswertes

Pozzo Etrusco, ein ins Gestein unter Perugia getriebener Etrusker-Brunnen. Eingang von Piazza Danti aus (nur vormittags). Etwas abseits vom Zentrum (interessanter Gang durch äußeres Stadtviertel), außerhalb Porta San Pietro liegen Kirche und Kloster *San Pietro*. Die Kirche ist sehenswert weniger wegen einzelner Kunstwerke, sondern wegen der Masse an Ausmalung und Bildwerk. Das Benediktinerkloster ist Sitz der landwirtschaftlichen Fakultät der Uni Perugia.

Im nahen *Torgiano* ist ein historisches Weinmuseum zu empfehlen, eines der wenigen, die Italien hat: *Museo del Vino*, Palazzo Baglioni, Tel. 982447. 8–13, 15–18 h.

ASSISI

Vorwahl: 075

Info

Ufficio Turistico, Piazza del Comune 12, Tel. 812534. Mit Liste von Übernachtungs-möglichkeiten in religiösen Hospizen.

Übernachten

Jugendherberge Fontemaggio, Strada per l'Eremo delle Carceri, Tel. 813636; ebenfalls Campingplatz, der auch Bungalows vermietet.

Hotel Belvedere, Via Borgo Aretino 13, Tel. 812460. Nahe Porta

Nuova, Parkplatz, Blick
auf Santa Maria degli
Angeli und Valle Umbra.

Albergo La Rocca, Via di
Porta Perlici 27,
Tel. 81 22 84. Mit
Restaurant und Blick.

Essen und Trinken

Ristorante La Stalla,
Ortsteil Fontemaggio,
Tel. 81 23 17. Bei der
Jugendherberge, gute
umbrische Küche.

Medio Evo, Via Arco dei
Priori 4 b, Tel. 81 30 68.
Hier speiste Mitterrand
inkognito, also exquisit.

Rosticceria Il Caminetto,
Via S. Giacomo,
Tel. 81 29 36. Bei Porta S.
Giacomo, unweit S.
Francesco.

*Pizzeria Tavola Calda Il
Menestrello*, Via S.
Gregorio 1., Tel. 81 23 34.
Nähe Piazza del Comune.

Ausflüge

Zum *Monte Subasio* und
dem *Eremo delle Carceri*,
der Einsiedelei des
heiligen Franz kann man
auch zu Fuß die
Serpentinenstraße
hochlaufen.

Santa Maria degli Angeli
unterhalb Assisi ist
sehenswert wegen Franz'
Sterbekapelle
Porziunkola in der
großen Basilika.

Auf der anderen Talseite
liegt *Montefalco*, der
«Balkon Umbriens», mit
Ausblick auf die Ebene
und Museums-Kirche San
Francesco: Franz-
Legende von Benozzo
Gozzoli mit
Stadtansichten von
Arezzo und Montefalco.

*Museo Ex-Chiesa S.
Francesco*, Via Ringhiera
Umbra, 10–12,
15.30–16.30 h.

CÀSCIA

Vorwahl: 07 43

Info

Informazioni Turistiche,
Piazza Garibaldi 1,
Tel. 07 43 / 7 11 47.

CITTA DI CASTELLO

Vorwahl: 0 75

Info

*Azienda Promozione
Turistica* Alte Valle del
Tevere, Via Raffaele di
Cesare 2 / B,
Tel. 8 55 48 17, 8 55 49 22.
Sehr gut ausgerüstet auch
mit Informationen über
ganz Umbrien.

Übernachten

Albergo Umbria, Via dei
Galanti, Tel. 8 55 49 25.

Zentral gelegene
Pension.

Camping Montesca,
Ortsteil Montesca,
Tel. 8 55 85 66. Schöner
Campingplatz mit
Schwimmbad und Blick
aufs Tibertal, 15 Minuten
Autofahrt entfernt.

Essen und Trinken

Enoteca Altotiberina,
Tel. 8 55 30 89.
Ausgezeichnete
umbrische Küche, fester
(geringer) Menüpreis,
reichliche Pasta-
Portionen, gute Cantina.
Im Sommer mit Garten.

Il Bersaglio, Via V.E.
Orlando 14,
Tel. 8 55 55 34.
Schlemmer-Lokal mit
Trüffelspezialitäten.

Pianobar Terzo Cerchio,
Via M. Angeloni 2 / H,
Tel. 8 55 35 35. Live-
Musik (italienische
Canzoni, alte Hits),
Anziehungspunkt für alle
Nachtschwärmer des
oberen Tibertals.

Festivals

Wichtigste ökologische
Veranstaltung Umbriens
ist die *Fiera delle Utopie
Concrete*, jährlich Ende
September / Anfang
Oktober in Città d. C.
stattfindende Messe
grüner Ideen und
Projekte. Informationen
über K.-L. Schibel, Villa

359

Piaggia, 05010
Montegabbione.

Museum

*Centro documentazione
tradizioni artigiane,
popolari e contadine*,
Ortsteil Garavelle
(Landstraße nach
Perugia), Tel. 8 55 21 19.
Umbriens größtes
Museum für bäuerliche
Kultur und Tradition mit
Arbeitsgeräten,
Ölmühle,
Bauernkleidung.
Öffnungszeiten erfragen,
zeitweilig wegen
mangelnder Finanzierung
geschlossen.

Ausflüge

In die nahen Berge des
oberen Tibertals:
Wanderwege im
Staatswald *Foresta
Demaniale Bocca Serriola*
nordöstlich Citta di
Castello.

FOLIGNO

Vorwahl: 07 42

Info

Informazioni Turistiche,
Porta Romana,
Tel. 6 04 59.

Übernachten

Albergo Roma, Viale
Mazzetti 10, Tel. 5 04 72.

*Jugendherberge
Fulginium*, Piazza S.
Giacomo, Tel. 5 28 82.

Festival

Die *Giostra della
Quintana*, der
folkloristische
Reiterwettkampf
Folignos, findet jährlich
am zweiten
Septembersonntag statt.

Ausflüge

Auf der alten
Staatsstraße Richtung
Nocera Umbra biegt man
nach 4,5 Kilometern
rechts ab nach Pale, um
zur dortigen *Grotta di
Pale* zu kommen, einer
großen Tropfsteinhöhle.

GUBBIO

Vorwahl: 075

Info

Informazione Turistica,
Piazza Oderisi 6,
Tel. 9 27 36 93.

Übernachten

Albergo Galletti, Via
Piccardi 1, Tel. 9 27 42 47.

Albergo Balestrieri, Via
Mazzatinti 12,
Tel. 9 27 37 47.

Hotel dei Consoli, Via dei
Consoli 59, Tel. 9 27 33 35.

Exklusiven alternativen
Agriturismo mit
Schwimmbad, Pferden
und Kulturaktivitäten
bietet *Alcatraz*,
«Experimentierzentrum
für gute Lebensqualität»,
rund 15 Kilometer von
Gubbio entfernt in
S. Cristina di Gubbio,
Tel. 92 00 28.

Camping (mit großem
Schwimmbad) findet man
rund 20 Kilometer
entfernt nahe der Grenze
zu den Marken bei
Costacciaro, Rio Verde,
Ortsteil Fornace,
Tel. 9 17 01 81.

Essen und Trinken

*Ristorante Federico da
Montefeltro*, Via della
Repubblica 35,
Tel. 9 27 39 49. Umbrische
Spezialitäten, mittlere
Preise.

Pizzeria il Bargello, Via
dei Consoli 37. Pizza und
preiswertes Menu
Turistico.

Trattoria San Martino,
Via dei Consoli 8,
Tel. 9 27 32 51.
Familientrattoria.

Festivals

Größte historische
Folklore-Veranstaltung
Umbriens ist der *Wettlauf
mit den Ceri* durch
Gubbio, jährlich am
15. Mai.

Ausflüge

Mit der Seilbahn auf den oberhalb Gubbio gelegenen *Monte Ingino*, gut für Spaziergänge.

Über den niedrigen Scheggia-Paß oder – schneller – durch den Tunnel Richtung Pontericcioli kommt man zum nahen *Urbino* (ca. 60 Kilometer) in der Nachbarregion Marken, der exemplarischen Renaissance-Residenz des in Gubbio geborenen Herzogs Federico da Montefeltro (1444 bis 1482). Sehenswert schon allein wegen des *Herzogspalastes* und der *Nationalgalerie der Marken* mit Gemälden von Piero della Francesca und Raffael.

Zum Wandern auf dem rund 30 Kilometer entfernten *Monte Cucco* im Grenzgebiet Umbrien/Marken bei Costacciaro. Wanderwege sind markiert, Wanderkarte *Carta dei Sentieri Massiccio del Monte Cucco* des Centro Nazionale di Speleologia (Höhlenforscher), Maßstab 1:16000.

NOCERA UMBRA

Übernachten

Casa Soggiorno Bagni, Ortsteil Bagni. Tel. 0742/819322. Mit Restaurant, an der Mineralquelle Sorgente Angelica.

NORCIA

Vorwahl: 0743

Info

Associazione Turistica im Palazzo Comunale.

Übernachten

Monastero S. Antonio, Via d. Vergini 13, Tel. 816657.

Da Benito, Via Marconi 5, Tel. 816670.

Sibilla, in Castelluccio, Tel. 870124.

Essen und Trinken

Grotta Azzurra, Via Alfieri 12, Tel. 816513. Norcia-Spezialitäten, Trüffel, preiswert.

Ausflüge

Zum *Piano Grande*, der großen Linsen-Ebene, und dem Bergnest *Castelluccio*. Ein Paradies für Drachenflieger. Wanderungen auf die *Sibillinischen Berge* startet man am besten von Castelluccio aus.

PRECI

Übernachten

Nördlich Spoleto und Norcia unweit der Grenze

zu den Marken bei Preci in schöner Lage mit Schwimmbad, Restaurant und Bungalows: *Camping Il Collaccio*, Ortsteil Castelvecchio, Tel. 0743/61257.

SPOLETO

Vorwahl: 0743

Info

Ufficio Informazioni, Piazza della Libertà 7, Tel. 28111.

Übernachten

Pensione Aurora, Via dell' Apollinaire 3, Tel. 28115. Bei Piazza della Libertà, mit Blick.

Albergo dell' Angelo, Via Arco Druso 25, Tel. 32185. Zentral, mit preiswertem Restaurant/Pizzeria.

Die Campingplätze bei Spoleto sind besonders während des Festival dei Due Mondi überfüllt: *Il Girasole*, Ortsteil Petrognano, Tel. 51335/51106. Mit Schwimmbad. *Monteluco*, Ortsteil S. Pietro, Tel. 28158.

Ausweichen kann man auf den etwa 30 Minuten Fahrt entfernten Platz in Giano dell' Umbria, *Pineta di Giano*, Ortsteil Colle del Gallo, Tel. 0742-90178.

Essen und Trinken

Restaurant Mon-Cheri,
Piazza del Mercato 27,
Tel. 4 84 96. Mit Bar,
Spaghetteria, im Sommer
Tische auf Piazza,
preiswert.

Trattoria del Panciolle,
Largo Muzio Clemente 4,
Tel. 45598. Preiswert,
mit Tischen auf der
Piazza.

La Cantina, Via Filetteria
10 a, Tel. 4 44 75. Enoteca
mit gutem, preiswertem
Restaurant.

Festival

Italiens größtes
internationales
Kulturfestival, das
Festival dei Due Mondi
findet jährlich Ende Juni
bis Anfang Juli in Spoleto
statt: Theater, Oper,
Sinfoniekonzerte, Tanz,
Performance mit
Spitzenkünstlern aus der
ganzen Welt. Besonders
beliebt sind die
öffentlichen Konzerte auf
dem Domplatz. Karten
wie Hotelplätze sollte
man sich rechtzeitig
besorgen, Infos über
Fremdenverkehrsamt.

Ausflüge

Die *Quellen des
Clitumnus* und der
Clitumnus-Tempel liegen
rund 14 Kilometer weiter
nördlich bei Campello di
Clitunno direkt an der
Via Flaminia.

TRASIMENISCHER SEE

Der größte See der
italienischen Halbinsel ist
ein flaches, höchstens
sechs bis sieben Meter
tiefes Gewässer, das seit
Jahrhunderten wegen
Austrocknung schrumpft.
Als die Truppen
Hannibals 217 vor
Christus hier das
römische Heer des Gaius
Flaminius in die Falle
lockten und
niedermachten, bestand
nur ein schmaler Ufersteg
zwischen dem Nordrand
des Sees und den Hügeln
bei Tuoro. Heute läuft
dazwischen auf breiter
Fläche die Schnellstraße
nach Perugia. Der See
wird von kleinen
Gewässern gespeist und
hat einen unterirdischen
Abfluß. Die
Schadstoffbelastung im
fischreichen, als Bade-
und Surfparadies
gepriesenen Lago
Trasimeno ist leider hoch,
soll sich aber dank neuer
Kläranlagen bessern.

Info

*Azienda Promozione
Turistica del Trasimeno*,
Castiglione del Lago,
Piazza Mazzini 10,
Tel. 075/9521 84.

Übernachten

Bei den größeren Orten
wie *Passignano* und
Castiglione gibt es eine
Reihe von
Campingplätzen, alle
Orte sind mit Hotels
bestens versorgt,
außerdem
Zimmervermietungen
und Agriturismo.

Ferien bei deutschen Bio-
Bauern in den Hügeln
südlich des Trasimeno:
Rudi und Hilma Urban,
Monticchio 14, 06060
Castiglion Fosco (PG),
Tel. 075/8355041.

Rudolf und Regine Nau,
Paolombella 50, 05010
Montegabbione (TR).

TODI

Info

*Promozione Turistica del
Tuderte*, Piazza
Umberto I, 6, Tel. 075/
883395.

Provinz Pisa

Vorwahl: 050

Info

Ufficio Turistico EPT,
Piazza Arcivescovado 8,
Tel. 50 17 61.

Flughafen

*Aeroporto Galileo
Galilei*, Tel. 2 80 88, liegt
drei Kilometer südlich
Pisa.
Zweigstelle der *Alitalia*:
Via Puccini 21,
Tel. 50 15 70.

Übernachten

Die Jugendherberge
Ostello Santo Francesco
liegt etwa 15 Kilometer
von Pisa entfernt in
Calambrone bei Tirrenia
an der Küstenstraße, Via
dei Porcari 4, Tel. 3 74 42.
Der APT-Bus nach
Livorno hält dort.

Albergo Gronchi, Piazza
Arcivescovado 1,
Tel. 56 18 23. Direkt beim
Schiefen Turm.

Albergo Helvetia, Via
Don G. Boschi 31,
Tel. 4 12 32. Ebenfalls
unweit Pisa-Turm.

Casa della giovane, Via f.
Corridoni 29, Tel. 4 20 61.

Hospiz nur für Frauen,
zehn Minuten vom
Bahnhof.

Pensione Rinascente, Via
del Castelletto 28,
Tel. 50 24 36.
In Uni-Nähe.

Locanda Serena, Via D.
Cavalca 45, Tel. 2 44 91.
Zentral im Wohnviertel
in Uni-Nähe, billigste
Pension in Pisa.

Albergo di Stefano, Via
Sant' Apollonia 37,
Tel. 2 63 59. Ebenfalls
zentral.

Campingplätze gibt es in
Fülle an der Küste
zwischen Marina di Pisa
und Tirrenia. Einen
Kilometer von Pisa
entfernt liegt der im
Sommer überfüllte
Camping Torre Pendente,
Viale delle Cascine 86,
Tel. 56 06 65.

Essen und Trinken

In der Universitätsgegend
nördlich Ponte die Mezzo
wimmelt es von kleinen
Trattorien, die meist
bessere und billigere
Küche bieten als die
Touristenfallen beim
Schiefen Turm: *Trattoria
Gli Amici*, Via Luigi
Binchi 39, Tel. 56 49 38.
Trattoria da Bruno, Via
Luigi Bianchi 12,
Tel. 56 08 18.
Ristorante 77, Via S.
Lorenzo 69, Tel. 4 24 02.

Spaghetteria S. Francisco,
Vicolo del Tinti 26,
Tel. 491 78. Man sitzt
draußen, in der Nähe sind
andere kleine
Restaurants.

Südlich des Arno:
Ristorante Il Nuraghe,
Via Mazzini 58,
Tel. 4 43 68, preiswerte
gute Küche, von
Einheimischen
frequentiert.
Pizzeria Il Pomodoro,
Via La Nunziatina 13,
Tel. 2 43 91. Pizza und
Pasta, man sitzt draußen.

Die *Mensa* der
Universität in der Via
Martiri erreicht man
durch die Hausdurchfahrt
an der Piazza dei
Cavalieri 6, neben der
Casa dello Studente oder
über Via Capponi direkt
vom Domplatz aus.

Universität

Università degli Studi,
Rettorato, Lungarno
Pacinotti (bei Piazza
Garibaldi), Tel. 59 00 00.

Feste, Kulturelles

Die häufigen, im Sommer
stattfindenden Konzerte
im Dom versprechen eine
hervorragende Akustik.
Am letzten Sonntag im
Juni findet auf der
Hauptbrücke Ponte di
Mezzo das Traditions-
Kämpfen *Gioco del Ponte*
zwischen den
Stadtsektoren

Tramontana (nördlich des Arno) und Mezzogiorno (südlich) statt. Möglichst früh nahe der Brücke aufstellen, um die Giganten aus der Nähe kämpfen zu sehen.

VOLTERRA

Vorwahl: 0588

Info

Ufficio Turistico, Via G. Turazza. Tel. 86150.

Übernachten

Volterra hat sehr wenige Hotels, und die Preise sind dementsprechend hoch. Die Stadt selbst hat deshalb für günstige Jugendherberge und Campingplatz gesorgt.

Ostello, Via del Poggetto, Tel. 85577. Neue, saubere Jugendherberge unweit des Etruskermuseums.

Villa Nencini, Borgo S. Stefano 55, Tel. 86386. In schöner Villa mit Garten.

Etruria, Via Matteotti 32, Tel. 87377. Schöne Zimmer im Zentrum.

Camping Le Balze, Ortsteil Le Balze, Tel. 87880. Mit Schwimmbad und preiswerten Bungalows direkt am Abhang der Balze.

In Via delle Prigioni 13 ist ein *Albergo Diurno*, ideal für Bad / Erfrischung für Durchreisende.

Essen und Trinken

Osteria dei Poeti, Via Matteotti 55, Tel. 86029. Schönes Restaurant mit Bar.

Beppino, Via delle Prigioni 17, Tel. 86051. Preiswert, mit Tischen draußen.

Il Pozzo degli Etruschi, Via delle Prigioni 28, Tel. 87415. Gute Auswahl, mit Garten.

Sehenswertes

Im Ortsteil Le Balze, hinter dem Campingplatz, sind die Erosionserscheinungen, die berühmten *Balze* zu sehen. Das Grundwasser tritt hier seitwärts zwischen den Sandstein- und Tonschichten aus, spült dabei die durchfeuchteten Tone mit, so daß die drüberliegenden Schichten in dünnen Platten abbrechen. Ein mittelalterliches Kloster am Rand des 50 Meter tiefen Absturzes ist schon aufgegeben worden, der natürliche Absturzprozeß ist unaufhaltsam. Am Rand der Balze sieht man Reste der alten *etruskischen Zyklopenmauer*.

Das *Etruskermuseum* Guarnacci, Via Don Minzoni 15, Tel. 86347, ist das schönste der Toskana. Nachbauten von Villanova-Gräbern, die Statue *Ombra della Sera*, unzählige Urnenfiguren, darunter die porträtartige *Terracotta dei Sposi*. Lehrreiches über die Serienproduktion und Kommerzialisierung der etruskischen Alabasterurnen. Geöffnet 16.10. bis 15.3. täglich 10–14 h, 16.3. bis 15.10. 9.30–13 und 15–18.30 h.

Ausflüge

Das Erdwärmegebiet bei *Larderello* liegt knapp 30 Kilometer südöstlich. Das *Museum der Geothermik* informiert über die Geschichte von Larderello und (mit einem hervorragenden didaktischen Film) über Erdwärme und deren Nutzung. Nur nach Verabredung: *Centro Informativo ENEl*, 56044 Larderello, Tel. 0588-67724. Natürliche Gasaustritte, *Fumaroli*, sind bei Sasso Pisano, 12 Kilometer südlich Larderello, zu sehen.

Pistoia

Vorwahl: 0573

Info

*Ufficio Informazioni
EPT*, Palazzo dei
Vescovi, Piazza Duomo,
Tel. 21622.

Fahrradverleih

Auf den Parkplätzen in
Piazza Monteoliveto und
Piazza della Resistenza
(südöstliche Ecke der
Stadtmauer, beim
Stadtpark) werden
kostenlos Fahrräder an
Autofahrer verliehen, die
dort parken. Im Palazzo
Comunale am Domplatz
stehen Fahrräder für
Besucher des
Stadtmuseums für
Stadtfahrten zur
Verfügung.

Übernachten

Pensione Autisti, Viale A.
Pacinotti 93, Tel. 21771.

Pensione Firenze, Via
Curtatone e
Montanara 41,
Tel. 23141.

Albergo Apennino, Via
XX Settembre 21,
Tel. 32243/44. Etwas
außerhalb, aber schön
gelegen.

Il Boschetto, Viale
Adua 467, Stadtteil
Capostrada, Tel. 401336.

Camping Barco Reale,
San Baronto,
Lamporecchio,
Tel. 88332/41423. Einige
Kilometer südlich von
Pistoia.

Essen und Trinken

Il Ritrovo di Iccio, Via dei
Fabbri 5/7, Tel. 366935.
Restaurant mit guter
lokaler Küche.

Tonino, Corso
Gramsci 159, Tel. 33330.
Von Einheimischen
geschätztes Restaurant
mit Pizzeria, fünf
Minuten vom Domplatz.

Da Mone, Via Verdi 3,
Tel. 25698. Preiswerte,
gute Trattoria im engen
Stadtkern.

*Antica Trattoria dell'
Arca*, Via Gorizia 17,
Tel. 24620. Spezialitäten
Cannoli, Panzerotti und
Wild.

Festivals

Juli ist die Festzeit in
Pistoia: Der *Luglio
Pistoiese* umfaßt
Veranstaltungen aller Art
von Kultur bis Sport.
Pistoia Blues ist das
größte italienische Rock-
und Blues-Festival.
Informationen und
Tickets:
Fremdenverkehrsamt in

Corso Gramsci 110,
Tel. 34326, oder im
Ufficio Turistico am
Domplatz.
Cinema sotto le stelle
heißt das Pistoieser
Filmfest im Juli.
Die *Giostra dell' Orso* ist
ein historischer
Ritterwettkampf mit
Pferden, Lanzen und
Kostümen, jeweils am
25. Juli auf dem
Domplatz.

Wandern

Die Apenninhänge
oberhalb von Pistoia in
der *Montagna Pistoiese*
und die längs des
Arnotales sich
hinziehenden Hügel sind
hervorragendes
Wandergebiet. Der
Wanderführer *Montagna
Pistoiese Trekking* enthält
zehn Etappen-
beschreibungen und
einige Spaziergänge,
sowie zusätzlich
Valleriana Trekking über
Wanderstrecken westlich
von Pistoia in den Hügeln
und Bergen um Pescia
und Collodi.

Provinz Siena

SIENA

Vorwahl: 0577

Info

Azienda Autonoma di Turismo, Piazza del Campo 56, Tel. 280551. Am Hauptplatz in Siena, immer überlaufen, aber hilfreich, auch für Hotelsuche.

Ente Provinciale per il Turismo, Via della Città 5, Tel. 47051. Mit Informationen über die gesamte Provinz Siena, unter anderem dem Prospekt «Turismo Verde» mit Adressen von Agriturismo-Höfen.

Ufficio Informazioni, Piazza San Domenico. Informationsschalter mit Hotelbuchung, gegenüber Basilika San Domenico und dem dortigen Schalter der TRA-IN-Busse.

Orientierung

Der *Bahnhof* liegt etwas nordöstlich außerhalb des Zentrums in Piazzale Rosselli, Tel. 280115. Verbindungen nach Florenz-Pisa, Chiusi-Rom, Grosseto und Buonconvento. Mit 15 Minuten Fußweg oder den Bussen 1–4 erreicht man die Stadtmitte.

Der *Busbahnhof* liegt zentraler in der Viale dei Mille am Sportstadion, Piazza San Domenico, Fahrkartenschalter bei der nahen Basilika San Domenico. *RAMA*-Busse fahren in die Provinz Grosseto, Tel. 0564/25380. Die *TRA-IN*-Busse fahren in der ganzen Provinz Siena und bis Florenz und Rom, Tel. 221221. *SITA*-Busse verkehren zwischen Florenz und Siena, Streckenführung durchs Chianti, Tel. 055-278611.

Das *Auto* läßt man auf einem der Parkplätze vor dem Stadtzentrum, günstig zum Beispiel bei der Stadtburg Fortezza S. Barbara, Viale Vittorio Veneto, oder noch zentraler beim Sportstadion, Einfahrt Viale dei Mille. In Siena sollte man auch auf das *Fahrrad* verzichten, zumindest im engeren Stadtzentrum, wo man in den steilen Gassen am besten zu Fuß vorwärts kommt.

Übernachten

Jugendherberge Guidoriccio, Via Fiorentina 89, Ortsteil Stellino, Tel. 52212. Mit Autobus Nr. 15 von Piazza Gramsci zu erreichen. Mit Auto von Florenz über die Superstrada Florenz-Siena kommend Ausfahrt Acquaviva.

Casa del Pellegrino, Convento di S. Catarina, Via Camporeggio 31, Tel. 44177. Klosterhospiz mit Blick auf Altstadt.

Billige Pensionen im Zentrum:
Bernini, Via della Sapienza 15, Tel. 284204.
Garibaldi, Via Giovanni Duprè 18, Tel. 284204.
La Perla, Via delle Terme 25, Tel. 47144.
Nuove Donzelle, Via Donzelle 1/3, Tel. 288088.
Tre Donzelle, Via delle Donzelle 5, Tel. 280358.

Zwei-Sterne-Hotels:
Albergo Chiusarelli, Via Curtatone 9, Tel. 280562. In alter Villa mit Palmengarten, Nähe Bahnhof.
Hotel Lea, Viale XXIV Maggio 10, Tel. 283207. Etwas außerhalb des Zentrums, mit Blick auf Altstadt.
Piccolo Hotel Il Palio, Piazza del Sale 19, Tel. 281131. Am Nordende des Zentrums.

Das Edel-Hotel *Villa Scacciapensieri*, Via di Scacciapensieri 10, Tel. 41441, bietet ruhigen Luxus-Aufenthalt in alter Villa mit Hügelblick auf Siena.

Der *Campingplatz Siena Colleverde*, Strada di Scacciapensieri 47, Tel. 280044, liegt zwei Kilometer außerhalb, zu erreichen mit Bus Nr. 8 von Piazza Gramsci.

Locanda Il Cacciatore, Piazza della Chiesa 16, Pari, Tel. 908887. Kleine Pension außerhalb Sienas, 30 Kilometer südlich bei den Terme di Petriolo, mit guter Bewirtung.

Essen und Trinken

Osteria Le Logge, Via del Porrione 33, Tel. 48013. Sienas notorische Schlemmerkneipe für alt-linke Gourmets, direkt beim Campo.

Alla Speranza, Piazza il Campo 33–34, Tel. 280190. Preiswerte, «seit 1700» von Sienesern frequentierte Trattoria am Campo.

Costa, Piazza il Campo 37, Tel. 280614. Preiswertes, viel von Studenten besuchtes Lokal.

Antica Trattoria Papei, Piazza del Mercato 6, Tel. 280894. Hinter Palazzo Pubblico, gerühmt für seine «Pici».

La Grotta del Gallo Nero, Via del Porrione 65–67, Tel. 220406. Geschäftige Trattoria, Studentenkneipe.

Joe's Dining Club, Via dei Rossi 2b, Tel. 222322. Für wenig Geld Panini und Spaghetti.

Hier die Treffpunkte (Bar, Restaurant) von zwei zentralen «contrade»: *L'Acquila*, Via del Casato di Sotto 56, Tel. 283061. *La Torre*, Via Salicotto 7, Tel. 287548.

Die *Mensa der Universität* ist in Via Sant' Agata 1.

Live-Musik gibt es in *L'Officina*, Piazza del sale 3, Tel. 286301. Birreria mit Jazz, auch Restaurant und Gelateria.

Die *Pasticceria Gelateria Nannini*, Piazza Mateotti 21, Tel. 41301, ist eine alte Seneser Institution, so wie Gianna, die Tochter des Besitzers, als Röhre im Rock-Geschäft. *Eisdiele Nannini* in Piazza del Monte 95/99.

Enoteca Italica Permanente, Fortezza S. Barbara, Tel. 288497. Größte italienische Önothek. Staatliche Institution mit dem Ziel, Besuchern «den unvergleichlichen Reichtum und die Vielfalt des italienischen Weines» nahezubringen.

Universitäten

Università degli Studi di Siena, Rektorat, Via Banci di Sotto 55. Sekretariat der Fakultäten, Via S. Bandini 25, Tel. 298000.

Scuola di Lingua e Cultura per Stranieri, Sekretariat für Studenten: Piazzetta Grassi, 53100 Siena, Tel. 49260. Älteste italienische Sprachschule Italiens, bietet Kurse für Anfänger und Fortgeschrittene, außerdem Kurse über italienische Literatur, Archäologie, Geschichte und Kunstgeschichte.

Accademia Musicale Chigiana, Via di Città 89, 53100 Siena, Tel. 46152. Kurse zur musikalischen «Perfektionierung» im Juli und August.

Buchladen

Libreria Ticci, Via delle Terme 5/7, Tel. 280010. Gut für Wanderkarten.

Palio

Das Pferderennen *Corsa del Palio* findet zweimal im Jahr statt: am 2. Juli und 16. August. Am Vortag reiten die Pferde am frühen Abend die Generalprobe, am Renntag findet frühmorgens die letzte Probe «provaccia» statt.

Um 16.40 Uhr wird der Campo geräumt, Eintritt ins ovale Mittelfeld nur noch über Via Duprè. Bis zum Rennen um 19.30 Uhr (im August um 19 Uhr) ist der Campo dann dicht. Um einen Platz am Rand der Strecke zu ergattern, sollte man sich schon vor 16 Uhr aufbauen. Wer einen teuren Tribünenplatz (70000–100000 Lire) möchte, muß ihn zeitig über die Ente Provinciale per il Turismo bestellen. Am Rennabend und am nächsten Tag steigen die Umzüge der siegreichen Contrada, die Siegesfeier mit Gästen findet dort erst am Abend nach dem Renntag statt.
Für die Palio-Zeit muß man zumindest in den billigeren Hotels möglichst einige Monate im voraus buchen. Nur mit viel Glück findet man Unterkunft auf die letzte Minute.

Festivals

Die Musikschule Accademia Chigiana organisiert Ende August einen Zyklus klassischer Konzerte *Settimana Musicale Senese*.

Zwischen Juni und August findet das Sommerfilmspektakel *Cinema in Fortezza* im Stadtschloß Fortezza Medicea statt.

Sehenswertes

Nach dem Überblick über die Stadt vom Stadtturm *Torre del Mangia* kann man im *Museo Civico* die berühmten Fresken von Ambrogio Lorenzetti «Die gute und die schlechte Regierung» und andere Fresken (Maestà von Simone Martini) finden; von der Loggia im obersten Stock Blick auf das sienesische Umland. An den Wänden dort sind die Originale der Fonte Gaia von Jacopo della Quercia aufbewahrt, der Brunnenschmuck auf dem Campo ist eine Kopie. Im Winter täglich von 1–13.30 h geöffnet, vom 1.4. bis 31.10. Mo–So bis 19.30 h.

Interessant bei einem Besuch im *Dom* ist die *Libreria Piccolomini*, prunkvolle Bücher und fantastische Fresken von Pinturicchio mit Szenen aus dem Leben des Piccolomini-Papstes Pius II. Hier stehen die berühmten «Drei Grazien», antike römische Kopie des hellenistischen Vorbildes, wiederholt in der Malerei zitiert: zum Beispiel in Botticellis «Frühling» und in Lorenzettis «Buongoverno». Im Winter geöffnet täglich von 10–13 und 14.30–17 h; vom 15.3. bis 31.10. von 9–19.30 h.

Ausflüge

Monteriggioni liegt links der Superstrada auf dem Weg nach Florenz. Ein Vorposten Sienas im jahrhundertelangen Territorialstreit mit Florenz, immer noch umschlossen von seinen intakten Mauern aus dem 13. Jahrhundert.
San Galgano, 33 Kilometer Richtung Massa Marittima, ist eine schon seit dem 15. Jahrhundert verfallene Zisterzienserabtei, einst eine der schönsten Italiens. Im Innern der großen gotischen dachlosen Basilika wandelt man auf grünem Rasen.
Die *Bagni di Petriolo*, rund 30 Kilometer südlich Richtung Grosseto, sind ein kleines Thermalbad mit altem Badehaus.
Die schönste Strecke durch die *Crete Senesi*, die charakteristischen kahlen erodierten Lehmberge südlich Sienas, verläuft von Taverne d'Arbia über Asciano zum *Kloster Monte Oliveto Maggiore*.

CASTIGLIONE D'ORCIA / BAGNI S. FILIPPO

Vorwahl: 0575
Bagni San Filippo am Osthang des Monte Amiata hat ein Thermalbad mit heißem Schwefel-Schwimmbad, Wasserfall, Schlammbäder.

Übernachten

In Castiglione: *Albergo Le Rocche*, Tel. 0577/ 887031 in Bagni S. Filipo.

Hotel Terme, Tel. 0577/ 87298, etwas angeknabberter, dekadenter Charme. Thermal-Schwimmbad ist angeschlossen.

CHIUSI

Sehenswert in Chiusi ist das *Museo Archeologico Nazionale*, Via Porsenna, Tel. 0578/20177. Eines der wichtigsten Etruskermuseen mit Funden aus der Umgebung des Chiana-Tales.

MONTALCINO

Vorwahl: 0577

Info

Pro Loco, Via Mazzini 1, Tel. 848242.

La Proposta, Costa del Municipio 1, Tel. 849321. Im Rathaus an der Piazza del Popolo.

Montalcino ist als Ort des berühmten, angeblich besten italienischen Rotweines ein ziemlich teures Pflaster geworden. Einige Lokale sind in Mailänder Hand und dementsprechend

snobistisch/teuer. Man kann das Örtchen vom nahen Siena aus ansteuern, Züge dreimal pro Tag, oder TRA-IN-Busse, Fahrtdauer 45 Minuten. Neben den zwei Hotels am Platze (aufgeführt ist das erschwinglichere) gibt es Privatzimmer, zu erfragen in Bars oder bei La Proposta.

Übernachten

Hotel Giardino Piazza Cavour 2, Tel. 848257.

Essen und Trinken

Billig in der Pizzeria-Spaghetteria *San Giorgio*, Via Soccorso Saloni.

Il Moro, Via Mazzini 44, Tel. 849384. Einfache, lokale Küche, nicht zu teuer.

Giardino da Alberto, Piazza Cavour 1, Tel. 849076. Kleines, nicht übertrieben elegantes Lokal, gut für Wildschweinrippchen mit Brunello.

Taverna dei Bardi, zwei Kilometer Richtung Sant' Antimo im gleichnamigen Bauerngehöft, Tel. 848277.

In der *Enoteca* im Stadtschloß kann man den teuren, schweren Brunello di Montalcino

kosten und Panini mit Wildschweinschinken essen.

Festivals

Montalcino Teatro, Theaterwochen und Schauspielkurse im Juli.

Sagra del Tordo, historisches großes Kostümspektakel (zur Feier der Drosseljagd und Jagdsaison), letzter Sonntag im Oktober.

Ausflüge

Zur romanischen Klosterkirche *Sant'Antimo*, auch per Bus (zweimal am Tag).

Abseits der Nebenstraße zwischen Montalcino und Buonconvento Weinverkostung beim traditionellen Familienbetrieb Giuseppe Cencioni in der Azienda Agricola *La Capanna*, Tel. 848298. Die *Fattoria dei Barbi* (siehe unter Essen) ist eines der ältesten Brunello-Weingüter.

MONTE AMIATA

Geeignet für Wanderungen ist das gesamte Amiata-Gebiet. In einer mehrtägigen Wanderung kann man den ganzen Amiata auf dem Ringwanderweg *Anello della montagna*

umrunden, der sehr gut gekennzeichnet ist (dreifacher Streifen Rot/ Weiß/Rot des Club Alpino). Wer ohne Zelt wandert, muß einzelne Ringwanderungen von den Bergorten unternehmen, die Übernachtungs-möglichkeiten bieten. Linienbusse der Gesellschaft RAMA bringen zur Wanderstrecke und zurück, Informationen Tel. 0564/253 80 oder 225 58. Eine Eisenbahnlinie führt zur Station Monte Amiata am Nordhang, Informationen bei La Ferroviaria Italiana, Arezzo, Via G. Monaco 37, Tel. 0575/ 236 87.
Auf dem Weg nach Süden, Richtung Saturnia, liegt zwischen Arcidosso und Triana der Abzweig zum *Monte Labbro* mit dem Denkmal von David Lazzaretti (Abzweig Labbro Macchia, Staubstraße).

Info

In Abbadia Salvatore am Osthang des Berges beim Fremdenverkehrsamt *AA*, Via Mentana 97, Tel. 0577/778608, oder in Castel del Piano (Westseite) bei *Pro Loco*, Piazza Garibaldi, Tel. 0564/955284.

Übernachten

In allen Bergorten sind hauptsächlich für Wintersport und Wanderbetrieb Hotels vorhanden, so auch auf der Skistation unterhalb des Gipfels (Vetta Amiata).

Podere Pian di Bartolo, Locanda Montegiovi, bei Casteldelpiano am Fuße des Amiata. Agriturismus, einfache Unterkünfte in Bauernhaus, auch für Gruppenreisen, Bio-Küche. Vorbestellen bei: Fausto Borselli, Via Fontenuova 43, 58030 Montelaterone, Tel. 0564/964050.

Il Cornacchino, Via Marconi 63, Tel. 0564/ 951000. Agriturismo in Bauernhäusern bei einem alten Bergwerk.

Auf dem Weg nach Saturnia (Grosseto-Vorwahl 0564) in S. Fiora-Marroneto: *Il Caminetto*, Tel. 977233.

In Roccalbegna: *Albergo Ristorante La Pietra*, Via XXIV Maggio 19, Tel. 989019 (Vorbestellung nötig).

In Semproniano: *La Costarella*, Via Fiume 3, Tel. 986319.

In Poggio Capanne: *Albergo Ristorante* (Pizzeria) Da Bianchina, Tel. 607953.

In Poggio Murella: *Albergo La Rustica*, Tel. 607874. *Locanda al Poggio*, Tel. 607953.

In San Martino sul Fiora: *Locanda Pellegrini*, Tel. 607815.

MONTE OLIVETO MAGGIORE

Olivetanerkloster mit großer Herberge, auch geeignet für Gruppenreisen. Zu erreichen über Siena und Buonconvento. Anmeldung am besten zwei Wochen im voraus beim «Padre foresterario», Tel. 0577/ 707017. Im Klosterhof ist einer der bedeutendsten Freskenzyklen der Renaissance zu besichtigen (von Signorelli und Sodoma), das Leben des Heiligen Benedikt, geöffnet 9–12.45, 15–17/18.45 h (Sommer).

Essen und Trinken

Oberhalb des Klosters *Ristorante La Torre*, Tel. 707022, Bauernküche und hervorragendes Tiramisù.

MONTEPULCIANO

Vorwahl: 0578

Info

Ufficio Turistico, Via Ricci (Piazza Grande), Tel. 757935.

Übernachten

Die *Cooperativa Il Sasso*, Via di Voltaia nel Corso 74, 53045 Montepulciano, Tel. 758311, bietet eine Reihe preiswerter Landhäuser zur Vermietung an. Katalog anfordern. Die Gruppe organisiert auch Sprachkurse.

Essen und Trinken

Ristorante Cittino, Via di Voltaia 2, Tel. 757335. Gute lokale Küche in einer freundlichen Familientrattoria, billig. Vermietet auch billige Zimmer.

MONTICCHIELLO

Informationen und Buchungen fürs *Teatro povero* (Aufführungen Ende Juli/Anfang August): Tel. 0578/755118.

Essen und Trinken

Während der Theaterzeit in der gemeinschaftlich betriebenen *Trattoria* unterhalb der Kirche im Zentrum bei der Piazzetta del Teatro.

PIENZA

Vorwahl: 0578

Info

Ufficio Turistico, Corso Il Rossellino 59, Tel. 78502.

Übernachten

Albergo Ristorante Corsignano. Neubau beim historischen Stadtkern, Tel. 748501.

Billiger im *Il Falco*, Piazza Dante Alighieri, Tel. 748551.

Essen und Trinken

Buca delle Fate, Corso Il Rossellino 38a, Tel. 748448. Gute Trattoria mit hausgemachten Dolci, gutem Hauswein, lokaler Küche.

Ristorante il Prato, Piazza Dante Alighieri 1, Tel. 748601. Familienbetrieb.

Im *Kloster San Franceso* hat der katholische Arbeiterverband ACLI eine Bar mit Terrasse: Piccolomini-trächtiger Blick auf Tal und Amiata, Corso Il Rossellino 26.

Sehenswertes

Im *Museo Palazzo Piccolomini* sind Einrichtungsgegenstände aus dem Patrizierhaus, Waffensalon, Möbel zu besichtigen. Vom Museum im ersten Stockwerk des Palazzo hat man einen guten Blick auf die «hängenden Gärten». Piazza Pio II,2. Tel. 748503. Täglich 10–13, 16–19 h.

Ausflüge

Zur Taufkirche des Pienza-Gründers Piccolomini alias Pius II., der romanischen kleinen *Pieve di Corsignano* knapp unterhalb der Stadt, zu Fuß erreichbar Richtung Monticchiello.

Festivals

Fiera del Cacio. Pienza ist bekannt für seinen guten Schafskäse. Der «Wettkampf um den Schafskäse» zwischen den Contrade der Stadt findet jährlich am ersten Wochenende im September statt.

SAN GIMIGNANO

Vorwahl: 0577

Info

Pro Loco, Piazza Duomo 1, Tel. 940008. Allgemeine Infos zu San Gimignano; Liste mit Zimmervermietern und Agriturismo-Appartments.

Cooperativa Siena Hotel Promotion, Via San Giovanni, Tel. 940809. Hotelliste und Hotelvermittlung.

Übernachten

San Gimignano ist so überlaufen, daß die Hoteliers ihre Preise angepaßt haben. Günstig sind Zimmervermietung und Herbergen, vor allem das Klosterhospiz.

Ostello della Gioventù, Via delle Fonti 1, Tel. 94 1991. Neue Jugendherberge.

Foresteria Convento di Sant' Agostino, Piazza Sant' Agostino, Tel. 94 0383. Fremdenhospiz in sehr schöner, ruhiger Klosteratmosphäre. Vorbestellung ratsam.

Locanda Il Pino, Via San Matteo, Tel. 940415. Kleine Pension im Centro Storico.

Hotel Leon Bianco, Piazza della Cisterna, Tel. 94 1294. Am schönsten Platz des Ortes

Camping Il Boschetto, Ortsteil Santa Lucia, Tel. 940352. In schöner Lage 2,5 Kilometer außerhalb des Ortes, geöffnet 24.3. bis 15.10.

Essen und Trinken

Le Vecchie Mura, Via Piandornalla, Tel. 940270. Mit Pizzeria und Self-Service, niedrige Preise.

Da Graziano, Ortsteil Santa Chiara, Tel. 940101. Mit Pizzeria, von Einheimischen besucht.

La Mangiatoia, Via Mainardi 5, Tel. 941528. Hinter der Rocca, Toskanisches wie Ribollita und Stracotto.

SAN QUIRICO D'ORCIA/ BAGNO VIGNONI

Vorwahl: 0577

Info

Pro Loco in San Quirico, Via Dante Alighieri 31, Tel. 897211.

Reizvoll im Kreisstädtchen San Quirico ist der Stadtgarten (bis vor kurzem Eigentum der Adelsfamilie Chigi), die *Horti Leonini*. Leider nur von außen zu betrachten ist der mächtige *Palazzo Chigi*, im Krieg bombardiert. Interessant auch die romanische Kirche *Collegiata* mit ihren merkwürdigen post-heidnischen Tierbildern im Portal.

Übernachten

Am besten im nahen Bagno Vignoni südlich an der Via Cassia. *Albergo Ristorante Le Terme*, Tel. 887150, direkt an «Tarkowskis Dampfbecken».

Teurer im *Albergo Ristorante La Posta*, Tel. 887112. Mit Thermal-Schwimmbad, geöffnet 9–18 h, Eintritt 10000 L.

Essen und Trinken

Osteria del Leone, Bagno Vignoni, Tel. 887300. Kleine, hervorragende Osteria mit Bar, traditioneller Küche des Orcia-Tals, Wildschweinbraten und Brunello.

Trattoria Vecchio Forno, Via del Poggio 8, San Quirico, Tel. 897380.

Ausflüge

Vom Parkplatz in Bagno Vignoni kann man seitwärts der Kaskaden absteigen zum Lauf des Orcia-Flusses. In Höhlen am Hang sind alte Wassermühlen teilweise erhalten. Badegelegenheit im Naturbecken unterhalb der Kaskade. Im Orcia-Flußtal kann man bis zum über allem thronenden Castello des Örtchens *Ripa d'Orcia* wandern.

Rundwanderungen sind möglich zum pyramidenförmigen Turm beim mittelalterlichen Borgo von *Vignoni Alto*

und zur restaurierten Burg von *Rocca d'Orcia* am Hang gegenüber Bagno Vignoni.

Provinz Terni

TERNI

Vorwahl: 07 44

Info

Ufficio Informazioni Turistiche, Viale C. Battisti 7 A, Tel. 4 30 47.

Übernachten

Albergo del Teatro, Corso Vecchio 124, Tel. 5 60 73.

in Piediluco:
Hotel Lido, Tel. 6 83 54.
Camping Lago di Piediluco, Ortsteil Piediluco, Tel. 6 91 95.

in Marmore:
Hotel Velino, Tel. 6 74 25.
Camping Marmore, Ortsteil Marmore, Tel. 6 71 98.

Essen und Trinken

Da Carlino, Via Piemonte 1, Tel. 42 01 63. Gehobene Preisklasse, Spezialitäten aus Umbrien, Lazio und Abruzzen.

Ausflüge

Zu den *Marmore-Fällen*: Anblick von unten auf der 209 Richtung Càscia; Anblick von oben und Spaziergänge: auf der 79 Richtung Piediluco. Die Schleusen zum Wasserfall werden im allgemeinen sonntags und feiertags geöffnet, akustische Warnsignale beachten. 15. Juli bis 31. August tägliches Wasserschauspiel von 17–18.30 h. Weitere Wasserfall-Zeiten siehe Schilder oder Stadtplan von Terni (Ufficio informazioni).

Zum versteinerten Urwald *Foresta Fossile* über Schnellstraße Richtung Perugia, Abfahrt San Gemini oder Acquasparta (beide mit Mineralquellen, in Acquasparta zu besichtigen Fonte Amerino), Straße nach Dunarobba.

Zur Römerstadt *Carsulae* (Ausgrabungen) an der alten Via Flaminia bei S. Gemini.

Zum Baden im kalten *Lago di Piediluco*, Achtung vor Strömungen!

AMELIA

Info

Azienda Promozione Turistica, Via Orvieto 1, Tel. 98 14 53.

Ausflüge

Zum nahen Wasservogelparadies *Oasi di Alviano*, über die SS 205 nach Alviano und Madonna del Porto.

NARNI

Info

Pro Loco, Piazza dei Priori, Tel. 71 53 62.

Übernachten

Campingplatz Monti del Sole, Ortsteil Monti del Sole, Tel. 74 63 36.

Toskanische Inseln

ELBA

Vorwahl (Provinz Livorno): 0565

Portoferraio

Info

Azienda Autonoma di Soggiorno, Calata Italia 26, Tel. 926 71.

Übernachten

Die Hotels auf Elba sind eher teuer, zu empfehlen sind daher Privatunterkünfte, Appartments, Pensionen und Campingplätze.

Essen und Trinken

In der *Trattoria della Zuccheta*, Piazza della Repubblica, Tel. 915331, gibt es die typische Fischsuppe «caciucco», schwarzen Reis mit Tintenfisch, oder scharfes Fischpüree «passato di pesce». Küche und Preise sehr anspruchsvoll.

Gute billige Pizzen gibt es in dem Lokal *Castagnacciaio*, Via del Mercato Vecchio (links von der Piazza Cavour), Tel. 915845.

Sehenswertes

Palazzina dei Mulini, die Villa, in der Napoleon während seines Exils auf Elba residierte. In einem kleinen Museum der Kirche *Misericordia* (Via Napoleone) wird die bronzene Totenmaske von Napoleon aufbewahrt und eine Nachbildung seiner rechten Hand.

Ausflüge

Die *Villa Napoleonica*, der Sommersitz von Napoleon, liegt auf der Straße zwischen Portoferraio und San Martino, nach rund 4,5 Kilometern. Ein schöner, wenig beschwerlicher Weg von rund 30 Minuten (von Portoferraio in Richtung Rio nell'Elba) führt zu der imposanten Festung Volterraio (394 Meter) hinauf.

Porto Azzurro

Übernachtung

Innerhalb des Ortes gibt es keine Hotels. Eineinhalb Kilometer von Porto Azzurro entfernt, in Lido, gibt es die Möglichkeit, in rustikalen Häusern bei dem Agritourismus-Hof

Sapere, 57036 Mola/ Porto Azzurro, Tel. 95033 und 95646, Zimmer oder Wohnungen zu mieten. Eigene Produkte (Öl und Wein) werden angebaut und verkauft.

Ausflüge

Auf der Straße nach Rio Marina liegt ein Mineraliengeschäft, *La Piccola Miniera*. 250 Meter unter dem Boden kann man in einem kleinen Zug an einer Rekonstruktion von sieben typischen Mineralienablagerungen der Insel vorbeifahren. Drei Kilometer geht es ziemlich steil zur Wallfahrtskirche der *Madonna von Monserrato* hinauf, vorbei an vierzehn Kapellen des Kreuzwegs. Die Wallfahrtskirche ist der älteste religiöse Ort der Insel, einstiger Zufluchtsort von Mönchen und Einsiedlern. Schöner Blick auf die Inseln Giglio und Giannutri.

Marciana

Wer dem Rummel der Badeorte entgehen möchte, kann in Marciana versuchen,

Unterkunft zu finden. Es gibt dort keine Hotels, aber die *Birreria La Porta* vermietet Zimmer und Apartments (Tel. 901027 oder 901024), ebenso wie das Restaurant *Da Ezio*, Via delle Coste 12, Tel. 901024.

Sehenswertes

Museo Archeologico, Via del Pretorio, Fundstücke von Ausgrabungen, die im Lauf der Zeit auf der Insel durchgeführt worden sind. Tel. 901076. Geöffnet 1.4. bis 30.9. täglich 10–13 und 16–20 h.

Eine sehr eigene Atmosphäre haben die Orte *San Ilario in Campo* und *San Piero in Campo*: Elba, wie es einmal war.

Ausflüge

Von der Piazza in Marciana aus erreicht man in rund 2,45 Stunden Fußmarsch den höchsten Punkt der Insel, den *Monte Capanne* (1818 Meter). Ein etwas kürzerer Weg führt von Poggio aus auf den Monte Capanne.

GIGLIO

Vorwahl: (Provinz Grosseto) Tel. 0764

Info

Tel. 0764/809265

Zwei Schiffahrtsgesellschaften, die *Toremar* und die *Maregiglio*, fahren jeweils viermal täglich von Porto Santo Stefano nach Giglio. Die Fahrt dauert rund eine Stunde. Im Juli und August ist das Mitnehmen des Autos nur den Bewohnern von Giglio erlaubt, und den Gästen, die einen langen Aufenthalt vorbestellt haben. Unabhängig von dem Verbot ist es nicht ratsam, das Auto mitzunehmen; zwischen den drei Orten Porto, Castello und Campese gibt es sehr gute Busverbindungen. Man kann das Auto auf dem Parkplatz von Porto Santo Stefano lassen. Von Grosseto aus fahren mehrmals am Tag Züge nach Orbetello (Grosseto–Rom), und von dort gibt es regelmäßig Busverbindungen nach Porto Santo Stefano.

Porto

Besonders reizvoll ist Giglio, wenn man es mit dem Boot bereist. Im Hafen von Porto liegen mehrere Boote aus, die Touren zu sämtlichen Stränden anbieten und abends wieder zum Abholen kommen. Sehr gute Tauchmöglichkeiten!

Übernachtung

In den Sommermonaten unbedingt vorbestellen. Am preiswertesten sind private Appartments, die über die Nummer 0564/809265 vermittelt werden. Wildes Campieren ist verboten. Das *Hotel Bahamas*, 58013 Porto, Tel. 809254, hat relativ günstige Zimmer und Appartments.

Essen und Trinken

An der Hafenpromenade gibt es viele Fischlokale. Atmosphärisch wie kulinarisch empfehlenswert ist *Da Ruggiero*, Via Umberto I 45, Tel. 809253.

Besonders gut ist die für Giglio typische Focaccia mit Zwiebeln und Sardellen, die es in den Bäckereien zu kaufen gibt.

Ab 16.30 Uhr gibt es in der Pizzeria *La Gigliese* (Stehkneipe), auf der Straße nach Castello, ausgezeichnete frische Pizza in vielen Variationen.

Ausflüge

Auf der Straße zwischen Porto und Castello gibt es schöne Wanderwege mit Blick aufs Meer, nach der Abzweigung nach l'Arenella an einer

Kreuzung führt rechts der Weg nach Cala della Calbugina, links geht es nach Scopeto, Poggio delle serre und Punta del fenaio.

Castello

Essen

Trattoria L'Isolana, gleich nach dem Stadttor. Einfach und populär.

Vom Feinsten: *Da Maria*, Casa Matta, Tel. 80 60 62.

Campese

Familientourismus, sehr schöner langer Strand, viele Hotels und Privatunterkünfte. Schön gelegener, gut ausgestatteter Campingplatz *Baia del Sole*, Tel. 05 64/80 40 36, auch einfache Bungalows zu mieten.

Giglio hat eine auffallend vielseitige Vogelwelt (seltene Möwenarten, wilde Tauben, Mäusebussards, Turmfalken). In dem traumhaft über den Felsen gelegenen Hotel *Il Pardini Hermitage Hotel*, 58013 Isola del Giglio, Tel. 05 64/80 90 34 oder 41 22 27 (eine nicht ganz billige, aber sehr verführerische Mischung aus Ökologie und Luxus), das nur mit Schiff oder zu Fuß zu erreichen ist, werden in Zusammenarbeit mit dem Botanischen Zentrum von Mailand Kurse zur Fauna, Vogelbeobachtung, Aquarellmalen, Gärtnerkunst angeboten (zwischen April und Juni).

BILDNACHWEIS

REGISTER

Kursive Ziffern verweisen auf den Serviceteil.

A·N·D·E·R·S · R·E·I·S·E·N

LÄNDER

Christof Kehr
Andalusien (7575)

Roland Motz
Balearen/Barcelona (7579)

Hartwig Bögeholz
China (7580)

Per Ketman/Andreas Wißmach
DDR (7568)

Dagmar Beckmann/Ulrike Strauch
Elsaß (7585)

Günter Liehr
Frankreich (7519)
Südfrankreich (7582)

Ingrid Backes/Gabriela Daum
Griechenland (7508)

Michael Kadereit
Großbritannien (7530)

Christoph Potting/Annette Weweler
Irland (7525)

C 1089/21 b

A·N·D·E·R·S · R·E·I·S·E·N

LÄNDER

Jürgen Humburg/Conrad Lay/
Michaela Wunderle
Italien (7515)

Rainer Karbe/Ute Latermann-Pröpper
Kreta (7569)

Roland Motz/Gaby Otto
Mexico (7574)

Norbert Ropers (Herausgeber)
Osteuropa (7524)

Helmuth Bischoff
Spanien (7567)

Hubertus Knabe
Ungarn (7584)

Till Bartels (Hg.)
USA
(7586)

rororo sachbuch

C 1089/20 d